“十三五”职业教育国家规划教材

经济法基础教程

（第六版）

JINGJIFA JICHU JIAOCHENG

主　编　周丹萍　孙爱平
副主编　裴孝清　杨　松　陶　毅

本书另配：教学课件
教　　案
测试答案

中国教育出版传媒集团
高等教育出版社·北京

内容提要

本书是"十三五"职业教育国家规划教材。

本书以习近平法治思想为指导，根据《中华人民共和国民法典》和相关领域最新立法及要求，在保留原有教材特色和主要内容的基础上编写而成。本书由16章组成，分别是经济法基础知识、合同法律制度、担保法律制度、保险法、个人独资企业法、合伙企业法、公司法律制度、反不正当竞争法、反垄断法、产品质量法、消费者权益保护法、票据法、电子商务法、劳动合同法、社会保险法和经济纠纷的解决。除理论知识外，每一章都设置了思维导图、导入案例及案例解析、案例分析、知识拓展、课堂小活动、阶段测试、实训操作与指导、自我评价等栏目，既有利于学生学习掌握经济法基础知识，又有利于培养学生分析和解决实际问题的能力。为了利教便学，部分学习资源（如教学视频、拓展案例）以二维码形式提供在相关内容旁，可扫码获取。此外，本书另配有教学课件、教案、测试答案等教学资源，供教师教学使用。

本书既可作为高等职业本科院校、高等职业专科院校财经商贸大类专业学生基础课程用书，也可作为社会相关从业人员学习的参考用书。

图书在版编目(CIP)数据

经济法基础教程 / 周丹萍，孙爱平主编. -- 6版. -- 北京：高等教育出版社，2024.8(2025.7重印)
ISBN 978-7-04-062217-1

Ⅰ. ①经… Ⅱ. ①周… ②孙… Ⅲ. ①经济法-中国-高等职业教育-教材 Ⅳ. ①D922.29

中国国家版本馆CIP数据核字(2024)第095978号

策划编辑 钱力颖 宋 浩 责任编辑 宋 浩 封面设计 张文豪 责任印制 高忠富

出版发行	高等教育出版社	网　　址	http://www.hep.edu.cn
社　　址	北京市西城区德外大街4号		http://www.hep.com.cn
邮政编码	100120	网上订购	http://www.hepmall.com.cn
印　　刷	浙江天地海印刷有限公司		http://www.hepmall.com
开　　本	787mm×1092mm 1/16		http://www.hepmall.cn
印　　张	25	版　　次	2003年6月第1版
字　　数	608千字		2024年8月第6版
购书热线	010-58581118	印　　次	2025年7月第3次印刷
咨询电话	400-810-0598	定　　价	54.00元

物 料 号 62217-00

第六版前言

本书是“十三五”职业教育国家规划教材，历届版本分别是“十二五”职业教育国家规划教材、普通高等教育“十一五”国家级规划教材。

习近平法治思想是全面依法治国的根本遵循和行动指南，全面依法治国为新时代经济发展提供了有力保障。经济法作为独立的法律部门，是市场经济条件下规范和调整经济法律关系最重要的手段，是国家及其相关部门运用法律手段管理和协调经济活动、维护市场经济秩序的重要保障。随着我国社会主义市场经济的高质量发展，为进一步规范市场行为，国家颁布了大量的法律法规，使得经济法在社会经济浪潮中发挥着越来越重要的作用。熟练掌握和运用经济法的相关知识是企事业单位对经济管理人才的基本要求，经济法也成为各高等职业院校财经类专业普遍开设的专业基础课程之一。

现代高等职业教育以服务为宗旨，以就业为导向，走产学研结合的发展道路。为适应高等职业教育发展改革的需要，我们在修订时调整编写思路，创新教材体例。本书内容紧紧围绕理论知识目标、职业能力目标和职业素养目标，以理论必需、够用为原则，注重培养学生运用经济法知识解决实际问题的能力。本书首先通过“思维导图”和“导入案例”直观呈现全章的教学内容，章节内以法律法规为“经”，以“案例分析”“知识拓展”为“纬”，全面系统地阐述经济法的知识结构及其实用操作；同时配备多种题型的课后“阶段测试”和操作性强的“实训操作与指导”等作为教学辅助，实现教学效果的可评可测。

本书具有以下创新与特色：

1. 融合素养元素

每章均设置“职业素养目标”，融入素养元素，该目标以习近平新时代中国特色社会主义思想为指导，兼顾经济法课程在传授知识、培养能力和职业素养教育方面的多种功能。从爱国主义教育、诚信教育、创新创业教育、职业道德培养、法治国家建设等视角，全方位帮助大学生树立正确的世界观、人生观、价值观。

2. 精选教材内容

编写团队根据多年一线教学工作的经验，结合经济管理工作对法律知识的实际需求，精选教材内容。遵循教学规律，合理安排教材体系。教师可依据不同专业的人才培养要求选择具体的教学内容。

3. 注重技能培养

将教学案例、真实案例与基本理论融为一体，注重培养学生分析问题、解决问题的能力。

4. 知识与时俱进

充分吸收《中华人民共和国民法典》《中华人民共和国公司法》《中华人民共和国反垄断法》《中华人民共和国民事诉讼法》及国家在企业准入、互联网经济发展中的最新立法，反映我国经济法领域的最新成果。为体现严谨性，本书将《中华人民共和国民法典》中合同编、物权编担保物权分编、相关司法解释等内容进行整合，故第二章和第三章分别命名为合同法律制度、担保法律制度。第七章除介绍《中华人民共和国公司法》及其司法解释外，还包含与公司解散有关的《中华人民共和国企业破产法》相关知识，故命名为公司法律制度。

5. 资源丰富多样

为利教便学，部分学习资源（如教学视频、拓展案例）以二维码形式提供在相关内容旁，可扫描获取。此外，本书另配有教学课件、教案、课后阶段测试参考答案等教学资源，供教师教学使用。

本书由周丹萍、孙爱平任主编，裴孝清、杨松、陶毅任副主编，他们共同撰写修订提纲并定稿。全书共十六章，各章编写分工如下：第一章由安徽工商职业学院王华兵编写；第二章由安徽工商职业学院周丹萍编写；第三章由贵州传媒职业学院陶毅编写；第四章、第九章由万博科技职业学院裴孝清编写；第五章、第十三章由安徽工商职业学院刘帅编写；第六章、第八章由安徽审计职业学院董丽娜编写；第七章由安徽工商职业学院陈松编写；第十章由安徽审计职业学院储墨君编写；第十一章由安徽审计职业学院白心虹编写；第十二章由安徽工商职业学院汤长胜编写；第十四章由安徽工商职业学院邵卫编写；第十五章由安徽水利水电职业技术学院杨松编写；第十六章由安徽元贞律师事务所王宁编写。

在编写过程中，我们吸收了国内外相关领域的优秀研究成果，得到了社会各界的大力支持，在此表示衷心的谢意！尽管我们花费了大量时间并进行了艰辛的探索，但鉴于水平有限，书中难免存在疏漏和不足之处，祈请大家不吝赐教，以便我们今后进一步修订完善。

编　者

2024 年 7 月

目　录

资源导航

第一章　经济法基础知识

导语

经济法是现代国家进行宏观调控和调整市场规制过程中发生的社会关系的法律规范的总称。1979年6月，全国人民代表大会五届二次会议提出，“随着经济建设的发展，我们需要制定各种经济法”。第九届全国人民代表大会将经济法确立为我国法律体系中七大法律部门之一，与宪法及宪法相关法、民商法、行政法、社会法、刑法和诉讼与非诉讼法(程序法)并列。目前我国经济立法主要包括以下几类：❶ 公司法、外商投资企业法、合伙企业法、个人投资法等；❷ 证券法、票据法、破产法、金融法、保险法、房地产法、环境法、自然资源法等；❸ 反垄断法、反不正当竞争法、消费者权益保障法和产品质量法等；❹ 财政法、税法、计划法、产业政策法、价格法、会计法和审计法等。2022年10月，中国共产党第二十次全国代表大会报告指出，未来五年，中国特色社会主义法治体系将更加完善。经济法在依法治国进程中必将发挥更加重要的作用。

学习目标

理论知识目标：

1. 掌握法的概念和本质。
2. 了解当代中国法的渊源。
3. 了解经济法的产生、概念及调整对象。
4. 掌握经济法律关系概念及构成。
5. 理解和掌握与经济法相关的民法基础知识。
6. 理解和掌握诉讼时效的概念。

职业能力目标：

1. 通过本章学习，使学生在以后的工作和生活中树立法律意识，培养初步的法律思维。
2. 能理解日常生活涉及的相关法律制度。
3. 能分析日常生活中民事法律行为的法律内涵。
4. 能分析在工作和生活中产生的经济法律关系，同时能运用学习掌握的法律知识解决常见的法律问题。

职业素养目标：

1. 通过学习经济法基础知识，了解中国特色社会主义法治建设的进程，厚植“四个自信”。

2. 通过学习经济法，树立法律意识，培养遵纪守法的品质。

思维导图

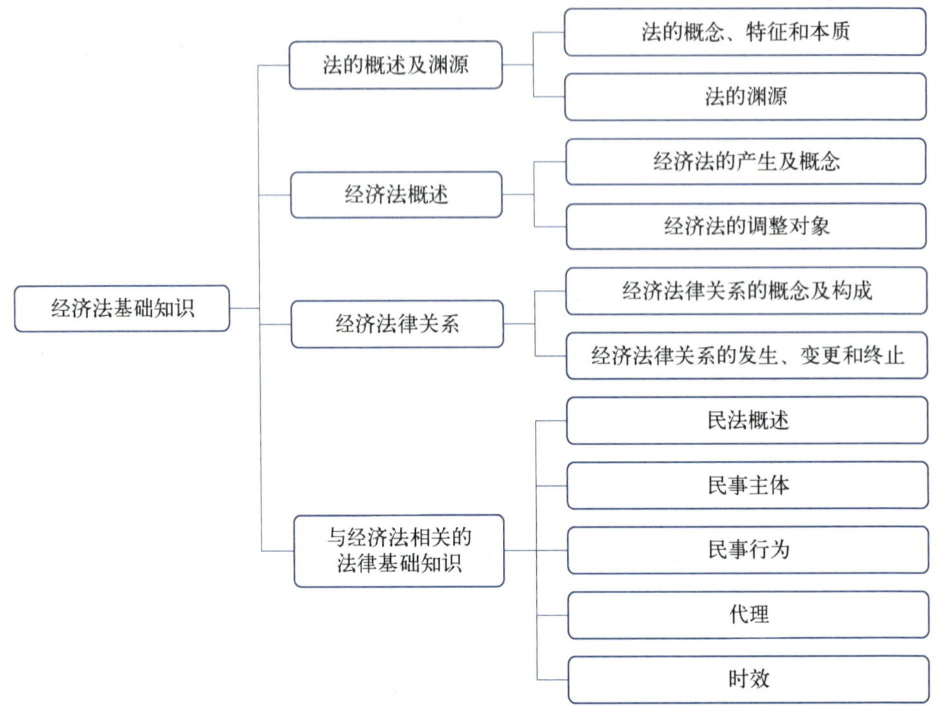

导入案例

张先著，芜湖人，安徽某高校毕业生。25岁那年，他参加了芜湖市公务员招聘考试，并在30名考生中名列第一。但是，张先著却因为携带乙肝病毒而被取消录取资格。我国目前大约有1.2亿人和张先著一样是乙肝病毒携带者。这个群体在入学、求职甚至恋爱婚姻方面受到种种排斥。面对这种情况，张先著一纸诉状把芜湖市人事局告上法庭，他希望以自己的诉讼唤起社会公众对1.2亿人的关注，消除对病毒携带者的歧视。这场官司因此被媒体称作“乙肝歧视第一案”。最终，“乙肝歧视第一案”以张先著胜诉而告终。之后，浙江、四川、福建、广东等省修改了当地公务员禁止录用乙肝病毒携带者的有关规定。中华人民共和国人力资源和社会保障部等正式出台了《公务员录用体检通用标准(试行)》，首次对公务员体检健康标准予以明确限定。这次颁布的新标准明确，乙肝病毒携带者可以成为公务员。

案例解析：

1. 芜湖市人事局的行为剥夺了张先著成为国家公务员的资格，违反法律面前人人平等原则，侵犯其合法权利，张先著有权向法院提起行政诉讼。

2. 芜湖市人事局委托的某医院作出的体检不合格结论违反了相关的法律法规，其后果应由委托人芜湖市人事局承担。

3. 被告芜湖市人事局作出取消原告张先著进入考核程序资格的具体行政行为，因缺乏事实依据应予撤销。

第一节 法的概述及渊源

一、法的概念、特征和本质

(一) 法的概念

法是由国家制定、认可并依靠国家强制力保证实施的,以权利和义务为调整机制,以人的行为及行为关系为调整对象,反映由特定物质生活条件所决定的统治阶级意志,以确认、保护和发展统治阶级所期望的社会关系和价值目标为目的的行为规范体系。

在我国古代,"法"字写作"灋",据《说文解字》记载:"灋,刑也,平之如水,从水,所以触不直者去之,从去。"

法和律最初是分开使用的,含义也有所不同,后来发展为同义词,合称为法律。夏商西周直至春秋时期的奴隶制时代,一般称法为刑。春秋战国之际,改称为法。商鞅变法时进一步改法为律。把"法"和"律"连用作为独立的合成词,却是在清末民初由日本传入的。

(二) 法的特征

1. 法是调整人们行为的社会规范,具有规范性

法的规范性,是指法所具有的规定人们的行为模式、指导人们行为的性质。人们在相互交往中常常会发生矛盾、冲突,这就要求有一系列规则,以规范人们的行为,这样人们之间才能正常有序地进行交往。这个规则首先表现为习惯,后来便成了法律。法所规定的行为模式包括三种:❶ 人们可以怎样行为(可为模式);❷ 人们不能怎样行为(勿为模式);❸ 人们应当或者必须怎样行为(应为模式)。

2. 法是由国家制定或者认可的,体现了国家对人们行为的评价,具有国家意志性

国家的存在是法存在的前提条件。一切法的产生,大体上都是通过制定和认可这两种途径。法的制定,是指国家立法机关按照法定程序创制规范性文件的活动。法的认可,是指国家通过一定的方式承认其他社会规范(道德、宗教、风俗、习惯等)具有法律效力的活动。

3. 法是由国家强制力为最后保证手段的规范体系,具有国家强制性

法不同于其他社会规范,它具有特殊的强制性,即国家强制性。法是以国家强制力为后盾,由国家强制力保证实施的。在此意义上,法的国家强制性就是指法依靠国家强制力保证实施、强迫人们遵守的性质。也就是说,不管人们的主观愿望如何,人们都必须遵守法,否则将招致国家强制力的干涉,受到相应的法律制裁。国家的强制力是法实施的最后保障手段。

4. 法在国家权力管辖范围内普遍有效,具有普遍性

法的普遍性,也称"法的普遍适用性""法的概括性",是指法作为一般的行为规范在国家权力管辖范围内具有普遍适用的效力和特性。具体而言,它包含两方面的内容:其一,法的效力对象的广泛性。在一国范围之内,任何人的合法行为都无一例外地受法的保护,任何人的违法行为也都无一例外地受法的制裁。法不是为特别保护个别人的利益而制定的,也不是为特别约束个别人的行为而设立的。其二,法的效力的重复性。这是指法对人们的行为有反复适用

的效力。在同样的情况下，法可以反复适用，而不仅适用一次。

5. 法是有严格的程序规定的规范，具有程序性

法的程序性是指法通过合法的主体在法定时间和法定空间上依据法定步骤和方式实施，这就是法的程序性特征。法的实施虽然是以国家强制力为保证的，但它是由专门的机关依照法定的程序执行的。法的强制如果等于简单的暴力，那么统治阶级也就无需法治，只要有刑场和行刑队这种暴力工具即可。因而可以说，法是一个程序制度化的体系或者制度化解决问题的程序，程序是社会制度化最重要的基石。

二、法的渊源

法的渊源，也被称为法的存在或表现形式，是指国家机关有权制定的各种规范性法律文件的表现形式。当代中国法的渊源主要有：宪法、法律、行政法规、地方性法规、自治法规、行政规章、国际条约与惯例和司法解释等。

（一）宪法

宪法是国家的根本大法，具有最高的法律地位和法律效力，一切法律、法规都不得与宪法相抵触。从内容上看，宪法规定国家的根本制度和根本任务；从制定和修改程序上看，宪法有着最为严格的修改程序。我国宪法的修改，由全国人民代表大会常务委员会或者五分之一以上的全国人民代表大会的代表提议，并由全国人民代表大会以全体代表的三分之二以上的多数通过；从效力上来看，宪法具有最高的法律地位和法律效力，一切法律、法规都不得与宪法相抵触。

（二）法律

这里所讲的法律指的是狭义上的法律，即由全国人大和全国人大常委会制定、修改、补充、废止的，其法律地位仅次于宪法。根据《立法法》第七条规定："全国人民代表大会和全国人民代表大会常务委员会行使国家立法权。全国人民代表大会制定和修改刑事、民事、国家机构的和其他的基本法律。全国人民代表大会常务委员会制定和修改除应当由全国人民代表大会制定的法律以外的其他法律；在全国人民代表大会闭会期间，对全国人民代表大会制定的法律进行部分补充和修改，但是不得同该法律的基本原则相抵触。"

（三）行政法规

行政法规是由国家最高行政机关国务院根据宪法、法律或最高权力机关的授权制定的规范性法律文件，其效力和地位仅次于宪法和法律。

（四）地方性法规

地方性法规仅在本地区有效。根据我国法律规定，省、直辖市的人民代表大会和它们的常务委员会，在不同宪法、法律、行政法规相抵触的前提下，可以制定地方性法规，报全国人民代表大会常务委员会备案。

2018年宪法修正案规定，设区的市的人民代表大会及其常务委员会，在不同宪法、法律、行政法规和本省、自治区的地方性法规相抵触的前提下，可以依照法律规定制定地方性法规，报本省、自治区人民代表大会常务委员会批准后施行。

（五）自治法规

自治法规是民族区域自治地方，即自治区、自治州、自治县人大制定的与民族区域自治有关的规范性法律文件，包括自治条例和单行条例。自治条例和单行条例可以依照当地民族的特点，对法律和行政法规的规定作出变通规定，但不得违背法律或者行政法规的基本原则，不得对宪法和民族区域自治法的规定以及其他有关法律、行政法规专门就民族自治地方所作的规定作出变通规定。

【知识拓展 1－1】

我国的民族区域自治

自治是在国家的统一领导下，以少数民族聚居的地方为基础，建立相应的自治机关，行使自治权，由少数民族人民自己当家作主，管理本民族内部地方事务。民族自治区享有宪法、民族区域自治法和其他法律规定的民族自治权，这种制度称为“民族区域自治制度”。民族区域自治制度是中国的一项基本政治制度。我国民族自治地方的自治机关是自治区、自治州、自治县的人民代表大会和相应的各级人民政府，它是我国一种特殊的国家机关。

自治区是一种行政区划分类型，在中国相当于省一级的行政单位，相比普通省份，其地方政府在内部事务方面，会拥有比其他同等级行政区更高的自主空间。在我国，现有内蒙古自治区、广西壮族自治区、西藏自治区、宁夏回族自治区、新疆维吾尔自治区等五个自治区。

（六）规章

规章通常称行政规章，是国家行政机关依照行政职权所制定、发布的针对某一类事件或某一类人的一般性规定，是抽象行政行为的一种。规章包括部门规章和地方人民政府规章。根据我国法律规定，国务院各部、委员会、中国人民银行、审计署和具有行政管理职能的直属机构，可以根据法律和国务院的行政法规、决定、命令，在本部门的权限范围内，制定规章。省、自治区、直辖市和设区的市、自治州的人民政府，可以根据法律、行政法规和本省、自治区、直辖市的地方性法规，制定规章。

（七）国际条约和惯例

国际条约指两个或两个以上国家或国际组织间缔结的确定其相互关系中权利和义务的各种协议，是国际间相互交往的一种最普遍的法的渊源或法的形式。国际条约包括条约、宪章、公约、盟约、规约、专约、协定、议定书、换文、公报、联合宣言、最后决议书等，对缔结或加入条约的国家的国家机关、公职人员、社会组织和公民也有法的约束力。所谓国际惯例指在国际实践中反复使用形成的，具有固定内容的，未经立法程序制定的，如为一国所承认或当事人采用，就对其具有约束力的一种习惯做法或常例。

（八）司法解释

我国的司法解释特指由最高人民法院和最高人民检察院根据法律赋予的职权，对审判和检察工作中具体应用法律所作的具有普遍司法效力的解释。这种解释一般采用规范性文件发布，是我国的法律渊源之一。

【案例分析 1－1】

劳动模范是否有特权

案情：某全国劳动模范涉嫌贪污巨额公款，事实清楚，证据确凿，依照《中华人民共和国刑法》（以下简称《刑法》）第三百八十三条的规定，应当处十年以上有期徒刑或无期徒刑，可以并处没收财产。但是合议庭认为，该劳模有功于国家和社会，因此决定从轻处理，判处有期徒刑九年，并处没收财产。

解析：该合议庭的判处是不合适的。在我国，国家机关及其工作人员在适用法律时应遵守以下原则：❶ 以事实为依据，以法律为准绳的原则；❷ 公民在适用法律上一律平等的原则；❸ 司法机关依法独立公正行使职权的原则。该合议庭没有严格按照法律的规定对该劳模作出符合社会主义公正的判决，因此，其判处是不合适的。

第二节　经济法概述

一、经济法的产生及概念

（一）经济法的产生

“经济法”这个概念，最早是由法国空想共产主义者摩莱里在 1755 年出版的《自然法典》中提出来的。1916 年，德国法学家赫德曼在《经济学字典》中使用了经济法概念。1919 年，德国颁布《煤炭经济法》，第一次在立法中以“经济法”命名。此后，世界各国纷纷颁布经济立法，并在事实上逐渐形成了一个独立的法律部门和新兴的法学学科。

我国经济法概念的出现，最早是在 1933 年上海大东书局出版的《法律大辞典》中的一个“经济法”条目，是摘抄德国法学中对于“经济法”的解释。真正大量正式使用经济法概念，始自 1979 年第五届全国人民代表大会第二次会议上首次提出的“经济法”概念。1980 年开始在高等院校法律专业中开设经济法课程。2001 年 9 月，全国人大常委会决议指出，社会主义市场经济法律体系由宪法、民商法、行政法、刑法、经济法、社会法、诉讼法与非诉讼法等七个法律部门构成。至此，经济法已经成为我国社会主义法律体系中一个重要法律部门。

（二）经济法的概念和特征

经济法是在市场经济体制条件下，国家为了矫正市场失灵而管理和调控经济活动中所发生的经济关系的法律规范的总称。

经济法是对商品经济关系进行整体、系统、全面、综合调整的一个法律部门。其主要特征如下。

（1）从法律组成的形式来讲，经济法是一系列单行经济法律规范的总称，是一种带有综合性特点的法律。

（2）从法律内容上讲，经济法同社会经济的关系更为密切，与经济基础更为直接，是一种具有经济性特点的法律。

（3）从调整对象的特殊性来讲，经济法同科学技术、自然规律的关系十分密切，是一种具有效益性特点的法律。

(4) 从经济法的功能与作用来讲，经济法具有明显的限制性和促进性两种功能，贯彻惩罚和奖励相结合原则，是一种带有指导性特点的法律。

(5) 从实施上讲，经济法的实施是由国家经济行政部门和司法部门共同负责的，遵循经济司法与经济立法相结合、实体法和程序法相结合、奖励与惩罚相结合的原则。

二、经济法的调整对象

任何一个法律部门都有自身的调整对象，即该法所调整的独特的社会关系，经济法也是如此。经济法调整的是国家在经济活动过程中所形成的各种社会关系，这种社会关系既包括横向的市场经济主体之间的关系，也包括纵向的国家对市场经济主体的管理与调控关系；既有私法上的关系，又有公法上的关系。总的来说，经济法的调整对象主要包括以下五个方面的经济关系。

（一）市场主体管理关系

市场主体管理关系即纵向经济关系。国家为了协调经济运行，通过立法对市场主体的资格取得和丧失进行必要的管理和干预，包括国家（国家机关及其授权组织）对企业、事业单位等社会组织的宏观经济管理关系，以及企业等社会组织自身的微观经济管理关系。如公司、企业的设立、变更与终止，内部机构的设置与职权范围及财务制度等事项。在此过程中所形成的管理关系，属于经济法的调整对象范畴。

（二）经营协调关系

经营协调关系，即专指经济法所调整的那部分横向经济关系。大体上说，经济法主要调整由国家计划制约的、由国家直接管理的，或涉及全局利益的，以及其他一些重要的关系国计民生的经营协调关系。横向经济关系包括经济联合关系（如企业间的合并、兼并），经济协作关系（联营中的合同型联营）和经济竞争关系。

（三）宏观经济调控关系

宏观调控是国家为了实现经济总量的基本平衡，保持国民经济持续、快速、健康发展而对国民经济结构及其运行进行的调节和控制。国民经济和社会发展运行过程中所形成的社会关系，属于经济法调整对象。它涉及现实社会中国民经济的整体利益、社会公共利益和国家根本利益与长远利益，本质上是国家对宏观经济政策的调控关系。

（四）市场规制关系

市场规制关系是指国家为了维护社会主义市场经济秩序、规范市场主体行为，而对市场主体的生产经营行为加以干预和约束所发生的一种国家经济调节关系。也就是国家对从事生产经营活动的市场主体（经营者）关于经营行为的引导、调节、控制、监督、查处和制裁等过程中发生的社会关系。如国家对竞争秩序的规制，对垄断秩序的规制等发生的社会关系。

（五）涉外经济关系

涉外经济关系是指具有涉外因素的经济管理关系和经营协调关系。比如外商投资企业法律制度所调整的社会关系等。

【案例分析 1－2】

奖金该归谁

案情： 2024 年 5 月 1 日，某商场搞有奖销售活动，15 岁的小明购买了 58 元洗发水，中奖 8 000 元。第二天，小明的母亲和他一起去领奖。领完奖回来后小明偷偷拿走 7 800 元买了电脑，母亲想拿这钱买化妆品的时候发现钱被儿子花了，遂要求商家返还购置费用，退回电脑。

问题：

1. 儿子买洗发水合法吗，奖金归谁，为什么？

2. 儿子买电脑行为是否合法？母亲能否要求退货？为什么？

3. 母亲用奖金钱买化妆品可符合法律规定？

4. 分析本案例出现的法律关系。

解析：

1. 买洗发水合法，奖金归儿子。《中华人民共和国民法典》（以下简称《民法典》）第十九条规定："八周岁以上的未成年人为限制民事行为能力人，实施民事法律行为由其法定代理人代理或者经其法定代理人同意、追认，但是可以独立实施纯获利益的民事法律行为或者与其年龄、智力相适应的民事法律行为。"

2. 不合法，可以要求退货，理由同上。

3. 不合法。《民法典》第三十五条规定："监护人应当按照最有利于被监护人的原则履行监护职责。监护人除为维护被监护人利益外，不得处分被监护人的财产。"

4. 小明和商场是买卖合同法律关系，母亲和小明是监护法律关系。

第三节　经济法律关系

一、经济法律关系的概念及构成

（一）经济法律关系的概念

经济法律关系是法律关系的一种，是指根据经济法律规范的规定和调整而形成的人们之间的权利义务关系。它具有如下几个特点：

（1）经济法律关系是一种思想意志关系。

（2）经济法律关系是受经济法律规范调整的社会经济关系。

（3）经济法律关系是具有经济内容的权利义务关系。

（二）经济法律关系的构成

经济法律关系同其他法律关系一样，都由三个基本要素构成，即主体、内容和客体。这三个要素缺一不可，其中任何一个要素内容的发生、变更，都会引起经济法律关系相应变化。

1. 经济法律关系的主体

经济法律关系的主体亦称经济法主体，是指以自己的名义参加经济法律关系，享受经济权利，承担经济义务的当事人。经济法律关系的主体包括：

(1) 国家机关。国家机关是行使国家职能的各种机关的通称。在经济法律关系的主体范畴中,国家机关主要是指经济管理机关。

(2) 社会组织。社会组织是指经法定程序设立,实行独立核算或预算,拥有独立的财产权或经营管理权的企业、事业单位和社会团体等。

(3) 经济组织内部的职能机构或下属单位。

(4) 个体户与农村承包经营户。

(5) 自然人。自然人在特定情况和条件下,也可以成为经济法律关系的主体,如在税收法律关系中。

2. 经济法律关系的内容

经济法律关系的内容是指经济权利和经济义务,也就是经济法律关系主体享有的经济权利和承担的经济义务。经济权利和经济义务是经济法律关系的核心。

(1) 经济权利。经济权利是指经济法律关系主体依法具有的自己为一定行为或不为一定行为和要求他人为一定行为或不为一定行为的资格。

经济权利主要包括:❶ 经济职权;❷ 财产所有权;❸ 国有资产管理权;❹ 经营管理权;❺ 承包经营权;❻ 经济请求权。

(2) 经济义务。经济义务是指经济法律关系主体依法为满足权利主体的要求必须为一定行为或不为一定行为的责任。经济义务根据产生原因可分为:法定义务,即法律、法规规定的义务;约定义务,即合同、协议约定的义务。经济义务根据权利者或权力者不同又可分为市场主体的义务(如守法经营的义务、公平竞争的义务)和国家政府机关义务(如正确行使权力的义务、服务性义务)等。

3. 经济法律关系的客体

经济法律关系的客体是指经济法律关系主体的经济权利和经济义务所共同指向的对象,是经济权利和经济义务的载体和目标。经济法律关系的客体种类包括以下几种:

(1) 物。物是指可以为人们控制和支配,具有一定经济价值并以物质形态表现出来的物体。物的分类为:流通物和限制流通物、特定物和种类物、主物和从物、原物和孳息(分为自然孳息、法定孳息)等。

(2) 经济行为。经济行为是进行经济活动,能发生一定经济后果的行为。经济行为可分为国家和政府的经济行为和市场主体的经济行为。

(3) 智力成果。智力成果又称为精神产品或无形财产,是指人们创造的能够带来经济价值的脑力劳动成果,它是文学艺术作品、专利、专有技术和商标等一切创造性劳动成果的统称。

【案例分析 1-3】

经济法律关系

案情: 老张是某村农民。他的儿子已经长大成人,便以老张的名义向村里申请一处宅基地。村委会研究后,决定将村后的一处空地作为宅基地划拨给老张使用。经过镇人民政府审核后,县国土管理部门批准了老张的申请,并向老张发放了宅基地的使用证书。

问题:

1. 老张和本县国土管理部门、政府之间是否形成经济法律关系?

2. 如果形成的话，是哪一类经济法律关系？

3. 以上案例中涉及的经济法律关系的主体有哪几个？

解析：老王和本县国土管理部门、政府之间形成了经济法律关系。如果按经济法律关系的法律性质分类，它属于财产法律关系。如果按经济法律关系的经济内容分类，它属于土地法律关系。其中涉及的经济法律关系主体有：老张、村委会、镇人民政府、国土管理部门。

二、经济法律关系的发生、变更和终止

经济法律关系的发生是指由于一定客观情况的出现而在经济法律关系主体之间形成的一定的权利和义务。经济法律关系的变更是指已经发生的经济法律关系要素的变化（主体、内容、客体）。经济法律关系的终止是指经济法律关系主体之间的权利义务归于终结。无论是经济法律关系的发生、变更或终止，都是由于一定的经济法律事实的出现所引起的。

（一）经济法律事实的含义

经济法律事实是指法律规范所规定的，能引起经济法律关系发生、变更或终止的客观情况或现象。

（二）经济法律事实的分类

经济法律事实按其与经济法律关系主体意志联系与否，可分为事件与行为两大类。

1. 事件

事件是指客观上存在和发生的，与经济法律关系主体的主观意志与自觉行为无关的，但能引起经济法律关系发生、变更和终止的客观现象，如不可抗力、偶发事故等。

2. 行为

行为是指由一定的组织或个人在其主观意志支配下自觉实施的，能够引起经济法律关系发生、变更和终止的活动。包括公司、企业和其他经济组织的经济法律行为，国家机关的行政行为、执法行为、司法行为，仲裁机构的仲裁行为等。

第四节　与经济法相关的法律基础知识

一、民法概述

（一）民法的概念

民法是调整平等主体的财产关系和人身关系的法律规范的总称。平等主体是指在民事法律关系中法律地位平等的当事人，也叫作民事主体，包括自然人、法人和其他组织。民法是国家法律体系中的重要部门法之一，与人们的生活密切相关。

（二）民法的调整对象

1. 民法调整的财产关系

平等主体的财产关系，是指人们在商品生产、分配、交换和消费过程中形成的具有经济内

容的关系，包括财产所有关系和财产流转关系。财产所有关系是指因直接占有、使用、收益、处分财产而发生的社会关系。财产流转关系是指因财产的交换而发生的社会关系。这两类财产关系有着密切的联系，财产所有关系主体是发生财产流转关系的前提条件，通常只有财产所有人才能对财产实施法律上的处分，与对方发生债的关系；财产流转关系通常又是实现财产所有关系的方法，即财产所有人通过债的关系取得或行使财产的所有权。

2. 民法调整的人身关系

所谓人身关系，是指没有直接的财产内容但有人身属性的社会关系。人身关系是基于一定的人格和身份产生的，因此人身关系包括两类：❶ 基于民事主体的人格产生的人身关系。这些关系在民法上表现为民事主体的人格权，如，自然人的生命和健康权、姓名权、肖像权、名誉权、荣誉权等；法人和其他组织的名称权、名誉权、荣誉权等。❷ 基于民事主体的一定的身份产生的人身关系。这类关系在民法上表现为自然人的身份权，如，夫妻之间、父母之间、有扶养关系的祖父母与孙子女之间、外祖父母与外孙子女之间依法相互享有的身份权，因监护关系产生的监护权等。

二、民事主体

小刘在健身房的那些事

（一）自然人

自然人即生物学意义上的人，是基于出生而取得民事主体资格的人。其外延包括本国公民、外国公民和无国籍人。

1. 自然人的民事权利能力和民事行为能力

（1）自然人的民事权利能力，是指法律赋予自然人享有民事权利、承担民事义务的资格。它是自然人参加民事法律关系，取得民事权利、承担民事义务的法律依据，也是自然人享有民事主体资格的标志。

自然人的民事权利能力来自法律的赋予，是自然人从事民事活动的前提条件。根据我国法律规定，自然人都平等地拥有民事主体资格，都平等地享有法律上所规定的民事权利能力，不受民族、种族、性别、年龄、职业、职务、家庭出身、宗教信仰、教育程度、财产状况的限制。

《民法典》第十三条规定："自然人从出生时起到死亡时止，具有民事权利能力，依法享有民事权利，承担民事义务。"可见，自然人的民事权利能力始于出生，终于死亡。民法上说的死亡，包括自然死亡和宣告死亡。

（2）自然人的民事行为能力，是指自然人能以自己的独立行为取得民事权利和承担民事义务的资格。《民法典》根据我国自然人的具体情况，按照年龄阶段的不同和智力是否正常，将自然人的民事行为能力划分为：完全民事行为能力、限制民事行为能力和无民事行为能力。

❶ 完全民事行为能力人，即可以独立进行民事活动的自然人。根据我国法律规定，年龄在 18 周岁以上且无精神障碍，或年龄在 16 周岁以上未满 18 周岁的自然人，以自己的劳动收入为生活来源的，视为完全民事行为能力人。

❷ 限制民事行为能力人，即具有部分民事行为能力人。我国法律规定有两类：一类是 8 周岁以上的未成年人；另一类是不能完全辨认自己行为的精神病人。限制民事行为能力人可以独立实施纯获利益的民事法律行为或者与其年龄、智力相适应的民事法律行为，其他民事活

动由其法定代理人代理或征得法定代理人同意后才能进行。

❸ 无民事行为能力人，即不具有独立进行民事活动的自然人。根据我国法律规定有两类：一类是不满 8 周岁的未成年人；另一类是完全不能辨认自己行为的精神病人。他们的民事活动由其法定代理人即监护人代理。

2. 宣告失踪和宣告死亡

（1）宣告失踪，是指自然人离开自己的住所，下落不明达到法定期限，经利害关系人申请，由人民法院宣告其为失踪人的法律制度。我国《民法典》第四十条规定："自然人下落不明满二年的，利害关系人可以向人民法院申请宣告该自然人为失踪人。""自然人下落不明的时间从其失去音讯之日起计算。战争期间下落不明的，下落不明的时间自战争结束之日或者有关机关确定的下落不明之日起计算。"自然人被宣告失踪的法律后果，主要包括两方面：一是为失踪人的财产设定财产代管人；二是失踪人所欠的税款、债务和应付的其他费用，由代管人从失踪人的财产中支付。

（2）宣告死亡，是指自然人下落不明的状态持续达到法定期限，经利害关系人申请，由人民法院宣告其死亡的法律制度。《民法典》第四十六条规定："自然人有下列情形之一的，利害关系人可以向人民法院申请宣告该自然人死亡：❶ 下落不明满四年；❷ 因意外事件，下落不明满二年。因意外事件下落不明，经有关机关证明该自然人不可能生存的，申请宣告死亡不受二年时间的限制。"

自然人被宣告死亡的法律后果，主要包括：一是被宣告死亡的自然人与其配偶之间婚姻关系消灭；二是其继承人因此可以继承其遗产；三是受遗赠人可以取得遗赠。

【知识拓展 1－2】

宣告死亡的人出现的法律后果

当被宣告死亡的人重新出现或者确知其没有死亡的，经本人或者利害关系人申请，人民法院应当撤销对其的死亡宣告。根据《民法典》的相关规定：被宣告死亡的人重新出现，经本人或者利害关系人申请，人民法院应当撤销死亡宣告。被宣告死亡的人的婚姻关系，自死亡宣告之日起消灭。死亡宣告被撤销的，婚姻关系自撤销死亡宣告之日起自行恢复，但是其配偶再婚或者向婚姻登记机关书面声明不愿意恢复的除外。被宣告死亡的人在被宣告死亡期间，其子女被他人依法收养的，在死亡宣告被撤销后，不得以未经本人同意为由主张收养关系无效。被撤销死亡宣告的人有权请求依照继承法取得其财产的民事主体返还财产。无法返还的，应当给予适当补偿。

利害关系人隐瞒真实情况，致使他人被宣告死亡取得其财产的，除应当返还财产外，还应当对由此造成的损失承担赔偿责任。

3. 监护

监护是指对未成年人或精神病人的人身、财产及其合法权益由监护人监督和保护的民事法律制度。监护一般可分为法定监护和指定监护两种。

（1）法定监护。法定监护是指依据法律直接规定而成为无民事行为能力人或者限制民事行为能力人的监护。

对未成年人的法定监护人的设立，根据《民法典》的规定：❶ 父母是未成年子女的监护人；❷ 未成年人的父母已经死亡或者没有监护能力的，由下列有监护能力的人按顺序担任监护人：a. 祖父母、外祖父母；b. 兄、姐；c. 其他愿意担任监护人的个人或者组织，但是须经未成年人住所地的居民委员会、村民委员会或者民政部门同意。

对无民事行为能力或者限制民事行为能力的精神病人的法定监护人的设立，无民事行为能力或者限制民事行为能力的成年人，由下列有监护能力的人按顺序担任监护人：a. 配偶；b. 父母、子女；c. 其他近亲属；d. 其他愿意担任监护人的个人或者组织，但是须经被监护人住所地的居民委员会、村民委员会或者民政部门同意。

（2）指定监护。指定监护指法律规定的相关主体指定监护人的监护。

被监护人的父母担任监护人的，可以通过遗嘱指定监护人。对监护人的确定有争议的，由被监护人住所地的居民委员会、村民委员会或者民政部门指定监护人，有关当事人对指定不服的，可以向人民法院申请指定监护人；有关当事人也可以直接向人民法院申请指定监护人。

居民委员会、村民委员会、民政部门或者人民法院应当尊重被监护人的真实意愿，按照最有利于被监护人的原则在依法具有监护资格的人中指定监护人。

（3）监护的终止。基于以下原因监护关系终止：

❶ 被监护人取得或者恢复完全民事行为能力；❷ 监护人丧失监护能力；❸ 被监护人或者监护人死亡；❹ 人民法院认定监护关系终止的其他情形。

监护关系终止后，被监护人仍然需要监护的，应当依法另行确定监护人。

4. 自然人的住所

自然人的住所，是指法律认可的自然人民事生活的中心处所和经常居住地。

《民法典》第二十五条规定："自然人以户籍登记或者其他有效身份登记记载的居所为住所；经常居所与住所不一致的，经常居所视为住所。"

【案例分析 1－4】

买卖是否有效

案情：张某今年 17 岁，在本镇啤酒厂做临时工，每月有 3 000 元的收入。为了上班方便，张某在镇里租了一间房。7 月份，张某未经其父母同意，花 3 500 元钱从李某处买了一台电脑。同年 10 月，张某因患精神分裂症丧失了民事行为能力。随后，其父找到李某，认为他们之间的买卖无效，要求李某返还钱款，拿走电脑。

问题：此买卖是否有效？为什么？

解析：双方买卖有效。因为张某已有 17 岁又以自己的劳动收入为主要生活来源，应视为是完全民事行为能力人，并且张某患精神分裂症是在其购买电脑之后。

（二）法人

1. 法人制度的概述

依据我国《民法典》第五十七条的规定："法人是指具有民事权利能力和民事行为能力，依法独立享有民事权利和承担民事义务的组织。"

法人的基本法律特征可以归纳为以下四点。

（1）法人是依法成立的一种社会组织。

(2) 法人拥有独立的财产或经费。

(3) 法人独立承担民事责任。

(4) 法人能够以自己的名义参加民事活动。

2. 法人的分类

《民法典》对法人有以下分类:

(1) 营利法人。营利法人是指以取得利润并分配给股东等出资人为目的成立的法人。营利法人包括有限责任公司、股份有限公司和其他企业法人等。

(2) 非营利法人。非营利法人是指为公益目的或者其他非营利目的成立,不向出资人、设立人或者会员分配所取得利润的法人。非营利法人包括事业单位、社会团体、基金会、社会服务机构等。

(3) 特别法人。特别法人是指机关法人、农村集体经济组织法人、城镇农村的合作经济组织法人、基层群众性自治组织法人。

3. 法人的民事权利能力和民事行为能力

法人的民事权利能力是指法人能够以自己的名义参与民事法律关系并且取得民事权利、承担民事义务的资格。法人的民事行为能力,是指法人以自己的独立意志进行民事行为的能力。《民法典》第五十九条规定:"法人的民事权利能力和民事行为能力,从法人成立时产生,到法人终止时消灭。"

与自然人相比,法人的民事行为能力主要具有以下特点。

(1) 法人的行为能力和权利能力同时产生、同时终止。当法人具备相应的成立条件,并经由设立程序取得法人资格后,即开始享有权利能力,也同时开始具备行为能力。

(2) 自然人的行为能力通常是由自己来实现,法人则不同,法人的行为能力通常是由法人的机关或者法人机关委托的代理人来实现。

三、民事行为

民事行为是指自然人、法人或者其他组织设立、变更、终止民事权利和民事义务的行为,包括民事法律行为、无效民事法律行为、可撤销的民事法律行为、效力待定的民事法律行为等。

(一) 民事法律行为

1. 民事法律行为的概念和特征

民事法律行为,简称为法律行为,是民事主体通过意思表示设立、变更、终止民事法律关系的行为。民事法律行为是一种重要的民事法律事实。民事法律行为具有以下特征。

(1) 民事法律行为是民事主体实施的以发生一定的民事法律效果为目的的行为。民事主体包括自然人、法人和其他组织,民事法律行为是民事主体旨在设立、变更和终止民事法律关系的行为。因此,引起民事法律关系的变动,是民事法律行为的目的。

(2) 民事法律行为以意思表示为核心要素。意思表示是指表意人将其期望发生某种法律效果的内心意思以一定方式表现于外部的行为。意思表示是法律行为最基本的要素。

2. 民事法律行为的分类

对民事法律行为,从不同角度,按照不同的标准,可以进行不同的分类。

(1) 单方行为、双方行为和多方行为，该分类以民事法律行为人人数为标准。单方行为是仅由一方行为人的意思表示就能成立的民事法律行为，其特点是不需要他人的同意就能发生法律效力，如订立遗嘱、免除债务等。双方法律行为是当事人双方相对应的意思表示达成一致而成立的民事法律行为，如买卖合同等。多方法律行为是由多个行为人的意思表示达成一致而成立的民事法律行为，如公司股东会的决议等。

(2) 有偿法律行为和无偿法律行为，该分类以法律行为有无对价为标准。有偿法律行为是指当事人一方享有利益，须向对方当事人支付相应对价的法律行为。例如在买卖合同中，买方为获得对方的货物而支付价金，卖方为得到价金而交付货物。无偿法律行为是只有一方负担给付义务，或双方当事人所负担的对待给付不具有对价性的法律行为，如赠与合同、委托合同等。

(3) 诺成法律行为和实践法律行为。根据法律行为成立要件的不同，仅以意思表示一致为成立要件的法律行为是诺成法律行为，例如买卖合同等。大多数双方法律行为都属于诺成法律行为。除意思表示一致外，还须有一方当事人履行合同义务或交付标的物的行为才可成立的法律行为是实践法律行为，如借款合同、质押合同等。

(4) 要式法律行为和不要式法律行为，该分类以民事法律行为的成立是否须依照某种特定的形式为标准。要式行为是指依法律规定必须采取一定的形式或履行一定程序才能成立的行为，如票据行为就是法定要式行为。不要式行为是指法律不要求特定形式，行为人自由选择一种形式即能成立的行为。一般的买卖行为均为不要式行为。

(5) 有因行为和无因行为，该分类以法律行为与其原因的关系为标准来划分。有因行为是指与原因不可分离的行为。原因就是民事法律行为的目的，例如买卖行为的原因，对于买方，就是取得标的物的所有权；对于卖方，就是取得价款。无因行为是指行为与原因可以分离，不以原因为要素的行为，例如票据行为就是无因行为。

3. 民事法律行为的形式

(1) 口头形式，指以对话的方式进行的意思表示，包括当面交谈、电话交谈等。

(2) 书面形式，指用书面文字形式进行的意思表示，如合同、记载当事人权利义务内容的文件等。

《民法典》第四百六十九条规定，当事人订立合同，可以采用书面形式、口头形式或者其他形式。

书面形式是合同书、信件、电报、电传、传真等可以有形地表现所载内容的形式。

以电子数据交换、电子邮件等方式能够有形地表现所载内容，并可以随时调取查用的数据电文，视为书面形式。

(3) 推定形式，指当事人通过有目的、有意义的积极行为将其内在意思表现于外部，使他人可以根据常识、交易习惯或相互间的默契，推知当事人已作某种意思表示，从而使法律行为成立。例如，购物人在商场交付货币的行为，可推定行为人购买物品的意思。

(4) 沉默形式，指既无语言表示又无行为表示的消极行为，在法律有特别规定的情况下，视为当事人的沉默已构成意思表示，成立法律行为。《民法典》规定，继承人在继承开始后遗产处理前未表示放弃继承的，就视为接受继承。

4. 民事法律行为的效力

民事法律行为有效的条件：❶ 行为人具有相应的民事行为能力；❷ 意思表示真实；❸ 不

违反法律、行政法规的强制性规定，不违背公序良俗。

（二）无效民事法律行为

无效民事法律行为是指已经成立，但严重欠缺民事法律行为的有效要件，自始、绝对、确定、当然不按照行为人设立、变更和终止民事法律关系的意思表示发生法律效力的民事法律行为。根据我国法律规定，无效民事法律行为有如下类型。

1. 行为人不合格

《民法典》第一百四十四条规定，无民事行为能力人实施的民事法律行为无效。

2. 意思表示不真实

（1）行为人与相对人以虚假的意思表示实施的民事法律行为无效。

（2）行为人与相对人恶意串通，损害他人合法权益的民事法律行为无效。

3. 违反法律、行政法规的强制性规定，违背公序良俗

（1）违反法律、行政法规的强制性规定的民事法律行为无效，但是该强制性规定不导致该民事法律行为无效的除外。

（2）违背公序良俗的民事法律行为无效。

（三）可撤销的民事法律行为

可撤销的民事法律行为又称相对无效的民事法律行为，是指民事行为虽已成立，但因欠缺民事行为的生效要件，可以因行为人撤销权的行使，使民事行为自始归于无效的民事法律行为。可撤销民事行为的类型有以下几种。

1. 基于重大误解所实施的民事法律行为

构成重大误解的民事行为应当具备如下条件：❶ 当事人对民事行为的内容有错误认识；❷ 表意人基于误解作出了意思表示；❸ 误解因误解方自己的过失造成；❹ 行为后果造成了表意人较大的损失。

2. 民事行为发生时显失公平

一方利用对方处于危困状态、缺乏判断能力等情形，致使民事法律行为成立时显失公平的，受损害方有权请求人民法院或者仲裁机构予以撤销。

3. 欺诈、胁迫民事行为

一方以欺诈手段，使对方在违背真实意思的情况下实施的民事法律行为，受欺诈方有权请求人民法院或者仲裁机构予以撤销。

第三人实施欺诈行为，使一方在违背真实意思的情况下实施的民事法律行为，对方知道或者应当知道该欺诈行为的，受欺诈方有权请求人民法院或者仲裁机构予以撤销。

一方或者第三人以胁迫手段，使对方在违背真实意思的情况下实施的民事法律行为，受胁迫方有权请求人民法院或者仲裁机构予以撤销。

（四）效力待定的民事法律行为

效力待定民事法律行为是指行为成立时，其有效还是无效尚不能确定，还待其后一定事实的发生来确定其效力的民事行为，主要包括以下几种。

1. 限制民事行为能力人实施的依法不能独立实施的民事法律行为

该种行为若事后得到其法定代理人追认，则有效；反之，其法定代理人拒绝追认，则该行为

无效。此类行为实施后，法定代理人表态前，行为的效力待定。

2. 无权代理行为

无权代理人以被代理人名义实施的民事行为，被代理人事后追认的，则对被代理人发生效力；反之，被代理人事后不追认的，该行为自始对被代理人不发生效力。该行为实施后，被代理人表态前，行为的效力待定。

3. 无权处分行为

《民法典》第一百七十一条规定："行为人没有代理权、超越代理权或者代理权终止后，仍然实施代理行为，未经被代理人追认的，对被代理人不发生效力。"《民法典》第五百零三条规定："无权代理人以被代理人的名义订立合同，被代理人已经开始履行合同义务或者接受相对人履行的，视为对合同的追认。"

4. 债权同意欠缺的债务转移行为

债务人转让其债务，如受让人无力履行债务，则债权人的利益难以实现。因此我国《民法典》第五百五十一条规定："债务人将债务的全部或者部分转移给第三人的，应当经债权人同意。债务人或者第三人可以催告债权人在合理期限内予以同意，债权人未作表示的，视为不同意。"

【案例分析 1－5】

可撤销的民事行为

案情： 在某扶轮社年会上，主席宣布前任总监80大寿，请会员签名致贺。社员某甲发言，表示赞成后，即离席接听电话，回到会场见一书面文件，即签名其上。实际上该书面文件系乙出版社以1万元优待会员购买"某民法学全集"的认购单，甲离席之际，主席曾宣布此事，甲不知之。

问题： 甲能否拒绝向乙出版社支付购书费？

解析： 能。此行为属于可撤销的民事行为。甲在签字时，对真实事件存在重大误解。《民法典》第一百四十七条规定："基于重大误解实施的民事法律行为，行为人有权请求人民法院或者仲裁机构予以撤销。"

四、代理

（一）代理的概念

代理是指代理人在代理权范围内，以被代理人的名义或自己的名义独立与第三人为民事法律行为，由此产生的法律效果直接或间接归属于被代理人的法律制度。在代理制度中，以他人名义或自己名义为他人实施民事行为的人，称为代理人。由他人代为实施民事行为的人，称为被代理人，也称本人。与代理人实施民事行为的人，称为第三人。

代理具有以下特征。

（1）代理人在代理权限之内实施代理行为。代理人进行代理活动的依据是代理权，因此代理人必须在代理权限内实施代理行为。委托代理人应根据被代理人的授权进行代理。法定代理人或指定代理人只能在法律规定或指定的代理权限内进行代理行为。

（2）代理人以被代理人的名义或自己的名义进行活动。代理有直接代理和间接代理之分。狭义的代理仅指直接代理，即代理人须以被代理人的名义进行代理行为。广义的代理包括直接代理和间接代理。所谓间接代理，就是代理人以自己的名义代被代理人为民事行为。我国现行民事立法采用广义的代理。

（3）代理行为的法律效果直接归属于被代理人或经由间接代理人归属于被代理人。

（4）代理人以作出或接受意思表示为职能。代理人进行代理行为，以代被代理人实施民事行为为使命，由于意思表示是民事行为的基本要素，因此，代理人以自己的技能为被代理人的利益独立为意思表示，是代理人的职能。

凡意思表示具有严格的人身性质，必须由表意人亲自作出决定和进行表达的行为，尽管包含有意思表示因素，也不得适用代理。例如订立遗嘱、婚姻登记、收养子女等行为，不得代理。

（二）代理的分类

1. 根据代理权产生的根据，将代理分为委托代理和法定代理

（1）委托代理。委托代理是指代理人按照被代理人的委托而进行的代理。委托代理授权采用书面形式的，授权委托书应当载明代理人的姓名或者名称、代理事项、权限和期间，并由被代理人签名或者盖章。

（2）法定代理。法定代理是指基于法律的直接规定而发生的代理。法定代理主要适用于被代理人为无行为能力人或限制行为能力人的情况，产生的根据是代理人与被代理人之间存在的血缘关系、婚姻关系、组织关系等。

2. 根据代理人代理权来源的不同，可将代理分为本代理和复代理

（1）本代理。本代理是指基于被代理人选任代理人或依法律规定而产生的代理。

（2）复代理。复代理又称再代理，是代理人为被代理人的利益将其所享有的代理权转托他人而产生的代理。因代理人的转托而享有代理权的人，称为再代理人，其代理行为产生的法律效果直接归属于被代理人。

（三）代理权行使的要求

1. 亲自行使代理权

被代理人委托代理人为自己服务是基于对该代理人信用、技能、知识的信赖，因此，代理人必须亲自实施代理行为，才符合被代理人的愿望。当然，特殊情况下经被代理人同意或紧急情况下为了被代理人利益除外。

2. 代理人应在代理权限范围内行使代理权，不得无权代理

代理人只有在代理权限范围内进行的民事活动，才能被看作是被代理人的行为，由被代理人承担代理行为的法律后果。代理人非经被代理人的同意，不得擅自扩大、变更代理权限。

3. 代理人应积极、谨慎、勤勉、忠实地行使代理权

代理人应从维护被代理人的利益出发，争取在对被代理人最为有利的情况下完成代理行为。

（四）无权代理

1. 无权代理的概念

无权代理是指不具有代理权的当事人所实施的代理行为。未经被代理人追认的，对被代理人不发生效力。包括以下三种情况。

（1）未经授权的代理。

（2）超越代理权的代理。代理人虽然获得了代理权，但所实施的代理行为不在被代理人的授权范围之内。其超越代理权限所实施的代理行为，成立无权代理。

（3）代理权已经终止后的代理。代理人超过代理权存续期限所实施的代理行为，成立无权代理。

2. 无权代理的法律效果

（1）发生与有权代理同样的法律效果。以下两种情况可以发生与有权代理同样的法律效果。❶ 被代理人行使追认权。对于无权代理行为，只有经过本人追认，无权代理的后果才对本人发生效力。被代理人追认权的行使有明示和默示两种方式，可以向交易相对人作出，也可以向无权代理人作出。一经作出追认，无权代理行为即可获得如同有权代理行为同样的法律效力。❷ 表见代理。表见代理是指行为人没有代理权，但交易相对人有理由相信行为人有代理权，并基于此信赖与行为人为民事法律行为，其行为的法律后果直接归属于被代理人的代理制度。表见代理的构成要件为：交易相对人有理由相信行为人有代理权，即交易相对人为善意；无权代理人与第三人所为的民事行为，应具备民事法律行为成立的有效要件和代理行为的表面特征。

（2）不发生与有权代理同样的法律效果。❶ 交易相对人行使撤销权。与无权代理人进行民事行为，不知道也不应当知道其为无权代理的善意交易相对人享有撤销权。撤销权的行使将确定基于无权代理所为的民事行为是不生效的行为。❷ 被代理人拒绝行使追认权。无权代理行为发生后，被代理人享有追认或拒绝追认的选择权，代理行为处于效力未定状态。如果被代理人表示拒绝追认或在交易相对人确定的催告期内不作出追认的表示，代理行为不发生效力。

（五）代理关系的消灭

1. 委托代理关系消灭的原因

（1）代理期限届满或者代理事务完成。

（2）被代理人取消委托或者代理人辞去委托。

（3）代理人丧失民事行为能力。

（4）代理人或者被代理人死亡。

（5）作为代理人或者被代理人的法人、非法人组织终止。

2. 法定代理消灭的原因

（1）被代理人取得或者恢复完全民事行为能力。

（2）代理人丧失民事行为能力。

（3）代理人或者被代理人死亡。

（4）法律规定的其他情形。

【案例分析 1－6】

代　理　权

案情：2024 年 10 月 12 日，神州贸易公司业务员林某以神州贸易公司的名义，利用盖有公司公章的空白合同，与某县建筑公司签订木材购销合同一份。合同约定：由神州贸易公司提供给某县建筑公司落叶松小径木 300 立方米，货款总额为 128 000 元，交货期限为 2024 年 11 月 18 日，某县建筑公司预付货款 3 万元，其余货款于货到后七日内一次付清。2024 年 10 月 27 日，某建筑公司将预付款 3 万元交给业务员林某，林某收到货款后存入其表弟王某个体经营的明新木器加工厂账内。时至 2024 年 11 月 20 日，林某未向某建筑公司供货。虽经多次催促，亦无货可供，且不退还货款。为此，某县建筑公司起诉至人民法院，要求神州贸易公司退还货款并赔偿货款利息。

问题：某县建筑公司的主张能否得到法院的支持？

解析：林某擅自利用其所在单位神州贸易公司的名义与某县建筑公司签订木材购销合同超越了代理权限，属无权代理。但相对人有理由相信其代理权的，构成表见代理，由此产生的法律后果，由神州贸易公司承担。《民法典》第一百七十二条规定："行为人没有代理权、超越代理权或者代理权终止后，仍然实施代理行为，相对人有理由相信行为人有代理权的，代理行为有效。"

五、时效

（一）时效的概念

时效是指当事人对财产的占有或不行使权利的行为，经过一定的时间，发生当事人取得权利或权利效力减损法律效果的制度。时效是导致民事法律关系发生、变更和消灭的法律事实。时效制度的设立属于强行性规定，当事人不得约定不受时效限制或变更法定的时效期间。时效的构成具有以下要件。

（1）一定的事实状态的存在。指主体占有某物的事实状态或者主体不行使权利的事实状态的存在。

（2）事实状态持续地经过法定的期间。即对物的占有状态或权利不行使状态连续不间断地经过法律规定的时效期限。

（二）时效的种类

依时效的事实状态要素和由此引起的法律效果的不同，时效分为取得时效和诉讼时效。

1. 取得时效

取得时效是指占有他人财产，持续达到法定期限，即可依法取得该项财产权的法律效果的时效。取得时效也称占有时效。我国相关法律未规定取得时效。

2. 诉讼时效

诉讼时效是指权利人不行使权利的事实状态持续地经过时效期间届满而消灭其胜诉权的时效。诉讼时效又称消灭时效。

（三）诉讼时效

1. 诉讼时效的概念

诉讼时效是指权利人在法定期间内不行使权利即丧失请求人民法院依诉讼程序强制义务人履行义务的权利的时效制度，即权利人在诉讼中丧失胜诉权。

2. 诉讼时效的期限

（1）向人民法院请求保护民事权利的诉讼时效期间为三年。法律另有规定的，依照其规定。

（2）权利受到损害之日起超过二十年的，人民法院不予保护。有特殊情况的，人民法院可以根据权利人的申请决定延长。

3. 诉讼时效期间的起算

诉讼时效期间自权利人知道或者应当知道权利受到损害以及义务人之日起计算。法律另有规定的，依照其规定。

当事人约定同一债务分期履行的，诉讼时效期间自最后一期履行期限届满之日起计算。无民事行为能力人或者限制民事行为能力人对其法定代理人的请求权的诉讼时效期间，自该法定代理终止之日起计算。未成年人遭受性侵害的损害赔偿请求权的诉讼时效期间，自受害人年满 18 周岁之日起计算。

4. 诉讼时效的中止

在诉讼时效期间的最后六个月内，因下列障碍，不能行使请求权的，诉讼时效中止。

（1）不可抗力。

（2）无民事行为能力人或者限制民事行为能力人没有法定代理人，或者法定代理人死亡、丧失民事行为能力、丧失代理权。

（3）继承开始后未确定继承人或者遗产管理人。

（4）权利人被义务人或者其他人控制。

（5）其他导致权利人不能行使请求权的障碍。

自中止时效的原因消除之日起满六个月，诉讼时效期间届满。

5. 诉讼时效期间的中断

诉讼时效期间的中断是指在诉讼时效进行期间，因发生一定的法定事由，使已经经过的时效期间统归无效，待时效期间中断的事由消除后，诉讼时效期间重新计算。诉讼时效中断的情形有如下几种。

（1）权利人向义务人提出履行请求。

（2）义务人同意履行义务。

（3）权利人提起诉讼或者申请仲裁。

（4）与提起诉讼或者申请仲裁具有同等效力的其他情形。

6. 不适用诉讼时效的请求权

借出去的钱还能要回来吗?

（1）请求停止侵害、排除妨碍、消除危险。

（2）不动产物权和登记的动产物权的权利人请求返还财产。

（3）请求支付抚养费、赡养费或者扶养费。

（4）依法不适用诉讼时效的其他请求权。

【课堂小活动】

角色A：某小区12幢305房屋的房主；角色B：法律志愿者协会会员；角色C：为租房者。

A想把自己的房屋出租给C，但A由于年事已高，法律知识欠缺，加之文化程度不高，在外地行动不便。现A找到B，想委托B办理此事。要求学生扮演三个角色，模拟交易的过程，注重训练代理及合同签订等法律知识。

阶段测试

一、名词解释

1. 经济法律关系　　2. 法人　　3. 代理　　4. 时效

二、单项选择题

1. 我国法律是指由(　　)制定的规范性文件的总和。

A. 国务院及各部委　　B. 国务院及省级人民政府

C. 全国人大及其常委会　　D. 全国人大及省级人大

2. 下列关于自然人民事行为能力的表述中，错误的是(　　)。

A. 十六周岁以上不满十八周岁的自然人，能够以自己的劳动收入为主要生活来源的，视为完全民事行为能力人

B. 八周岁以上的未成年人是限制民事行为能力人

C. 未成年人是无民事行为能力人

D. 完全不能辨认自己行为的精神病人是无民事行为能力人

3. 甲是乙公司依法设立的分公司。下列表述中，符合公司法律制度规定的是(　　)。

A. 甲应有自己的营业执照，以自己的名义进行营业活动，并独立承担民事责任

B. 甲应有独立的法人资格，以自己的名义进行营业活动，并独立承担民事责任

C. 甲应有自己的营业执照，可以没有独立的财产，但独立承担民事责任

D. 甲应有自己的营业执照，并以自己的名义进行营业活动，但不独立承担民事责任

4. 下列属于特别法人的是(　　)。

A. 高职院校　　B. 有限责任公司

C. 股份有限公司　　D. 农村集体经济组织法人

5. 下列不属于当代中国法的渊源的是(　　)。

A. 宪法　　B. 司法解释

C. 我国没有加入或承认的国际条约和惯例　　D. 行政法规

三、判断题

1. 宪法是国家的根本大法。（　　）

2. 法人是具有民事权利能力和民事行为能力，依法独立享有民事权利和承担民事义务的组织。（　　）

3. 表见代理是广义上的无权代理，不发生有权代理同样的法律效果。（　　）

4. 权利受到损害超过 20 年的，除非有特殊情况并经人民法院决定延长，其权利人民法院不予保护。（　　）

5.《中华人民共和国民法典》将法人分为营利法人、非营利法人和特别法人。（　　）

四、案例分析题

1. 某甲 5 岁的儿子根据其祖父的遗嘱继承其祖父留下的一笔财产，并由其父某甲保管。儿子满 18 岁后，要求使用这笔财产。某甲认为儿子大逆不道，忘恩负义，并认为幼儿根本不能拥有任何财产。问：

（1）某甲 5 岁的儿子能否继承其祖父的遗产？

（2）该财产的所有权归谁所有？

（3）儿子满 18 岁后能否使用该财产？

2. 李凌与林红于 2018 年结婚，2019 年生育一子李小明，2022 年李凌与林红协议离婚，李小明由李凌抚养。2024 年李小明在与邻居小孩玩耍过程中将一男孩张明新打伤，张明新共花去治疗费 6 000 余元。张的父母多次找李凌商议解决，但李凌称：“这孩子我管不了，有什么事你们找他妈妈去吧，我不为他惹的事操那个心。”张明新的父母遂起诉至县人民法院，要求予以赔偿，县人民法院在开庭前通知李凌到庭，但李凌拒不到庭。县人民法院认为此案中的一些问题必须李凌到庭才能查清，遂延期审理，又向李凌送达两次传票，要求其到庭，李凌仍予以拒绝。县人民法院遂对其拘传。开庭以后，李凌到县人大常委会控告法院限制其人身自由，理由是张明新受伤并非他所致，他没有法律责任，法院的拘传是错误的，要求予以道歉并赔偿他的精神损失。问：

（1）从代理的种类来看，李凌和李小明属于哪种类型的代理？

（2）法院拘传李凌是否正确？

3. 甲从乙处购买黄牛一头，作价 5 000 元。乙明知该牛有病而未告知甲，甲因价格便宜而将牛买下。在交易过程中，乙对甲说：“如果发生纠纷，你必须在三个月内（自交易之日起算）起诉，否则我概不负责。”甲表示应允。甲买回该牛后第四个月该牛因病死亡，双方遂发生纠纷。试分析：

（1）甲乙双方的买卖行为属于何种效力类型的法律行为？

（2）双方关于诉讼时效的约定是否有效？为什么？

实训操作与指导

1. 通过观察周边人们的民事行为，探寻代理在生活中的广泛运用。

指导意见：以学生小组为单位（8 人 1 组），调查校园代理的种类及其效力，尝试分析代理的法律关系,以小组为单位形成实训报告。

2. 讨论法人制度设立的意义。

指导意见:分组阅读相关资料,研究法人制度的设立和对经济生活的影响,并形成最终的报告。

3. 通过案例,分析其中的法律关系及其构成的要素。

江苏金藤影视艺术有限公司与宁波浙汇文化传播中心在南京签订了一份《合同书》,约定宁波浙汇中心将电视剧《热血情恋》在北京、天津、重庆、山东等七大省市的电视播映权独家转让给江苏金藤公司并支付了款项。试分析该经济法律关系的构成。分别写出主体、客体、内容。

指导意见:由案例来看,是属于转让电视播映权的合同,构成了买卖合同,所以合同双方是买卖合同法律关系。该法律关系的主体是江苏金藤影视艺术有限公司、宁波浙汇文化传播中心;客体是电视播映权;内容是宁波浙汇文化传播中心将电视剧《热血情恋》在北京、天津、重庆、山东等七大省市的电视播映权独家转让给江苏金藤影视艺术有限公司,而江苏金藤影视艺术有限公司支付相应款项。

自我评价

任务名称	掌握程度		
	好	中	差
法的概念和本质掌握情况			
当代中国法的渊源了解情况			
经济法概念及调整对象、经济法律关系概念及构成掌握情况			
民事主体相关内容掌握情况			
民事行为相关内容掌握情况			
代理概念、分类和行使等掌握情况			
诉讼时效的理解和掌握情况			

通过本章的学习,你还有什么收获?

第二章　合同法律制度

导语

合同制度是市场经济的基本法律制度。1999年3月15日第九届全国人民代表大会第二次会议通过《中华人民共和国合同法》(以下简称《合同法》)，自1999年10月1日起施行。随着市场经济的深入，市场主体参与交易的机会越来越频繁，合同既是衔接产需的纽带，又是保障交易安全的有效手段。《合同法》的颁布实施在发展社会主义市场经济、维护社会信用与经济秩序、构建和谐社会等方面发挥着重要作用。2020年5月28日第十三届全国人民代表大会第三次会议通过《民法典》，自2021年1月1日起施行。《民法典》第三编“合同”在《合同法》的基础上，贯彻全面深化改革的精神，坚持维护契约、平等交换、公平竞争，促进商品和要素自由流通，进一步完善了合同法律制度。《民法典》施行后，《合同法》同时废止。本章主要介绍《民法典》合同编的第一分编，即通则部分。

学习目标

理论知识目标：

1. 了解合同的概念、适用范围与分类。
2. 熟悉合同的内容与订立方式。
3. 掌握合同的生效要件及影响合同效力的因素。
4. 掌握合同履行的基本原则与履行抗辩权。
5. 了解合同保全的类型及其权利的行使。
6. 认识合同变更、转让与终止的各种情形。
7. 熟悉违约责任的概念及承担方式。

职业能力目标：

1. 能看懂常用的合同文本。
2. 具备签订合同文书前能对合同的格式与内容进行审查的能力。
3. 基本掌握能分析审查合同效力，规避商业风险的能力。

职业素养目标：

1. 通过学习《合同法》，树立依法履行合同、诚信守约的意识。
2. 通过学习《合同法》，培养法律意识与合规思维。

思维导图

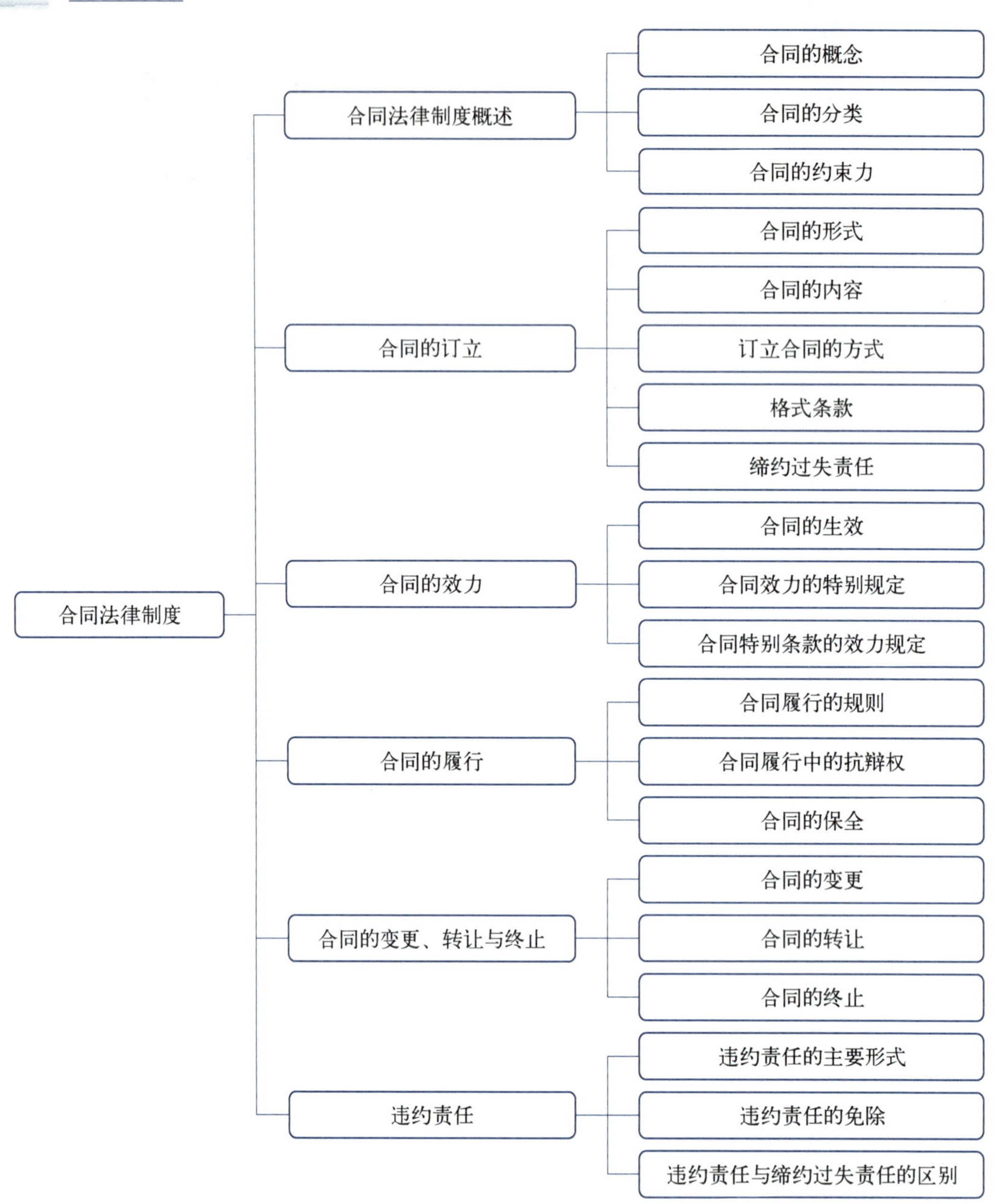

导入案例

福建某公司经理赵某于2024年6月1日用公司电脑向安徽某公司发出一份电子邮件，邮件内容为：我公司愿订购特级贡梨2 000千克，10日内回复有效。随后赵某因公出差，15日返回公司后查看电子邮箱，发现安徽公司回信，邮件内容为：同意，我司已准备好贡梨，随时准备发货，发送时间为2024年6月8日。赵某回信：因我出差，今日才看到回执，我们已不需要贡梨，若以后需要，将优先考虑贵公司。试分析：

1. 福建公司与安徽公司间是否存在合同关系？

2. 福建公司与安徽公司的合同何时成立？

3. 福建公司的行为是否构成违约？

案例解析：

1. 福建公司与安徽公司间存在合同关系。合同的订立包括要约与承诺两个必经阶段，福建某公司经理赵某于 2024 年 6 月 1 日用公司电脑向安徽某公司发出的那份电子邮件内容符合要约的成立要件，安徽公司 2024 年 6 月 8 日回复的邮件属于承诺，而且是在约定的时间内作出，该承诺有效。

2. 该合同于 2024 年 6 月 8 日成立。因为承诺生效的时间即合同成立的时间。

3. 福建公司的行为构成违约。因为合同已经成立，福建公司不按照约定履行合同义务即构成违约。

第一节　合同法律制度概述

一、合同的概念

《民法典》第四百六十四条规定，合同是民事主体之间设立、变更、终止民事法律关系的协议。

婚姻、收养、监护等有关身份关系的协议，适用有关该身份关系的法律规定；没有规定的，可以根据其性质参照适用《民法典》合同编的规定。例如：某知名网红授权某网站使用其肖像，双方签订的肖像许可适用协议包含有关人身关系，可参照适用《民法典》合同编的相关规定。

二、合同的分类

根据不同的标准，可以对合同进行不同的学理分类。常见的合同分类有以下六种。

（一）有偿合同与无偿合同

根据当事人之间的权利义务是否互为对价为标准，将合同分为有偿合同与无偿合同。

有偿合同是指当事人一方在享有合同规定的权益时必须向对方当事人偿付相应代价的合同，如买卖合同、租赁合同、建设工程合同等。有偿合同是市场交易的典型形式。无偿合同是指当事人一方只享有合同权利而不偿付任何代价的合同。无偿合同不是典型的交易形式，实践中主要有赠与合同、无偿保管合同、无偿借款合同等。

（二）双务合同与单务合同

根据当事人双方是否互负给付义务为标准，将合同分为双务合同与单务合同。

双务合同是指当事人双方互负对待给付义务的合同，即一方当事人依据合同所享有的权利正是对方当事人依据合同所应承担的义务。现实生活中的合同大多数为双务合同，如买卖合同、租赁合同、承揽合同等。单务合同是指一方当事人只享有权利而不尽义务，另一方当事人只负义务而不享有权利的合同，赠与合同就是典型的单务合同。

（三）诺成合同与实践合同

根据合同的成立是否需要交付标的物，将合同分为诺成合同与实践合同。

诺成合同是指仅以当事人意思表示一致为成立要件的合同。实践合同是指除当事人意思表示一致以外尚需交付标的物才能成立的合同。现实生活中的大多数合同均为诺成合同，实践合同仅限于法律规定的少数情形，如质押合同、自然人之间的借款合同等。

（四）要式合同与非要式合同

根据合同的成立是否需要特定的形式，将合同分为要式合同与非要式合同。

要式合同是指法律、行政法规规定，或者当事人约定应当采用一定形式的合同。例如，《民法典》第九百三十八条第3款规定，物业服务合同应当采用书面形式，这就属于法定的要式合同。非要式合同是指法律、法规不要求合同一定具备特定形式即能成立、生效的合同。由此可见，除法律特别规定外，一般合同均为非要式合同。

（五）典型合同与非典型合同

根据法律是否规定了特定的合同名称，将合同分为典型合同与非典型合同。

典型合同又称有名合同，是指法律已经为其确立了特定名称和规则的合同。《民法典》合同编第二分编规定了十九类典型合同，分别是买卖合同，供用电、水、气、热力合同，赠与合同，借款合同，保证合同，租赁合同，融资租赁合同，保理合同，承揽合同，建设工程合同，运输合同，技术合同，保管合同，仓储合同，委托合同，物业服务合同，行纪合同，中介合同与合伙合同。上述合同类型都属于典型合同。非典型合同又称为无名合同，是指法律上尚未确定一定的名称与规则的合同。无名合同的产生源于交易关系与当事人合意内容的复杂性。

（六）主合同与从合同

根据合同间的主从关系，将合同分为主合同与从合同。

主合同是指不需要其他合同的存在即可独立存在的合同。从合同又称附属合同，是指依赖于主合同的存在而存在的合同。例如，相对于抵押合同而言，设立主债务的合同就是主合同，抵押合同是从合同。

三、合同的约束力

（一）依法成立的合同具有约束力

依法成立的合同，受法律保护，合同当事人应当本着诚实信用的原则履行。但合同内容不得违法，也不得违背公序良俗，否则合同无效。

【案例分析2-1】

合同应守法重德

案情：赵老汉的儿子长期不尽赡养义务，对父亲的生活不闻不问，父子在一次激烈争吵后签下一份断绝父子关系的合同。合同约定：儿子对赵老汉的生养死葬不承担任何义务，也不继承父亲去世后的遗产。事后赵老汉生病住院，需要几万元的治疗费，赵老汉一时拿不出这么多钱，儿子以签订过断绝父子关系的合同为由拒绝承担任何费用。赵老汉无奈之下向法院起诉，请求确认断绝父子关系的合同无效，判令儿子履行赡养义务，支付医疗费。

解析：法律规定，子女有赡养父母的义务，赵老汉与儿子签订的断绝父子关系的合同既违反法律规定又违背公序良俗，属无效合同，儿子应当承担赡养义务。

（二）合同的相对性

依法成立的合同，仅对当事人具有法律约束力，但法律另有规定的除外。即一般情况下，合同只在当事人之间发生效力，只有法律的明文规定才可以突破合同的相对性。

第二节 合同的订立

合同的订立是指当事人之间依法就合同的内容经过协商，达成一致的行为。合同订立的过程是一个非常重要的阶段，合同的订立以成立合同为目标，是合同生效的前提，也是享受权利、履行义务、解决纠纷和请求法律保护的依据。

一、合同的形式

合同的形式是指当事人设立、变更、终止民事权利义务关系的表现形式。《民法典》第四百六十九条第 1 款规定，当事人订立合同，可以采用书面形式、口头形式或者其他形式。

（一）书面形式

书面形式是指合同书、信件、电报、电传、传真等可以有形地表现所载内容的形式。以电子数据交换、电子邮件等方式能够有形地表现所载内容，并可以随时调取备查的数据电文，视为书面形式。书面形式的合同在经济往来中被广泛使用，主要适用于合同标的额较大，合同法律关系复杂，不能即时履行的情形。

（二）口头形式

口头合同是当事人以口头表述达成意思表示一致订立的合同。此类合同简捷方便，有利于提高交易效益。但在发生争议时，取证困难，不易分清责任。因此，口头形式通常适用于标的额不大，法律关系简单，能够即时结清的合同。

（三）其他形式

其他形式是指采取书面形式、口头形式以外的方式订立合同。主要有行为推定与默示形式。前者需要通过实施某种行为进行意思表示订立合同，后者是以消极不作为方式进行意思表示订立合同的。例如，停车场保管合同属于行为推定形式的合同，规定试用期买卖届满买受人的沉默视为购买的合同属于默示形式的合同。

当事人可以根据实际需要选择合同的形式，但法律对合同形式有明确规定的，应当按照法律规定的形式订立合同。例如，法律要求涉及汽车转让、出租、抵押行为的，应当采取书面形式订立合同。

二、合同的内容

合同的内容是指通过合同条款表现出来的当事人的权利和义务。合同内容由当事人约定，《民法典》第四百七十条对合同一般应包括的条款作了如下规定：

（一）当事人的名称或者姓名和住所

为明确当事人身份，合同应写明自然人当事人的姓名，法人或非法人组织订立合同的，应写明名称。住所是判断当事人履行情况和追究违约责任的依据，应当在合同中写明。

（二）标的

标的是合同当事人权利义务所指向的对象。合同标的可以是物、行为或智力成果。但法律禁止的行为或禁止转让的物不得成为合同的标的。

（三）数量

数量是标的在量上的具体化。在数量条款中，应根据标的的种类，规定计量标的的单位和计算方法。

（四）质量

质量是标的在质上的规定化，是对标的在标准和技术方面的要求，应当明确标的的技术指标、质量要求、规格、型号等。质量标准必须符合国家有关规定和标准化要求，当事人也可以根据合同目的约定特别的质量标准。

（五）价款或者报酬

价款是取得标的物所应当支付的对价，报酬是获得服务所付代价的货币支付。价款或者报酬是有偿合同的必备条款。

（六）履行期限、地点和方式

履行期限是规定当事人履行义务的时间界限，合同可以约定及时履行、定时履行或在一定期限内履行。履行地点是当事人履行义务的地方，是确定运输费用由谁负担、风险由谁承受的依据，也是确定标的物所有权是否转移、何时转移的依据，在诉讼发生时是确定地域管辖的依据之一。履行方式是为实现合同目的所确定的交货方式、付款方式、运输方式、结算方式等。

（七）违约责任

违约责任是指合同当事人一方不履行合同义务或履行合同义务不符合合同约定所应承担的民事责任。违约责任的承担方式有继续履行、采取补救措施和赔偿损失等。

（八）解决争议的方法

在合同履行的过程中，当事人之间的争议应当友好协商解决，协商不成的，可以通过调解、仲裁或诉讼等方式来解决争议。当事人双方在合同中约定的协商解决争议的条款、仲裁条款、选择诉讼法院的条款、选择检验或者鉴定机构的条款等，均属解决争议的方法条款。

当事人可以参照各类合同的示范文本订立合同。

【知识拓展 2-1】

买卖合同参考范本

买方(下称甲方)：＿＿＿＿＿＿　　卖方(下称乙方)：＿＿＿＿＿＿

地址：＿＿＿＿＿＿　邮编：＿＿＿＿　　地址：＿＿＿＿＿＿　邮编：＿＿＿＿

电话：＿＿＿＿＿＿　传真：＿＿＿＿　　电话：＿＿＿＿＿＿　传真：＿＿＿＿

电子邮箱：＿＿＿＿＿＿　　电子邮箱：＿＿＿＿＿＿

甲乙双方经充分协商,本着自愿及平等互利的原则,订立本合同。

第一条　名称、品种、规格和质量

1. 名称、品种、规格：＿＿＿＿(应注明产品的牌号或商标)。

2. 质量,按下列第(　　)项执行：

(1) 按照＿＿＿＿标准执行(须注明按国家标准或部颁或企业具体标准,如标准代号、编号和标准名称等)。

(2) 按样本,样本作为合同的附件(应注明样本封存及保管方式)。

(3) 按双方商定要求执行,具体为：＿＿＿＿(应具体约定产品质量要求)。

第二条　数量和计量单位、计量方法

1. 数量：＿＿＿＿。

2. 计量单位和方法：＿＿＿＿。

第二条　交货方式：

1. 交货时间：＿＿＿＿。

2. 交货地点：＿＿＿＿。

3. 运输方式：＿＿＿＿(注明由谁负责代办运输)。

第四条　验收：

1. 验收时间：＿＿＿＿。

2. 验收方式：＿＿＿＿(如采用抽样检验,应注明抽样标准或方法和比例)。

3. 验收如发生争议,由＿＿＿＿检验机构按＿＿＿＿检验标准和方法,对产品进行检验。

第五条　价格与货款支付：

1. 单价：＿＿＿＿;总价：＿＿＿＿(明确币种及大写)。

2. 货款支付：

货款的支付时间：＿＿＿＿;

货款的支付方式：＿＿＿＿;

运杂费和其他费用的支付时间及方式：＿＿＿＿。

3. 预付货款：＿＿＿＿(根据需要决定是否需要预付货款及金额、预付时间)。

第六条　甲方违约责任：

1. 甲方中途退货的,应向乙方赔偿退货部分货款的＿＿%违约金。

2. 甲方自提产品未按乙方通知的日期或合同约定日期提货的,应按逾期提货部分货款金额每日万分之＿＿计算,向乙方支付逾期提货的违约金,并承担乙方实际支付的代为保管、保养的费用。

3. 甲方逾期付款的，应按逾期货款金额每日万分之____计算，向乙方支付逾期付款的违约金。

4. 甲方违反合同规定拒绝接收货物的，应承担因此给乙方造成的损失。

5. 其他约定：________。

第七条　乙方的违约责任：

1. 乙方不能交货的，向甲方偿付不能交货部分货款____%的违约金。

2. 乙方所交货物品种、型号、规格、花色、质量不符合合同规定的，如甲方同意利用，应按质论价；甲方不能利用的，应根据具体情况，由乙方负责包换或包修，并承担修理、调换或退货而支付的实际费用。

3. 乙方逾期交货的，应按照逾期交货金额每日万分之____计算，向甲方支付逾期交货的违约金，并赔偿甲方因此所遭受的损失。如逾期超过____日，甲方有权终止合同并可就遭受的损失向乙方索赔。

4. 其他约定：________。

第八条　不可抗力：

任何一方由于不可抗力原因不能履行合同时，应在不可抗力事件结束后____日内向对方通报，以减轻可能给对方造成的损失，在取得有关机构的不可抗力证明后，允许延期履行、部分履行或者不履行合同，并根据情况可部分或全部免予承担违约责任。

第九条　争议解决：

凡因本合同引起的或与本合同有关的任何争议，如双方不能通过友好协商解决，均应提交合肥市仲裁委员会解决，按照申请仲裁时该会实行的仲裁规则进行仲裁。仲裁裁决是终局的，对双方均有约束力。

第十条　其他事项：

1. 本合同自____年____月____日起生效，合同有效期内，除非经过对方同意，或者另有法定理由，任何一方不得变更或解除合同。

2. 合同如有未尽事宜，须经双方协商，作出补充规定，补充规定与本合同具有同等效力。

3. 本合同正本一式____份，双方各执____份；合同副本一式____份，分送____等单位。

甲方：________　　　　乙方：________

授权代表：（签字）________　　　　授权代表：（签字）________

日期：____年____月____日　　　　日期：____年____月____日

三、订立合同的方式

《民法典》第四百七十一条规定，当事人订立合同，可以采取要约、承诺方式或者其他方式。要约、承诺方式是订立合同的主要方式。其他方式是指缺少明确的要约与承诺的合同订立方式，例如：悬赏广告、格式合同、网购合同等。

（一）要约

《民法典》第四百七十二条规定，要约是希望和他人订立合同的意思表示。发出要约的当事人为要约人，接受要约的当事人为受要约人。要约应当符合下列规定。

1. 内容具体确定

要约内容必须具体,有足以使合同成立的主要条款。合同的主要条款,应当根据合同的性质和内容来加以判断。合同的性质和内容不同,它所要求的主要条款是不同的。要约内容必须明确,不能含糊不清。要约应当使受要约人理解要约人的真实意思,否则无法承诺。

2. 表明经受要约人承诺,要约人即受该意思表示约束

要约人发出要约的目的在于订立合同,而这种订约的意图一定要由要约人通过其发出的要约充分表达出来,才能在受要约人承诺的情况下产生合同。一旦受要约人承诺,要约人即受该要约的约束。

要约不同于要约邀请。要约邀请是希望他人向自己发出要约的意思表示,是合同订立的预备行为。要约邀请是一种事实行为,因此发出要约邀请的邀请人撤回其邀请,只要未给善意相对人造成信赖利益的损失,邀请人并不承担法律责任。《民法典》规定,拍卖公告、招标公告、招股说明书、债券募集办法、基金招募说明书、商业广告和宣传、寄送的价目表等为要约邀请,但商业广告和宣传的内容符合要约条件的,视为要约。

以对话方式作出的要约,受要约人知道其内容时生效。以非对话方式作出的要约,到达受要约人时生效。以非对话方式作出的采用数据电文形式的要约,相对人指定特定系统接收数据电文的,该数据电文进入该特定系统时生效。未指定特定系统的,相对人知道或者应当知道该数据电文进入其系统时生效。当事人对采用数据电文形式的要约生效时间另有约定的,按照其约定。

要约可以撤回。为避免撤回要约给受要约人造成不利后果,撤回要约的通知应当在要约到达受要约人之前或者与要约同时到达受要约人。

要约可以撤销。撤销要约的通知应当在受要约人发出承诺通知之前到达受要约人。撤销行为针对已生效的要约,为保护受要约人的信赖利益,《民法典》第四百七十六条规定,有下列情形之一的,要约不得撤销:❶ 要约人以确定承诺期限或者其他形式明示要约不可撤销;❷ 受要约人有理由认为要约是不可撤销的,并已经为履行合同做了合理准备工作。

要约具有下列情形之一的,会丧失法律效力:❶ 要约被拒绝;❷ 要约被依法撤销;❸ 承诺期限届满,受要约人未作出承诺;❹ 受要约人对要约的内容作出实质性变更。

(二) 承诺

承诺是受要约人同意要约的意思表示。承诺是一项法律行为,承诺一旦生效,合同即告成立。承诺的生效应具备以下条件。

1. 承诺一般应当以通知的方式作出

但是,根据交易习惯或者要约表明可以通过行为作出承诺的除外。

2. 承诺应当在要约确定的期限内到达要约人

要约没有确定承诺期限的,承诺应当依照下列规定到达:要约以对话方式作出的,应当即时作出承诺;要约以非对话方式作出的,承诺应当在合理期限内到达。

3. 承诺的内容应当与要约的内容一致

受要约人对要约的内容作出实质性变更的,为新要约。《民法典》规定,有关合同标的、数量、质量、价款或者报酬、履行期限、履行地点和方式、违约责任和解决争议方法等的变更,是对

要约内容的实质性变更。承诺对要约的内容作出非实质性变更的，除要约人及时表示反对或者要约表明承诺不得对要约的内容作出任何变更的以外，该承诺有效，合同的内容以承诺的内容为准。

逾期承诺是指受要约人超过承诺期限发出承诺，或者在承诺期限内发出承诺，按照通常情形不能及时到达要约人的。逾期的承诺除要约人及时通知受要约人该承诺有效的以外，该承诺不合格，视为新要约。

迟到的承诺是指受要约人在承诺期限内发出承诺，按照通常情形能够及时到达要约人，但因其他原因承诺到达要约人时超过了承诺期限。迟到的承诺除要约人及时通知受要约人因承诺超过期限不接受该承诺的以外，该承诺有效。

承诺可以撤回，撤回承诺的通知应当在承诺通知到达要约人之前或者与承诺通知同时到达要约人。承诺生效时合同成立，因此对于已经生效的承诺，当事人不得撤销，只能按照合同变更、解除的规定处理。

【案例分析 2－2】

订立合同的方式

多项选择题：下列意思表示中属于要约的有（　　）。

A. A 公司向 B 公司寄送笔记本电脑产品的价目表，称若 B 公司需要，可与 A 公司联系

B. B 公司选中某型号笔记本电脑 10 台，但考虑价格较高，致电 A 公司是否可以便宜每台 200 元

C. A 公司经过充分考虑，同意以每台笔记本电脑便宜 100 元的价格卖给 B 公司

D. B 公司接受 A 公司报价，决定购买 10 台该型号的笔记本电脑

解析：选项 A 为寄送价目表的行为，称若 B 公司需要，可与 A 公司联系，属于要约邀请。选项 B 为还价行为，表明 B 公司愿意接受该型号笔记本电脑，只是在价格上重新开价，属于要约的意思表示。选项 C 为再次还价行为，是对原要约内容的实质性变更，属于新的要约。选项 D 为定价行为，对要约内容表示接受，属于承诺的意思表示。

因此该题答案为：B、C。

四、格式条款

格式条款又称标准条款，是当事人为了重复使用而预先拟定，并在订立合同时未与对方协商的条款。

在当今社会经济生活中，格式条款或格式合同十分普遍，它有利于简化缔约程序，减少缔约时间，从而降低交易成本，提高生产经营效率。例如手机入网协议、供用水、电、气、热力合同、保险合同等多为格式合同。

格式条款或格式合同是由一方当事人提供的，通常提供格式条款的一方处于优势地位，在拟定合同时容易产生不公平的结果。为保证公平合理地使用格式条款，以兴利抑弊为目标，

《民法典》对格式条款的适用作出以下特别规定。

(一)公平原则

采用格式条款订立合同的,提供格式条款的一方应当遵循公平原则确定当事人之间的权利和义务。

(二)加重格式合同提供方的义务

格式合同的提供方有提示或说明的义务,应采取合理的方式提请对方注意免除或者减轻其责任等与对方有重大利害关系的条款,按照对方的要求,对该条款予以说明。提供格式条款一方未履行提示或者说明义务的,致使对方没有注意或者理解与其有重大利害关系的条款的,对方可以主张该条款不成为合同的内容。

(三)格式条款的无效

除合同条款无效的一般情形外,凡是提供格式条款一方不合理地免除或者减轻其责任、加重对方责任、限制或排除对方主要权利的,格式条款一律无效。

(四)格式条款的解释

对格式条款的理解发生争议的,应当按照通常的理解予以解释。对格式条款有两种以上的解释的,应当作出不利于提供格式条款一方的解释。

(五)非格式条款优先

对于相同事项,格式条款和非格式条款不一致时,应当采用非格式条款。

五、缔约过失责任

缔约过失责任是指在合同订立过程中,一方因违背诚实信用原则所产生的先合同义务,致使另一方的信赖利益受到损害所应当承担的损害赔偿责任。

合同的订立是一个当事人磋商的过程,在此过程中当事人之间的信用关系逐渐建立起来,基于诚实信用原则所产生的先合同义务逐渐产生。为促成交易,保护信息安全,《民法典》第五百条规定了缔约过失责任的三种表现形式:假借订立合同,恶意进行磋商;故意隐瞒与订立合同有关的重要事实或者提供虚假情况;有其他违背诚实信用原则的行为。因一方当事人的上述行为给对方造成损害时,应承担缔约过失责任。

【案例分析2-3】

缔约过失责任

案情: 为推广一款新上市的APP,某网络科技公司对外公开招标,某策划公司参加积极响应并投标。一个月后,策划公司收到中标通知书。在网络科技公司的要求下,策划公司开始着手上述项目的相关工作。在此期间,策划公司多次提出与网络科技公司订立合同,网络科技公司一直以各种理由推诿。在策划公司完成该项目策划阶段90%的工作量时,网络科技公司告知其终止该项目的合作。策划公司前期投入成本约25万余元,网络科技公司以未签订合同为由拒不赔偿。

2

解析：《根据中华人民共和国招标投标法》第四十六条规定，招标人和中标人应当自中标通知书发出之日起三十日内，按照招标文件和中标人的投标文件签订书面合同。在招标投标的过程中，中标通知书的发出即承诺的生效，并不意味着合同的成立。在双方签订书面合同之前，合同尚未成立。网络科技公司应承担未及时与策划公司签订书面合同的缔约过失责任，赔偿策划公司相应的信赖利益损失。

当事人在订立合同中知悉的商业秘密或者其他应当保密的信息，无论合同是否成立，不得泄露或者不正当地使用；泄露、不正当地使用该商业秘密或者信息，造成对方损失的，应当承担赔偿责任。

【课堂小活动】

活动主题：分角色模拟商务洽谈中的缔约过程。

情景设置：甲方（买方）与乙方（卖方）就买卖医用口罩进行商务洽谈，经历多次谈判最终完成缔约，签订书面的买卖合同。

角色A：甲方代表；角色B：乙方代表。

讨论：

(1) 洽谈中的各环节是否有要约邀请，有几次要约，承诺何时作出？

(2) 各角色应该承担哪些责任，采取哪些措施才能让整个缔约过程更加安全和高效？

第三节　合同的效力

依法成立合同是一种民事法律行为，民事法律行为的效力在教材第一章已有介绍，重复部分不再赘述。本节仅介绍《民法典》合同编中涉及的合同效力问题。

一、合同的生效

合同的生效是依据法律规定所产生合同的约束力。依法成立的合同，自成立时生效。但是，法律另有规定或者当事人另有约定的除外。例如，当事人可以约定合同经过公证后生效。

依照法律、行政法规的规定，合同应当办理批准等手续的，依照其规定。未办理批准等手续影响合同生效的，不影响合同中履行报批等义务条款以及相关条款的效力。应当办理申请批准等手续的当事人未履行义务的，对方可以请求其承担违反该义务的责任。依照法律、行政法规的规定，合同的变更、转让、解除等情形应当办理批准等手续的，也适用上述规定。

【知识拓展 2－2】

合同订立、成立与生效的关系

订立→成立：合同的订立是一个动态的过程，经历了法定或约定的缔约过程后合同即告成立，合同的成立是结果。然而订立合同并不必然导致合同的成立，例如合同当事人之间没有就合同内容协商一致。

成立→生效：合同成立是合同生效的前提。然而合同成立后并非一定生效，例如附生效要件的合同，条件成就合同才发生法律效力。

二、合同效力的特别规定

（一）无权代理人订立合同的法律后果

代理制度存在于经济生活的方方面面，有权代理产生有效的法律后果，但无权代理人订立的合同也并非绝对无效。《民法典》规定，行为人没有代理权、超越代理权或者代理权终止后以被代理人名义订立的合同，未经被代理人追认，对被代理人不发生效力，合同效力由行为人自行承担。但是，被代理人已经开始履行合同义务或者接受相对人履行的，视为对合同的追认，合同对被代理人发生效力。

（二）法定代表人超越权限订立合同的效力

《民法典》第五百零四条规定，法人的法定代表人或者非法人组织的负责人超越权限订立的合同，除相对人知道或者应当知道其超越权限外，该代表行为有效，订立的合同对法人或者非法人组织发生效力。

【案例分析 2－4】

法定代表人超越权限订立合同的效力

案情：张三是甲公司的董事长兼法定代表人，李四向银行借款需要提供担保，遂求助于好朋友张三。出于兄弟意气，张三很爽快地答应以甲公司资产为李四的贷款提供抵押担保。贷款期限届满后，李四无力偿还，银行决定行使抵押权。此时，甲公司的股东们以张三的行为不符合公司章程为由，主张担保合同无效。据查，公司章程约定："以公司资产对外提供担保的，需经股东会表决权过半数通过。"

解析：该担保合同是否有效，主要取决于银行是否知道或应当知道张三超越权限以公司资产为李四提供担保。如果公司股东能证明银行事先知情或应当知情，则银行非善意，担保合同无效。反之，担保合同有效。

（三）超越经营范围订立的合同效力

公司应当在核准登记的经营范围内从事经营活动，如果公司的经营范围属于法律、行政法规规定须经批准的项目，应当依法经过批准。所以，公司不得超越经营范围订立合同。但当事人超越经营范围订立的合同并非绝对无效。

《民法典》第五百零五条规定，当事人超越经营范围订立的合同的效力，应当依据民事法律行为效力的一般规定来确定，不得仅以超越经营范围确认合同无效。

三、合同特别条款的效力规定

（一）免责条款

1. 免责条款的概念

免责条款是指当事人约定用以免除或限制其未来合同责任的条款。现实生活中的免责条款很常见，尤其是在格式合同中，提供格式合同的一方当事人为规避或降低合同履行过程中的风险，将免责条款写入合同。但是，合同中的免责条款未必有效。

2. 免责条款无效情形

《民法典》第五百零六条规定，合同中的下列免责条款无效：❶ 造成对方人身损害的；❷ 因故意或者重大过失造成对方财产损失的。例如：雇佣合同中"雇主对雇员在工作中的人身损害不需要承担任何责任"的条款无效。

（二）争议解决条款

1. 争议解决条款的概念

争议解决条款是指当事人在签订合同时，针对合同可能发生的争议提前约定处理方式的条款。该条款对合同纠纷的解决具有预判性和指导性。例如，该条款可表述为："因合同发生争议的，双方应当协商一致，协商不成的，任何一方都有权向甲方所在地人民法院提起诉讼。"

2. 争议解决条款的独立性

《民法典》第五百零七条规定，合同不生效、无效、被撤销或者终止的，不影响合同中有关解决争议方法的条款的效力，即合同中的争议解决条款具有独立效力。

第四节 合同的履行

合同的履行是当事人按照约定全面履行自己的义务以实现合同权利的行为。合同的履行以合同生效为前提，无效合同自订立时就不具备法律效力，无须履行。履行合同是为了实现合同目的，是合同法律关系的核心。

在合同履行过程中，当事人应当遵循诚实信用原则，根据合同的性质、目的与交易习惯履行通知、协助与保密等义务。当事人在履行合同过程中，应当避免浪费资源、污染环境和破坏生态，即绿色原则。

一、合同履行的规则

（一）合同履行过程中条款的补充和确定

合同生效后，当事人就质量、价款或者报酬、履行地点等内容没有约定或者约定不明确的，可以协议补充；不能达成补充协议的，按照合同有关条款或者交易习惯确定。按照上述规则仍不能确定的，适用《民法典》第五百一十一条的规定。

1. 质量要求不明确条款的履行

质量要求不明确的，按照强制性国家标准履行；没有强制性国家标准的，按照推荐性国家标准履行；没有推荐性国家标准的，按照行业标准履行；没有国家标准、行业标准的，按照通常标准或者符合合同目的的特定标准履行。

2. 价款或者报酬不明确条款的履行

价款或者报酬不明确的，按照订立合同时履行地的市场价格履行；依法应当执行政府定价或者政府指导价的，按照规定履行。

3. 履行地点不明确条款的履行

履行地点不明确，给付货币的，在接受货币一方所在地履行；交付不动产的，在不动产所在地履行；其他标的，在履行义务一方所在地履行。

4. 履行期限不明确条款的履行

履行期限不明确的，债务人可以随时履行，债权人也可以随时要求履行，但应当给对方必要的准备时间。

5. 履行方式不明确条款的履行

履行方式不明确的，按照有利于实现合同目的的方式履行。

6. 履行费用负担不明确条款的履行

履行费用的负担不明确的，由履行义务一方负担；因债权人原因增加的履行费用，由债权人负担。

（二）电子合同交付时间的认定

随着互联网经济的迅速发展，电子合同频繁地出现在大家的工作生活中。电商平台的购物成立买卖合同，扫码共享单车成立租赁合同，外卖点餐成立服务合同等。电子合同的交付时间直接影响合同的生效与履行，《民法典》第五百一十二条明确了电子合同交付时间的认定规则。

通过互联网等信息网络订立的电子合同的标的为交付商品并采用快递物流方式交付的，收货人的签收时间为交付时间。电子合同的标的为提供服务的，生成的电子凭证或者实物凭证中载明的时间为提供服务时间。前述凭证没有载明时间或者载明时间与实际提供服务时间不一致的，以实际提供服务的时间为准。电子合同的标的物为采用在线传输方式交付的，合同标的物进入对方当事人指定的特定系统且能够检索识别的时间为交付时间。电子合同当事人对交付商品或者提供服务的方式、时间另有约定的，按照其约定。

【案例分析 2-5】

电子合同交付时间的认定

案情：即将毕业的大学生小王正在准备毕业论文，为确保通过学校的论文查重，小王自己在某网站购买了查重服务。商家在收到论文后对其进行了检测，按照约定检测报告将发送至小王提供的电子邮箱。2024 年 5 月 1 日，小王收到了检测报告，但由于文件自身的原因导致检测报告无法打开。经过沟通，商家于 2024 年 5 月 5 日再次通过同一路径发送检测报告。小王顺利地打开该电子邮件，查询显示论文重合度为10%。

问题：论文查重检测报告的交付时间是哪一天？

解析：电子合同的标的物为检测报告，系采用在线传输方式交付，检测报告进入小王指定的特定系统且能够检索识别的时间为交付时间。因此，论文查重检测报告的交付时间是2024年5月5日。

（三）执行政府定价或指导价的合同价格确定

在市场经济的大背景下，商品价格主要由市场调节。国家为实现对经济的宏观调控，保障和改善民生，在某些领域或行业出台了政府定价或指导价。例如，水、电、气的价格，旅游景点票价、出租车收费标准等，该价格随政策变化而调整。

合同执行政府定价或者政府指导价的，在合同约定的交付期限内政府价格调整时，按照交付时的价格计价。逾期交付标的物的，遇价格上涨时，按照原价格执行；价格下降时，按照新价格执行。逾期提取标的物或者逾期付款的，遇价格上涨时，按照新价格执行；价格下降时，按照原价格执行。

二、合同履行中的抗辩权

抗辩权是指双务合同中一方当事人在法定条件下暂时行使的对抗另一方当事人的请求权，以达到暂停履行债务，保障自身债权的目的。

合同履行中的抗辩权主要有三种。

（一）同时履行抗辩权

同时履行抗辩权是指合同当事人的债务履行没有先后顺序时，一方在对方未为对待给付前，可以拒绝对方的履行要求。《民法典》第五百二十五条规定，当事人互负债务，没有先后履行顺序的，应当同时履行。一方在对方履行之前有权拒绝其履行要求。一方在对方履行债务不符合约定时，有权拒绝其相应的履行要求。

（二）先履行抗辩权

先履行抗辩权也称后履行抗辩权，顺序履行抗辩权，是指合同当事人双方的债务履行有先后顺序，先履行一方在未为对待给付前，后履行一方有权拒绝其履行要求。《民法典》第五百二十六条规定，当事人互负债务，有先后履行顺序，先履行一方未履行的，后履行一方有权拒绝其履行要求。先履行一方履行债务不符合约定的，后履行一方有权拒绝其相应的履行要求。

（三）不安抗辩权

不安抗辩权是指合同当事人双方的债务履行有先后顺序，依约定应先履行债务的当事人在有确切证据证明对方难以为对待给付且未提供担保之前，有权拒绝对方的履行要求。《民法典》第五百二十七条规定，应当先履行债务的当事人，有确切证据证明对方有下列情形之一的，可以行使不安抗辩权。

(1) 经营状况严重恶化;

(2) 转移财产、抽逃资金,以逃避债务;

(3) 丧失商业信誉;

(4) 有丧失或者可能丧失履行债务能力的其他情形。

当事人行使不安抗辩权,应具备确切证据,没有确切证据中止履行合同的,当事人应当承担违约责任。当事人依法中止履行合同债务后,应当及时通知对方。对方提供适当担保时,应当恢复履行。中止履行后,对方在合理期限内未恢复履行能力并且未提供适当担保的,视为以自己的行为表明不履行主要债务,即构成根本违约。中止履行的一方可以解除合同并可以请求对方承担违约责任。

【案例分析 2-6】

不安抗辩权的行使

案情: A 公司与 B 公司签订买卖合同,约定由 A 公司向 B 公司交付一批货物,B 公司预先向 A 公司支付货款总额 20%的预付款。在 B 公司支付预付款的前三天,B 公司得知 A 公司的仓库由于保管员操作不慎发生火灾,有可能无法按期交货。

问题: B 公司可以采取什么措施保护自身权益?

解析: A 公司仓库发生火灾导致其丧失或者有可能丧失履行债务能力,B 公司在得到确切的火灾证据后,可以行使不安抗辩权。B 公司可以暂停支付预付款,在 A 公司提供适当担保后,B 公司应当继续履行合同。若 A 公司在合理期限内未恢复履行能力并且未提供适当担保的,视为根本违约,B 公司可以解除合同并请求 A 公司承担违约责任。

三、合同的保全

合同保全是指法律为防止因债务人财产的不当减少致使债权人债权的实现受到危害,而设置的保全债务人责任财产的法律制度。债权人通过对债务人或者第三人行使代位权或撤销权的方式,保障其债权的实现。

(一) 代位权

1. 代位权的概念

代位权是指因债务人怠于行使其债权或者与该债权有关的从权利,对债权人造成损害的,债权人可以向人民法院请求以自己的名义代位行使债务人对相对人的权利。

2. 代位权的行使

债权人不得代位行使专属于债务人自身的债权。具有人身专属性的债权主要有基于扶养、抚养、赡养、继承关系产生的给付请求权和劳动报酬、退休金、养老金、抚恤金、人身伤害赔偿、安置费等权利,这些都不属于代位权行使的标的。

代位权的行使范围以债权人的到期债权为限。债权人行使代位权的必要费用,由债务人负担。相对人对债务人的抗辩,可以向债权人主张。例如,诉讼时效、不可抗力、债务人违约等

2

抗辩事由。

（二）撤销权

撤销权是指债权人对债务人滥用其处分权而损害债权人债权的行为，可以请求法院予以撤销的权利。因债务人放弃其债权、放弃债权担保、无偿转让财产等方式无偿处分财产权益，或者恶意延长其到期债权的履行期限，影响债权人的债权实现的，债权人可以请求人民法院撤销债务人的行为。债务人以明显不合理的低价转让财产、以明显不合理的高价受让他人财产或者为他人的债务提供担保，影响债权人的债权实现，债务人的相对人知道或者应当知道该情形的，即受让人存在过错，债权人也可以请求人民法院撤销债务人的行为。

【知识拓展 2－3】

明显不合理的“高价”与“低价”

根据相关司法解释的规定，转让价格达不到交易时交易地的指导价或者市场交易价70%的，一般可以视为明显不合理的低价；对转让价格高于当地指导价或者市场交易价30%的，一般可以视为明显不合理的高价。但是，被转让的财产性质各异，转让行为本身也具有复杂性，很难用一个固定的标准来衡量。实务中，当事人可以提出相反事实和证据予以推翻，人民法院也会综合考虑各方因素。

撤销权的行使范围以债权人的债权为限。债权人行使撤销权的必要费用，由债务人负担。撤销权自债权人知道或者应当知道撤销事由之日起一年内行使。自债务人的行为发生之日起五年内没有行使撤销权的，该撤销权消灭。

特别需要注意的是，撤销权行使的法律后果是债务人的有关处分行为被撤销，自始没有法律约束力。处分的财产回归债务人之手，进入向债权人履行债务的资产库，并非直接用债务人处分的财产来清偿债务。

第五节　合同的变更、转让与终止

一、合同的变更

合同的变更有广义与狭义之分。广义的合同变更包括合同主体的变更和合同内容的变更。狭义的合同变更仅指合同内容的变更。《民法典》合同篇所称合同的变更是狭义的，即合同内容的变更，将合同主体的变更称为合同的转让。

经当事人协商一致，可以变更合同内容。当事人对合同变更的内容约定不明确的，推定为未变更，当事人仍然有义务履行尚未变更的合同。法律、行政法规规定变更合同应当办理批准、登记等手续的，还应依照规定办理相关手续。例如，延长专利权质押合同期限的，除当事人协商一致外，还应向国家知识产权局办理变更登记手续。

二、合同的转让

合同的转让即合同主体的变更，是当事人依法将其合同权利或义务全部或部分转让给第三人的行为。根据转让标的的不同，合同转让可分为债权转让、债务承担和债权债务概括转移。

（一）债权转让

债权转让即当事人将合同权利全部或部分转让给第三人。一般情况下，债权人可以自行决定将合同权利转让给第三人，无须征得债务人同意。因债权转让增加的履行费用，由让与人负担。但有下列情形之一的，债权不得转让：❶ 根据合同性质不得转让；❷ 按照当事人约定不得转让；❸ 依照法律规定不得转让的。当事人约定非金钱债权不得转让的，不得对抗善意第三人，第三人的善意主要取决于其是否知道或应当知道债权不得转让。当事人约定金钱债权不得转让的，不得对抗第三人，即不论其是否为善意第三人。

债权转让虽无须征得债务人的同意，但是，为了便于债务人履行变更后的合同义务，债权人转让债权的，应当通知债务人。债权人未尽通知义务的，该转让行为仅在债权人与受让人之间生效，对债务人不发生效力。除经受让人同意，债权人转让权利的通知不得撤销。

根据从权利从属于主权利的原理，债权人转让主权利的，受让人取得与主债权有关的从权利，但该从权利专属于债权人自身的除外。受让人取得的从权力不因该从权利未办理转移登记手续或者未转移占有而受到影响，即从权利随主权利的转移具有法定性。

债务人接到债权转让通知后，债务人对让与人的抗辩，可以向受让人主张。债务人接到债权转让通知时，债务人对让与人享有债权，并且债务人的债权先于转让的债权到期或者同时到期的，债务人可以向受让人主张抵销。如果债务人的债权与转让的债权是基于同一合同产生的，债务人也可以基于债的关联性向受让人主张抵销。

（二）债务承担

债务承担即当事人将合同义务全部或部分转移给第三人，或者第三人加入债务的行为。

1. 免除的债务承担

免除的债务承担是指债务人将债务的全部或者部分转移给第三人。如图 2 - 1、图 2 - 2 所示。

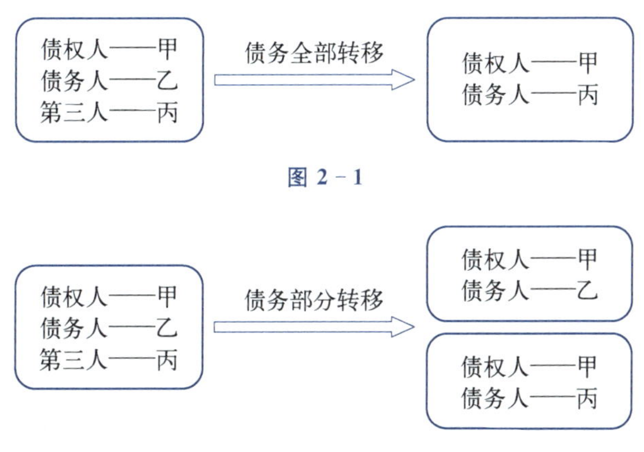

图 2 - 1

图 2 - 2

为保护债权人的受偿利益，免除的债务承担应当经债权人同意。否则债务转移的行为对债权人不发生效力，债权人有权拒绝第三人向其履行债务，同时有权要求债务人履行并承担迟延履行的法律责任。债务人或者第三人可以催告债权人在合理期限内予以同意，债权人未作表示的，视为不同意。

2. 并存的债务承担

并存的债务承担是指第三人与债务人约定加入债务并通知债权人，或者第三人向债权人明确表示愿意加入债务。并存的债务承担不同于部分转移债务，前者仍然为一个债权，而后者债权的数量会增加。如图 2－3 所示。

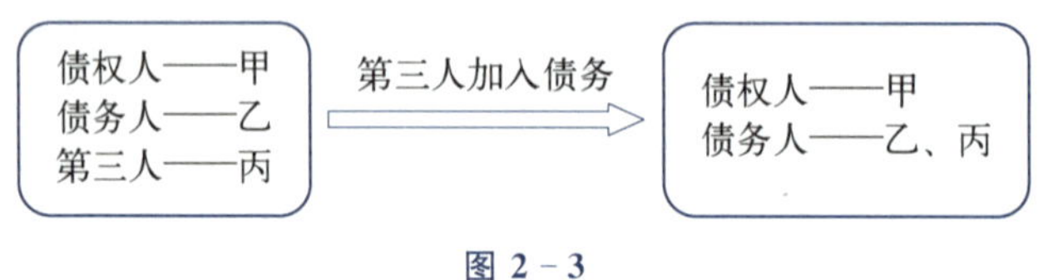

图 2－3

在并存的债务承担中，债权人未在合理期限内明确拒绝的，债权人可以请求第三人在其愿意承担的债务范围内和债务人承担连带债务。

债务人转移义务后，新债务人可以主张原债务人对债权人的抗辩。原债务人对债权人享有债权的，新债务人不得向债权人主张抵销。即债务转移，债权并不随之转移。

债务人转移债务的，与主债务有关的从债务应当由新债务人承担，但该从债务专属于原债务人自身的除外。即从债务随主债务转移。

（三）债权债务概括转移

除单纯的债权转让和债务承担外，当事人一方经对方同意，还可以将自己在合同中的权利和义务一并转让给第三人，即债权债务的概括转移。当事人将自己在合同中的权利和义务一并转让给第三人时，适用上述有关债权转让与债务承担的有关规定。

【案例分析 2－7】

债务的承担与抵销

案情：A 公司与 B 公司签订一份货物买卖合同，合同总标的为 100 万元。双方约定由买方 B 公司先向卖方 A 公司支付 10%预付款，即 10 万元，A 公司交付货物后的 15 天内付清余款。由于资金周转问题，B 公司在 A 公司交付货物后的第 10 天提出由 C 公司代为支付余款 90 万元，A 公司表示同意。

问题：(1) C 公司在该案中的地位是什么？C 公司加入债权债务关系，若没有取得 A 公司同意，只是通知 A 公司的，是否发生法律效力？

(2) 假设 A 公司同意 C 公司承担部分债务，C 公司是否可以以其对 A 公司之前存在债权为由主张债务抵销？

解析：(1) 这属于债务的部分转移，C 公司加入该案中成为新的债务人。《民法典》规定，免除的债务承担应当经债权人同意。所以 C 公司加入债权债务关系，没有取得 A 公司同意，只是通知A公司的，不能发生债务转移的法律效力。

(2) C公司可以主张对A公司债务的抵销。但是，即使B公司对A公司享有债权，C公司也不得就该债权向A公司主张抵销。

三、合同的终止

合同的终止是指在合同关系建立后，因为一定法律事实的出现，导致合同权利义务关系消灭，合同法律效力终止。根据《民法典》第五百五十七条规定，以下七种情形导致合同债权债务的终止。

(一) 债务已经履行

当事人已经按照合同约定的标的、质量、数量、价款或报酬、履行期限、地点和方式等全面履行完毕，缔约目的完全实现，因此合同权利义务终止。这是合同终止最常见的情形。

1. 对同一债权人负数个债务的履行规则

现实生活中，可能存在债务人对同一债权人负数个债务的情形。例如，张三在某银行有数笔贷款，张三在还款时，就需要明确其归还的是哪一笔贷款。《民法典》第五百六十条规定，债务人对同一债权人负担的数项债务种类相同，债务人的给付不足以清偿全部债务的，除当事人另有约定外，由债务人在清偿时指定其履行的债务。

债务人未作指定的，应当优先履行已经到期的债务；数项债务均到期的，优先履行对债权人缺乏担保或者担保最少的债务；均无担保或者担保相等的，优先履行债务人负担较重的债务；负担相同的，按照债务到期的先后顺序履行；到期时间相同的，按照债务比例履行。

2. 债务履行的顺序

如债务人在履行主债务外，还应当支付利息和实现债权的有关费用，而其给付不足以清偿全部债务的，除当事人另有约定外，应当按照下列顺序履行：❶ 实现债权的费用；❷ 利息；❸ 主债务，即俗称的“先息后本”。

(二) 债务相互抵销

合同当事人互负债务且符合法定条件的可以相互抵销，债权债务关系消灭。《民法典》第五百六十八条规定，当事人互负到期债务，该债务的标的物种类、品质相同的，任何一方可以将自己的债务与对方的债务抵销，即法定抵销。但依照法律规定或者按照合同性质不得抵销的除外。当事人互负债务，标的物种类、品质不相同的，经双方协商一致，也可以抵销，即约定抵销。

当事人主张抵销的，应当通知对方，通知自到达对方时生效。抵销不得附条件或者附期限。

(三) 债务人依法将标的物提存

1. 提存的概念

提存指由于债权人的原因而无法向其交付合同标的物时，债务人将该标的物交给提存机关以消灭合同债务的制度。合同标的物在办理提存手续后，债务视为已经履行完毕，合同法律关系消灭。标的物不适于提存或者提存费用过高的，债务人依法可以拍卖或者变卖标的物，提

2

存所得的价款。

交付合同标的物的债务人为提存人，债权人为提存领受人，交付的标的物为提存物，由国家设立并保管提存物的机关为提存机关。提存制度存在的意义就在于当债权人不配合的情况下，债务人依然能够履行义务以终止合同，避免债权债务关系久拖不决，甚至产生更多额外的费用。

2. 标的物提存的法定情形

《民法典》第五百七十条规定，有下列情形之一，致使债务难以履行的，债务人可以将标的物提存。

(1) 债权人无正当理由拒绝受领；

(2) 债权人下落不明；

(3) 债权人死亡未确定继承人、遗产管理人，或者丧失民事行为能力未确定监护人；

(4) 法律规定的其他情形。

3. 提存成立的时间及效果

债务人将标的物或者将标的物依法拍卖、变卖所得价款交付提存部门时，提存成立。提存成立的，视为债务人在其提存范围内已经交付标的物。

4. 提存后债务人的通知义务

标的物提存后，债务人应当及时通知债权人或者债权人的继承人、遗产管理人、监护人、财产代管人。因为，标的物提存后，毁损、灭失的风险由债权人承担。提存期间，标的物的孳息归债权人所有。提存的费用也由债权人负担。

【知识拓展 2－4】

孳　　息

孳息是原物之对称，指原物所产生的额外收益。《民法典》将孳息分为天然孳息和法定孳息。前者是指依据物的自然性能或者物的变化规律而取得的收益，例如母鸡生的鸡蛋、果树结的果子等。后者是指物因某种法律关系所产生的收益，例如房屋租金，存款利息等。

5. 提存物的领取

债权人可以随时领取提存物。债权人领取提存物的权利，自提存之日起五年内不行使而消灭，提存物扣除提存费用后归国家所有。但是，债权人未履行对债务人的到期债务，或者债权人向提存部门书面表示放弃领取提存物权利的，债务人负担提存费用后有权取回提存物，即提存物权属可有条件的回转。

（四）债权人免除债务

债权人可以放弃全部或者部分债权，通过免除债务人全部或者部分债务的方式，合同的权利义务全部或者部分终止。债权人免除债务属于单方法律行为，应当由债权人向债务人或债务人的代理人作出明确的意思表示。债权人作出免除债务的意思表示不得撤回。但是，债务人在合理期限内拒绝的，不产生债务免除的法律后果。

（五）债权债务同归于一人

债权债务同归于一人，也称债的混同，是指由于某种事实的发生，使原来由一方当事人享有的债权，另一方当事人负担的债务，统归于一方当事人。该当事人既是合同的债权人，又是合同的债务人，从而使合同关系及其他债的关系消灭。例如，儿子向父亲借款，父亲去世后，儿子依法继承父亲的遗产和生前债权，债权债务同归于儿子一人。

（六）法律规定或者当事人约定终止的其他情形

（七）合同解除的，该合同权利义务关系终止

《民法典》将合同解除作为合同权利义务终止的一个特别事由。合同的解除是指合同尚未履行完毕，当事人经协商一致同意提前终止合同关系或者一方当事人基于法定事由行使解除权提前终止合同关系。合同解除有约定解除和法定解除两种情况。

1. 约定解除

《民法典》第五百六十二条规定，当事人协商一致，可以解除合同。当事人可以约定一方解除合同的条件，解除合同的条件成就时，解除权人可以解除合同。约定解除建立在当事人协商一致的基础上，体现了契约自由原则。

2. 法定解除

根据《民法典》第五百六十三条规定，有下列情形之一的，当事人可以行使合同解除权，提前解除合同。

（1）因不可抗力致使不能实现合同目的。

【知识拓展 2－5】

不可抗力

《民法典》第一百八十条规定，不可抗力是不能预见、不能避免且不能克服的客观情况。不可抗力可以是自然原因酿成的，如地震、水灾、旱灾、台风等，也可以是人为的、社会因素引起的，如战争、政府禁令、政府征用、罢工等。

不可抗力是合同解除的法定事由，也是法定的免责条款。由于不可抗力致使合同当事人不能如期履行义务，发生意外事件或遭受自然灾害的一方可以推迟履行义务。由于不可抗力致使合同目的不可能实现时，可以解除合同且不承担民事责任。但当事人迟延履行后发生不可抗力的，不能主张免除责任。

（2）在履行期限届满之前，当事人一方明确表示或者以自己的行为表明不履行主要债务。

（3）当事人一方迟延履行主要债务，经催告后在合理期限内仍未履行。

（4）当事人一方迟延履行债务或者有其他违约行为致使不能实现合同目的。

（5）法律规定的其他情形。

解除权的行使会导致合同关系终止，对相对方造成不利影响，如果合同解除权永久存在，会使合同关系长期处于不确定的状态。法律规定或者当事人约定解除权行使期限，期限届满当事人不行使的，该权利消灭。法律没有规定或者当事人没有约定解除权行使期限，自解除权人知道或者应当知道解除事由之日起一年内不行使或者经对方催告后在合理期限内不行使的，该权利消灭。

一方当事人解除合同的，应当通知对方，合同自通知到达对方时解除。合同解除后，尚未履行的，终止履行；已经履行的，根据履行情况和合同性质，当事人可以要求恢复原状、采取其他补救措施,并有权要求赔偿损失。

2

第六节 违 约 责 任

违约责任是指当事人一方不履行合同义务或者履行合同义务不符合约定的,应当向相对方承担的法律后果。合同生效后,当事人应适当履行合同,违反合同义务的,违约方应向相对方提供相应的补偿或接受惩罚。违约责任是一种民事责任,主要表现为财产责任。

一、违约责任的主要形式

(一) 继续履行

继续履行也称强制实际履行,是违约方根据对方当事人的请求继续履行合同规定的义务的违约责任形式。为保证当事人缔约目的的实现,一方当事人在违约的情况下,对方当事人可以要求违约方继续履行合同义务,违约方仍拒不履行的,对方当事人还可以请求人民法院强制其实际履行。

因债务性质的不同,继续履行存在不同的适用情形。

1. 金钱债务的继续履行

金钱债务只存在迟延履行,不存在履行不能,应无条件适用继续履行的责任形式。《民法典》第五百七十九条规定,当事人一方未支付价款、报酬、租金、利息,或者不履行其他金钱债务的,对方可以请求其支付。

2. 非金钱债务的继续履行

有的非金钱债务,则不能适用继续履行。例如,标的物毁损且没有替代物的货物买卖合同不能适用继续履行。《民法典》第五百八十条规定,当事人一方不履行非金钱债务或者履行非金钱债务不符合约定的,对方可以请求履行,但有下列情形之一的除外:❶ 法律上或者事实上不能履行;❷ 债务的标的不适于强制履行或者履行费用过高;❸ 债权人在合理期限内未要求履行。

为避免出现合同僵局,有前款规定的除外情形之一,致使合同目的不能实现的,人民法院或者仲裁机构可以根据当事人的请求终止合同权利义务关系,但是不影响其他违约责任的承担。不得强制履行的非金钱债务也可由第三人替代履行,守约方可以请求违约方负担由第三人履行的费用。

(二) 赔偿损失

赔偿损失也称违约损害赔偿,是合同一方当事人不履行合同义务或者履行义务不符合约定时赔偿相对方所受损失的责任。赔偿损失是违约责任中最常见的形式之一,也是充分保护受害人利益的主要方式。

损害赔偿额应相当于违约造成的损失额,包括直接损失和间接损失。

1. 直接损失

直接损失即已有利益损失,指违约行为对现有财产造成的减少。

2. 间接损失

间接损失即可得利益损失，指合同履行后可以获得而未获得的利益。但是，间接损失的赔偿额不得超过违约一方订立合同时预见到或者应当预见到的因违约可能造成的损失。

当事人一方违约后，对方应当采取适当措施防止损失的扩大；没有采取适当措施致使损失扩大的，不得就扩大的损失要求赔偿。当事人因防止损失扩大而支出的合理费用，由违约方承担。

（三）违约金责任

1. 违约金的概念

违约金责任是合同一方当事人不履行合同义务或者履行义务不符合约定时，向对方当事人支付一定数额的货币。违约金责任是一种约定责任，应当事先在合同中明确约定。如果合同中没有违约金条款，就不能追究违约方的违约金责任，只能以其他形式追究违约方责任。《民法典》第五百八十五条规定，当事人可以约定一方违约时应当根据违约情况向对方支付一定数额的违约金，也可以约定因违约产生的损失赔偿额的计算方法。

2. 违约金数额的确定

违约金的数额应当与违约造成的损失额大致相当。约定的违约金低于造成的损失的，当事人可以请求人民法院或者仲裁机构予以增加；约定的违约金过分高于造成的损失的，当事人可以请求人民法院或者仲裁机构予以适当减少。当事人就迟延履行约定违约金的，违约方支付违约金后，还应当履行债务。

（四）定金责任

1. 定金的概念

定金是指合同当事人一方以保证合同履行为目的，在合同成立时或者未履行前，由一方向另一方支付的一定数额的金钱。

通过一方当事人预先给付对方当事人一定数量的金钱使当事人心理产生压力，合同的履行与定金的得失挂钩，从而积极适当地履行债务，以发挥担保和惩罚违约的作用。因此，定金既是违约责任的承担方式，又是一种债权担保形式。

定金的成立具有实践性，即定金合同自实际交付时成立。定金是由合同当事人约定的，但只有当事人关于定金的约定，而无定金的实际交付，定金担保并不能成立。只有合同当事人将定金实际交付给对方，定金才能成立。

2. 定金罚则

债务人履行债务后，定金应当抵作价款或者收回。给付定金的一方不履行债务或履行债务不符合约定，致使不能实现合同目的的，无权请求返还定金；收受定金的一方不履行债务或履行债务不符合约定，致使不能实现合同目的的，应当双倍返还定金。由此可见，定金罚则在当事人一方不履行债务时，才发生制裁的效力。

3. 定金数额的确定

与订金及其他补偿性的违约责任不同，定金责任具有明显的惩罚性。定金的适用不以实际发生的损害为前提，即无论一方的违约是否造成对方的损害，损害数额大小如何，都可以导致约定的定金责任。

2

《民法典》第五百八十六条规定，定金的数额由当事人约定，但不得超过主合同标的额的百分之二十。定金数额超过主合同标的额百分之二十的，超过部分不产生定金的效力。立法意图在于限制给付数额过大的定金，将定金的惩罚限定在一定的限度内。

实际交付的定金数额多于或者少于约定数额的，视为变更约定的定金数额，即以实际交付的数额为准。

4. 定金与其他违约责任的竞合

当事人既约定违约金，又约定定金的，一方违约时，对方可以根据实际情况选择适用违约金或者定金条款。即违约金与定金不得同时适用。

定金不足以弥补一方违约造成的损失的，对方可以请求赔偿超过定金数额部分的损失。即赔偿损失与定金可以同时适用。

【案例分析2-8】

定金责任的适用

案情：A公司与B公司签订一份货物买卖合同，合同标的额为50万元，由买方A公司向卖方B公司支付定金15万元，剩余款项在货物交付后十日内付清。货物交付后，A公司发现该批货物有严重的质量问题，A公司拒绝支付剩余货款，并要求B公司双倍返还定金。

问题：

(1) A公司要求B公司双倍返还定金的主张是否有法律依据？

(2) B公司应当向A公司返还定金的数额是多少？

解析：

(1) A公司的主张有法律依据，B公司作为收受定金的一方履行合同义务不符合约定，致使不能实现合同目的的，应当双倍返还定金。

(2)《民法典》规定，定金的数额由当事人约定，但不得超过主合同标的额的20%，否则超过部分不产生定金的效力。本案中合同标的额为50万元，定金数额不得超过50×20%=10(万元)，超过的5万元不产生定金的效力。B公司应当向A公司返还定金的数额是10×2+5=25(万元)。

(五) 采取其他补救措施

经济活动中其他补救措施主要包括受损害方可以要求对方承担修理、更换、重作、退货、减少价款或者报酬等违约责任。当事人一方不履行合同义务或者履行合同义务不符合约定的，在履行义务或者采取补救措施后，对方有其他损失的，还应当赔偿损失。

二、违约责任的免除

在合同履行的过程中，由于出现法律规定或者当事人约定的免责事由致使当事人不能履行合同义务或者履行合同义务不符合约定的，当事人可以免于承担违约责任。违约责任的免除事由包含法定免责事由和约定免责事由。

（一）法定免责事由

1. 不可抗力

《民法典》第五百九十条规定，因不可抗力不能履行合同的，根据不可抗力的影响，部分或者全部免除责任，但法律另有规定的除外。当事人迟延履行后发生不可抗力的，不能免除责任。当事人一方因不可抗力不能履行合同的，应当及时通知对方，以减轻可能给对方造成的损失，并应当在合理期限内提供证明。

2. 法律的特别规定

《民法典》合同编在通则部分将不可抗力规定为一般的法定免责事由，除法律另有规定外，适用所有的违约免责。在合同编典型合同部分，针对不同合同类型的具体特点，规定了违约免责的特别情形。

（1）合理损耗。例如，《民法典》第七百一十条规定，承租人按照约定的方法或者租赁物的性质使用租赁物，致使租赁物受到损耗的，不承担损害赔偿责任。《民法典》第八百三十二条规定，承运人对运输过程中货物的毁损、灭失承担损害赔偿责任。但是，承运人证明货物的毁损、灭失是因货物本身的自然性质或者合理损耗造成的，不承担损害赔偿责任。

（2）债权人过错。例如，根据《民法典》第八百三十二条规定，在符合法律和合同规定条件下运输，由于托运人、收货人的过错造成货物的毁损、灭失的，承运人不承担损害赔偿责任。

（二）约定免责事由

当事人可以在合同中以免责条款的方式约定排除或者限制未来的合同责任，即约定免责。以不违反法律、行政法规的强制性规定为前提，当事人可以自由约定免责事由。《民法典》对违约免责条款的效力未做一般性规定，仅对格式合同中免责条款的效力作出相关规定。在教材“格式条款”部分已做说明，不再赘述。

三、违约责任与缔约过失责任的区别

违约责任和缔约过失责任都属于合同中的损害赔偿责任，应注意这两种责任的区别。

（一）产生的前提不同

缔约过失责任是以合同订立过程中当事人违反诚实信用原则为前提，成立的依据是《民法典》的具体规定，并非一个有效成立或存在的合同。无论合同是否有效，只要有违反诚实信用原则的行为且符合《民法典》规定的要件，就应承担缔约过失责任。而违约责任以合同关系的存在为前提，因违反有效合同而产生。如果没有违反合同义务，或者合同没有生效，则不产生违约责任。

（二）可否由当事人约定不同

缔约过失责任具有法定性，是基于法律的直接规定，属于法定责任，不可以由当事人约定。违约责任具有约定性，当事人可以在合同中约定承担责任的方式、范围以及免责条件、免责事由。

（三）责任形式不同

缔约过失责任的责任形式只有一种，即损害赔偿。违约责任的形式多种多样，包括赔偿损害、支付违约金、实际履行等。

(四) 赔偿的范围不同

2

缔约过失责任中,权利人所能请求赔偿的是信赖利益的损失,旨在使非违约方因相信合同有效成立而支出的各种费用得到返还或者赔偿,从而使当事人处于合同磋商前的良好状态。违约责任的损害赔偿范围包括因违约而造成的实际损害,也包括预期利益的损害。

阶段测试

一、名词解释

1. 合同　2. 要约　3. 缔约过失责任　4. 不安抗辩权　5. 提存

二、单项选择题

1. 下列不属于《民法典》规定的典型合同的是(　　)。

A. 买卖合同　B. 技术合同　C. 保险合同　D. 中介合同

2. 合同中价款或者报酬约定不明确,无法达成补充协议,也无法按照合同相关条款和交易习惯确定的,按照(　　)履行。

A. 订立合同时订立地的市场价格　B. 订立合同时履行地的市场价格

C. 履行合同时履行地的市场价格　D. 履行合同时订立地的市场价格

3. 应当先履行债务的当事人,有确切证据证明对方经营状况严重恶化的,可以中止履行合同,行使(　　)。

A. 同时履行抗辩权　B. 先履行抗辩权　C. 不安抗辩权　D. 先诉抗辩权

4. 撤销权自债权人知道或者应当知道撤销事由之日起(　　)内行使。

A. 六个月　B. 一年　C. 两年　D. 三年

5. 下列关于违约责任,说法错误的是(　　)。

A. 违约损失赔偿不包括间接损失

B. 约定的违约金数额可以依请求增加或减少

C. 定金数额不得超过主合同标的额的20%

D. 当事人迟延履行后发生不可抗力的,不免除其违约责任

三、判断题

1. 合同仅有口头与书面两种形式。(　　)

2. 合同订立过程中的承诺既可以撤回,也可以撤销。(　　)

3. 当事人超越经营范围订立的合同一定无效。(　　)

4. 因不可抗力致使不能实现合同目的的,当事人可以解除合同。(　　)

5. 定金合同为诺成性合同。(　　)

四、案例分析题

1. 甲方(合肥)8月1日以信件的方式向乙方(南京)发出购买一辆二手轿车的要约,有效期为15天。要约8月5日到达乙方,8月9日乙方函复同意购买。取消要约的通知8月7日到达,8月13日乙方复函到达甲方。甲方8月14日将该二手车(特定物)卖给不知情的丙方。试分析:

(1) 甲方与乙方的合同是否成立?

(2) 若乙方要求强制实际履行合同,该主张能否得到支持?请分析原因。

2. 甲向乙借款5万元,约定半年内还清。半年后甲以无力偿还为由拒绝还款,乙多次催讨无果,遂向法院起诉。法院审理查明,甲在一个月前将一辆价值3万元的小货车以1万元的价格卖给好友丙,甲对丁有一笔3万元的到期债权一直未主张。

试分析,乙可以通过哪些方式帮助自己实现债权?

3. 甲乙两公司采用合同书形式订立了一份货物买卖合同,双方约定由甲公司向乙公司提供100箱零配件,甲公司于3月31日前交货,并负责将货物运至乙公司,乙公司在收到货物后15日内付清货款。合同订立后双方均未签字盖章。2月28日,甲公司与丙运输公司订立货物运输合同,双方约定由丙公司将100箱零配件运至乙公司。3月1日,丙公司先运了60箱零配件至乙公司,乙公司全部收到,并于3月8日将60箱零配件的货款付清。3月20日,甲公司掌握了乙公司转移财产、逃避债务的确切证据,随即通知丙公司暂停运输其余40箱零配件,并通知乙公司中止交货,要求乙公司提供担保;乙公司及时提供了担保。3月26日,甲公司通知丙公司将其余40箱零配件运往乙公司,丙公司在运输途中发生交通事故,40箱零配件全部毁损,致使甲公司3月31日前不能按时全部交货。4月5日,乙公司要求甲公司承担违约责任。试分析:

(1) 甲乙公司订立的买卖合同是否成立?

(2) 甲公司3月20日中止履行合同的行为是否合法?

(3) 乙公司4月5日要求甲公司承担违约责任的行为是否合法?

(4) 丙公司对货物毁损应承担什么责任?

4. 甲公司与乙公司签订一份购货协议,甲公司向乙公司支付定金10万元,双方约定如一方违约,需向对方支付违约金,金额为合同总价款的30%,即15万元。双方没有约定争议解决方式。后乙公司违约,致使甲公司损失8万元。甲公司遂要求乙公司承担违约责任,赔偿损失8万元,双倍返还定金20万元,支付违约金15万元,共计43万元。乙公司则以法院可能会偏袒甲公司为由,申请仲裁。试分析:

(1) 甲公司与乙公司关于定金数额的约定是否符合法律规定?为什么?

(2) 该案应由人民法院受理还是应由仲裁委员会受理?为什么?

(3) 甲公司要求乙公司承担违约责任共计43万元的主张是否应予以支持?为什么?

5. 甲是一名进城务工人员,平时工作辛苦且收入不高,一直想自己经营服装生意。某日甲在一家创业网站上看到一个服装品牌加盟信息,经营该服装品牌的乙公司和甲经过多次磋商,甲认为投资该品牌前景很好,乙公司也愿意为甲提供创业方面的各项支持。乙公司许诺只要甲选好店址,公司经过调查符合要求的,就可以签合同进行装修,甲负责装修费用,乙公司可以提供技术和人力上的支持,按该品牌专卖店的统一规格进行装修。甲办理了辞职手续,四处奔波，终于寻找到了合适的店址，乙公司派人调查后表示店址没有问题，甲便租下该店面并预付了一年租金。就在双方准备签订加盟合同时，乙公司提出该品牌走俏，想要加盟的人很多，要求甲在原来费用的基础上加三万元经营费，甲认为这违反了他们当初的约定，难以接受，要求乙公司赔偿其房租及辞职造成的损失。乙公司辩称，现在是市场经济，经营主体拥有充分的经营自主权，双方为了合作而进行协商很常见，只要没有正式签合同，就无须负责。试分析：

（1）甲与乙公司之间存在什么关系？

（2）甲要求乙公司赔偿的主张是否能够得到支持？

实训操作与指导

1. 仔细阅读一份合同文书，注意观察合同的格式与内容。

指导意见：以实训小组为单位，阅读一份合同范本，总结该合同主要条款，制成小组实训报告。

2. 起草一份合同，要求标的合法，格式准确，内容明确。

指导意见：按照学生专业确定合同标的的类型，在老师指导下完成一份完整、规范的合同，制成个人实训报告。

3. 总结社会实践中常见的违约行为，讨论违约产生的原因，分析规避合同风险的途径。

指导意见：以实训小组为单位开展讨论，要求契合主题，结合学生自身经历与所见所闻，分析违约行为的种类、成因和规避的方法，做好小组讨论记录。

自我评价

任务名称	掌握程度		
	好	中	差
对合同概念、适用范围与分类的了解情况			
对合同内容与订立方式的熟悉情况			
对合同生效要件及影响合同效力因素的掌握情况			
对合同履行基本原则与履行抗辩权的掌握情况			
对合同保全的类型及其权利行使的了解情况			
对合同变更、转让与终止的各种情形的认识情况			
对违约责任的概念及其承担方式的熟悉情况			
阅读、审查及分析合同的能力			
诚信履约及运用合同规避商业风险的能力			

通过本章的学习，你还有什么收获？

第三章 担保法律制度

3

导语

担保制度是为了确保债务履行而设立的一种法律制度。《民法典》颁布实施之前，我国关于担保的立法主要体现在《中华人民共和国担保法》（以下简称《担保法》）、最高人民法院《关于〈中华人民共和国担保法〉若干问题的解释》（以下简称“担保法司法解释”）以及《中华人民共和国物权法》（以下简称《物权法》）等规范性文件中。《民法典》施行后，《担保法》及其司法解释、《物权法》同时废止。本章主要介绍《民法典》合同编第二分编的第十三章保证合同、物权编的第四分编担保物权部分。

为进一步完善担保制度，优化营商环境，《民法典》在物权编、合同编中分别对担保物权、定金责任、保证合同等与担保有关的法律制度作出规定。扩大了担保合同的范围，明确融资租赁、保理、所有权保留等非典型担保合同的担保功能；删除了有关担保物权具体登记机构的规定，为将来建立统一的动产抵押和权利质押登记制度留下空间；简化了抵押合同和质押合同的一般条款；明确实现担保物权的统一受偿规则；强调定金规则的担保作用；增加保证合同为新的典型合同。

学习目标

理论知识目标：

1. 了解担保的概念、特征与种类。
2. 掌握保证的概念、保证人的条件与保证责任。
3. 熟悉并掌握抵押的概念，抵押权的设立、实现与终止。
4. 熟悉并掌握质押的概念，区分动产质权与权利质权的相关法律规定。
5. 掌握留置的概念，留置权的取得、效力与消灭。

职业能力目标：

1. 能分清常见的担保类型。
2. 能看懂简单的担保条款或合同。
3. 树立依法履行担保责任的意识，认识违反担保责任应承担的法律后果。

职业素养目标：

通过学习《担保法》，明确诚信在市场经济发展中的重要作用，培养责任与诚信意识。

思维导图

- 担保法律制度
  - 担保法律制度概述
    - 担保的概念与特征
    - 担保的种类
  - 保证
    - 保证的概念与方式
    - 保证合同
    - 保证责任
    - 保证人的追偿权
  - 抵押
    - 抵押概述
    - 抵押合同
    - 抵押登记
    - 抵押当事人的权利
    - 抵押权的实现
  - 质押
    - 质押概述
    - 动产质押
    - 权利质押
  - 留置
    - 留置的概念
    - 留置权的取得
    - 留置权的效力
    - 留置权的消灭

导入案例

赵某向钱某借款100万元，为担保赵某能够按期还款，钱某要求赵某为100万元的债务提供担保。赵某以自有房屋一套（评估价值80万元）办理了抵押登记手续，孙某以保证人身份为赵某债务提供担保。试分析：

1. 本案中存在哪些担保方式?

2. 如果赵某未能按期还款,钱某可以通过什么方式保证债权的实现?

案例解析:

1. 本案中存在抵押与保证两种担保方式。

2.《民法典》第三百九十二条规定了混合担保规则:“被担保的债权既有物的担保又有人的担保的,债务人不履行到期债务或者发生当事人约定的实现担保物权的情形,债权人应当按照约定实现债权;没有约定或者约定不明确,债务人自己提供物的担保的,债权人应先就该物的担保实现债权;第三人提供物的担保的,债权人可以就物的担保实现债权,也可以要求保证人承担保证责任。提供担保的第三人承担担保责任后,有权向债务人追偿。”

因此,本案中钱某可以先请求法院对赵某的房子予以拍卖、变卖或折价以偿还债务,不足部分再由保证人孙某负责清偿。

第一节 担保法律制度概述

一、担保的概念与特征

(一)担保的概念

担保是指为保证特定债权人利益的实现,依法以第三人的信用或特定财产保证债务人履行债务,债权人实现债权的制度。

随着国民经济持续快速发展,经济主体间的债务往来越加频繁。近年来,为缓解中小企业资金紧张以及融资难等问题,《关于促进互联网金融健康发展的指导意见》《最高人民法院关于审理民间借贷案件适用法律若干问题的规定》《融资担保公司监督管理条例》等一系列法律法规相继出台。包括银行在内的各种融资担保机构应运而生,它们的出现为不同经济主体提供专业风险管理服务并承担相应的风险,在消费、投资、出口以及税收财政等各个环节都能发挥其信用评级、信用增级以及信用放大的作用。担保制度能够为上述市场主体的交易行为降低风险,提高信用,是市场经济不可缺少的法律制度之一。

(二)担保的特征

担保是为了保障债权的实现而设立的,因此担保具有以下法律特征。

1. 从属性

在适用担保的场合下,至少存在两种法律关系,即担保法律关系和被担保的债权关系。担保法律关系从属于主债权关系,主债权无效,担保法律关系也无效。主债权债务合同与担保合同之间为主合同与从合同的关系。

2. 补充性

担保对债权人权利的实现仅仅具有补充作用,当主债权债务关系因适当履行而正常终止时,担保人并不实际履行担保义务。只有在主债务不能得到履行时,补充的担保义务才需要履行,使主债权得以实现。

二、担保的种类

依据《民法典》的相关规定，通常可以将担保可分为以下三种类型。

（一）人的担保

人的担保简称“人保”，是指在债务人的全部财产之外，附加第三人的一般财产作为债权实现的总担保。保证是人保的典型形式。

（二）物的担保

物的担保简称“物保”，是指以债务人或第三人的特定财产作为抵偿债权的标的，在债务人不履行其债务时，债权人可以将财产变价，并从中优先受偿的制度。物保的典型形式有抵押、质押与留置，后面将做详细的介绍。除此以外，《民法典》新增了“其他担保功能的合同”，在实务中主要体现为保理、融资租赁、所有权保留买卖、让与担保、后让与担保等非典型担保。

【案例分析 3－1】

非典型担保制度

案情： 甲方（债权人）向乙方（债务人）借款人民币 500 万元，乙方同意将其持有的某公司 20%的股权过户登记至甲方名下用于担保。双方确认，签订股权转让协议的目的是以股权转让的形式担保甲方债权得以实现。上述做法属于（　　）类型的担保。

A. 保理　　B. 融资租赁　　C. 所有权保留买卖　　D. 让与担保

解析： 让与担保是指债务人为担保自己所欠债务，而将自己或第三人的财产权转移给债权人。如果到期清偿了债务，则债权人应当将该财产权返还给债务人。如果到期不能清偿债务，债权人可通过行使该财产权优先受偿的制度。让与担保属于在司法实践中得到广泛确认的非典型担保，担保物常见于房屋、汽车和股权等。因此，本题答案为选型 D。

（三）金钱担保

金钱担保是指债务人在约定给付以外交付一定数额的金钱，该金钱的返还与丧失同债务是否履行联系起来，是当事人双方产生心理压力，从而促使其积极履行债务，保障债权实现的制度。定金是金钱担保的典型形式。

由于定金制度在本书第二章第六节已有讲解，本章不再赘述。下面就经济往来中常见的保证、抵押、质押、留置等四种担保方式做详细的介绍。

第二节　保　　证

一、保证的概念与方式

（一）保证的概念与特征

保证是指为保障债权的实现，第三人和债权人约定，当债务人不履行或不能履行到期债务或者发生当事人约定的情形时，该第三人按照约定或法律规定履行债务或者承担责任的担保方式。这里的第三人称为保证人，债权人既是主合同的债权人，也是保证合同的债权人。

保证具有以下法律特征。

1. 保证是人的担保方式

保证是以担保人的不特定财产担保债务人履行义务的，即以担保人的信用、全部财产为对象。与抵押、质押、留置等以担保人的特定财产为担保标的物的担保方式明显不同，属于人的担保。

2. 保证具有从属性

保证是为了担保债权的受偿而由债务人以外的第三人提供的担保，其效力受被担保债权效力的影响。保证的成立以主债权债务合同的成立为前提，保证合同是主债权债务合同的从合同，保证责任的范围也不得大于主合同债务的范围。主合同债务消灭时，保证债务也随之消灭；主合同无效的，保证合同无效，但法律另有规定的除外。

3. 保证具有独立性

保证债务虽从属于主合同债务，但并非主合同债务的一部分，而是另一个独立的债务，在附从于主合同债务的范围内具有独立性。因此，保证合同可以约定保证债务仅担保主合同债务的一部分，保证债务的范围可以不同于主合同债务的范围，即部分保证。

（二）保证的方式

依据保证人在保证关系中所处地位的不同，保证的方式包括一般保证与连带责任保证两种。

1. 一般保证

一般保证是指当事人在保证合同中约定，债务人不能履行债务时，由保证人承担责任的保证。

在一般保证的情况下，保证人享有先诉抗辩权，即一般保证的保证人在主合同纠纷未经审判或者仲裁，并就债务人财产依法强制执行仍不能履行债务前，对债权人可以拒绝承担保证责任。因此，一般保证的保证人承担的是一种补充责任。

《民法典》第六百八十七条规定了一般保证人主张先诉抗辩权的除外事由：❶ 债务人下落不明，且无财产可供执行；❷ 人民法院已经受理债务人破产案件；❸ 债权人有证据证明债务人的财产不足以履行全部债务或者丧失履行债务能力；❹ 保证人书面表示放弃先诉抗辩权的。

2. 连带责任保证

连带责任保证是指当事人在保证合同中约定保证人和债务人对债务承担连带责任的保证。

连带责任保证与一般保证的区别主要在于连带保证的保证人不享有先诉抗辩权。连带责任保证的债务人在主合同规定的债务履行期满没有履行债务的，债权人可以要求债务人履行债务，也可以要求保证人在其保证范围内承担保证责任。连带责任保证对于保证人而言是一种较重的责任。

在实践中，经常出现当事人签订保证合同但没有约定保证人应承担何种保证责任。对此，《民法典》第六百八十六条第 2 款规定：“当事人在保证合同中对保证方式没有约定或者约定不明确的,按照一般保证承担保证责任。”即一般保证是保证责任的常态。

3

【案例分析3-2】

保证方式的确定

案情:孙某向信用社申请贷款100万元,李某为此提供保证担保,保证内容为:“此贷款如孙某不按期偿还,由我偿还贷款的全部本金和利息。”该笔贷款到期后,孙某没有如约偿还,信用社向人民法院提起诉讼,请求保证人李某代孙某偿还贷款的本息。李某辩称:“自己只有在孙某无能力偿还该贷款时,才为其偿还贷款。而孙某现在仍有可以偿还贷款的财产与能力,信用社没有起诉孙某而是起诉我,这是弄错了对象。”请求法院驳回信用社的诉讼要求。

解析:保证人和债务人约定采用连带责任保证这种保证方式时,必须是明确的约定,即要出现“连带责任保证”的字样。当事人对保证方式没有约定或者约定不明确的,按照一般保证承担保证责任。案例中由于李某没有明确指明其采用何种保证责任,应推定为一般保证,即李某享有先诉抗辩权。因此,法院对信用社的诉讼请求不予支持。

给朋友借钱担保,我该偿还借款吗?

二、保证合同

(一)保证合同的当事人

保证合同是指为保障债权的实现,保证人和债权人约定,当债务人不履行债务或者发生当事人约定的情形时,由保证人履行债务或承担责任的合同。由此可见,保证合同的当事人为保证人与债权人,债务人不是保证合同的当事人。

保证人是指根据保证合同的约定,在债务人不履行债务或者发生当事人约定的情形时,向债权人承担保证责任的当事人。保证人通常是基于与债务人的关系,为其向债权人提供保证,其目的在于担保债权能够得以实现,或者说债务能够得到清偿。因此,“具有代为清偿的能力”是保证人的基本条件。代为清偿既包括代为金钱性质的清偿,也包括代为履行其他给付。

根据《民法典》第六百八十三条规定,下列主体不得作为保证人。

1. 未经国务院批准的国家机关

机关法人不得为保证人,但是经国务院批准为使用外国政府或者国际经济组织贷款进行转贷的除外。因为,国家机关是代表国家行使公权力的职权部门,其职能是维持社会的正常秩序。为实现其职能,国家机关都会享有国家拨付的经费。如果允许国家机关担任保证人,在债务人到期不履行债务时,国家机关就必须用其经费来承担保证责任,这必然严重影响其职能的实现。

2. 以公益为目的的非营利法人、非法人组织

公益是指不特定多数人的利益,一般是非经济利益,如教育、医疗等。如果允许以公益为目的的非营利法人、非法人组织为债权人提供担保,极有可能减损其用于公益目的的财产,有违公益的宗旨。但在实践中,有部分营利性机构从事教育、医疗等行业,对于这些法人或非法人组织,依据国家政策允许从事经营活动的,应当认定其有从事保证活动的民事权利能力,可

以担任保证人。

（二）保证合同的形式与内容

1. 保证合同的形式

保证合同属于要式合同，应当采取书面形式。保证合同的具体表现形式有以下四种：❶ 主从合同的形式，即保证人与债权人单独订立保证合同；❷ 主从条款的形式，即债权人、债务人与保证人共同订立一个合同，保证的意思表示仅作为保证条款出现在主合同中；❸ 以保证人身份在主合同上承保的形式，即保证人在债权人与债务人签订的主合同上以保证人身份或在"保证人"栏下签名或者盖章；❹ 保证人单方面出具保证承诺书的形式，即保证人单方以书面形式向债权人作出保证，债权人接收且未提出异议的，例如。国际贸易中银行向受益人开立的保函。

2. 保证合同的内容

《民法典》第六百八十四条规定，保证合同一般包括以下内容：❶ 被保证的主债权的种类、数额；❷ 债务人履行债务的期限；❸ 保证的方式；❹ 保证担保的范围；❺ 保证期间。保证合同若不完全具备上述内容的，可以协议补充或依据法律推定。

三、保证责任

（一）保证责任的范围

保证责任的范围即保证担保的范围，或称为被保证债务的范围。

对于保证责任的范围，首先应考虑保证合同当事人的约定。在当事人未约定保证责任范围或约定不明确时，保证人应当对全部债务承担责任，即包括主债权及其利息、违约金、损害赔偿金和实现债权的费用。

（二）保证期间

保证期间为确定保证人承担保证责任的存续期间，不发生中止、中断和延长。保证期间关系到保证人与债权人之间的债权债务能否行使或履行，也是确定保证债务与诉讼时效关系的依据，因此十分重要。

当事人可以约定保证期间。但是，保证合同约定的保证期间早于或者等于主债务履行期限的，视为没有约定。保证人与债权人未约定保证期间或者约定不明确的，保证期间为主债务履行期届满之日起六个月。

【案例分析 3－3】

保证责任的范围与保证期间

案情： 赵某、程某于 2023 年 10 月 5 日签订一份借款合同，张某作为保证人在借款合同上签字。合同约定程某的还款日期为 2024 年 2 月 5 日，到期未还由张某对借款本金 500 万元承担连带责任保证。2024 年 5 月 1 日，赵某因为程某未按期还款而要求张某偿还借款本金与利息。

3

问题：(1) 张某是否应当对本金500万元的利息承担保证责任？

(2) 赵某是否应该先向程某主张权利后才能向张某主张权利？

(3) 赵某能够向张某主张保证权利的期间应止于何时？

解析：

(1) 张某不应当对本金500万元的利息承担保证责任。因为，当事人已经约定保证责任范围为“借款本金500万元”，不包括利息。

(2) 不需要。因为合同已明确约定“连带责任保证”的字样，应认定张某对借款承担连带责任。

(3) 赵某能够向张某主张保证权利的期间应止于2024年8月4日。因为保证人与债权人未约定保证期间，法律规定的保证期间为主债务履行期届满之日起六个月。

四、保证人的追偿权

保证人的追偿权，又称保证人的求偿权，是指保证人承担保证责任后，除当事人另有约定外，可以在其承担保证责任的范围内向主债务人请求偿还的权利。保证人的追偿权是一项新成立的权利，保证人成为债务人新的债权人，追偿权的产生必须具备以下要件。

1. 保证人已经对债权人承担了保证责任

不论保证人以何种方式履行债务，也不论保证人履行了全部还是部分债务，只要保证人承担了保证责任，就可享有追偿权。

2. 主债务人对债权人因保证而免责

如果主债务人的免责不是由保证人承担保证责任的行为引起的，保证人不得主张追偿权。例如，债务人因自己的清偿行为而免责，即使保证人又履行了保证债务，保证人也不享有向债务人追偿的权利。在此情形下，保证人只能依不当得利的规定请求债权人返还。

3. 保证人履行保证责任没有过错

如果保证人在承担保证责任上有过错的，保证人丧失追偿权。例如，在债权人请求保证人承担保证责任时，保证人应行使主债务人的抗辩权而未行使，致使承担了不应承担的责任的，在此范围内，保证人丧失向主债务人追偿的权利。

第三节　抵　押

一、抵押概述

(一) 抵押的概念

抵押是指债务人或者第三人不转移财产的占有，将该财产作为债权的担保，债务人不履行债务或者发生当事人约定的实现抵押权的情形时，债权人有权依法以该财产折价或者以拍卖、变卖该财产的价款优先受偿。提供抵押财产的债务人或第三人为抵押人，接受抵押的债权人为抵押权人，提供担保的财产为抵押物，因抵押法律关系所产生的权利为抵押权。

抵押的目的在于担保债的履行，而不在于对物的使用与收益，抵押权的成立也不以对抵押物的占有为要件。抵押人不需要将抵押物的占有转移给债权人，而是由自己继续对抵押物进行使用、收益及有限制的处分。

（二）抵押的特征

抵押是担保的典型形式，具有担保的一般特征，如从属性、补充性等。但抵押与其他担保方式也存在不同，具有自身独特的属性。抵押的特征主要体现为以下五个方面。

1. 不可分性

抵押的不可分性，是指抵押权及于抵押财产的全部。抵押权成立后，抵押人的权利义务原则上不因抵押物价值的增减而受到影响。

2. 特定性

抵押的特定性，是指抵押物和抵押权担保的债权是特定的。抵押权是以抵押财产的价值来担保债权实现的，因此抵押物只能是特定的，对于不特定的财产，当事人无法估价其价值，就不能起到担保的作用。抵押权所担保的债权也必须是特定的，只有这样才能确定抵押权担保的限度。

3. 物上代位性

抵押的物上代位性，是指抵押权的效力及于抵押物的替代物。抵押物损毁、灭失而得到的赔偿金或保险金，抵押权人可以就该抵押物的替代物即赔偿金或保险金等行使权利。

4. 顺序性

抵押的顺序性，是指在同一财产上设定有多个抵押权时，各抵押权之间有一定的先后顺序。因为抵押权不以转移标的物的占有为成立要件，所以在同一财产上可以设定多个抵押权。抵押权的实质是优先受偿权，在同一财产上有多个抵押权时就应当有一定的顺序。顺序在先的抵押权优先于顺序在后的抵押权，在实现抵押权时只有先顺序的抵押权人受偿后，后顺序的抵押权人才能就抵押物的剩余价值受偿。

5. 追及性

抵押的追及性，是指不论抵押财产辗转落入何人之手，抵押权人都可以追及该财产行使权利。抵押权人擅自将抵押财产转让给他人时，抵押权人不受影响，抵押权人可追及抵押物并行使抵押权。抵押财产受到他人不法侵害时，抵押权人可基于抵押权而请求排除妨碍。

（三）特殊形式的抵押

为进一步活跃市场，缓解企业资金压力，帮助中小型企业解决融资难的问题，在一般的动产抵押之外，还有两种特殊形式的抵押。

1. 动产浮动抵押

动产浮动抵押是指企业、个体工商户、农业生产经营者将现有的以及将有的生产设备、原材料、半成品、产品进行抵押，当债务人不履行到期债务或者发生当事人约定的实现抵押权的情形时，债权人有权就抵押财产确定时的动产优先受偿的抵押制度。

2. 最高额抵押

最高额抵押是指为担保债务的履行，债务人或者第三人对一定期间内将要连续发生的债权提供担保财产的，当债务人不履行到期债务或者发生当事人约定的实现抵押权的情形时，抵押权人有权在最高债权额限度内就该财产优先受偿的抵押制度。

【案例分析3－4】

动产浮动抵押

案情：某养猪专业户为扩大养殖规模拟向银行借款十万元，借款合同约定："以存栏的生猪作为抵押财产。如借款到期未还，抵押财产为借款到期时存栏的生猪。"本案涉及的担保形式为（　　）。

A. 一般保证　　B. 连带责任保证　　C. 动产浮动抵押　　D. 最高额抵押

解析：生猪存栏的数量在借款到期前是不确定的，当事人约定债务人不履行债务时，抵押财产结晶，符合动产浮动抵押的规定。因此，正确答案为C。

二、抵押合同

（一）抵押合同的形式与内容

根据《民法典》第四百条规定，设立抵押权，当事人应当采取书面形式订立抵押合同。

当事人签订的抵押合同一般包括以下内容。

1. 被担保的主债权的种类和数额

当事人在订立抵押合同时必须明确被担保的主债权，才能使抵押权有所依附，从而确定抵押权实现时抵押权人就抵押财产优先受清偿的范围。

2. 债务人履行债务的期限

所谓债务履行期限，也称债务的清偿期，是指债务人应履行债务或债权人可以请求债务人清偿债务的期限。只有债务履行期限届满，债务人不履行债务的，抵押权人才能实现抵押权，就抵押物折价或者拍卖、变卖所得价款优先受偿。

3. 抵押财产的名称、数量等情况

抵押财产的名称，指抵押标的物的具体类别，如房屋、建设用地使用权、船舶等；数量，指抵押财产有多少，如房屋几间、土地多大、船舶几艘等。除此以外，与抵押财产有关的其他情况也应在合同中明确，例如：抵押财产的质量、价值、所在地、所有权或者使用权归属等。

4. 抵押担保的范围

抵押担保的范围包括主债权及利息、保管抵押财产和抵押权实现的费用、违约金和损害赔偿金。对于抵押担保的范围，当事人可以另有约定。

抵押合同不完全具备上述内容时，当事人可以补正。但是，抵押合同对被担保的主债权种类和数额、抵押财产的名称和数量等情况没有约定或者约定不明，根据主合同和抵押合同不能补正或者依法推定的，抵押不成立。

值得注意的是，当事人在订立抵押合同时，不得在合同中约定"在债务履行期届满前，债务人不履行到期债务时，抵押财产归债权人所有。"抵押合同中有上述约定的，该内容无效。但是，该内容的无效不影响抵押合同其他部分的效力，抵押权人仍然只能依法就抵押财产优先受偿。

（二）抵押合同的标的物

抵押合同的标的物，习惯上称为抵押物，是指债务人或者第三人提供担保的财产。根据《民法典》第三百九十五条规定，债务人或者第三人有权处分的下列财产可以抵押：❶ 建筑物和其他土地附着物；❷ 建设用地使用权；❸ 海域使用权；❹ 生产设备、原材料、半成品、产品；❺ 正在建造的建筑物、船舶、航空器；❻ 交通运输工具；❼ 法律、行政法规未禁止抵押的其他财产，例如：可以在土地承包经营权上设置抵押权。

3

对于上述财产，抵押人既可以将其中的一项财产单独抵押，也可以将几项财产一并抵押。以建筑物抵押的，该建筑物占用范围内的建设用地使用权一并抵押。以建设用地使用权抵押的，该土地上的建筑物一并抵押。抵押人未依照上述规定一并抵押的，未抵押的财产视为一并抵押，遵循“房地一体”原则。但是，建设用地使用权抵押后，该土地上新增的建筑物不属于抵押财产。

根据《民法典》第三百九十九条规定，下列财产不得抵押：❶ 土地所有权；❷ 宅基地、自留地、自留山等集体所有的土地使用权，但法律规定可以抵押的除外；❸ 学校、幼儿园、医院等以公益为目的的事业单位、社会团体的教育设施、医疗卫生设施和其他社会公益设施；❹ 所有权、使用权不明或者有争议的财产；❺ 依法被查封、扣押、监管的财产；❻ 依法不得抵押的其他财产。

【知识拓展 3－1】

住房按揭贷款

“按揭”一词源于地方方言，起初多见于中国的港澳台地区，20 世纪 80 年代末开始在其他地区流传，具有房地产抵押及分期还款两层含义。住房按揭贷款是购房者以所购住房作抵押并由其所购买住房的房地产开发企业提供阶段性担保的个人住房贷款业务。具体地说，按揭贷款是购房者以所预购的住房作为抵押物而从银行获得贷款，购房者按照按揭合同中规定的归还方式和期限分期付款给银行，银行按一定的利率收取利息。如果贷款人违约，银行有权收走房屋。如果贷款人还清了全部贷款本金和利息，可持银行的贷款结清证明和抵押物的房地产权利证明前往房产所在区、县的不动产登记部门申请注销抵押权。

三、抵押登记

由于抵押权的设立，其法律效果不仅直接涉及抵押人和抵押权人，而且还涉及抵押人的一般债权人和其他与抵押物有利害关系的人。因此，法律规定抵押权的设立应当具备严格的形式要件。

（一）必须办理抵押物登记的财产

我国对不动产抵押实行登记生效主义。根据《民法典》第四百零二条规定，下列财产的抵押，应当办理抵押物登记，抵押权自登记起发生效力：❶ 建筑物和其他土地附着物；❷ 建设用地使用权；❸ 海域使用权；❹ 正在建造的建筑物。

（二）自愿办理抵押物登记的财产

我国对动产抵押实行登记对抗主义。当事人以动产抵押的，可以自愿办理抵押物登记。抵押权自抵押合同生效时发生效力，未经登记，不得对抗善意第三人。但为保护市场交易安全，以动产抵押的，无论是否办理动产抵押登记，都不得对抗正常经营活动中已经支付合理价款并取得抵押财产的买受人。

四、抵押当事人的权利

（一）抵押人的权利

抵押人在其财产设定抵押后，仍享有对抵押物的占有、使用、收益和处分权。但是，抵押人在行使上述权利时，必然要受到已设定的抵押权的影响。

1. 转让抵押物的权利

抵押期间，除当事人另有约定，抵押人可以转让抵押财产，不需要征得抵押权人同意。抵押财产转让的，抵押权不受影响，即抵押财产的受让人亦受抵押权的约束。但是，抵押人转让抵押财产的，应当及时通知抵押权人。抵押人能够证明抵押财产转让可能损害抵押权的，可以请求抵押人将转让所得的价款向抵押权人提前清偿债务或者提存。转让的价款超过债权数额的部分归抵押人所有，不足部分由债务人清偿。

2. 就抵押物再次设定抵押权或者质权等担保物权的权利

抵押物初次抵押后，在不动产之上仍然可以设定第二、第三顺序等抵押权。在动产之上除了可以设定第二、第三顺位等抵押权之外，还可以设定动产质权。同一财产向两个以上债权人抵押的，已登记的先于未登记的受偿；若都已登记，按照登记的时间先后确定清偿顺序；若都未登记，则按照债权比例清偿。

3. 出租抵押财产的权利

不动产或者动产设定了抵押权之后，抵押人仍然可以将该财产予以出租，但是在抵押权实现时租赁合同还未到期而且会妨碍到抵押权的实现的，则抵押权人可以解除该租赁合同。但是，若抵押权设立前，抵押财产已经出租并转移占有的，根据“买卖不破租赁”原则，原租赁关系不受该抵押权的影响。

（二）抵押权人的权利

抵押权人的权利主要有以下几项。

1. 抵押物的保全权

在抵押人的行为足以使抵押物的价值减少时，抵押权人有权要求抵押人停止其行为。抵押物价值减少时，抵押权人有权要求抵押人恢复抵押物的价值，或提供与减少的价值相当的担保。抵押人不恢复抵押物的价值也不提供担保的，抵押权人有权要求债务人提前清偿债务。

2. 变更或放弃抵押权的权利

抵押权人可以放弃抵押权或者抵押权的顺位，可以与抵押人协议变更抵押权顺位以及被担保的债权数额等内容。但是，未经其他抵押权人书面同意，抵押权的变更不得对其他抵押权人产生不利影响。

3. 优先受偿权

在债务人不履行债务或者发生当事人约定的实现抵押权的情形时，抵押权人可与抵押人协议以抵押物折价或以拍卖、变卖后的价款受偿；协议不成的，抵押权人可以提起诉讼。抵押物折价或拍卖、变卖后，其价款超过债权数额的部分归抵押人所有，不足部分由债务人清偿。

【案例分析 3－5】

抵押人的权利

案情：甲房地产开发公司（以下简称甲公司）因贷款需要，将其所有的一套商住楼抵押给乙商业银行（以下简称乙银行）。此后，甲公司又将该套商住楼出租。后因无力偿还乙银行贷款，甲公司与乙银行协商，将该套商住楼折抵给乙银行，以清偿其所欠贷款。乙银行获得该商住楼的所有权后，拟自行使用，故向各租户发出解除租赁合同的书面通知。各租户认为租赁合同尚未到期，拒绝搬出。

问题：（1）甲公司在将商住楼抵押后又将其出租的行为是否有效？

（2）乙银行是否有权解除租赁合同？

解析：

（1）抵押权的设定，并不影响抵押人作为抵押物的所有权人行使对抵押物的占有、使用、收益和处分的权利。该套商住楼在设定了抵押权之后，抵押人仍然可以将该财产予以出租。所以，甲公司的出租行为有效。

（2）由于抵押权设定在前，租赁权设定在后，根据相关法律规定，抵押可破除租赁。乙银行受让该楼的所有权后，原先的租赁合同对其无约束力，乙银行有权解除租赁合同。

五、抵押权的实现

抵押权的实现是在债权已届清偿期而没有清偿时，抵押权人就抵押物受偿的行为。抵押权的作用在于担保债权的受偿，因此，抵押权的实现是发挥抵押权作用的方式和途径。

《民法典》第四百一十条规定，债务人不履行到期债务或者发生当事人约定的实现抵押权的情形，抵押权人可以与抵押人协议以抵押财产折价或者以拍卖、变卖该抵押财产所得的价款优先受偿。协议损害其他债权人利益的，其他债权人可以在知道或者应当知道撤销事由之日起一年内请求人民法院撤销该协议。抵押权人与抵押人未就抵押权实现方式达成协议的，抵押权人可以请求人民法院拍卖、变卖抵押财产。抵押财产折价或者变卖的，应当参照市场价格。

第四节　质　押

一、质押概述

质押是指为了担保债务的履行，债务人或第三人将其动产或者权利凭证交付给债权人占有，当债务人不履行债务或者发生当事人约定的实现质权的情形时，债权人有就其占有的财产优先受偿的权利。交付动产或权利凭证的债务人或第三人称为出质人，接受质押的债权人为质权人，被提供质押的财产为质物，因质押法律关系所产生的权利为质押权（可简称为“质权”）。

质押须转移质物的占有，质押权以占有标的物为成立要件。在设立质押时，出质人应当将质物的占有移交给债权人。质押权是一种动产物权，对不动产不能设立质押权。法律、行政法规禁止转让的动产也不得设定质押权。另外，权利也可以成为质押权的标的，称为权利质押。

【知识拓展3－2】

典当制度

典当业是人类最古老的行业之一，堪称金融业的鼻祖，是现代质押制度的前身。中国是世界上最早出现典当活动并形成典当行业的国家之一。我国民间的当铺，亦称为典当行、典卖行，实际是专门从事质押业务的，其享有的权利称为营业质。具体操作为债务人以一定的财物，交付于当铺作担保，向债权人借贷一定数额的金钱，于一定期限内债务人不清偿时，担保物即归债权人所有，或者由债权人以当物的价值优先受清偿。

营业质不同于现代质押制度，在质押权中禁止当事人约定在债务履行期届满质权人未受清偿时，质物的所有权移转为质权人所有，而营业质则不受此限制。

二、动产质押

动产质押是指债务人或者第三人将其动产移交债权人占有，以该动产作为债权的担保。动产质押自出质人交付质押动产时设立。

（一）动产质押的设立

1. 动产质押合同

质押权的设立，应当采取书面形式订立质押合同，根据《民法典》第四百二十七条规定，质押合同一般包括下列条款：❶ 被担保债权的种类和数额；❷ 债务人履行债务的期限；❸ 质押财产的名称、数量等情况；❹ 担保的范围；❺ 质押财产交付的时间、方式。除❶与❸是质押合同的必备条款外，其他条款可以事后补正。

2. 流质条款

流质条款是指质权人在债务履行期限届满前，与出质人约定，当债务人不履行到期债务时质押财产归债权人所有的条款。法律不承认流质条款的效力，但该条款不影响质押权的效力，质权人仍然可以依法就质押财产优先受偿。

（二）动产质押的效力

1. 质权人的权利

（1）占有质物。对质物的占有，既是质权的成立要件，也是质权的存续要件。质权人有权在债权受清偿前占有质物，并以质物的全部行使其权利。

质权人在占有质物期间，除当事人另有约定外，质权人仅有占有权，不得使用质物。如果使用，需要征得出质人的同意，否则因此给出质人造成的损失应当承担赔偿责任。

（2）收取孳息。质权人有权收取质物的孳息，但质权合同另有约定的除外。质权人收取的孳息应当优先充抵收取孳息的费用，其次用于清偿利息和主债权。

（3）保全质物。因不能归责于质权人的事由可能使质押财产毁损或者价值明显减少，足以危害质权人权利的，质权人有权要求出质人提供相应的担保；出质人不提供的，质权人可以拍卖、变卖质押财产，并与出质人通过协议将拍卖、变卖所得的价款提前清偿债务或者提存。

（4）优先受偿。债务人不履行到期债务或者发生当事人约定的实现质权的情形，质权人可以与出质人协议以质押财产折价，也可以就拍卖、变卖质押财产所得的价款优先受偿。质押财产折价或者变卖的，应当参照市场价格。

质物折价或拍卖、变卖以后，其价款超过债权数额的部分归出质人所有，不足部分由债务人清偿。

(5) 放弃质权。质权人可以放弃质权。债务人以自己的财产出质，质权人放弃该质权的，其他担保人在质权人丧失优先受偿权益的范围内免除担保责任，但其他担保人承诺仍然提供担保的除外。

2. 出质人的权利

(1) 对质物保管的监督权。质权人不能妥善保管质物可能致使其灭失或者毁损的，出质人可以要求质权人将质物提存，或者要求提前清偿债权而返还质物。将质物提存的，质物提存费用由质权人负担；出质人提前清偿债权的，应当扣除未到期部分的利息。

(2) 损害赔偿请求权。出质人在质权人因保管不善致使质物毁损灭失时，有权要求质权人承担民事责任。

(3) 质物返还请求权。债务履行期届满，债务人履行债务的，或出质人提前清偿所担保的债权的，出质人有权要求质权人返还质物。

【案例分析 3－6】

动 产 质 押

案情：甲和乙是好朋友，甲因手头拮据向乙借款 10 万元，乙很爽快地同意了。甲出具借条一张，除载明借款事实外，借条上还记载了“甲以车牌号为××××××× 的奥迪汽车为本次借款提供质押担保”的字样。乙收下借条，但以自己不会开车为由让甲把车子开了回去。此后，甲没有按期归还借款。

问题：乙是否可以对甲的奥迪汽车行使质押权？

解析：以汽车作为质物属于动产质押，而动产质押自出质人交付质押动产时设立。本案中的奥迪汽车并未实际交付，质押权不成立。因此，乙不能对甲的奥迪汽车行使质押权。

三、权利质押

权利质押是为了担保债务清偿，就债务人或第三人所享有的权利出质作为债权的担保。权利质押的标的是权利，但并非任何权利都可以作为权利质押的标的。能够作为质押标的的权利应具备下列特点：❶ 必须是财产权。自然人、法人的人格权、身份权等人身权，不能用金钱评估，不能转让，也就不能称为权利质押的标的。❷ 必须是可以转让的财产权。设定权利质押的目的就是就该权利优先受偿，如果该权利不能转让，也就不能由质权人取得权利，权利质押就毫无意义。❸ 必须是不违反质押权性质的财产权。质押权是动产质押权，不动产原则上不能设定质押，因此不动产物权就不能设定权利质押，如建设用地使用权。

根据《民法典》第四百四十条规定，债务人或者第三人有权处分的下列权利可以出质。

(一) 汇票、本票、支票、债券、存款单、仓单、提单

以汇票、本票、支票、债券、存款单、仓单、提单出质的，当事人应当订立书面合同。质押权自权利凭证交付质权人时设立；没有权利凭证的，质权自办理出质登记时设立。法律另有规定

的，依照其规定。例如《票据法》规定，汇票质押于票面上记载“质押”背书字样时设立。

汇票、本票、支票、债券、存款单、仓单、提单的兑现日期或者提货日期先于主债权到期的，质权人可以兑现或者提货，并与出质人协议将兑现的价款或者提取的货物提前清偿债务或者提存。

（二）可以转让的基金份额、股权

以基金份额、股权出质的，双方应当订立书面合同。以基金份额、证券登记结算机构登记的股权出质的，质权自办理出质登记时设立。基金份额、股权出质后，不得转让，但经出质人与质权人协商同意的除外。出质人转让基金份额、股权所得的价款，应当向质权人提前清偿债务或者提存。

（三）可以转让的注册商标专用权、专利权、著作权等知识产权中的财产权

以注册商标专用权、专利权、著作权等知识产权中的财产权出质的，双方当事人应当订立书面合同。合同订立后，质押权并不当然设立，须到有关主管部门办理出质登记时才能设立。知识产权中的财产权出质后，除出质人与质权人协商同意外，出质人不得转让或者许可他人使用。出质人转让或者许可他人使用出质的知识产权中的财产权所得的价款，应当向质权人提前清偿债务或者提存。

（四）现有的以及将有的应收账款

以应收账款出质的，当事人应当订立书面合同，质押权自办理出质登记时设立。应收账款出质后，不得转让，但经出质人与质权人协商同意的除外。出质人转让应收账款所得的价款，应当向质权人提前清偿债务或者提存。

（五）法律、行政法规规定可以出质的其他财产权利

通常情况下，公路桥梁、公路隧道或者公路渡口等不动产收益权，可以设立权利质押。

第五节 留 置

一、留置的概念

留置是债权人按照合同约定占有债务人的动产，在债务人逾期不履行债务时，有权留置该动产以迫使债务人履行债务，当债务人仍不履行债务时，可以就该动产优先受偿。留置的财产称为留置物，留置财产的债权人称为留置权人，因留置产生的优先受偿权称为留置权。

留置是一种法定担保。留置权在符合一定条件时，依法律的规定直接产生，而不是依当事人之间的协议设定。依据法律规定，因保管合同、运输合同、加工承揽合同等发生的债权，债务人不履行债务的，债权人有留置权，但当事人可以在合同中约定排除留置权的行使。

二、留置权的取得

留置权的取得是基于法律规定，并且当事人没有排除适用。只有在符合法律规定的条件下，债权人才能取得留置权。留置权的取得，一般应具备以下条件。

（一）须债权人合法占有债务人的动产

留置权的目的在于担保债的履行，因此享有留置权的应当是债权人。留置权取得的前提是债权人须合法占有债务人的财产，如果是因侵权行为占有他人财产的，不发生留置权。债权人行使留置权的对象仅限于动产。

（二）须债权已届清偿期

债权人虽占有债务人的动产，但在债权尚未届清偿期时，因此时尚不发生债务人不履行债务的问题，故不发生留置权。只有在债权已届清偿期，债务人仍不履行债务时，债权人才可以留置债务人的动产。

（三）须债权的发生与该动产有牵连关系

在债权的发生与标的物的占有取得是因同一合同关系而发生，并且债务人不履行债务时，债权人有留置权，即债权人留置的动产，应当与债权同属于同一个法律关系。但是，企业之间的商事留置除外。

【案例分析3-7】

留置权成立的条件

案情：甲的手机发生故障，送至朋友乙处修理（乙自营一家手机修理店）。手机修好后甲向乙支付了修理费。但乙仍要留置甲的手机，理由是甲曾经向乙借款1 000元，债务已经到期但甲没有清偿。

问题：甲是否可以行使留置权？

解析：甲无权行使留置权。因为1 000元债权的发生与手机的占有取得不是基于同一合同关系而发生的，没有牵连关系。

三、留置权的效力

（一）留置权人的权利

1. 留置标的物的权利

在债务人不履行债务时，债权人就可以留置标的物，拒绝债务人交付标的物的请求。这是留置权的基本效力。留置权人对留置物的占有权受法律保护，任何人不得侵害留置人的占有权。在留置物受到不法侵害时，不论侵害人为何人，留置权人享有物上请求权，可请求法律保护。

2. 收取留置物孳息的权利

留置权人在其占有留置物期间，对于留置物的孳息有收取的权利。留置权人对收取的留置物孳息并不直接取得其所有权，而只能以收取的孳息优先受偿。一般说来，留置权人收取的孳息应先冲抵收取孳息的费用，再冲抵利息，最后偿还原债权。

3. 请求偿还费用的权利

留置权人为保管留置物所支出的必要费用，是为物的所有人的利益而支出的，应当向物的所有人请求返还。所谓保管的必要费用，是指为留置物的保存及管理所不可缺的费用，如养护费、维修费等。

4. 就留置物优先受偿的权利

留置权人与债务人应当约定留置财产后的债务履行期间；没有约定或者约定不明确的，留置权人应当给债务人六十天以上履行债务的期间，但鲜活易腐等不易保管的动产除外。

债务人逾期未履行的，留置权人可以与债务人协议以留置财产折价，也可以就拍卖、变卖留置财产所得的价款优先受偿。留置财产折价或者变卖的，应当参照市场价格。留置财产折价或者拍卖、变卖后，其价款超过债权数额的部分归债务人所有，不足部分由债务人清偿。

（二）留置权人的义务

1. 保管留置物

《民法典》第四百五十一条规定，留置权人负有妥善保管留置物的义务，因保管不善致使留置物灭失或者毁损的，留置权人应当承担民事责任。在留置权存续期间，债权人未经债务人同意，擅自使用、出租、处分留置物，因此给债务人造成损失的，债权人应当承担赔偿责任。

2. 返还留置物

当留置权所担保的债权消灭时，留置权人有义务将留置物返还于债务人。在债权虽未消灭，但债务人另行提供担保而使留置权消灭时，留置权人也有返还留置物的义务。留置权人违反返还留置物的义务，构成非法占有的，应向债务人或所有人承担民事责任。

四、留置权的消灭

留置权消灭的原因主要有：❶ 主债权消灭；❷ 留置权实现；❸ 留置物灭失；❹ 债务人另行提供担保并被债权人接受；❺ 留置权人对留置财产丧失占有。

【课堂小活动】

活动主题：分角色处理同一个主债权上存在混合担保的问题

情景设置：甲（债权人）向乙（债务人）提供借款一百万元。为担保债务履行，乙以其机动车一辆为这笔债务提供质押担保，丙以其个人信用为这笔债务提供一般保证，丁以其房屋为这笔债务提供抵押担保。债务到期后，乙未能按照约定还款，乙、丙、丁就各自应当承担的担保责任争执不下。

角色 A：甲——债权人；角色 B：乙——债务人、出质人；角色 C：丙——一般保证人；角色 D：丁——抵押人。

讨论：乙、丙、丁应当按照什么规则承担担保责任？

阶段测试

一、名词解释

1. 保证　　2. 先诉抗辩权　　3. 抵押　　4. 质押　　5. 留置

二、单项选择题

1. 以下属于法定担保的是（　　）。

A. 保证　　B. 抵押　　C. 质押　　D. 留置

2. 以下概念不具有担保属性的是(　　)。

A. 定金　　B. 保理　　C. 订金　　D. 融资租赁

3. 保证人与债权人未约定保证期间或者约定不明确的，保证期间为主债务履行期届满之日起(　　)。

A. 一个月　　B. 六个月　　C. 一年　　D. 两年

4. 下列关于抵押制度说法正确的是(　　)。

A. 抵押财产在抵押期间不转移占有

B. 建设用地所有权可以抵押

C. 浮动抵押既可以是动产，也可以是不动产

D. 不动产抵押适用登记对抗主义

5. 下列选项不必然导致留置权消灭的是(　　)。

A. 主债权消灭　　B. 留置权实现

C. 主债权到期　　D. 留置物灭失

三、判断题

1. 当事人在保证合同中对保证方式没有约定或者约定不明确的，按照连带责任保证来承担保证责任。(　　)

2. 以建筑物抵押的，该建筑物占用范围内的建设用地使用权应当一并抵押，抵押人未一并抵押的，未抵押的财产视为一并抵押。(　　)

3. 质权人在债务履行期限届满前，与出质人约定债务人不履行到期债务时质押财产归债权人所有的，该约定有效。(　　)

4. 现有的以及将有的应收账款都可以出质。(　　)

5. 企业之间留置的动产，应当与债权属于同一法律关系。(　　)

四、案例分析题

1. 甲乙两个公司签订了一份设备买卖合同，约定：甲公司向乙公司提供价值 100 万元的设备一台，货到后付款，丙公司在该买卖合同书上以保证人的身份签字。2022 年 5 月 31 日，乙公司收到设备，但未付款。2022 年 11 月 20 日，甲公司要求丙公司承担保证责任，丙公司未履行保证义务。2024 年 5 月 15 日，甲公司向乙公司请求履行付款义务，乙公司亦未履行。2024 年 11 月 30 日，甲公司以乙、丙两家公司为被告向人民法院提起诉讼，请求乙公司支付所欠货款，丙公司承担连带责任。试分析：

(1) 甲、丙两公司之间的保证合同是否成立？

(2) 若保证合同成立，丙公司提供的保证是何种方式的保证？

(3) 若保证合同成立，丙公司的保证期间应该如何计算？

2. 费费公司与会会公司于 3 月 2 日订立了一份买卖合同，合同约定：由费费公司在 5 月 7 日前向会会公司供应特种原料 30 吨，总价款为 150 万元，交货后 10 日内支付；合同约定违约金比例为 20%；买方会会公司支付定金 25 万元；由伟伟公司提供连带责任保证；大大公司用其一批工艺品作为质押担保。合同订立后，伟伟公司与费费公司订立了保证合同，会会公司也

于3月5日将25万元定金付给了费费公司，但大大公司一直未将作为质押工艺品移交给费费公司。费费公司依约交付了货物，但会会公司未能按合同支付价款，造成了费费公司损失了5万元。费费公司一方面追究会会公司的违约责任，另一方面要求保证人伟伟公司承担保证责任，并要处分大大公司的工艺品用来偿债。但遭到了两担保人的拒绝：大大公司认为费费公司无权处分自己的工艺品；伟伟公司则要求费费公司先向会会公司求偿，不足部分再由自己承担清偿责任。试分析：

（1）费费公司如何解决违约金和定金问题？

（2）会会公司如果觉得违约责任太重，应当如何处理？

（3）大大公司拒绝费费公司处分其工艺品是否合法？为什么？

（4）伟伟公司有关保证责任的主张是否正确？为什么？

3. 赵某系养猪专业户，为改建猪舍和引进良种需资金20万元。赵某向陈某借款10万元，以自己的一套价值10万元的网络直播设备抵押，双方立有抵押字据，但未办理抵押登记。赵某又向朱某借款10万元，又以该设备质押，双方立有质押字据，并将设备交付朱某占有。赵某得款后，改造了猪舍，且与某良种公司签订了良种猪的引进合同。合同约定良种猪款共计2万元，赵某预付定金4千元，违约金按合同总额的10%计算，赵某以销售肉猪的款项偿还良种公司的货款。合同没有明确约定履行地点。后良种公司将良种猪送交赵某，要求支付运费，赵某拒绝。因发生不可抗力事件，赵某预计的收入落空，赵某因不能及时偿还借款和支付货款而与陈某、朱某及良种公司发生纠纷。诉至法院后，法院查证上述事实后又查明：朱某在占有该设备期间，不慎将该设备损坏，送蒋某修理。朱某无力交付修理费1万元，该设备现已被蒋某留置。试分析：

（1）赵某与陈某之间的抵押关系是否有效？为什么？

（2）赵某与朱某之间的质押关系是否有效？为什么？

（3）朱某与蒋某之间是何种法律关系？

（4）对该网络直播设备陈某要求行使抵押权，蒋某要求行使留置权，应由谁优先行使其权利？为什么？

（5）赵某无力支付良种公司的货款，合同中规定的定金条款和违约金条款可否同时适用？为什么？

（6）良种公司要求赵某支付送猪的运费，该请求应否支持？为什么？

（7）赵某对良种公司提出不可抗力的免责抗辩，能否成立？为什么？

实训操作与指导

1. 仔细阅读一份商品房抵押贷款合同，注意观察该合同的格式与内容。

指导意见：以实训小组为单位，阅读一份真实的商品房抵押贷款合同，总结该合同的主要条款，制成小组实训报告。

2. 讨论经济活动中常见的担保行为，分析并总结担保责任可能产生的风险及其规避担保风险的措施。

指导意见：以实训小组为单位开展讨论，要求契合主题，结合学生自身经历与所见所闻，分析担保行为可能产生的风险及其规避担保风险的措施，做好小组讨论记录。

自我评价

任务名称	掌握程度		
	好	中	差
对担保概念、特征与种类的了解情况			
对保证概念、保证人条件与保证责任的掌握情况			
对抵押概念、抵押权的设立、实现与终止的掌握情况			
对质押概念、动产质权与权利质权区分的掌握情况			
对留置概念、留置权取得、效力与消灭的掌握情况			
区分常见担保类型的能力			
看懂简单的担保条款或合同的能力			
依法履行担保责任及承担不利后果的意识			

通过本章的学习，你还有什么收获？

第四章　保险法

4

导语

保险法是指调整保险关系的一切法律规范的总称，其内容主要包括保险合同法、保险业组织法、保险监管法等。凡有关保险的组织、保险对象以及当事人的权利义务等法律规范等均属保险法。

《中华人民共和国保险法》于1995年6月30日第八届全国人民代表大会常务委员会第十四次会议通过；根据2002年10月28日第九届全国人民代表大会常务委员会第三十次会议《关于修改〈中华人民共和国保险法〉的决定》第一次修正；2009年2月28日第十一届全国人民代表大会常务委员会第七次会议修订；根据2014年8月31日第十二届全国人民代表大会常务委员会第十次会议《关于修改〈中华人民共和国保险法〉等五部法律的决定》修正；根据2015年4月24日第十二届全国人民代表大会常务委员会第十四次会议《关于修改〈中华人民共和国计量法〉等五部法律的决定》修正。

学习目标

理论知识目标：

1. 了解保险的概念和分类。
2. 了解保险法的概念及基本原则。
3. 熟悉保险合同的内容与订立程序。
4. 认识保险合同的效力。
5. 掌握保险公司的概念和设立要件。
6. 熟悉保险代理人与保险经纪人概念。

职业能力目标：

1. 能熟悉常见的保险类型。
2. 签订保险合同时，能对保险合同的格式和内容进行审查。
3. 能熟悉保险合同签订过程中的一系列程序。
4. 能正确认识保险合同中的主体关系。
5. 具有防范保险活动中各类风险的能力。

职业素养目标：

通过学习《保险法》，树立风险防范意识，正确区分“灰犀牛”与“黑天鹅”事件，合法合理规避风险。

思维导图

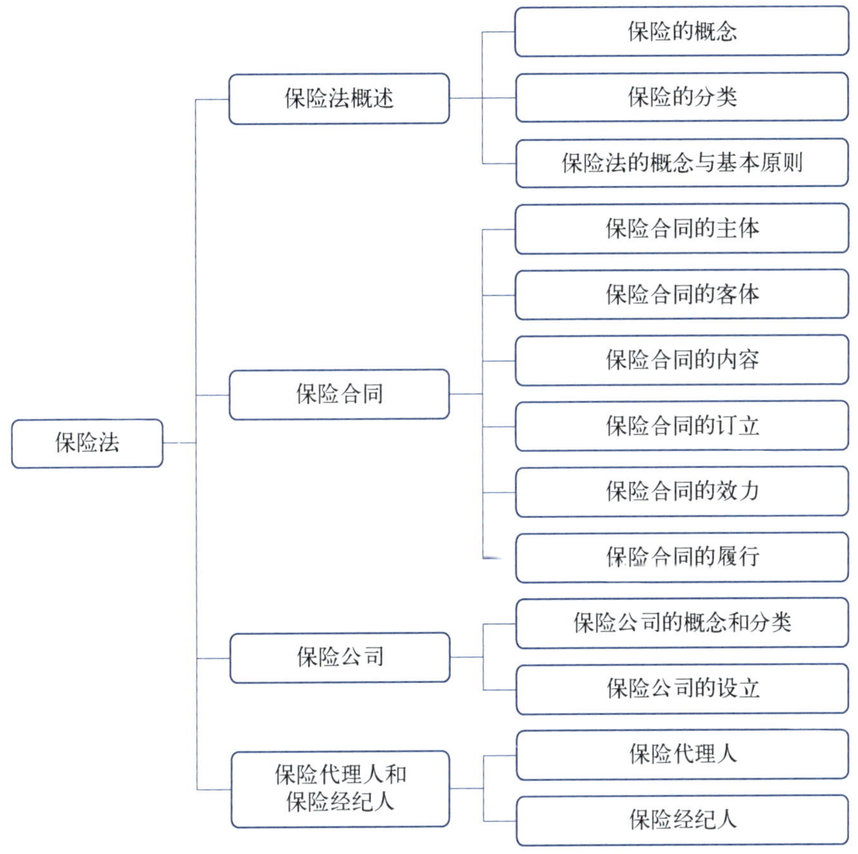

导入案例

2024年春节，李某为其刚满8岁的儿子买了价值200元的烟花爆竹。某日，李某与其妻出门访客。其子独自在家感觉无聊，遂将李某所收藏的烟花爆竹翻出，在屋内玩耍，不慎引起火灾，造成衣服、被褥、家电、家具等不同程度的损坏。损失约为30 000元。所幸，李某投保了家财险，遂向保险公司索赔。

请问，保险公司是否需要赔付？

案例解析：

对于这样一起火灾，保险公司认为，火灾是李某之子故意行为造成的，根据家庭财产保险条款规定，被保险人及其家庭成员的故意行为引起的财产损失，属于除外责任。保险公司不应赔付。而李某认为，其子并非故意纵火，不应视为被保险人家庭成员的故意行为，保险公司应该赔付。本案的争论焦点在于对“故意行为”的认定。

根据法理解释，“故意”是指行为人明知自己的行为会引起一定的损害结果，仍然希望该结果发生或者放任结果发生的心理状态。显然，故意总是与行为人的“明知”和“有意”有关。

本案中行为人是刚满8岁的儿童，按《中华人民共和国民法典》第二章第一节第十九条的规定：“八周岁以上的未成年人为限制民事行为能力人，实施民事法律行为由其法定代理人代理或者经其法定代理人同意、追认，但是，可以独立实施纯获利益的民事法律行为或者与其年龄、智力相适应的民事法律行为除外。”所以李某的儿子属于限制民事行为能力的人，根据《中华人民共和国民法典》第三章第一千一百八十八条规定：“无民事行为能力人、限制民事行为能力人造成他人损害的，由监护人承担侵权责任。监护人尽到监护职责的，可以减轻其侵权责任。”李某及其妻在出门之前将烟花爆竹藏起来，说明他已尽了责任，但将未成年的孩子单独留在家中，将有可能产生一些难以预料的不良后果，对此，李某及其妻应该想到，但却因疏忽而未想到。即便如此，也只能说李某及妻子有过错，但绝不是“故意”。

结论：既然本案的财产损失不是被保险人及其家属的故意行为造成的，保险公司应该承担赔偿责任。

第一节 保险法概述

一、保险的概念

《中华人民共和国保险法》（以下简称《保险法》）第二条规定，保险是指投保人根据合同约定，向保险人支付保险费，保险人对于合同约定的可能发生的事故因其发生所造成的财产损失承担赔偿保险金责任，或者当被保险人死亡、伤残、疾病或者达到合同约定的年龄、期限等条件时承担给付保险金责任的商业保险行为。

从经济角度看，保险是分摊意外事故损失的一种财务安排；从法律角度看，保险是一种合同行为，是一方同意补偿另一方损失的一种合同安排；从社会角度看，保险是社会经济保障制度的重要组成部分，是社会生产和社会生活“精巧的稳定器”；从风险管理角度看，保险是风险管理的一种方法。

二、保险的分类

国际上对保险业务的分类没有固定的原则和统一的标准，各国通常根据各自需要采取不同的划分方法。在本章中主要使用以下五个标准来进行分类：被保险人、保险标的、实施形式、业务承保方式、保险机构的性质。

（一）个人保险和商务保险

根据被保险人的不同，保险可分为个人保险和商务保险。个人保险即个人或家庭作为被保险人的保险。商务保险是以工厂、商店等经营单位为被保险人的保险。

（二）财产保险、人身保险和责任保险

根据保险标的的不同，保险可分为财产保险、人身保险和责任保险。财产保险是以物或其他

财产利益为标的的保险。广义的财产险包括有形财产与无形财产(如海上保险、火险、运输险、工程险等)。人身保险是以人的生命、身体或健康为保险标的的保险(如人寿险、健康险、意外伤害险等)。责任保险是以被保险人的民事损害赔偿责任为保险标的的保险(如雇主责任险、职业责任险、产品责任险等)。

(三) 强制保险和自愿保险

根据实施形式的不同,保险可分为强制保险和自愿保险。强制保险即法定保险,它是由国家颁布法令强制被保险人参加的保险(如旅行社责任险、旅游意外保险、建筑工人意外伤害险等)。自愿保险是在自愿协商的基础上,由当事人订立保险合同而实现的保险。

(四) 原保险和再保险

根据业务承保方式的不同,可分为原保险和再保险。原保险是指保险人对被保险人因保险事故所致的损失承担直接的、原始的赔偿责任的保险。再保险是指原保险人以其所承受的风险,再向其他保险人进行投保,与之共担风险的保险。

(五) 商业保险和社会保险

根据国内保险机构的性质,保险可分为社会保险和商业保险。对个人投保而言,社会保险是基本,商业保险是补充。商业保险是指投保人根据合同约定,向保险人支付保险费,保险人对合同约定的可能发生的事故因发生所造成的财产损失承担赔偿保险金责任,或当被保险人死亡、疾病、伤残或者达到合同约定的年龄、期限时承担给付保险金责任的保险行为。商业保险根据保险的范围或保险标的的不同,又分为财产保险、人身保险、责任保险、信用保险等。社会保险是指国家通过立法强制实行的,由个人、单位、国家三方共同筹资,建立保险基金,对个人因养老、疾病、工伤、生育、残废、失业、死亡等原因丧失劳动能力或暂时失去工作时,给予本人或其供养直系亲属物质帮助的一种社会保障制度。社会保险具有强制性、法治性、固定性等特点,每个在职职工都必须实行。2010 年 10 月《中华人民共和国社会保险法》正式颁布施行。

【知识拓展 4-1】

我国商业保险的历史沿革

1949 年 10 月 20 日,中国人民保险公司在北京成立,宣告了新中国第一家全国性大型综合国有保险公司的诞生。1958 年 12 月,全国财政会议正式决定全面停办国内保险业务。1979 年 11 月 19 日,中国人民银行在北京召开了全国保险工作会议,停办 20 多年的国内保险业务开始复业。1981 年 12 月 31 日,我国颁布了《中华人民共和国经济合同法》,其中对财产保险合同作了原则规定,成为制订相关法律的依据。1983 年 9 月,经国务院批准,中国人民保险公司升格为国务院直属局级经济实体。1984 年 1 月 1 日从中国人民银行分离出来,接受中国人民银行的领导管理、监督和稽核。1985 年 3 月 3 日,国务院颁布实施《保险企业管理暂行条例》,这是新中国成立之后第一部对保险企业管理的法律文件。1988 年 5 月 28 日,中国平安保险公司成立,这是我国第一家股份制保险企业。1991 年 5 月 13 日中国太平洋保险公司成立,中国太保的成立形成了中国人民保险、中国平安保险、中国太平洋保险国内数家大型保险企业并延续至今。

4

三、保险法的概念与基本原则

（一）保险法的概念

保险法有广义和狭义两种，广义的保险法包括专门的保险立法和其他法律中有关保险的法律规定；狭义的保险法是指调整保险关系的一切法律规范的总称，是保险法典或在民商法中专门的保险立法，通常包括保险企业法、保险合同法和保险特别法等内容，另外国家将标准保险条款也视为保险法的一部分内容。我们通常说的保险法是指狭义的，它一方面通过保险企业法调整政府与保险人、保险中介人之间的关系；另一方面通过保险合同法调整各保险主体之间的关系。

（二）保险法的基本原则

1. 最大诚信原则

最大诚信原则是指保险合同的双方当事人在签订和履行保险合同时，必须保持最大限度的诚意，双方都应遵守信用，互不欺骗和隐瞒，投保人应向保险人如实申报保险标的的主要风险情况。否则，保险合同无效。

2. 可保利益原则

可保利益原则是指投保人或被保险人对保险标的因具有各种利害关系而享有的法律上承认的经济利益。投保人或被保险人对保险标的具有可保利益是保险合同生效的依据。在寿险中，一般以下几种情况投保人有可保利益：❶ 投保人对本人；❷ 配偶、子女、父母；❸ 前项以外与投保人有抚养、赡养或者扶养关系的家庭其他成员、近亲属；❹ 对有合同关系或其他债务关系的人；❺ 对其他与之有合法经济关系的人。另外我国《保险法》还规定，被保险人同意投保人为其订立保险合同的，视为投保人对被保险人具有可保利益。

该原则目的在于防止道德风险的发生。保险利益必须符合以下三要件。

（1）合法性，是指该种利益必须是法律上承认的利益，即合法的利益。

（2）经济性，是指该种利益必须是经济上的利益，即可以用金钱估计的利益。

（3）确定性，是指该种利益必须是可以确定的利益，即财产如有损害，投保人就会遭受经济上的损失。如，财产的所有人、经营人、保管人、质押权人、抵押权人可以认为对投保财产具有保险利益。

【案例分析 4－1】

可保利益原则

案情：李某和秦某系“青梅竹马”，2023 年离开农村到城里打工。2023 年年底未经登记便以夫妻名义开始同居生活。2024 年年初，为使两人今后的生活获得保障，“丈夫”李某以“妻子”秦某为被保险人向某寿险公司买了一份 20 年期限的两全保险，保险金额为 15 万元。投保人李某在保险合同中指定受益人为他自己和秦某两人。投保后不久，秦某在外出时遭遇车祸意外死亡。事后，悲痛万分的李某以受益人身份向保险公司提出了给付保险金的申请。但是，保险公司竟然以他与被保险人的婚姻形式不合法为由拒绝给付。李某便向法院提起诉讼。但是法院最后驳回了李某诉讼请求。

问题：

(1) 保险公司做法是否合理?

(2) 法院驳回李某诉讼请求是否正确?

解析：本案中的投保人和被保险人未经登记而以夫妻名义同居，未进行登记，他们的婚姻是违法婚姻，不受法律保护。但是，他们双方完全自愿、且达到法定结婚年龄、符合恋人或者准夫妻家庭关系，除此之外没有妨碍到公共秩序。保险人和被保险人不是法律意义上的配偶，不适用《保险法》关于配偶之间具有保险利益的规定。但是李、秦二人同居在一起，生活在一起，两人在经济上具有较密切的联系这一点是不能忽视的。李某出于对保障自己的合法利益和保障与他一起生活、同居的秦某的利益而决定投保，应是合理的，并且李某为秦某投保人身保险是征得了作为被保险人的秦的同意的。所以，保险公司不能否定李某对秦某因获得后者同意而有保险利益的这一事实。这一点上保险公司违反了保险利益原则。保险法律关系和婚姻关系是同一关系吗？保险法律关系可以用《中华人民共和国民法典》第五篇婚姻家庭法律规范来调整吗？答案是否定的。《保险法》涉及的是保险合同主体之间及保险行政法律主体之间的法律关系。此案涉及的是保险合同主体之间的关系。《中华人民共和国民法典》第五篇婚姻家庭涉及的是婚姻及基于婚姻形成的家庭成员之间的法律关系。尽管两者有联系，但除非法律上有明确的准用性规定，一般情况下，法院不可以用《中华人民共和国民法典》第五篇婚姻家庭法律规范来调整保险法律关系，更不能用《中华人民共和国民法典》第五篇婚姻家庭法律规范的规定否定《保险法》条款的法律效力。

所以李某和某寿险公司订立的人身保险合同是具有法律效力的，保险公司的做法是不合理的，保险公司应当按照合同履行给付保险金的责任。法院驳回诉讼请求也是错误的。

3. 补偿原则

保险标的发生保险事故时，保险人无论以何种方式赔偿被保险人的损失，也只能使被保险人在经济上恢复到受损前的同等状态，被保险人不能获得额外收益。因此，保险人在理赔时一般按以下三个标准确定赔偿额度：❶ 以实际损失为限；❷ 以保险金额为限；❸ 以被保险人对保险标的的可保利益为限。在这三个标准中，以最低的为限。

4. 近因原则

近因是指造成保险标的损失的最主要、最直接的原因。也就是说，保险事故的发生与损失事实的形成有直接因果关系。按照这一原则，当被保险人的损失是直接由于保险责任范围内的事故造成的，保险人才给予赔偿。这是因为现实中保险标的的损失是由多种风险事故同时或者连续发生造成的，而这些风险事故往往同时有被保风险、非保风险或除外风险。近因原则是判断保险人是否需要赔偿的标准。

第二节　保险合同

保险合同属于民商合同的一种，其设立、变更或终止具有保险内容的民事法律关系。《保险法》第十条规定:“保险合同是投保人与保险人约定保险权利义务关系的协议。”

一、保险合同主体

保险合同主体是指涉及合同规定的权利、义务的自然人、法人及其他的组织机构,是保险活动的直接参与者。保险合同的主体分为保险合同当事人、保险合同关系人和保险合同辅助人三类。

(一) 保险合同当事人

保险合同的当事人是保险合同订立的直接参与者,包括保险人和投保人。

1. 保险人

保险人也称承保人,是指经营保险业务,与投保人订立保险合同,收取保费,组织保险基金,并在保险事故发生或者保险合同届满后,对被保险人赔偿损失或给付保险金的保险公司,即保险公司。保险人具有以下特征:❶ 保险人仅指从事保险业务的保险公司,其资格的取得只能是符合法律的严格规定;❷ 保险人有权收取保险费;❸ 保险人有履行承担保险责任或给付保险金的义务。

2. 投保人

投保人也称“要保人”,是指与保险人订立保险合同,并按照合同约定负有支付保险费义务的人。在人身保险合同中,投保人对被保险人必须具有保险利益;在财产保险合同中,投保人对保险标的要具有保险利益。投保人必须具备以下两个条件:❶ 具备民事权利能力和民事行为能力。限制行为能力和无行为能力的人不能作为投保人签订保险合同;未取得法人资格的组织也不能成为保险合同的当事人;❷ 承担支付保险费的义务。保险合同是有偿合同,无论投保人是为自己的利益、为他人的利益或是为自己兼顾他人的利益订立保险合同时都要承担支付保险费的义务。

(二) 保险合同关系人

1. 被保险人

被保险人俗称“保户”,是指受保险合同保障并享有保险金请求权的人。被保险人具有以下特征:❶ 被保险人是保险事故发生时遭受损失的人。在人身保险中,被保险人是其生命或健康因危险事故的发生而遭受直接损失的人;在财产保险中,被保险人必须是财产的所有人或其他权利人;❷ 被保险人是享有保险金请求权的人;❸ 被保险人的资格一般不受限制,被保险人可以是投保人自己,也可以是投保人以外的第三人;被保险人也可以是无民事行为能力人,但是在人身保险中,只有父母才可以为无民事行为能力人投保以被保险人死亡为给付保险金条件的保险。

2. 受益人

受益人是指在人身保险合同中有被保险人或者投保人指定的享有保险金请求权的人,投保人、被保险人或者第三人都可以成为受益人。受益人具有以下特征:❶ 受益人享有保险金请求权;❷ 受益人由被保险人或者投保人指定,可以是自然人也可以是法人;❸ 受益人的资格一般没有资格限制,受益人不用受民事行为能力或保险利益的限制;但是若投保者为与其有劳动关系的人投保人身保险时,不得指定被保险人及其近亲属以外的人为受益人。

（三）保险合同辅助人

保险合同的辅助人又称中介人，是指在保险合同的订立、履行过程中起辅助作用的人，包括保险代理人、保险经纪人和保险公估人。

1. 保险代理人

保险代理人即保险人的代理人，指依保险代理合同或授权书向保险人收取报酬、并在规定范围内，以保险人名义独立经营保险业务的人。保险代理是一种特殊的代理制度，表现在以下几个方面。

（1）保险代理人与保险人在法律上视为一人；

（2）保险代理人所知道的事情，都假定为保险人所知的；

（3）保险代理必须采用书面形式。保险代理人既可以是单位也可以是个人，但须经国家主管机关核准具有代理人资格。

4

2. 保险经纪人

保险经纪人是基于投保人的利益，为投保人和保险人订立合同提供中介服务，收取劳务报酬的人。我国《保险法》规定，保险经纪人应当具备保险监管部门规定的资格条件，并取得其颁发的经营保险经纪业务许可证，向工商行政管理机关办理登记，领取营业执照，并缴存保证金或投保职业责任保险。因保险经纪人在办理保险业务中的过失给投保人或被保险人造成损失的，则由保险经纪人承担赔偿责任。

3. 保险公估人

保险公估人是指接受保险当事人委托，专门从事保险标的之评估、勘验、鉴定、估损理算等业务的单位。保险公估人可以接受保险人的委托，也可以接受投保人或被保险人的委托，并向委托人收取公估费用。保险公估人除了应精通保险资产评估等专业知识外，还必须具有良好的职业道德，以保持良好的职业形象。随着我国保险市场的发展，保险公估人及其业务也将得到发展。

二、保险合同客体

（一）保险利益是保险合同的客体

客体是指在民事法律关系中主体享受权利和履行义务时共同指向的对象。客体在一般合同中成为标的，即物、行为、智力成果等。保险合同虽属民事法律关系范畴，但它的客体不是保险标的本身，而是投保人或者被保险人对保险标的具有的法律上承认的利益，即保险利益。

（二）保险标的是保险利益的载体

保险标的是投保人申请投保的财产及其有关利益或者个人的寿命和身体，是确定保险合同关系和保险责任的依据。在不同的保险合同中，保险人对保险标的的范围都有明确规定，即哪些可以承保，哪些不予承保，哪些在一定条件下可以特约承保等。

三、保险合同的内容

合同的内容是指通过合同条款表现出来的当事人的权利和义务。合同内容由当事人约定,《保险法》第十八条对保险合同一般应包括的条款作了规定。

(1)保险合同主体的姓名或名称、住所。

(2)保险标的。

(3)保险责任和责任免除。

(4)保险期间和保险责任开始时间。

(5)保险金额。

(6)保险费以及支付办法。

(7)保险金赔偿或者给付办法。

(8)违约责任和争议处理。

(9)订立合同的时间。

此外,投保人和保险人可以约定与保险有关的其他事项,以使与保险标的有关联的利益能够得到充分的保障,避免因保险而产生消极影响。

【知识拓展4-2】

保险合同基本条款介绍

保险实务中,保险合同多种多样,保险合同的条款也十分复杂。但不论是何种保险合同,其基本条款都是围绕着下面几项内容而确定的。换言之,保险合同的基本条款可归为下述七类。

1. 保险标的

保险合同的标的是指保险合同载明的投保对象,或保险保障的对象。财产保险的标的是各种财产本身及其有关的利益和责任;人身保险的标的是人的身体或生命。

2. 保险金额

保险金额是投保人对保险标的实际投保的金额,也是保险人计算保险费的依据和负责赔款或给付保险金的最高限额。财产保险金额可以按照保险财产实际价值、重置重建价格或估价等方法确定;人身保险的保险金额根据被保险人的实际需要和缴付保险费的能力确定。

3. 保险费

保险费是指投保人或被保险人根据保险合同的规定,为获得赔款或给付的权利而付给保险人的价金。保险费的收取,一般按保险金额与保险费率的乘积来计算,或按固定的金额收取。缴付保险费是投保人或被保险人的基本义务,是保险合同生效的重要条件。在人身保险中,一般都规定只有在投保人或被保险人缴付保险费后保险合同才生效。

4. 保险责任

保险责任是保险人承担的风险项目。它规定保险人对被保险人承担经济赔偿或保险金给付责任的范围,是保险合同的基本条款。保险人履行经济赔偿或保险金给付的根据就是保险责任,也就是说,只有发生保险责任范围的事故才能给予赔偿或给付保险金。保险合同中的保险责任条款通常由保险人事先制定好,由投保人根据需要选择。

保险人的责任范围包括基本责任和特约责任两种。

5. 除外责任

除外责任是指保险单规定保险人不负赔偿或给付保险金责任的范围。除外责任的表示方法有两种：一是采用列举方式，即在保险条款中明文列出保险人不负赔偿责任的范围，一般的保险条款都采用这种方式。二是采用不列举方式，即凡是保险单中未列入保险责任的，都属于除外责任。

6. 保险期限

保险期限是指保险合同的有效期限，是订立保险合同双方当事人享受权利和履行义务的起讫时间。在这一期间内发生的保险事故，保险人负赔偿责任。保险期限是计算保险费的依据之一，也是保险人履行保险责任的期间，所以它是保险合同的主要内容之一。

7. 保险赔偿

保险赔偿是指保险人对被保险人因保险事故的发生造成损失给予经济补偿或保险事件出现时对被保险人或受益人给付保险金的行为。保险赔偿有一定的赔偿金额计算方式，并要履行一定的手续。

四、保险合同的订立

《保险法》第十三条规定："投保人提出保险要求，经保险人同意承保，保险合同成立。"因此，保险合同的成立，须经过投保人提出保险要求和保险人同意承保两个阶段，也就是合同实践中的要约和承诺阶段，通常是由投保人提出投保申请书，保险人同意后签发保险单或其他保险凭证。

（一）保险合同订立的形式

对保险合同应采取何种形式这一问题，我国《保险法》并未作出直接规定，既没有明确规定必须采取书面形式，也没有禁止口头形式。在保险实务中，为了便于当事人双方履行合同，特别是在保险事故或事件发生后，能够为被保险人、受益人索赔和为保险人承担保险责任提供法律依据，避免日后发生纠纷，也为了便于举证，如无特殊情况，保险合同通常采用书面形式。书面形式的保险合同包括保险单、保险凭证和暂保单等。

1. 保险单

保险单也称要保书或称"大保单"，是指保险合同成立后，保险人向投保人（被保险人）签发的正式书面凭证。保险单由保险人制作，经签章后交付给投保人。根据《保险法》第十三条的规定，保险合同成立后，保险人应当及时向投保人签发保险单或其他保险凭证，保险单或其他保险凭证应载明合同内容。保险单具有证明保险合同的成立、确立保险合同内容、明确当事人双方履行保险合同的依据及保险证券等作用。

2. 保险凭证

保险凭证也称"小保单"，是指保险人向投保人签发的证明保险合同已经成立的书面凭证，是一种简化了的保险单。保险凭证的法律效力与保险单相同，只是内容较为简单，实践中只在少数几种保险业务，如货物运输保险、汽车险及第三者责任保险中使用。另外，在团体保险中也使用保险凭证，即在主保险单之外，对参加团体保险的个人再分别签发保险凭证。

3. 暂保单

暂保单也称临时保险单，是指由保险人在签发正式保险单之前出立的临时保险凭证。暂保单的内容比较简单，一般只载明被保险人、保险标的、保险金额、保险险种等重要事项，以及保险单以外的特别保险条件。有关保险双方当事人的权利和义务，都以保险单的规定为准。暂保单的有效期一般为 30 天。出立暂保单并不是订立保险合同的必经程序。

4. 投保单

投保单也称要保书，是指投保人像保险人申请订立保险合同的书面要约。投保单一般由保险人按照事先统一格式印制，通常为表格形式。投保单所列项目因险种不同而有所区别，投保人应按照表格所列项目逐一填写并回答保险人提出的有关保险标的的情况和事实。投保单一经保险人接受并签章，即成为保险合同的组成部分。

5. 批单

批单也称背书，是指保险双方当事人协商修改和变更保险单内容的一种单证，也是保险合同变更时最常用的书面单证。批单实际上是对已签订的保险合同进行修改、补充或增减内容的批注，一般由保险人出具。批单列明变更条款内容事项，须由保险人签章，一般附贴在原保险单或保险凭证上。批单的法律效力优于原保险单的同类款目。凡经批单改过的内容均以批单为准；多次批改，应以最后批改为准。批单也是保险合同的重要组成部分。

6. 其他书面形式

除了以上印刷的书面形式外，保险合同也可以采取其他书面协议形式，如保险协议书、电报、电传等形式。《保险法》第十三条规定："经投保人和保险人协商同意，也可以采取前款规定以外的其他书面协议形式订立保险合同。"

上述保险合同的书面形式只是保险合同最重要的组成部分，而不是保险合同的全部。在订立和履行保险合同过程中形成的所有文件和书面材料都是保险合同的组成部分，不仅包括保险单、保险凭证等，而且还包括投保单，投保人的说明、保证，关于保险标的风险程度的证明、图表、鉴定报告（如人身保险中被保险人的体检报告），保险费收据，变更保险合同的申请，发生保险事故的通知、索赔申请、损失清单、损失鉴定等，都可以作为保险合同关系的证明。

（二）保险合同订立的程序

订立保险合同，一般应遵循下列程序。

（1）投保人提出投保申请。投保申请可以是口头的，也可以是书面的，书面申请多为填具投保单。通常财产保险合同的订立以投保人填具投保单作为必要申请条件。

（2）投保人与保险人商定支付保险费办法。商定保险费的过程实际上是要约合同的询价过程。一般情况下，投保人只要确定了险种，也即确定了保险费率，只有一些特殊险种才需要双方当事人具体协商所适用的保险费率。

（3）保险人审核并同意承保。投保人提出投保要求，双方就保险费率及保险费支付办法达成一致，投保人将填具的投保单交给保险人后，保险人根据告知情况对投保单进行审核，如确认符合条件的，即表示同意承保。

（4）保险人根据已成立的保险合同向投保人出具保险单或者其他保险凭证，通常保险单本身载明了保险合同的内容。投保人有权获得保险单或其他保险凭证，并以此作为被保险人、受益人享有保险赔偿权利和将来进行索赔的依据。

以上是保险合同订立的一般程序，也有一些保险活动可采用简易程序。例如，航空运输旅客意外伤害保险就采取较灵活的形式，投保人一手支付保险费，一手领取保险单，即所谓"买保单"。

五、保险合同的效力

（一）保险合同的生效

保险合同生效是指保险合同对保险双方当事人产生法律约束力。保险合同的生效意味着保险合同具有了法律效力，保险合同的双方当事人、关系人都应按照保险合同的约定承担义务或享有权利，否则将承担相应的法律后果。

（二）保险合同的无效

合同的无效是指合同虽已订立，但在法律上不发生任何效力。各国的保险法通常都规定，符合下列情况之一者，保险合同无效：

（1）合同是代理他人订立而不作申明。

（2）恶意的重复保险。

（3）人身保险中未经被保险人同意的死亡保险。

（4）人身保险中被保险人的真实年龄已超过保险人所规定的年龄限制。

（三）保险合同的解除

保险合同的解除是指当事人基于合同成立后所发生的情况，使合同无效的一种单独的行为。即当事人一方行使解除权，使合同的一切效果消失并回复到合同订立前的状态。但一般情况下，保险人不得解除保险合同。

（四）保险合同的复效

保险合同的复效是指保险合同的效力在中止以后又重新开始。保险合同生效后，由于某种原因，合同的效力中止。如人身保险中投保人未能按时缴纳保险费，保险合同的效力由此中断。在此期间，如果发生保险事故，保险人不负支付保险金的责任。但保险合同效力的中止并非终止。投保人可以在一定的条件下，提出恢复保险合同的效力，经保险人同意，合同的效力即可恢复，即合同复效。已恢复效力的保险合同应视为自始未失效的原保险合同。

（五）保险合同的终止

保险合同的终止是指当事人之间由合同所确定的权利义务因法律规定的原因出现时而不复存在。导致保险合同终止的原因很多，主要有以下几种。

1. 合同因期限届满而终止

保险合同关系是一种债的关系。任何债权债务都是有时间性的。保险合同订立后，虽然未发生保险事故，但如果合同的有效期已届满，则保险人的保险责任即自然终止。这种自然终止，是保险合同终止的最普遍、最基本的原因。保险合同终止，保险人的保险责任亦告终止。当然，保险合同到期以后还可以续保。但是，续保不是原保险合同的继续，而是一个新的保险合同的成立。

2. 合同因解除而终止

解除是较为常见的保险合同终止的另一类原因。在实践中，保险合同的解除分为法定解除、约定解除和任意解除三种。

（1）法定解除。法定解除是指法律规定的原因出现时，保险合同当事人一方依法行使解除权，消灭已经生效的保险合同关系。法定解除是一种单方面的法律行为。

（2）约定解除。约定解除是双方当事人约定解除合同的条件，一旦出现所约定的条件时，一方或双方即有权利解除保险合同。保险合同一经解除，保险人的责任亦告终止。从解除的条件来看，以约定方式解除保险合同对于合同的双方均作了限制性的规定，尤其是对于保险人的限制更严。

（3）任意解除。任意解除是指法律允许双方当事人都有权根据自己的意愿解除合同。但是，并非所有的保险合同都是可以由当事人任意解除和终止的，它一般有着严格的条件限制。

我国《保险法》规定，投保人或被保险人有下述行为之一者，可以构成保险人解除保险合同的条件：❶ 投保人故意或者因重大过失未履行前款规定的如实告知义务，足以影响保险人决定是否同意承保或者提高保险费率的(第十六条第2款)；❷ 未发生保险事故，被保险人或者受益人谎称发生了保险事故，向保险人提出赔偿或者给付保险金请求的(第二十七条第1款)；❸ 投保人、被保险人或者受益人故意制造保险事故的(第二十七条第2款)；❹ 投保人、被保险人未按照约定履行其对保险标的安全应尽的责任的(第五十一条第3款)；❺ 在合同有效期内，保险标的危险程度增加，被保险人未及时通知保险人的(第五十二条第1款)；❻ 投保人申报的被保险人年龄不真实，并且其真实年龄不符合合同约定的年龄限制的(但合同成立后逾二年的除外)(第三十二条第1款)；❼ 自合同效力中止之日起二年内双方未达成协议的(第三十七条第1款)。

3. 合同因违约失效而终止

因被保险人的某些违约行为，保险人有权使合同无效。例如，终身保险合同的保费缴纳一般有季缴、半年缴、年缴等方式。如果投保人不能如期(包括在宽限期在内)缴纳保险费，则保险人可以使正在生效的合同中途失效。

4. 合同因履行而终止

保险事故发生后，保险人完成全部保险金额的赔偿或给付义务之后，保险责任即告终止。最常见的如终身人寿保险中的被保险人死亡，保险人给付受益人全部保险金额后；或被保险财产被火灾焚毁，被保险人领取了全部保险赔偿后，合同即告终止。

六、保险合同的履行

保险合同履行是指保险合同当事人双方依法全面完成合同约定义务的行为。保险合同履行包括投保人义务的履行和保险人义务的履行两方面。

（一）投保人义务的履行

1. 如实告知

如实告知是指投保人在订立保险合同时将保险标的重要事实，以口头或书面形式向保险人作真实陈述。所谓保险标的重要事实，是指对保险人决定是否承保及影响保险费率的事实。如实告知是投保人必须履行的基本义务，也是保险人实现其权利的必要条件。《保险法》实行“询问告知”的原则，即投保人只要如实回答了保险人的询问，就履行了如实告知义务。

2. 交付保险费

交付保险费是投保人的最基本的义务，也是保险合同生效的必要条件。《保险法》要求：保险合同成立后，投保人按照约定交付保险费，并应根据合同约定，一次交付或分期交付。

3. 维护保险标的安全

保险合同订立后，财产保险合同的投保人、被保险人应当遵守国家有关消防、安全、生产操作、劳动保护等方面的规定，维护保险标的安全。保险人有权对保险标的安全工作进行检查，经被保险人同意，可以对保险标的采取安全防范措施。投保人、被保险人未按约定维护保险标的安全的，保险人有权要求增加保险费或解除保险合同。

4. 危险增加通知义务

按照权利义务对等和公平原则，被保险人在保险标的危险程度增加时，应及时通知保险人，保险人则可以根据保险标的危险增加的程度决定是否提高保险费和是否继续承保。被保险人未履行危险增加通知义务的，保险标的因危险程度增加而发生的保险事故，保险人不负赔偿责任。

5. 保险事故发生通知义务

《保险法》第二十一条第 1 款规定："投保人被保险人或者受益人知道保险事故发生后，应当及时通知保险人。"履行保险事故发生通知义务，是被保险人或受益人获得保险赔偿或给付的必要程序。保险事故发生后的通知可以采取书面或口头形式，法律要求采取书面形式的应当采取书面形式。

6. 出险施救

《保险法》第五十七条第 1 款规定："保险事故发生时，被保险人应当尽力采取必要的措施，防止或者减少损失。"为鼓励投保人、被保险人积极履行施救义务，《保险法》第五十七条还规定，被保险人为防止或者减少保险标的的损失所支付的必要的、合理的费用，由保险人承担。

7. 提供单证

《保险法》第二十二条规定："保险事故发生后，按照保险合同请求保险人赔偿或者给付保险金时，投保人、被保险人或者受益人应当向保险人提供其所能提供的与确认保险事故的性质、原因、损失程度等有关的证明和资料。"向保险人索赔应当提供的单证，是指与确认保险事故的性质、原因、损失程度等有关的证明和资料，包括保险单、批单、检验报告、证明材料等。财产保险合同、人身保险合同的保险金请求均应履行该项义务。

8. 协助追偿

在财产保险中由第三人行为造成保险事故的，保险人在向被保险人履行赔偿保险金后，享有代位求偿权，即保险人有权以被保险人名义向第三人索赔。《保险法》第六十三条规定："保险人向第三者行使代位请求赔偿权利时，被保险人应当向保险人提供必要的文件和其所知道的有关情况。"《保险法》第六十一条第 3 款规定："被保险人故意或者因重大过失致使保险人不能行使代位请求赔偿的权利的，保险人可以扣减或者要求返还相应的保险金。"

（二）保险人义务的履行

1. 承担保险责任

承担保险责任是保险人依照法律规定和合同约定所应承担的最重要、最基本的义务。保险人承担保险责任的范围包括保险金、援救费用、争议处理费用和检验费用等。

2. 条款说明义务

《保险法》第十六条规定："订立保险合同，保险人就保险标的或者被保险人的有关情况提出询问的，投保人应当如实告知。"保险合同中规定有关于保险人责任免除条款的，保险人在订立保险合同时应当向投保人明确说明,未明确说明的,该条款不产生效力。

3. 及时签发保险单证

保险合同成立后,保险人应当及时向投保人签发保险单或者其他保险凭证,并在保险单或者其他保险凭证中载明当事人双方约定的合同内容。

4. 为投保人被保险人或再保险分出人保密

保险人或者再保险接受人对在办理保险业务中,对投保人、被保险人或者再保险分出人的业务和财产情况,负有法定保密义务。

4

【案例分析 4-2】

订立保险合同应履行告知义务

案情: 2023 年 9 月 20 日,李某向某保险公司投保了终身重大疾病保险,保险金额为 20 万元,年交保险费 6 000 元。

2024 年 4 月,李某因宫颈癌向该保险公司提出理赔申请。保险公司经过调查得知,李某已于 2020 年 8 月 16 日在某医院被确诊为宫颈癌,但她在 9 月 20 日投保时,在投保单中关于"是否患有癌症"的询问栏中填写的是"否"。该保险公司以李某未如实告知其投保前已被确诊为宫颈癌的患病事实为由,对该保险作出了拒付处理,并解除合同并退回保险费。

问题: 该保险公司处理是否合理?

解析: 本案是因投保人不履行如实告知义务,保险公司解除保险合同是合理的。

首先,如实告知是投保人应履行的法定义务,我国《保险法》第五条规定:"保险活动当事人行使权利、履行义务应当遵循诚实信用原则。"同时,根据《保险法》第十六条规定,订立保险合同,保险人就保险标的或者被保险人的有关情况提出询问的,投保人应当如实告知。这既是诚实信用原则对于从事保险活动当事人的具体要求,也是法律规定投保人应尽的义务。作为投保人,应严格履行如实告知义务,否则将承担于己不利的法律后果。

其次,根据《保险法》第十六条规定,如投保人不按法律规定履行如实告知义务,不仅得不到保险赔付和保障,而且保险公司还可据此解除保险合同,并可不退还保险费。

本案中李某在购买保险之前已经被确诊为宫颈癌,在 9 月 20 日投保时,投保单中关于"是否患有癌症"的询问栏中故意填写为"否",存在故意未履行前款规定的如实告知义务。因此,保险公司的符合法律规定。

【课堂小活动】

车辆交强险和商业险的区别在哪?

模拟汽车保险合同的订立过程,主要角色有:

角色 A: 保险代理人;角色 B: 保险经纪人;角色 C: 投保人(车主);角色 D: 无代理权的代理人。

首先,讨论各角色应当承担什么样的权利和义务;其次,了解签订保险合同的相关程序;第三,了解保险合同的内容;第四,了解保险合同的效力。

第三节 保险公司

一、保险公司的概念和分类

（一）概念

保险公司，是指经中国保险监督管理机构批准设立，并依保险法和公司法登记注册的商业保险公司。保险公司收取保费，将保费所得资本投资于债券、股票、贷款等资产，运用这些资产所得收入支付保单所确定的保险赔偿。保险公司通过上述业务，能够在投资中获得高额回报并以较低的保费向客户提供适当的保险服务，从而盈利。

（二）保险公司的分类

按照所承担风险的类型不同，可以分为人寿与健康保险公司、财产与责任保险公司。

人寿与健康保险公司主要为消费者提供各种保险产品，如定期寿险、终身寿险、万能寿险、变额万能寿险、医疗费用保险、伤残收入保险、年金保险、团体人寿和健康保险与退休计划等；财产与责任保险公司主要为消费者提供海上保险、货物运输保险、火灾保险、运输工具保险、工程保险、农业保险、各类责任保险等产品。

二、保险公司的设立

（一）设立条件

保险公司的设立条件，一般包括对主要股东的要求、对公司资本金的要求、对管理人员的要求、对硬件设施的要求等。我国《保险法》第六十八条规定，设立保险公司应当具备下列条件。

（1）主要股东具有持续盈利能力，信誉良好，最近三年内无重大违法违规记录，净资产不低于人民币二亿元。

（2）有符合本法和《中华人民共和国公司法》规定的章程。

（3）有符合本法规定的注册资本。

（4）有具备任职专业知识和业务工作经验的董事、监事和高级管理人员。

（5）有健全的组织机构和管理制度。

（6）有符合要求的营业场所和与经营业务有关的其他设施。

（7）法律、行政法规和国务院保险监督管理机构规定的其他条件。

（二）设立程序

保险公司的设立在理论上属于要式行为的一种，不仅要具备法定的条件，而且也要符合法定的设立程序，主要包括以下几个阶段。

1. *初步申请*

保险公司的设立申请，是指发起人向审批机构提出设立保险公司、经营保险业务的意向、理由和要求。申请设立保险公司，应当向国务院保险监督管理机构提出书面申请，并提交下列材料：❶ 设立申请书，申请书应当载明拟设立的保险公司的名称、注册资本、业务范围等；❷ 可行性研究报告；❸ 筹建方案；❹ 投资人的营业执照或者其他背景资料，经会计师事务所审计的上一年度财务会计报告；❺ 投资人认可的筹备组负责人和拟任董事长、经理名单及本人认可证明；❻ 国务院保险监督管理机构规定的其他材料。

2. 筹建

国务院保险监督管理机构应当对设立保险公司的申请进行审查，自受理之日起六个月内作出批准或者不批准筹建的决定，并书面通知申请人。决定不批准的，应当书面说明理由。申请人应当自收到批准筹建通知之日起一年内完成筹建工作；筹建期间不得从事保险经营活动。

3. 正式设立申请

筹建工作结束后，申请人可以向国务院保险监督管理机构提交正式设立申请和相关文件。国务院保险监督管理机构应当自受理开业申请之日起 60 日内，作出批准或者不批准开业的决定。决定批准的，颁发经营保险业务许可证；决定不批准的，应当书面通知申请人并说明理由。

4. 设立登记

保险公司的设立申请人在获得保险业务经营许可证后，可在法定期间内向公司登记机关申请设立登记，经公司登记机关核准后颁发营业执照。营业执照颁发之时即是保险公司成立之日。保险公司自取得经营保险业务许可证之日起 6 个月内，无正当理由未向公司登记机关申请设立登记的，其经营保险业务许可证失效。

第四节 保险代理人与保险经纪人

一、保险代理人

保险代理人是指根据保险人的委托授权，代理其经营保险业务，并收取代理费用的人。保险代理制的实施，保险代理人的出现，为完善保险市场、沟通保险供求、促进保险业发展发挥了非常重要的作用。

保险代理人在保险人授权的范围内以保险人的名义进行业务活动，包括招揽业务的宣传推销活动，接受投保，出立暂保单或保险单，代收保险费，代理查勘理赔等。代理费用通常根据业务量比例支付。

（一）保险代理人的分类

通常保险代理人分为专业代理人、兼业代理人、个人代理人和独立代理人四种。

1. 专业代理人

专业保险代理人是指专门从事保险代理业务的保险代理公司，其组织形式为有限责任公司。专业代理人必须具备以下条件。

(1) 公司最低实收货币资金为人民币 50 万元。在公司的资本中，个人资本总和不得超过资本金总额的 30%；每一个人资本不得超过个人资本总和的 50%。

(2) 有符合规定的章程。

(3) 有至少 30 名持有《保险代理人资格证书》的代理人员。

(4) 有符合任职资格的董事长和总经理。

(5) 有符合要求的营业场所。

2. 兼业代理人

兼业保险代理人是指受保险人委托，在从事自身业务的同时，指定专用设备专人为保险人代办保险业务的单位，主要有行业兼业代理、企业兼业代理和金融机构兼业代理、群众团体兼业代理等形式。兼业代理人必须符合下列条件。

(1) 具有所在单位法人授权书。

(2) 有专人从事保险代理业务。

(3) 有符合规定的营业场所。兼业代理人的业务范围仅限于代理销售保险单和代理收取保险费。

3. 个人代理人

个人代理人是指根据保险人委托，向保险人收取代理手续费，并在保险人授权范围内，代为办理保险业务的个人。凡持有《保险代理人资格证书》者，均可申请从事保险代理业务，并由被代理的保险公司审核登记报当地保险监督管理部门备案。个人代理人的业务范围仅限于代理销售保险单和代理收取保险费，不得办理企业财产保险和团体人身保险。另外，个人代理人不得同时为两家(含两家)以上保险公司代理保险业务，转为其他保险公司代理人时，应重新办理登记手续。

4. 独立代理人

独立个人代理人制度是营销制度的一个很好的补充，也是近年来新出的一个制度，相对传统营销制度，它的优点是层级非常少，可以直接对接保险公司，避免了过去体制上存在的一些问题；另一方面，独立个人代理人也能给优秀的个人代理人提供一个更有利于个人事业发展的模式。

无论哪种类型的代理人都必须是持证上岗并参与从业培训：从业资格证包括《保险代理从业人员资格证书》《保险代理从业人员展业证书》或《保险代理从业人员执业证书》。接受岗前培训累计不少于 80 小时，其中法律及职业道德教育不少于 12 小时；上岗后接受培训累计不少于 36 小时，其中法律及职业道德教育不少于 12 小时。

【知识拓展 4－3】

保险代理人的业务范围

保险代理人的业务范围是：代理推销保险产品，代理收取保费，协助保险公司进行损失的勘查和理赔等。

兼业保险代理人的业务范围是：根据保险兼业代理许可证批准的代理险种，代理销售保险产品，代理收取保费。

个人代理人的业务范围是：财产保险公司的个人代理人可以代理家庭财产保险、运输工具保险、责任保险和被代理保险公司授权的其他险种。人寿保险公司的个人代理可以代理个人人身保险，个人人寿保险，个人人身意外伤害保险和个人健康保险等业务。保险集团公司内部的财产保险公司、人寿保险公司、健康保险公司，在获得保险监管机构批准后，子公司之间相互开展了交叉销售业务。个人代理人的业务范围也有所扩大。

4

独立代理人只签发保险单，收取保险费，具有续保业务的独占权力。独立代理人就其招揽的业务，可按保险种类、初保及续保等代理业务，分别从保险公司获取一定的佣金。

（二）保险代理人的工作内容

（1）负责代理推销保险产品，协助保险公司进行损失的勘察和理赔。

（2）向消费者宣传保险知识，解释保险条款，点评产品，分析个人财务需要。

（3）为消费者设计保险方案，制定保险计划。

（4）协助客户挑选保险公司的优势产品。

（5）协助客户办理相关投保手续（签订投保单、保单送达、保单保全、保费收取）。

（6）根据客户的需要，为其提供优质的售后服务。

（7）定期回访老客户，维护潜在客户。

（8）被保险人出险后，协助其向保险公司进行理赔等。

（三）保险代理人的权利和义务

保险代理人的权利和义务是依据保险代理合同而产生的。保险代理合同是保险代理人与保险人明确双方所享有权利和承担义务的协议。一般来讲，保险代理人的权利和义务包括以下内容。

1. 保险代理人的权利

（1）获取劳务报酬的权利。保险代理人有权就其开展的保险代理业务所付出的劳动向保险人收取劳务报酬。获得劳务报酬是保险代理人的最基本的权利。保险代理人的劳务报酬即为佣金，保险代理合同可约定佣金的支付标准和支付方式。

（2）独立开展业务活动的权利。保险代理人在保险合同授权范围内，具有独立进行意思表示的权利，即有权自行决定如何进行保险业务活动。

2. 保险代理人的义务

（1）诚实与告知义务。保险代理人是基于保险人授权从事保险代理业务，其代理行为的后果由保险人承担，所以保险代理人必须遵循诚信原则，也即保险代理人必须履行如实告知义务。

（2）如实转交保险费义务。受保险人委托，保险代理人可以在业务范围内代理收取保险费，代收的保险费应按代理合同约定的期限和方式转交保险人。保险代理人无权挪用代收的保险费。此外，对于投保人欠交的保险费，保险代理人也没有垫交义务。

（3）维护保险人权益义务。保险代理人不得与第三者串通或合伙隐瞒真相，损害保险人的利益。在代理过程中，保险代理人有义务维护保险人的利益。这是由保险代理关系和代理活动的特点所决定的。

（四）保险代理人的展业规则

保险代理人展业是指保险代理人受保险人委托，代表保险人接受保险业务，出立保单，代收保险费的一种代理方式。为使保险代理人的行为规范化，我国保险法律法规对其展业活动规定有一系列的展业规则。主要内容包括以下几个方面：

（1）保险代理人只能为经保险监管机关批准设立的保险公司代理保险业务。

（2）代理人寿保险业务的保险代理人只能为一家人寿保险公司代理业务。

(3) 保险代理人从事保险代理业务，不得有擅自变更保险条款，提高或降低保险费率，强迫或引诱误导投保人，挪用或侵占保险费等损害保险公司，投保人和被保险人利益的行为。

(4) 保险代理人向保险公司投保财产保险和人身保险，视为保险公司直接承保业务，保险代理人不利从中提取代理手续费。

另外，保险公司必须建立健全代理人委托、登记、撤销档案资料，同时向保险监管机关备案。

二、保险经纪人

4

《保险法》第一百一十八条规定："保险经纪人是基于投保人的利益，为投保人与保险人订立保险合同提供中介服务，并依法收取佣金的单位。"在我国，保险经纪人的形式是保险经纪公司，保险经纪人是投保人的风险管理顾问。从世界范围来看，在经济发达的国家，保险经纪人在保险市场上发挥着积极的作用。我国引进保险经纪人，有利于加快国内保险业与国际接轨的进程，有利于进一步完善保险市场，维护投保人的利益，促进保险市场的公平交易和有序竞争。

(一) 保险经纪人分类

根据委托方的不同，保险经纪人可以分为狭义的保险经纪人(专指原保险市场的经纪人)和再保险经纪人。

1. 狭义的保险经纪人

狭义的保险经纪人是指直接介于投保人和原保险人之间的中间人，直接接受投保客户的委托。按业务性质的不同，狭义的保险经纪人又可分为寿险经纪人和非寿险经纪人。

(1) 寿险经纪人。寿险经纪人是指在人身保险市场上代表投保人选择保险人、代办保险手续并为此从保险人处收取佣金的中间人。寿险经纪人必须熟悉保险市场行情和保险标的详细情况，熟练掌握专项业务知识，还要懂法律，运用法律，并且会计算人身险的各种费率，以便为投保人获得最佳保障。

(2) 非寿险经纪人。非寿险经纪人是安排各种财产、利益、责任保险业务，在保险合同订约双方间斡旋，促使保险合同成立并为此从保险人处收取佣金的中间人。由于保险产品的复杂性，非寿险经纪人必须要掌握相关的专业知识，以便能与投保人进行沟通，为投保人进行风险评估、设计风险管理方案，为投保人选择最佳保险保障等服务。

2. 再保险经纪人

再保险经纪人是促成再保险分出公司与接受公司建立再保险关系的中介人。他们把分出公司视为自己的客户，在为分出公司争取较优惠的条件的前提下选择接受公司并收取由后者支付的佣金。再保险经纪人不仅介绍再保险业务、提供保险信息，而且在再保险合同有效期间对再保险合同进行管理，继续为分保公司服务，如合同的续转、修改、终止等问题，并向再保险接受人及时提供账单并进行估算。

再保险经纪人应该熟悉保险市场的情况，对保险的管理技术比较内行，具备相当的技术咨询能力，能为分保公司争取较优惠的条件。并与众多的投保人、保险人和再保险人保持着广泛、经常的联系，以便及时获取有利的信息，为分保公司争取一笔又一笔的再保险交易。

【知识拓展 4－4】

保险经纪人的业务范围

1. 以订立保险合同为目的，为投保人提供防火、防损或风险评估以及风险管理咨询服务。通过保险经纪人提供的以上专门服务，可以使被保险人的防灾工作、风险管理工作做得更好，就可以以较低的费率获得保障利益。

2. 以订立保险合同为目的，为投保人拟订投保方案，办理投保手续。投保方案的选择是一项专业技术性很强的工作，被保险人自己通常不能胜任，保险经纪人就可以以其专业素质，根据保险标的情况和保险公司的承保情况，为投保人拟订最佳投保方案，代为办理投保手续。

3. 在保险标的或被保险人遭遇事故和损失的情况下，为被保险人或受益人代办检验、索赔。

4. 为被保险人或受益人向保险公司索赔。

5. 再保险经纪人凭借其特殊的中介人身份，为原保险公司和再保险公司寻找合适的买（卖）方，安排国内分入、分出业务或者安排国际分入、分出业务。

6. 保险监管机关批准的其他业务。

保险经纪人有严格的执业规则，世界各国对其都实行严格的执业管理。我国《保险法》规定，因保险经纪公司过错，给投保人、被保险人造成损失的，由保险经纪公司承担赔偿责任。

（二）保险经纪人岗位职责和任职资格

1. 岗位职责

（1）发现潜在客户的保险需求，争取成为客户认可的保险经纪人。

（2）对客户面临的风险进行调研、查勘，提供风险评估报告。

（3）针对客户面临的风险制定风险管理方案，其核心为保险方案。

（4）协助或代表客户进行保险采购，选择合适的保险人和保险方案。

（5）协助客户办理投保、缴费等手续。

（6）审核保险协议、保险合同、保险单等技术文件。

（7）对客户保险相关人员进行保险培训，告知保险方案内容、被保险人义务、保险报案方式、保险公司及经纪公司联系人等重要保险事宜。

（8）发生保险事故后，协助客户报案、收集报案材料、查勘现场、代表客户与保险公司谈判等。

（9）日常联系、定期报送保险服务情况等其他工作。

2. 任职资格

在我国，从事保险经纪业务的人员必须参加保险经纪人员资格考试。凡具有大专以上学历的个人，均可报名参加保险经纪人员资格考试；保险经纪人员资格考试合格者，由中国保险监督管理委员会（2018 年修改为中国银行保险监督管理委员会，银保监会 2023 年改为国家金融监督管理总局）核发《保险经纪人员资格证书》（以下简称《资格证书》）。《资格证书》只是对有保险经纪能力人员的资格认定，不能作为执业证件使用。《保险经纪人员执业证书》才是保险经纪人员从事保险经纪活动的唯一执照。已取得《资格证书》的个人，必须接受保险经纪公司的聘用，并由保险经纪公司代其向中国保险监督管理委员会申领并获得《保险经纪人员执业证书》后，方可从事保险经纪业务。

(三)保险经纪人和保险代理人的区别

保险经纪人和保险代理人虽然都是保险中介人,但两者之间有着根本的区别,具体有以下四点。

(1)代表的利益不同。保险经纪人接受客户委托,代表的是客户的利益;而保险代理人为保险公司代理业务,代表的是保险公司的利益。

(2)提供的服务不同。保险经纪人为客户提供风险管理、保险安排、协助索赔与追偿等全过程服务;而保险代理人一般只代理保险公司销售保险产品、代为收取保险费。

(3)服务的对象不同。保险经纪人的主要客户主要是收入相对稳定的中高端消费人群及大中型企业和项目,保险代理人的客户主要是个人。

(4)法律上承担的责任不同。客户与保险经纪人是委托与受托关系,如果因为保险经纪人的过错造成客户的损失,保险经纪人对客户承担相应的经济赔偿责任。而保险代理人与保险公司是代理被代理关系,被代理保险公司仅对保险代理人在授权范围内的行为后果负责。

阶段测试

一、名词解释

1. 保险　　2. 保险单　　3. 保险公司　　4. 保险代理人

二、单项选择题

1. 下列关于保险的判断正确的是(　　)。

A. 保险就是要消灭危险　　B. 保险就是保证不发生危险

C. 保险就是保证发生危险　　D. 保险就是要分散危险带来的损失

2. 在保险合同中,投保人交付保险费,买到的只是一个将来可能获得补偿的机会,这说明保险合同具有(　　)。

A. 附合性　　B. 议商性　　C. 要式性　　D. 射幸性

3. 关于保险合同是否成立,下列说法正确的是(　　)。

A. 保险人签发了保险单,保险合同方可视为成立

B. 只要投保人按规定填写了投保单,保险合同即可视为成立

C. 只有投保人交付了保险费,保险合同方可视为成立

D. 投保人提出保险要求,经保险人同意承保,并就合同的条款达成一致,保险合同即可视为成立

4. 保险合同中规定有关于保险人责任免除条款的,保险人在订立保险合同时应当向投保人明确说明,未明确说明的,则(　　)。

A. 该合同无效　　B. 该免责条款无效

C. 投保人可免交保险费　　D. 保险人在任何情况下无权解除合同

5. 投保人一方因过失未履行如实告知义务的,将产生的法律后果是(　　)。

A. 保险人有权解除合同,并不退还保险费

B. 保险人有权解除合同,但对合同解除前发生的保险事故要承担赔偿或者给付保险金的责任

C. 保险人有权解除合同,对于合同解除前发生的保险事故不承担赔偿或者给付保险金的责任,并且不退还保险费

D. 保险人有权解除合同,对于合同解除前发生的保险事故不承担赔偿或者给付保险金的责任,但可以退还保险费

三、判断题

1. 根据我国《保险法》的规定,投保人、被保险人未按照约定履行其对保险标的安全应尽责任的,保险人有权追究其法律责任。 ( )

2. 根据我国《保险法》的规定,财产保险合同的被保险人未履行保险标的危险程度增加通知义务的,因保险标的危险程度增加而发生的保险事故,保险人只部分承担赔偿责任。( )

3. 根据我国《保险法》的规定,当保险标的的保险价值明显减少时,保险人应当降低保险费,并按月计算退还相应的保险费。 ( )

4. 按照我国《保险法》的规定,财产保险合同的保险责任开始前,若投保人要求解除合同的,应当向保险人支付手续费,而保险人则应当退还保单现金价值。 ( )

5. 根据我国《保险法》的规定,在人身保险合同当中,被保险人或者投保人必须指定数人为受益人。 ( )

四、案例分析题

1. 2023 年 5 月,某厂 45 岁的机关干部龚某因患胃癌(亲属因怕其情绪波动,未将真实病情告诉本人)住院治疗手术后出院,并正常参加工作。8 月 24 日,龚某经吴某推荐,与之一同到保险公司投保了简易人身险,办妥有关手续。填写投保单时没有申报身患癌症的事实。

2024 年 5 月,龚某旧病复发,经医治无效死亡。龚某的妻子以指定受益人的身份,到保险公司请求给付保险金。保险公司在审查提交有关的证明时,发现龚某的病史上载明其曾患癌症并动过手术,于是拒绝给付保险金。龚妻以丈夫不知自己患何种病,未违反告知义务为由抗辩。双方因此发生纠纷。

请问,保险公司应如何处理?

2. 2024 年 4 月 29 日,某公司为全体职工投保了团体人身意外伤害保险,保险公司收取了保险费并当即签发了保险单。但在保险单列明的保险期间自 2024 年 5 月 1 日起至次年 4 月 30 日止。2024 年 4 月 30 日,该公司的职工王某登山,不慎坠崖身亡,事故发生后,王某的亲属向保险公司提出索赔申请,保险公司拒绝承担责任。请分析保险公司拒赔的理由是什么?是否合理?

实训操作与指导

1. 仔细阅读一份保险合同文本,注意观察合同的格式与内容。

指导意见:以实训小组为单位,阅读一份保险合同范本,总结该合同主要条款,制成小组

实训报告。

2. 模拟实训保险代理人和保险经纪人在保险合同签订过程中的具体职责。

指导意见：以实训小组为单位开展讨论，要求契合主题，结合学生自身经历与所见所闻，分析保险合同签订过程中应该注意的事项，做好小组讨论记录。

自我评价

任务名称	掌握程度		
	好	中	差
对保险的概念和分类的掌握情况			
对保险法的概念和基本原则的掌握情况			
对保险法的调整对象和范围的了解情况			
对保险合同的内容和订立程序的熟悉情况			
对保险合同中各方的法律责任的熟悉情况			
对保险活动中主要存在的法律风险的识别和防范能力			
对保险活动中主要存在的法律纠纷的处理能力			

通过本章的学习，你还有什么收获？

第五章 个人独资企业法

导语

个人独资企业作为一种企业形态，在很多国家都存在，而且历史悠久，有非常积极的社会经济价值。个人独资企业符合我国“大众创业、万众创新”的发展政策，可以更好地激活经济，丰富国民经济形态，促进就业。《中华人民共和国个人独资企业法》（以下简称《个人独资企业法》）已由第九届全国人民代表大会常务委员会第十一次会议于1999年8月30日通过，自2000年1月1日起施行。本法共六章，四十八条，主要规定了个人独资企业的含义、立法目的、个人独资企业的设立、个人独资企业的投资人及事务管理、个人独资企业的解散和清算以及法律责任等内容，这对规范个人独资企业的行为，保护个人独资企业投资人和债权人的合法权益，维护社会经济秩序，促进社会主义市场经济的发展，具有重要的历史意义。

学习目标

理论知识目标：

1. 了解个人独资企业的概念及法律特征。
2. 了解个人独资企业的设立条件和过程。
3. 熟悉个人独资企业的事务管理内容。
4. 了解个人独资企业的解散与清算程序。

职业能力目标：

1. 能掌握设立个人独资企业的程序。
2. 能解决个人独资企业在运营过程中的法律问题。
3. 能掌握个人独资企业的清算程序及清偿顺序。

职业素养目标：

1. 通过了解个人独资企业的概念，树立勇于创新的开拓意识。
2. 通过学习个人独资企业的事务管理及运营过程中的法律问题，弘扬法治精神，培养法治社会建设者。

思维导图

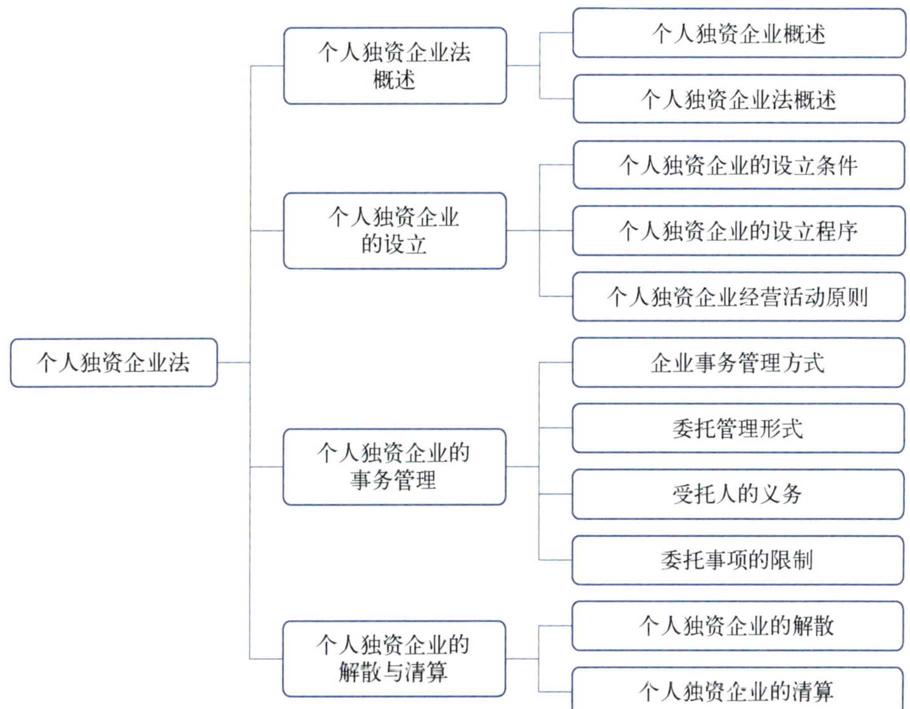

导入案例

企业债务与个人债务

2020年，王某从自己拥有的180万元资产中拿出100万元开办了一家个人独资企业。2024年该企业经营失败欠下150万元的债务，当债权人主张债权时，企业剩余的所有资产仅50万元，显然不足以清偿其150万元的债务。那么，对企业不能清偿的100万元债务，王某要用其个人财产来偿还吗？

案例解析：

由于个人独资企业的投资人以其个人财产对企业债务承担无限责任。所以对企业不能清偿的50万元债务，需要王某用个人财产来偿还。

第一节　个人独资企业法概述

一、个人独资企业概述

（一）个人独资企业的概念和特征

个人独资企业，是指依照《个人独资企业法》在中国境内设立，由一个自然人投资，财产为投资人个人所有，投资人以其个人财产对企业债务承担无限责任的经营实体。个人独资企业具有如下特征。

1. 个人独资企业的投资者仅为一个自然人

由于个人独资企业的投资人仅为一个自然人，因此，对企业出资多少、是否追加投资或减少投资、采取什么样的经营方式等事项均由投资人一人决定。

2. 个人独资企业不具有法人资格

个人独资企业是一个不具有法人资格的经营实体。尽管个人独资企业有自己的名称或商号，并以企业名义从事经营行为和参加诉讼活动，但它不具有独立的法人地位。其一，个人独资企业本身不是财产所有权的主体，不享有独立的财产权利；其二，个人独资企业不承担独立责任，而是由投资人对企业债务承担无限责任。

企业对其债务承担无限责任是各类企业法律责任的共同特点。由于个人独资企业的法律人格和投资人的法律人格两者合一，所以个人独资企业对外的无限责任可直接归于投资人。投资人投资的财产为投资人个人所有的，投资人以其个人财产对企业债务承担无限责任。与此同时，如果投资人在申请企业设立登记时明确以家庭共有财产作为个人出资的，应当依法以家庭共有财产对企业债务承担无限责任。这里所强调的是，投资人对外承担无限责任的个人财产不局限于投资人投入独资企业的财产，同时也包括投资人投入其他企业的财产以及投资人的其他财产。

3. 个人独资企业组织结构简单

个人独资企业的内部机构设置简单，经营管理方式灵活。个人独资企业投资者对企业的经营管理拥有绝对的控制权，企业内部不可能也没有必要设立完整的组织机构。因此，法律对其内部机构的设置和经营管理方式不像公司和其他企业那样加以严格规定。

个人独资企业的投资人既可以是企业的所有者，又可以是企业的经营者。尽管个人独资企业有时聘用经理或其他职员，但经营的最高决策权仍属于投资者。投资者有权决定企业的停业、关闭等事项。

（二）个人独资企业的优点

（1）有利于企业资产所有权、控制权、经营权、收益权的高度统一，有利于发扬出资人的创业精神。

（2）个人独资企业的设立手续简单。个人独资企业一般规模都比较小，只有一个自然人作为出资人，成立组建的程序简单，所需的时间也很短。

（3）个人独资企业解散和清算程序简单。不论是出资人的主观原因还是企业经营的客观原因，个人独资企业都可以解散，而且程序简单。

（4）个人独资企业免收企业所得税。

（三）个人独资企业的缺点

（1）个人独资企业的规模有限，一定程度上限制了企业的扩展和大规模经营。

（2）出资人需承担无限责任，风险巨大。当企业的资产不足以清偿其债务时，投资人以其个人财产偿付企业债务。这限制了个人独资企业向风险较大的行业发展，对新兴产业的形成和发展较为不利。

（3）企业连续性差。企业经营权与所有权高度统一的产权结构，虽使企业拥有充分的自主权，但出资人的患病死亡，及其个人知识和能力的缺乏，都可能会导致企业危机。

(4) 抗风险能力较差。个人独资企业的财力取决于出资人个人的财力情况，受企业规模、财力的影响，抗风险能力较差。

二、个人独资企业法概述

(一) 个人独资企业法的立法目的

《个人独资企业法》第一条规定，为了规范个人独资企业的行为，保护个人独资企业投资人和债权人的合法权益，维护社会经济秩序，促进社会主义市场经济的发展，制定本法。由此可见，《个人独资企业》的立法目的如下。

1. 规范个人独资企业的行为

改革开放以来，随着非公有制经济的发展，我国私人投资企业迅速增加，这类企业除部分采用公司或合伙企业形式外，有相当部分采用个人独资企业的形式。他们在发展经济、增加财政收入、促进劳动就业、保持社会稳定和方面人民生活等方面发挥着重要作用。个人独资企业属于社会主义经济法律体系中重要的市场主体，制定个人独资企业法十分必要。

5

2. 保护个人独资企业投资人和债权人的合法权益

《个人独资企业法》作为组织法对于投资主体的保护，体现在对内保护和对外保护两个方面。对内保护主要体现在投资人权益保障上，即赋予投资人对于投资的财产享有所有权或财产权，赋予投资人对个人独资企业事务的管理。对外保护主要体现在对债权人权益的保障，而对债权人利益的保障又主要体现在个人独资企业对外债务的承担以及个人独资企业的解散和清算等方面。

3. 维护社会经济秩序

市场组织法对于社会经济秩序的维护，主要在于规定市场主体的设立条件、标准、权责的享受与承担上，以保证其符合市场的准入条件。各适格的市场主体都能按照交易规则进行交易，良好的社会经济秩序就能逐步建立，市场主体利益的合理预期才能实现。

4. 促进社会主义市场经济的发展

《个人独资企业法》在促进社会主义市场经济的发展方面，主要体现通过个人独资企业独特的法律制度设计，发挥个人独资企业设立简便、结构简单、投资灵活、管理直接、权责清晰等优势，为投资者提供多样的投资选择，鼓励与促进投资。

(二) 个人独资企业法的调整对象

在中国境内设立，由一个自然人投资，财产为投资人个人所有，投资人以其个人财产对企业债务承担无限责任的经营实体可能是个人独资企业，也可能是外商独资企业。只有依据《个人独资企业法》的规定在中国境内设立，由一个自然人投资，财产为投资人个人所有，投资人以其个人财产对企业债务承担无限责任的经营实体才是个人独资企业，受《个人独资企业法》的调整。

【知识拓展 5－1】

个人独资企业的税收制度

根据全国人民代表大会常务委员会关于修改《中华人民共和国个人所得税法》的决定(2018 年主席令第九号)，个人独资企业账目比较健全、核算清晰，需要查账征收个税。按照“经营所得”计算全年应纳税所得额(以每一纳税年度的收入总额减除成本、费用以及损失后的余额)，适用 5%～35%的五级超额累进税率，税负较重。如果是年销售收入在 500 万元以内的小规模纳税人个人独资企业，增值税税率为3%，并且可以享受年销售收入在120万元以内免增值税的优惠政策；如果是年销售收入在500万元以上的一般纳税人个人独资企业，按不同的增值税税目，适用不同的增值税税率。

第二节 个人独资企业的设立

一、个人独资企业的设立条件

（一）投资人为一个自然人

作为个人独资企业的投资人，应是具有完全民事行为能力的自然人，且该自然人特指具有中华人民共和国国籍的自然人。此外，我国法律、法规禁止从事营利性活动的自然人也不得设立个人独资企业，如法官、检察官、警察以及其他国家公务员。

（二）合法的企业名称

企业名称是本企业与其他企业相区别的标志。企业名称作为一种符号，除具有识别功能外，还具有经济、文化等多方面的意义。个人独资企业的名称应不得使用“有限”“有限责任”和“公司”等字样。一般情况下，名称由行政区划、字号、行业和企业形式四部分构成，企业形式可以是某某厂、某某店、某某部、某某中心等。

（三）投资人申报的出资

资本是企业存续重要的物质基础，也是企业营利重要的物质条件，任何企业的设立都必须具有一定的资本，个人独资企业也不例外。《个人独资企业法》对个人独资企业的出资形式和最低资本额均无强制性要求。按照鼓励发展、方便设立的原则，投资人申报的出资额应当与企业的生产经营规模相适应。设立个人独资企业可以用货币、实物、土地使用权、知识产权或其他财产权利出资，采取实物、土地使用权、知识产权或其他财产权利出资的，应将其折算成货币数额。投资人可以个人财产出资，也可以家庭共有财产作为个人出资。以家庭共有财产作为个人出资的，投资人应在设立（变更）登记申请书上予以注明。

（四）必要的生产经营场所和必要的生产经营条件

有固定的生产经营场所和必要的生产经营条件是个人独资企业存续与经营的基本物质条件。任何市场经济组织，对外开展经营活动，都必须具备固定的生产经营场所。个人独资企业以其主要办事机构所在地为住所。

（五）必要的从业人员

个人独资企业需要有与企业的经营范围和经营规模相适应的从业人员。

【案例分析5-1】

个人独资企业的设立

案情：甲决定成立个人独资企业。在筹备企业设立事宜中，他作出以下规划，其中有哪些违反法律规定？

(1) 如自己财力不足，让邻居乙也加入成为企业主；

(2) 企业的名称为“绝对旺公司”；

(3) 向企业出资 10 万元，企业负债后不再以自己的其他财产清偿。

解析：个人独资企业只能由一个自然人设立，所以第(1)点违反法律规定；个人独资企业不是公司，不能在名称里出现“公司”的字样，所以第(2)点违反法律规定；个人独资企业不具有法人资格，企业负债就是个人负债，所以第(3)点也违反法律规定。

二、个人独资企业的设立程序

（一）提出申请

设立申请是个人独资企业设立活动的第一步。个人独资企业的设立，可以由投资人本人自己提出申请，也可以由投资人所委托的代理人代为申请。个人独资企业的设立采取直接登记制，由投资人或者其委托的代理人向个人独资企业所在地的登记机关提交下列文件：

(1) 投资人签署的个人独资企业设立申请书。

(2) 投资人身份证明。

(3) 企业住所证明。

(4) 国家市场监督管理总局规定提交的其他文件。

从事法律、行政法规规定须报经有关部门审批业务的，应当提交有关部门的批准文件、设立申请书、投资人身份证明、生产经营场所使用证明等文件。委托代理人申请设立登记时应当出具投资人的委托书和代理人的合法证明。个人独资企业设立申请书应当载明下列事项：❶ 企业的名称和住所；❷ 投资人的姓名和居所；❸ 投资人的出资额和出资方式；❹ 经营范围。

（二）工商登记

登记机关应当在收到设立申请文件之日起 15 日内，对符合《个人独资企业法》规定条件的，予以登记，发给营业执照。对不符合《个人独资企业法》规定条件的，不予登记，并发给企业登记驳回通知书。也就是说，无论登记机关是否对设立申请予以批复，登记机关都应当给予答复，履行告知义务。当然，对于符合登记条件的，登记机关的批复本身就是一种说明；而对于不符合条件的，给予书面答复，并说明理由，有利于投资人了解自己的设立申请有何不足，以便予以补救，以期获得批准。

个人独资企业营业执照的签发日期，为个人独资企业成立日期。在领取个人独资企业营业执照前，投资人不得以个人独资企业名义从事经营活动。

（三）分支机构登记

个人独资企业设立分支机构的问题主要包括三项内容：一是设立申请；二是登记备案；三是责任承担。

个人独资企业设立分支机构，应当由投资人或者其委托代理人向分支机构所在地的登记机关申请登记，领取营业执照。分支机构经核准登记后，应将登记情况报该分支机构隶属的个人独资企业的登记机关备案。分支机构的民事责任由设立该分支机构的个人独资企业承担。

（四）变更登记

个人独资企业存续期间登记事项发生变更的，应当在作出变更决定之日起15日内，依法向登记机关申请办理变更登记。个人独资企业分支机构比照个人独资企业申请变更、注销登记的有关规定办理。

三、个人独资企业经营活动原则

（一）合法原则

5

所谓合法原则，通常是指企业从事经营活动必须遵守法律、行政法规的规定。所谓从事经营活动，是指企业作为独立的商品生产者和经营者，参与市场，进行交易的行为。强调企业在从事经营活动中必须遵守法律、行政法规，主要是保障企业以及与其进行交易当事人的合法利益。合法是企业与其他组织交易活动有效的必备条件，个人独资企业的经营活动只有遵守法律、行政法规，其交易行为才能得到法律的保障。

（二）诚实信用原则

诚实信用原则被称为私法活动的帝王原则，通常是指在民事交易活动中秉承诚实、守信、善意，不滥用职权或者规避义务的原则。一些个人独资企业在生产经营活动中存在执照假冒伪劣产品、坑害消费者的行为，有的还相当严重。个人独资企业法应当对此行为给予限制，提倡诚实经营，重视信用。

（三）禁止权利滥用原则

禁止权利滥用原则，是指企业在从事经营活动中不得滥用权利，从事损害社会公共利益。民事权利并非为个人利益的体现，还须符合公共利益和社会秩序，否则就可能构成权利的滥用。

第三节　个人独资企业的事务管理

一、企业事务管理方式

个人独资企业的投资人可以自己管理独资企业事务，也可以委托或者聘请他人管理独资企业的事务，具体管理形式则取决于个人独资企业投资人的意愿。现代社会里，企业管理越来越专业化、职业化，投资人由于企业规模较大、个人事务繁忙、管理经验不足以及其他方面知识的限制，在企业业务不断拓展的情况下，聘请专业人员进行企业管理越来越普遍。当然，被聘请的管理人应当具有完全民事行为能力，这是受托人从事管理活动的必备条件。

二、委托管理形式

投资人委托或者聘用他人管理个人独资企业事务，投资人应当与受托人或者被聘用人之间签订书面合同，明确双方的权利义务关系。在委托或者聘用合同中应当具体明确投资人对受托人或者被聘用人的委托事项或者授权范围。在经营管理中，受托人或者被聘用人应当在委托或者授权范围内从事活动。

三、受托人的义务

受托人或者被聘用的人员应当履行诚信、勤勉义务。投资人委托或者聘用的管理个人独资企业事务的人员不得从事下列行为：

（1）利用职务上的便利，索取或者收受贿赂。

（2）利用职务或者工作上的便利，侵占企业财产。

（3）擅自挪用企业的资金归个人使用或者借贷给他人。

（4）擅自将企业资金以个人名义或者以他人名义开立账户储存。

（5）擅自以企业财产提供担保。

（6）未经投资人同意，从事与本企业相竞争的业务。

（7）未经投资人同意，同本企业订立合同或者进行交易。

（8）未经投资人同意，擅自将企业商标或者其他知识产权转让给他人使用。

（9）泄漏本企业的商业秘密。

（10）法律、行政法规禁止的其他行为。

【案例分析 5－2】

个人独资企业的事务管理

案情：王华出资五万元开了一家便利店，企业性质为个人独资。但王华整日沉迷于网络游戏，无心经营，于是委托李亮来管理超市。李亮向供应商索取回扣，谁给的回扣多就进谁的货，不考虑顾客的实际需求。半年后，超市不仅没有盈利，还欠下供应商货款十几万元，债权人纷纷前来向王华和李亮讨要货款。

问题：（1）王华能否委托李亮来管理超市，为什么？

（2）李亮经营不善是否要承担责任？

（3）所欠货款王华和李亮是否要偿还，为什么？

解析：

（1）个人独资企业的投资人可以选择自行管理，也可以委托或者聘用他人管理。所以王华可以委托李亮来管理超市。

（2）受托人应当履行诚信、勤勉义务，履行管理义务，不得索取贿赂。违反规定给投资人造成损害的，应当承担民事责任。李亮为得到回扣，损害投资人的利益，应该承担损害赔偿责任。

（3）投资人以其个人财产对企业债务承担无限责任。因此王华要偿还货款，李亮无偿还义务。

四、委托事项的限制

投资人与受托人或者被聘请的人员之间的关系属于企业的内部法律关系，由双方通过签订委托或者聘用合同加以确认规范。受托人或者被聘请的人员在对外活动中是代表企业与他人进行交易活动的。关于受托人或者被聘请的人员职权限制，通常已在委托或者聘用合同中明确规定了。受托人或者被聘请的人员在与他人进行交易时，其职务代理行为往往推定其可代表企业在其经营范围内从事各项经营活动。根据诚信原则，交易相对人也不用在与企业的受托人或者被聘请的人员进行交易时询问其具体的职权范围。

当受托人或者被聘请的人员超越职权进行活动时，投资人因其使用人员上的过错而承担相应的法律责任，投资人不得以任何理由对抗善意第三人。当然，如果交易相对人已经明知受托人或者被聘请的人员的具体职权，则投资人的不得对抗权不在此限。

5

【案例分析 5－3】

委托管理个人独资企业的限制

案情： 2024 年 3 月 13 日，张某设立一个人独资企业，并聘请李某管理企业事务。两人签订书面合同，合同中约定：凡对外签订标的额超过 5 万的合同，必须经张某同意。2024 年 5 月 8 日，李某在某展销会上结识陆某，并欲买下其参展商品，价值 6 万元。在屡次拨打张某电话不通的情况下，李某遂自作主张以企业名义买下。

问题： 李某购买货物的行为是否有效，为什么？

解析： 李某购买货物的行为有效。根据《个人独资企业法》的规定，投资人对被聘用的人员职权的限制，不得对抗善意第三人。在该案例中，尽管李某购买货物的标的额超过了其与张某的约定，但陆某不了解李某的权限范围，为善意第三人。因此，李某购买货物的行为有效。

第四节　个人独资企业的解散和清算

一、个人独资企业的解散

个人独资企业的解散是指个人独资企业因某些法律事由的发生而使其民事主体归于消灭的行为。个人独资企业的解散是相对于个人独资企业设立而言的，个人独资企业因设立而取得民事主体资格，因解散而终止其民事主体资格。通俗地说，就是个人独资企业因设立而“生”，因解散而“死”。

由于个人独资企业的解散直接影响到企业债权人和债务人的切身利益，因此必须具备法定事由或原因。根据个人独资企业解散是否出于自愿，个人独资企业解散的事由或原因可以分为两类：一是任意解散事由或原因，一是强制解散事由或原因。任意解散原因是指个人独资企业基于自己的意思而自愿解散终止的事由；强制解散原因是指个人独资企业基于法律规定或者行政命令而被迫解散终止的事由。

个人独资企业解散后，其民事权利能力和民事行为能力消灭，主体资格随即丧失，原投资人不得再以个人独资企业名义对外从事生产经营活动。根据《个人独资企业法》第二十六条的规定，个人独资企业有下列情形之一时，应当解散。

（1）出资人决定解散。

（2）出资人死亡或者被宣告死亡，同时无继承人或继承人放弃继承。

（3）依法吊销营业执照。

（4）法律、行政法规规定的其他解散情形。

二、个人独资企业的清算

（一）清算程序

个人独资企业解散的，应当进行清算。清算期间，个人独资企业不得开展与清算目的无关的经营活动。个人独资企业清算结束后，清算人应当编制清算报告，并于15日内到登记机关办理注销登记。个人独资企业解散，并不意味着企业债务当然消灭。解散后5年内，原投资人对个人独资企业存续期间的债务仍承担无限偿还责任。

5

个人独资企业宣布解散或被宣布解散后，为了终结个人独资企业现存的各种法律关系，必须依法对个人独资企业的财产进行清理，收回债权，清偿债务。所以，个人独资企业清算就是依法清理个人独资企业债权债务的行为。个人独资企业因解散的原因不同，清算的主体也就不同。投资人自行决定解散时，应由投资人自行负责清算；投资人死亡或者被依法吊销营业执照而解散时，则可由债权人申请人民法院指定清算人进行清算。

通常个人独资企业的清算主要包括以下程序：确定清算人、通告债权、清理财产并编制文件、处理未了事务、清缴所欠职工工资和税款、清理债权与债务、处理剩余财产、办理注销登记等。无论是自行进行清算的投资人还是人民法院指定的清算人，在个人独资企业清算期间都应享有以下职权：❶ 清理企业财产，分别编制资产负债表和财产清单；❷ 通知或者公告债权人；❸ 处理和清算企业有关的未了结的业务；❹ 清缴所欠职工工资和税款；❺ 清理债权、债务；❻ 处理企业清算债务后的剩余财产；❼ 代表企业参与民事诉讼活动等。

通知和公告债权人是个人独资企业解散清算的必经程序。通知是指对确实掌握的债权人使用的一种送达方式，公告则是对没有确实掌握乃至不知道而无法通知的债权人采取的一种送达手段。

（二）财产清偿顺序

《个人独资企业法》规定，个人独资企业的财产清偿顺序为：❶ 所欠职工工资和社会保险费用；❷ 所欠税款；❸ 其他债务。

【案例分析5-4】

个人独资企业的清算

案情：2024年3月8日，A出资5万元设立甲个人独资企业（以下简称甲企业）。8月31日，甲企业严重亏损，不能清偿到期的丙的债务。A决定解散该企业，并请求法院指定清算人。9月15日，人民法院指定清算人对甲企业进行清算。经查，甲企业的资产及债权债务情况如下：

❶ 甲企业欠缴税款5 000元，欠乙工资5 000元，欠社会保险费用2 000元，欠丙80 000元；❷ 甲企业的银行存款20 000元，实物折价60 000元；❸ A个人其他可执行的财产价值20 000元。

问题：甲企业应如何进行财产清偿？

解析：根据《个人独资企业法》的规定，甲企业的财产清偿顺序为：❶ 所欠职工工资和社会保险费用；❷ 所欠税款；❸ 其他债务。因此，首先用甲企业的银行存款和实物折价，共80 000元，清偿所欠乙的工资、社会保险费用、税款后，剩余68 000元用于清偿所欠丙的债务；其次，甲剩余财产全部用于清偿后，仍欠丙12 000元；最后，可用A其他可执行的个人财产20 000元清偿。清算期间，个人独资企业不得开展与清算目的无关的经营活动。

【知识拓展5－2】

5

个人独资企业解散后责任的存续期间

个人独资企业解散后，原投资人对个人独资企业存续期间的债务仍应承担偿还责任的同时，还规定了一个但书的内容，即规定债权人在五年内未向债务人提出偿债请求的，该责任消灭。也就是说，个人独资企业解散后，原投资人对个人独资企业存续期间的债务仍须承担偿还责任，但这种偿还责任到实际承担是有期限要求的，即个人独资企业解散后的五年之内，如果债权人在个人独资企业解散后的五年内没有向债务人提出偿债请求的，按照本条的规定，原投资人的偿还责任消灭。

【课堂小活动】

课堂讨论：个体工商户、个人独资企业、一人有限责任公司有何不同？

解析：从投资主体、法律形式、设立条件、投资人承担责任方式等方面来分析。

阶段测试

一、名词解释

1. 个人独资企业　　　　2. 清算

二、单项选择题

1.《个人独资企业法》自（　　）起施行。

A. 1999年12月31日　　B. 2000年1月1日

C. 2003年1月1日　　D. 2018年12月31日

2. 依照《个人独资企业法》的规定，个人独资企业分支机构的民事责任由（　　）承担。

A. 分支机构独立承担

B. 设立分支机构的个人独资企业和其投资人共同承担

C. 设立分支机构的个人独资企业承担

D. 设立分支机构的个人独资企业的投资人承担

3. 个人独资企业的投资人对企业债务(　　)。

A. 以出资额为限承担责任　　B. 以企业财产为限承担责任

C. 以其个人财产承担无限责任　　D. 以其家庭财产承担无限连带责任

4. 下列关于个人独资企业成立日期的说法正确的有(　　)。

A. 个人独资企业的营业执照的签发日期,为个人独资企业成立日期

B. 个人独资企业开业日期,为个人独资企业成立日期

C. 个人独资企业从事经营活动的日期,为个人独资企业成立日期

D. 个人独资企业申请登记的日期,为个人独资企业成立日期

5. 登记机关应当在受到谁了申请文件之日起(　　)内,对符合《个人独资企业法》规定条件的,予以登记,发给营业执照。

A. 三日　　B. 五日　　C. 十日　　D. 十五日

三、判断题

1. 个人独资企业是指由一个自然人或一个法人投资设立的企业。(　　)
2. 个人独资企业具有法人资格。(　　)
3. 个人独资企业不可以设立分支机构。(　　)
4. 个人独资企业的事务必须由投资人亲自管理。(　　)
5. 个人独资企业的出资人可以决定解散企业。(　　)

四、案例分析题

1. 刘某是某高校的在职研究生,经济上独立于其家庭。2023 年 8 月刘某在工商行政管理机关注册成立了一家主营信息咨询的个人独资企业,取名为“远大信息咨询有限公司”,投资额为人民币 1 元。营业形势看好,收益甚丰。后来黄某与刘某协议参加该个人独资企业的投资经营,并注入投资 5 万元人民币。经营过程中先后共聘用工作人员 10 名,对此刘某认为自己开办的是私人企业,并不需要为职工办理社会保险,因此没有给职工缴纳社会保险费,也没有与职工签订劳动合同。后该独资企业经营不善导致负债 10 万元。刘某决定于 2024 年 10 月自行解散企业,但因为企业财产不足清偿而被债权人,企业职工诉诸人民法院。法院审理后认为,刘某与黄某形成事实上的合伙关系,并判决责令刘、黄补充办理职工的社会保险并缴纳保险费,由刘某与黄某对该企业的债务承担无限连带责任。

试分析:

(1) 该企业的设立是否合法?

(2) 刘某允许黄某参加投资,共同经营的行为是否合法?

(3) 刘某不与职工签订劳动合同并办理社保的理由是否成立?

(4) 刘某是否可以解散企业?

(5) 黄某是否应当对企业债务承担责任?

2. 某个人独资企业开始几年由投资人老王自行经营,盈利 10 万元。后因投资人老王年老体弱,很难管理经营企业,便委托小王管理企业。由于小王不会管理与经营,企业连年亏损,现

欠债15万元。企业很难再维持下去，故而准备解散和清算。

问题：

(1) 老王可否决定解散企业？为什么？

(2) 个人独资企业解散可由谁清算？

(3) 企业解散后的15万元债务由老王承担，还是由小王承担？为什么？

(4) 如果该个人独资企业财产不足以清偿债务，怎么办？

实训操作与指导

根据个人独资企业的设立条件和程序，学生自行完成模拟设立个人独资企业。

指导意见：在老师指导下完成设立个人独资企业所需的资料清单，并根据实际情况完成设立程序的流程图。

自我评价

任务名称	掌握程度		
	好	中	差
对个人独资企业特征的掌握情况			
对个人独资企业设立条件的了解情况			
对个人独资企业设立程序的了解情况			
对个人独资企业事务管理受托人职责和义务的了解情况			
对个人独资企业解散事由的掌握情况			
对个人独资企业清算程序的了解情况			

通过本章的学习，你还有什么收获？

第六章 合伙企业法

导 语

《中华人民共和国合伙企业法》(以下简称《合伙企业法》)的立法宗旨是规范合伙企业的行为,保护合伙企业及其合伙人、债权人的合法权益,维护社会经济秩序,促进社会主义市场经济的发展。随着改革开放的深入,商品经济发展和经济体制改革不断深化,立法机关加快经济立法,陆续制定了一系列规范市场主体,维护市场秩序,改善宏观调控,完善社会保障等的各类法律法规,初步形成了我国社会主义市场经济法律体系的框架。正是在这种社会和历史的背景下,合伙企业的产生和大规模发展具有了客观必要性。

学习目标

理论知识目标:

1. 了解合伙企业的概念及法律特征。
2. 理解普通合伙企业的概念及内外部关系。
3. 掌握合伙企业的设立。
4. 掌握合伙企业的入伙和退伙的程序及流程。
5. 掌握合伙企业的解散与清算程序。
6. 了解《合伙企业法》规定的相关主体的法律责任。

职业能力目标:

1. 掌握合伙企业设立和事务执行相关规定。
2. 能够运用所学知识,正确分析合伙企业不同类型合伙人责任的承担。
3. 了解不同主体违反《合伙企业法》规定所应承担的法律责任。

职业素养目标:

1. 通过掌握合伙企业的概念、设立,培养创新意识,弘扬企业家精神。
2. 通过学习合伙企业法,树立合作共赢的理念。

思维导图

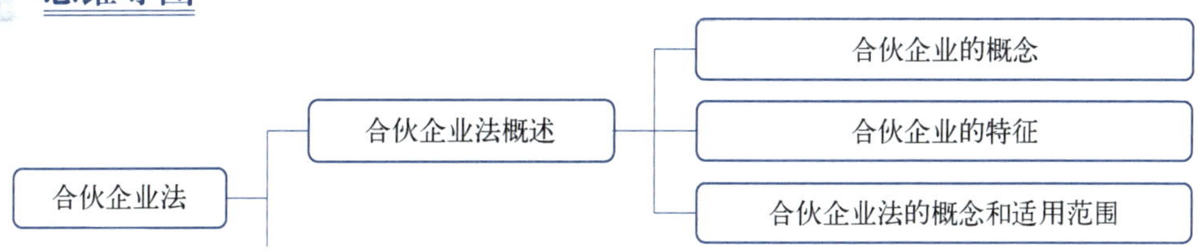

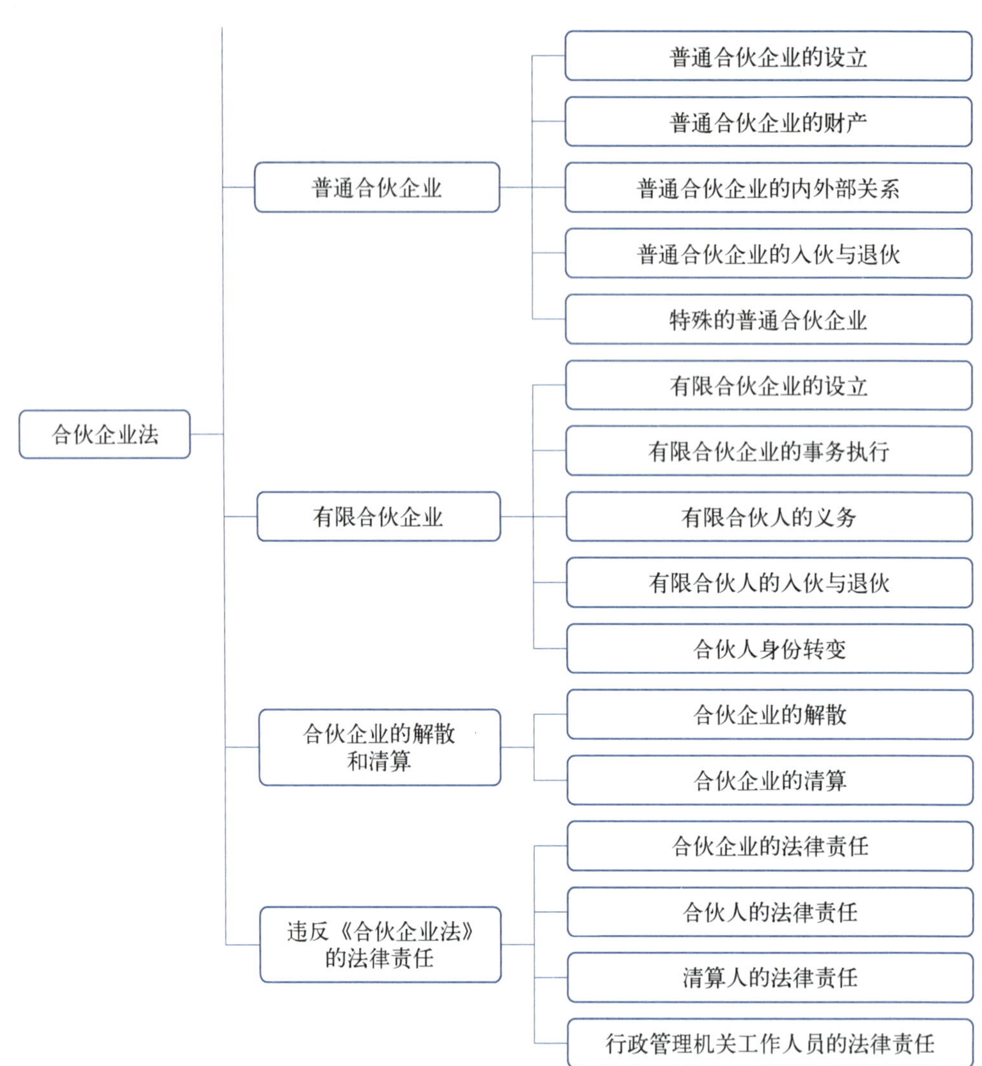

6

导入案例

甲、乙、丙、丁四人设立普通合伙企业，并签订合伙协议。甲以部分货币及实物折价出资 10 万元，乙以实物折价出资 8 万元，经其他三人同意，丙以劳务折价出资 6 万元，丁以货物出资 4 万元。合伙协议规定，甲、乙、丙、丁按 5∶4∶3∶2 的比例分配利润和承担风险。合伙协议约定由甲执行合伙企业事务，对外代表执行合伙企业事务，合伙协议中未约定合伙企业经营期限。合伙企业设立后存续期间，发生下列行为事实：

(1) 合伙企业设立三个月后，甲擅自以合伙企业的名义与 A 签订了代销合同，乙合伙人获知后，认为该合同不符合合伙企业利益，经与丙、丁商议后，即向 A 公司表示对该合同不予承认，因为甲合伙人无单独与第三人签订代销合同的权利。

(2) 合伙企业经营了一年后，丁提出退伙，其退伙并不给会合伙企业造成任何不利影响。一个多月后，该合伙人撤资退伙。于是，合伙企业又接纳戊入伙，戊仍然出资 4 万元。此后，合伙企业的债权人 B 就丁退伙前发生的债务要求合伙企业的现合伙人及退伙人共同承担连带清偿责任。

阅读案例，请回答：

(1) 甲擅自以合伙企业名义与 A 公司签订代销合同，而 A 公司如果是善意的不知道该合伙企业对甲的内部限制的第三人，请分析该代销合同的效力应如何确认。

(2) 合伙企业某债权人 B 就丁退伙前发生的债务要求合伙企业的现合伙人及退伙人共同承担连带清偿责任。判断丁可否以自己已经退伙为由，戊可否以自己新入伙不久为由不承担连带清偿责任，并说明理由。

案例解析：

(1) 该代销合同有效。《合伙企业法》第三十七条规定："合伙企业对合伙人执行合伙事务以及对外代表合伙企业权利的限制，不得对抗善意第三人。"故合伙企业对甲的内部限制不得对抗善意第三人 A 公司。

(2) 丁和戊的主张不成立。《合伙企业法》第五十三条规定："退伙人对基于其退伙前的原因发生的合伙企业债务，承担无限连带责任。"故丁不能以已经退伙为由拒绝承担连带赔偿责任；《合伙企业法》第四十四条规定："新合伙人对入伙前合伙企业的债务承担无限连带责任。"故新入伙的普通合伙人戊须对入伙前合伙企业发生的债务承担无限连带责任。

第一节　合伙企业法概述

一、合伙企业的概念

合伙作为一种以契约为基础的法律制度，指的是两个以上的民事主体为了共同的目的，约定共同出资、共同经营、共负盈亏、共担风险。合伙企业是合伙的一种形式，是指由各合伙人订立合伙协议，共同出资、共同经营、共享收益、共担风险，并对企业债务承担无限连带责任的营利性组织。《合伙企业法》第二条规定："本法所称合伙企业，是指自然人、法人和其他组织依照本法在中国境内设立的普通合伙企业和有限合伙企业。"

【知识拓展 6-1】

民事合伙与商事合伙

民事合伙和商事合伙虽具有一定的共性，但两者之间也存在较为明显的差异。从是否以营利为目的来看，民事合伙一般不以营利为目的，商事合伙以营利为目的；从是否具有组织性来看，商事合伙具有较强的组织性且需要进行工商登记；从组织的持续性来看，民事合伙可以是临时性的，当合伙目的实现后，可以根据合伙人的约定解散或者继续存续，而商事合伙像公司一样，在登记的经营期限内长期存在；从法律规范来看，《民法典》确定了合伙的主体地位，新增有名合同——合伙合同，而商事合伙一般由《合伙企业法》进行调整，表现为合伙企业。

二、合伙企业的特征

（一）设立主体具有多样性

合伙企业是人合性企业，其基础是人的信用联合，因此必须有两个或两个以上的合伙人才能组成合伙企业。自然人、法人和其他组织均可参与设立合伙企业，但《合伙企业法》第三条规定，国有独资公司、国有企业、上市公司以及公益性的事业单位、社会团体不得成为普通合伙人。也就是说，国有独资公司、国有企业、上市公司及公益性的事业单位、社会团体这四类主体可以成为合伙企业的合伙人，但只限于有限合伙人。

【案例分析 6－1】

公务员签订的合伙协议是否有效

案情： 甲（农民）与乙、丙、丁（三人均系国家公务员）签订一份书面合伙协议，约定四人共同开办一合伙企业毛竹拉丝厂，每人各占四分之一的股份。企业开办试生产后不久，由于政府发文清理整顿木竹加工企业等原因，导致企业不能继续生产经营。甲遂以乙、丙、丁属国家公务员，依法不能经商办企业为由，向人民法院提起要求退伙的民事诉讼，同时要求乙、丙、丁赔偿其全部投资损失。

问题： 甲与国家公务员乙、丙、丁签订的合伙协议是否有效？为什么？

解析： 认定甲与乙、丙、丁签订的合伙协议是否有效，首先要看合伙协议是否违反了法律法规的禁止性规定。《公务员》法明确规定公务员不得从事或者参与营利性活动，在企业或者其他营利性组织中兼任职务。本案中，乙、丙、丁作为国家公务员，与他人合伙办企业，属于实施民事行为的主体违反法律法规的禁止性规定的情形，故该合伙协议应当认定为无效。

（二）企业类型具有法定性

《合伙企业法》明确将合伙企业分为普通合伙企业和有限合伙企业。普通合伙企业由普通合伙人组成，合伙人对合伙企业债务承担无限连带责任。有限合伙企业由普通合伙人和有限合伙人组成，普通合伙人对合伙企业债务承担无限连带责任，有限合伙人以其认缴的出资额为限对合伙企业债务承担责任。

（三）合伙基础具有合意性

合伙协议是合伙人通过协商来确定相互间权利义务关系的法律文件，是合伙企业设立的基础，应当遵循自愿、平等、公平、诚实信用原则，依法由全体合伙人协商一致、以书面形式订立。同时，合伙协议也是企业成立后调整合伙关系、规范合伙人权利义务、处理合伙纠纷等的依据。合伙企业的设立以全体合伙人合意订立合伙协议为起点。

（四）合伙组织具有非法人性

合伙企业不具有法人资格，属于非法人组织，但能够依法以自己的名义从事民商事活动。《合伙企业法》第三十九条规定，合伙企业不能清偿到期债务的，合伙人承担无限连带责任，进一步体现了合伙企业的非法人性。这一特征是合伙企业与具有法人资格的公司的最主要的区别。

三、合伙企业法的概念和适用范围

（一）合伙企业法的概念

合伙企业法有狭义和广义之分。狭义的合伙企业法指 1997 年 2 月 23 日第八届全国人民代表大会常务委员会第二十四次会议通过，2006 年 8 月 27 日第十届全国人民代表大会常务委员会第二十三次会议修订，并于 2007 年 6 月 1 日起施行的《中华人民共和国合伙企业法》。广义的合伙企业法是指国家立法机关或者其他有权机关依法制定的、调整合伙企业合伙关系的各种法律规范的总称，既包括狭义的合伙企业法，也包括国家有关法律、行政法规和规章中关于合伙企业的法律规范。

（二）合伙企业法的适用范围

《合伙企业法》适用于自然人、法人和其他组织依照本法在中国境内设立的普通合伙企业和有限合伙企业，具体包括普通合伙企业、特殊的普通合伙企业和有限合伙企业。非企业专业服务机构依据有关法律采取合伙制的，其合伙人承担责任的形式可以适用本法关于特殊的普通合伙企业合伙人承担责任的规定。外国企业或者个人在中国境内设立合伙企业的管理办法由国务院规定。

第二节　普通合伙企业

普通合伙企业是指由普通合伙人组成，合伙人对合伙企业债务承担无限连带责任的合伙企业。《合伙企业法》对普通合伙人承担责任的形式有特别规定的，从其规定。

一、普通合伙企业的设立

（一）设立条件

（1）有两个以上合伙人。合伙人为自然人的，应当具有完全民事行为能力。合伙企业成立后，合伙人被依法认定为无民事行为能力人或者限制民事行为能力人的，经其他合伙人一致同意，可以依法转为有限合伙人，普通合伙企业依法转为有限合伙企业。其他合伙人未能一致同意的，该无民事行为能力或者限制民事行为能力的合伙人退伙。

（2）有书面合伙协议。合伙协议除了具有合意性外，还应属于要式合同。《合伙企业法》第十八条规定，合伙协议应当载明下列事项：合伙企业的名称和主要经营场所的地点；合伙目的和合伙经营范围；合伙人的姓名或者名称、住所；合伙人的出资方式、数额和缴付期限；利润分配、亏损分担方式；合伙事务的执行；入伙与退伙；争议解决办法；合伙企业的解散与清算；违约责任。合伙协议经全体合伙人签名、盖章后生效。合伙人按照合伙协议享有权利，履行义务。修改或者补充合伙协议，应当经全体合伙人一致同意；但是，合伙协议另有约定的除外。合伙协议未约定或者约定不明确的事项，由合伙人协商决定；协商不成的，依照《合伙企业法》和其他有关法律法规的规定处理。

（3）有合伙人认缴或者实际缴付的出资。合伙人可以用货币、实物、知识产权、土地使用权或者其他财产权利出资，也可以用劳务出资。合伙人以实物、知识产权、土地使用权或者其他财产权利出资，需要评估作价的，可以由全体合伙人协商确定，也可以由全体合伙人委托法定评估机构评估。合伙人以劳务出资的，其评估办法由全体合伙人协商确定，并在合伙协议中载明。合伙人应当按照合伙协议约定的出资方式、数额和缴付期限，履行出资义务。以非货币财产出资的，依照法律、行政法规的规定，需要办理财产权转移手续的，应当依法办理。

（4）有合伙企业的名称和生产经营场所。合伙企业应当有自己的名称，这既是对外开展生产经营活动所必备的条件，也是合伙企业相对独立人格的体现。合伙企业名称中应当标明"普通合伙"字样。未标明"普通合伙""特殊普通合伙"等字样的，由企业登记机关责令限期改正，并处罚款。生产经营场所是合伙企业从事生产经营活动的主要场所，需要在合伙协议中载明。该场所在企业登记机关一经登记，即成为企业的住所。

（5）法律、行政法规规定的其他条件。

6

（二）设立程序

设立合伙企业不仅需要满足《合伙企业法》规定的上述条件，还必须符合法定的程序。合伙企业设立程序包括申请、审查、登记三个环节。

（1）申请。申请设立合伙企业，应当向企业登记机关提交登记申请书、合伙协议书、合伙人身份证明等文件。合伙企业的经营范围中有属于法律、行政法规规定在登记前须经批准的项目的，该项经营业务应当依法经过批准，并在登记时提交批准文件。

（2）审查。企业登记机关负责审查合伙企业的登记申请材料，并作出决定。企业登记机关审查申请材料，分为当场审查和在法定时间内审查两种。当场审查，是在申请人提交申请材料时审查，并根据审查情况作出是否准予登记的决定；在法定时间内审查，是在受理申请之日起 20 日内对申请材料审查完毕并作出是否准予登记的决定。

（3）登记。申请人提交的登记申请材料齐全、符合法定形式，企业登记机关能够当场登记的，应予当场登记，发给营业执照。除上述情形外，企业登记机关应当自受理申请之日起二十日内，作出是否登记的决定。予以登记的，发给营业执照；不予登记的，应当给予书面答复，并说明理由。

合伙企业的营业执照签发日期，为合伙企业成立日期。合伙企业领取营业执照前，合伙人不得以合伙企业名义从事合伙业务。合伙企业设立分支机构，应当向分支机构所在地的企业登记机关申请登记，领取营业执照。

合伙企业设立过程中，除了设立登记以外，还有变更登记的要求。合伙企业在经营过程中，由于主客观原因发生变化，会导致与原登记事项出现不一致的现象，因此应当及时向登记机关办理变更登记。《合伙企业法》第十三条规定，合伙企业登记事项发生变更的，执行合伙事务的合伙人应当自作出变更决定或者发生变更事由之日起十五日内，向企业登记机关申请办理变更登记。合伙企业登记事项发生变更时，未按规定办理变更登记的，由企业登记机关责令限期登记；逾期不登记的，并处罚款。合伙企业登记事项发生变更，执行合伙事务的合伙人未按期申请办理变更登记的，应当赔偿由此给合伙企业、其他合伙人或者善意第三人造成的损失。

【案例分析 6－2】

普通合伙企业的设置

案情：甲、乙、丙拟设立一普通合伙企业，订立了合伙协议，部分内容如下：❶ 甲出资为现金 3 000 元和劳务作价 4 万元；❷ 乙的出资为现金 6 万元，于合伙企业成立后半年内缴付；❸ 丙的出资为作价 12 万元的房屋一栋，不办理财产权转移手续，且丙保留对该房屋的处分权；❹ 合伙企业的经营期限，于合伙企业成立满一年时再协商确定。

问题：该协议的上述四项内容是否符合《合伙企业法》的规定？

解析：

(1) 甲以现金和劳务出资，符合《合伙企业法》规定。

(2) 根据《合伙企业法》规定，设立合伙企业各合伙人应认缴或者实际缴付的出资，合伙人可以实际一次性缴付出资，也可以认缴的形式分期出资。乙的出资于合伙企业成立后半年内缴付符合《合伙企业法》规定。

(3) 根据《合伙企业法》规定，丙以房屋出资，但不办理财产权转移手续，且保留对该房屋对的处分权，则该房屋并未成为合伙企业的财产。因此，丙的出资不符合《合伙企业法》规定。

(4) 根据《合伙企业法》规定，合伙协议应当载明的事项中并不包括合伙企业的经营期限。因此，合伙企业的经营期限并不一定要在合伙企业成立时确定，该项内容符合《合伙企业法》的规定。

6

二、普通合伙企业的财产

（一）普通合伙企业财产的组成

《合伙企业法》第二十条规定："合伙人的出资、以合伙企业名义取得的收益和依法取得的其他财产，均为合伙企业的财产。"由此可见，合伙企业的财产由三部分组成：一是合伙人的出资，包括各合伙人分别认缴和实际缴付的出资额；二是以合伙企业名义取得的收益，即合伙人以合伙企业的名义从事经营活动所得的收益；三是合伙企业依法取得的其他财产。

（二）普通合伙企业财产的管理和使用

合伙企业的财产由全体合伙人依照《合伙企业法》的规定和合伙协议的约定共同管理和使用。《合伙企业法》第二十一条规定，合伙人在合伙企业清算前，不得请求分割合伙企业的财产；但是，本法另有规定的除外。合伙人在合伙企业清算前私自转移或者处分合伙企业财产的，合伙企业不得以此对抗善意第三人。

（三）普通合伙企业财产的转让

合伙企业财产转让是指合伙人向他人转让其在合伙企业的全部或部分财产的行为，主要包括以下三种情况：

(1) 合伙人之间的转让。合伙人之间转让在合伙企业中的全部或者部分财产份额时，应当通知其他合伙人。

(2) 合伙人向合伙人以外的人转让。除合伙协议另有约定外，合伙人向合伙人以外的人转让其在合伙企业中的全部或者部分财产份额时，须经其他合伙人一致同意。在同等条件下，其他合伙人有优先购买权；但是，合伙协议另有约定的除外。合伙人以外的人依法受让合伙人在合伙企业中的财产份额的，经修改合伙协议即成为合伙企业的合伙人，依照《合伙企业法》和修改后的合伙协议享有权利，履行义务。

(3) 法院强制执行发生的转让。人民法院强制执行合伙人的财产份额时，应当通知全体合伙人，其他合伙人有优先购买权；其他合伙人未购买，又不同意将该财产份额转让给他人的，依法为该合伙人办理退伙结算，或者办理削减该合伙人相应财产份额的结算。

(四) 普通合伙企业财产的出质

合伙人以其在合伙企业中的财产份额出质的，须经其他合伙人一致同意；未经其他合伙人一致同意，其行为无效，由此给善意第三人造成损失的，由行为人依法承担赔偿责任。

三、普通合伙企业的内外部关系

(一) 内部关系

1. 合伙企业的决议

合伙人对合伙企业有关事项作出决议，按照合伙协议约定的表决办法办理。合伙协议未约定或者约定不明确的，实行合伙人一人一票并经全体合伙人过半数通过的表决办法。《合伙企业法》对合伙企业的表决办法另有规定的，从其规定。

除合伙协议另有约定外，合伙企业的下列事项应当经全体合伙人一致同意：改变合伙企业的名称；改变合伙企业的经营范围、主要经营场所的地点；处分合伙企业的不动产；转让或者处分合伙企业的知识产权和其他财产权利；以合伙企业名义为他人提供担保；聘任合伙人以外的人担任合伙企业的经营管理人员。

2. 合伙事务执行

合伙人对执行合伙事务享有同等的权利，但实践中事务执行往往具有不同的形式。

(1) 共同执行。指的是由全体合伙人共同执行，法律后果由合伙企业及全体合伙人共同承担的执行方式。

(2) 委托执行。指的是按照合伙协议的约定或者经全体合伙人决定，可以委托一个或者数个合伙人对外代表合伙企业，执行合伙事务。作为合伙人的法人、其他组织执行合伙事务的，由其委派的代表执行。其他合伙人不再执行合伙事务，但有权监督执行事务合伙人执行合伙事务的情况。执行事务合伙人应当定期向其他合伙人报告事务执行情况以及合伙企业的经营和财务状况，其执行合伙事务所产生的收益归合伙企业，所产生的费用和亏损由合伙企业承担。

(3) 分别执行。即合伙人分别执行合伙事务。执行事务合伙人可以对其他合伙人执行的事务提出异议。提出异议时，应当暂停该项事务的执行。如果发生争议，按照合伙协议约定的表决办法办理。合伙协议未约定或者约定不明确的，实行合伙人一人一票并经全体合伙人过半数通过的表决办法。本法对合伙企业的表决办法另有规定的，从其规定。

(4) 聘任执行。指的是经全体合伙人同意，合伙企业可以聘任合伙人以外的人担任合伙企业的经营管理人员，执行合伙企业事务。

3. 利润分配

合伙企业的利润分配、亏损分担，按照合伙协议的约定办理；合伙协议未约定或者约定不明确的，由合伙人协商决定；协商不成的，由合伙人按照实缴出资比例分配、分担；无法确定出资比例的，由合伙人平均分配、分担。合伙协议不得约定将全部利润分配给部分合伙人或者由部分合伙人承担全部亏损。

（二）外部关系

合伙企业的外部关系是指合伙企业与第三人的关系，具体涉及善意第三人和合伙企业的债权人。

1. 善意第三人

合伙企业对合伙人执行合伙事务以及对外代表合伙企业权利的限制，不得对抗善意第三人。

【案例分析 6－3】

善意第三人

案情：A 因资金周转困难，决定向 B 借款 20 万元用于经营。由于借款数额较大，B 提出，可以借 20 万元给 A，但必须由有履行能力的公司作为担保。为了顺利借到经营款，A 找到了时任一家合伙企业负责人的 C，C 碍于朋友情面，在未经另外 5 名合伙人同意的情况下，私自决定为 A 提供担保，并在借条"担保人"一栏加盖了合伙企业的公章。

问题：未经全体合伙人同意而实施的担保行为是否有效？

解析：《合伙企业法》第三十七条规定："合伙企业对合伙人执行合伙事务以及对外代表合伙企业权利的限制，不得对抗善意第三人"。本案中，合伙事务执行人 C 在未经其他合伙人同意的情况下擅自以合伙企业名义对外提供担保，但由于债权人 B 主观上并不知晓这一情况，应属于善意第三人，故 C 擅自担保的行为仍然有效，该合伙企业的其他合伙人仍需承担法律责任。但合伙企业及其他合伙人对外承担责任后，有权要求合伙事务执行人 C 予以赔偿。

2. 债权人

合伙企业对其债务，应先以其全部财产进行清偿，不足以清偿到期债务的，合伙人承担无限连带责任。合伙人由于承担无限连带责任，清偿数额超过其亏损分担比例的，有权向其他合伙人追偿。

除了上述合伙企业涉及的第三人外，实践中还会出现合伙人的债权人这一主体。需要注意的是，对于合伙人发生的与合伙企业无关的债务，相关债权人不得以其债权抵销其对合伙企业的债务，也不得代位行使合伙人在合伙企业中的权利。合伙人的自有财产不足以清偿其与合伙企业无关的债务的，该合伙人可以以其从合伙企业中分取的收益用于清偿；债权人也可以依法请求人民法院强制执行该合伙人在合伙企业中的财产份额用于清偿。人民法院强制执行合伙人的财产份额时，应当通知全体合伙人，其他合伙人有优先购买权；其他合伙人未购买，又不同意将该财产份额转让给他人的，应为该合伙人办理退伙结算，或者办理削减该合伙人相应财产份额的结算。

四、普通合伙企业的入伙与退伙

（一）入伙

入伙是指合伙企业存续期间，不具有合伙人身份的自然人、法人或其他组织加入合伙企业，取得合伙人资格的行为。根据《合伙企业法》规定，入伙必须具备一定的条件。

（1）应当经原合伙人一致同意。新合伙人入伙，除合伙协议另有约定外，应当经全体合伙人一致同意，并依法订立书面入伙协议。订立入伙协议时，原合伙人应当向新合伙人如实告知原合伙企业的经营状况和财务状况。入伙的新合伙人与原合伙人享有同等权利，承担同等责任。入伙协议另有约定的，从其约定。新合伙人对入伙前合伙企业的债务承担无限连带责任。

（2）应当办理变更登记手续。新合伙人入伙，执行合伙事务的合伙人应当自作出变更决定或者发生变更事由之日起十五日内，向企业登记机关申请办理变更登记。

（二）退伙

6

退伙是指合伙企业存续期间，合伙人依法退出合伙企业，丧失合伙人资格的法律行为。基于退伙的原因不同，退伙可以分为自愿退伙、法定退伙和除名退伙。

1. 自愿退伙

自愿退伙又称声明退伙，是合伙人基于自愿而退伙。自愿退伙可以分为合伙协议约定合伙期限的退伙和未约定合伙期限的退伙两种类型。

合伙协议约定合伙期限的，在合伙企业存续期间，有合伙协议约定的退伙事由出现、经全体合伙人一致同意、发生合伙人难以继续参加合伙的事由、其他合伙人严重违反合伙协议约定的义务等情形的，合伙人可以退伙。

合伙协议未约定合伙期限的，合伙人在不给合伙企业事务执行造成不利影响的情况下，可以退伙，但应当提前三十日通知其他合伙人。

2. 法定退伙

法定退伙又称当然退伙，是合伙人因为出现法定的客观情况而退伙。《合伙企业法》第四十八条规定，合伙人有下列情形之一的，当然退伙：作为合伙人的自然人死亡或者被依法宣告死亡；个人丧失偿债能力；作为合伙人的法人或者其他组织依法被吊销营业执照、责令关闭、撤销，或者被宣告破产；法律规定或者合伙协议约定合伙人必须具有相关资格而丧失该资格；合伙人在合伙企业中的全部财产份额被人民法院强制执行。合伙人被依法认定为无民事行为能力人或者限制民事行为能力人的，经其他合伙人一致同意，可以依法转为有限合伙人，普通合伙企业依法转为有限合伙企业。其他合伙人未能一致同意的，该无民事行为能力或者限制民事行为能力的合伙人退伙。退伙事由实际发生之日为退伙生效日。

3. 除名退伙

除名退伙，是指经其他合伙人一致同意，将符合法律规定除名条件的合伙人强制清除出合伙企业的情形。合伙人有下列情形之一的，经其他合伙人一致同意，可以决议将其除名：未履行出资义务；因故意或者重大过失给合伙企业造成损失；执行合伙事务时有不正当行为；发生合伙协议约定的事由。对合伙人的除名决议应当书面通知被除名人。被除名人接到除名通知之日，除名生效，被除名人退伙。被除名人对除名决议有异议的，可以自接到除名通知之日起

30日内，向人民法院起诉。

合伙人退伙，其他合伙人应当与该退伙人按照退伙时的合伙企业财产状况进行结算，退还退伙人的财产份额。退伙人对给合伙企业造成的损失负有赔偿责任的，相应扣减其应当赔偿的数额。退伙时有未了结的合伙企业事务的，待该事务了结后进行结算。退伙人对基于其退伙前的原因发生的合伙企业债务，承担无限连带责任。合伙人退伙时，合伙企业财产少于合伙企业债务的，退伙人应当依法分担亏损。

【案例分析6－4】

退伙还需承担连带责任

案情：被告甲与另一被告乙合伙经营砖厂。一年后，由于经营理念分歧，双方经过合伙清算达成退伙协议，甲退出砖厂经营，协议还约定自退伙后合伙期间的债权债务将与甲无关。合伙经营期间原告丙向该砖厂供应煤泥12车，价款共计52 371元。原告丙多次向被告乙索要剩余煤泥款26 371元无果，遂决定将砖厂合伙人甲和乙诉至法院，请求支付剩余煤泥款。

问题：被告甲退伙后是否需要对合伙期间债务承担连带责任？为什么？

解析：被告甲退伙后仍需要对合伙期间债务承担连带责任。砖厂所欠原告煤泥款是两被告合伙经营期间的债务，根据《合伙企业法》第五十三条规定："退伙人对基于其退伙前的原因发生的合伙企业债务，承担无限连带责任。"由此可见，合伙人甲和乙之间签订的退伙协议虽然约定了退伙后合伙期间的债权债务与甲无关，但该约定只在合伙人之间发生法律效力，不能对抗债权人即本案原告，故两被告互负连带责任，应支付原告丙煤泥款26 371元。

五、特殊的普通合伙企业

根据合伙企业不同的业务性质，可以将普通合伙企业划分为一般的普通合伙企业和特殊的普通合伙企业。特殊的普通合伙企业是2007年6月1日起施行的《合伙企业法》增加的内容，规定了特殊的普通合伙企业的适用范围、公示要求、合伙人责任和债权人保护制度等。特殊的普通合伙企业是指以专业知识和专门技能为客户提供有偿服务，在特定情况下某些合伙人仅对合伙企业债务承担有限责任的专业服务机构，如登记为合伙企业的会计师事务所、律师事务所等。

（一）适用范围

《合伙企业法》第五十五条规定，以专业知识和专门技能为客户提供有偿服务的专业服务机构，可以设立为特殊的普通合伙企业。这里只规范注册为企业的专业服务机构。根据《合伙企业法》附则规定，对于非企业专业服务机构，如果依据有关法律采取合伙制的，其合伙人承担责任的形式也可以适用《合伙企业法》关于特殊的普通合伙企业合伙人承担责任的规定。

（二）公示要求

特殊的普通合伙企业的某些合伙人在特定情况下对合伙企业债务仅承担有限责任，为保护交易相对人的利益，《合伙企业法》对其提出了公示要求，规定在其企业名称中应当标明"特

6

殊普通合伙”字样。

（三）合伙人责任

特殊的普通合伙企业与普通合伙企业合伙人承担责任的原则不同。《合伙企业法》规定，特殊的普通企业中，一个合伙人或者数个合伙人在执业活动中因故意或者重大过失造成合伙企业债务的，应当承担无限责任或者无限连带责任，其他合伙人以其在合伙企业中的财产份额为限承担责任。合伙人在执业活动中非因故意或者重大过失造成的合伙企业债务以及合伙企业的其他债务，由全体合伙人承担无限连带责任。

合伙人执业活动中因故意或者重大过失造成的合伙企业债务，以合伙企业财产对外承担责任后，该合伙人应当按照合伙协议的约定对给合伙企业造成的损失承担赔偿责任。

（四）债权人保护制度

按照《合伙企业法》规定，特殊的普通合伙企业的合伙人对特定合伙企业债务仅承担有限责任，对合伙企业债权人的保护相对削弱。因此，为保护债权人的利益，特殊的普通合伙企业应当建立执业风险基金、办理职业保险。执业风险基金用于偿付合伙人执业活动造成的债务。执业风险基金应当单独立户管理。

第三节　有限合伙企业

有限合伙企业是由普通合伙企业发展而来的一种合伙形式，是指由普通合伙人和有限合伙人组成，普通合伙人对合伙企业债务承担无限连带责任，有限合伙人以其认缴的出资额为限对合伙企业债务承担责任的合伙企业。与普通合伙企业相比，有限合伙企业可以适用《合伙企业法》关于普通合伙和企业的一般规定，但在设立、事务执行以及入伙、退伙等方面又有着特殊的规定。

一、有限合伙企业的设立

（一）合伙人

有限合伙企业的合伙人既有普通合伙人，也有有限合伙人。另外，《合伙企业法》第六十一条还规定了合伙人人数限制，要求有限合伙企业由二个以上五十个以下合伙人设立，且至少应当有一个普通合伙人。

（二）企业名称

有限合伙企业名称中应当标明“有限合伙”字样。有限合伙人对有限合伙企业债务只承担有限责任，为保护交易相对人利益，应对具体企业类型予以公示。

（三）合伙协议

有限合伙企业的合伙协议除符合普通合伙企业中关于合伙协议的规定外，还应当载明下列事项：普通合伙人和有限合伙人的姓名或者名称、住所；执行事务合伙人应具备的条件和选择程序；执行事务合伙人权限与违约处理办法；执行事务合伙人的除名条件和更换程序；有限合伙人入伙、退伙的条件、程序以及相关责任；有限合伙人和普通合伙人相互转变程序。

（四）出资

有限合伙人可以用货币、实物、知识产权、土地使用权或者其他财产权利作价出资，但不得以劳务出资。有限合伙人应当按照合伙协议的约定按期足额缴纳出资；未按期足额缴纳的，应当承担补缴义务，并对其他合伙人承担违约责任。另外，有限合伙企业登记事项中应当载明有限合伙人的姓名或者名称及认缴的出资数额。

二、有限合伙企业的事务执行

在普通合伙企业中，合伙人对执行合伙事务享有同等的权利，但有限合伙企业不同，其合伙事务由普通合伙人执行。执行事务合伙人可以要求在合伙协议中确定执行事务的报酬及报酬提取方式。有限合伙人不执行合伙事务，不得对外代表有限合伙企业。对于有限合伙人的下列行为，不视为执行合伙事务：❶ 参与决定普通合伙人入伙、退伙；❷ 对企业的经营管理提出建议；❸ 参与选择承办有限合伙企业审计业务的会计师事务所；❹ 获取经审计的有限合伙企业财务会计报告；❺ 对涉及自身利益的情况，查阅有限合伙企业财务会计账簿等财务资料；❻ 在有限合伙企业中的利益受到侵害时，向有责任的合伙人主张权利或者提起诉讼；❼ 执行事务合伙人怠于行使权利时，督促其行使权利或者为了本企业的利益以自己的名义提起诉讼；❽ 依法为本企业提供担保。

6

三、有限合伙人的义务

《合伙企业法》第三十二条规定了合伙人不得自营或者同他人合作经营与本合伙企业相竞争的业务，且合伙人不得同本合伙企业进行交易。这是对普通合伙人规定的竞业禁止义务和禁止自己交易义务。《合伙企业法》第七十条规定，有限合伙人可以同本有限合伙企业进行交易；但是，合伙协议另有约定的除外。换言之，只要合伙协议没有明确禁止，有限合伙人即可以与本有限合伙企业进行交易。《合伙企业法》第七十一条规定，有限合伙人可以自营或者同他人合作经营与本有限合伙企业相竞争的业务；但是，合伙协议另有约定的除外。

【案例分析 6－5】

有限合伙人的义务

案情：甲、乙、丙、丁四人共同出资设立 A 有限合伙企业，其中甲、乙为普通合伙人，丙、丁为有限合伙人。在合伙企业存续期间，发生下列事项：

（1）有限合伙人丙同 A 合伙企业进行了 120 万元的交易，普通合伙人甲认为，由于合伙协议对此没有约定，因此，有限合伙人丙不得同本合伙企业 A 进行交易。

（2）有限合伙人丁自营同 A 合伙企业相竞争的业务，获利 150 万元。普通合伙人乙认为，由于合伙协议对此没有约定，因此，丁不得自营同本合伙企业相竞争的业务，其获利 150 万元应当归 A 合伙企业所有。

问题：

（1）甲的主张是否符合《合伙企业法》规定，并说明理由。

（2）乙的主张是否符合《合伙企业法》规定，并说明理由。

解析：（1）甲的主张不符合《合伙企业法》规定。《合伙企业法》第七十条规定："有限合伙人可以同本有限合伙企业进行交易；但是，合伙协议另有约定的除外。"本案中，丙为有限合伙人，在合伙协议没有约定的情况下，可以同本合伙企业进行交易。

（2）乙的主张不符合《合伙企业法》规定。《合伙企业法》第七十一条规定："有限合伙人可以自营或者同他人合作经营与本有限合伙企业相竞争的业务；但是，合伙协议另有约定的除外。"本案中，丁为有限合伙人，在合伙协议没有约定的情况下，可以自营同A合伙企业相竞争的业务。

四、有限合伙人的入伙与退伙

6

（一）入伙

在新入伙的合伙人对入伙前合伙企业债务承担的问题上，有限合伙企业与普通合伙企业的规定不同，新入伙的有限合伙人对入伙前有限合伙企业的债务，以其认缴的出资额为限承担责任。

（二）退伙

有限合伙人的退伙主要涉及以下三个方面问题：

1. 当然退伙

有限合伙人具有以下情形之一的，当然退伙：❶ 作为合伙人的自然人死亡或者被依法宣告死亡；❷ 作为合伙人的法人或者其他组织依法被吊销营业执照、责令关闭、撤销，或者被宣告破产；❸ 法律规定或者合伙协议约定合伙人必须具有相关资格而丧失该资格；❹ 合伙人在合伙企业中的全部财产份额被人民法院强制执行。但是，作为有限合伙人的自然人在有限合伙企业存续期间丧失民事行为能力的，其他合伙人不得因此要求其退伙。

2. 资格继承

作为有限合伙人的自然人死亡、被依法宣告死亡或者作为有限合伙人的法人及其他组织终止时，其继承人或者权利承受人可以依法取得该有限合伙人在有限合伙企业中的资格。

3. 责任承担

有限合伙人退伙后，对基于其退伙前的原因发生的有限合伙企业债务，以其退伙时从有限合伙企业中取回的财产承担责任。

五、合伙人身份转变

合伙企业存续期间，合伙人可以根据企业的经营情况和个人意愿进行身份转变。在合伙协议没有明确约定的情况下，普通合伙人转变为有限合伙人，或者有限合伙人转变为普通合伙人，应当经全体合伙人一致同意。有限合伙人转变为普通合伙人的，对其作为有限合伙人期间有限合伙企业发生的债务承担无限连带责任。普通合伙人转变为有限合伙人的，对其作为普通合伙人期间合伙企业发生的债务承担无限连带责任。

【课堂小活动】

组织班级学生自愿报名参与课堂活动，从中随机选中5名同学，分别为甲、乙、丙、丁和戊，其中甲、乙、丙、丁共同签订合伙协议，设立有限合伙企业。活动所设定的角色分别是：

甲、乙为普通合伙人；

丙、丁为有限合伙人。

场景一：甲、乙、丙、丁共同签订合伙协议；

场景二：丙要转换为普通合伙人；

场景三：戊为新入伙的普通合伙人。

通过不同场景的角色扮演，巩固《合伙企业法》关于合伙企业设立、合伙协议签订、合伙人身份转换以及入伙和退伙等的相关规定。

第四节　合伙企业的解散和清算

一、合伙企业的解散

合伙企业的解散是指合伙企业因发生法律规定的某种事由而使其主体资格归于消灭的行为。《合伙企业法》第八十五条规定，合伙企业有下列情形之一的，应当解散：❶ 合伙期限届满，合伙人决定不再经营；❷ 合伙协议约定的解散事由出现；❸ 全体合伙人决定解散；❹ 合伙人已不具备法定人数满三十天；❺ 合伙协议约定的合伙目的已经实现或者无法实现；❻ 依法被吊销营业执照、责令关闭或者被撤销；❼ 法律、行政法规规定的其他原因。

另外，有限合伙企业仅剩有限合伙人的，应当解散；有限合伙企业仅剩普通合伙人的，转为普通合伙企业。

二、合伙企业的清算

合伙企业的清算是指依法对宣布解散的合伙企业的财产进行清理、收回债权、清偿债务，并分配剩余财产和分担债务的行为。

（一）确定清算人

合伙企业解散，应当由清算人进行清算。清算人由全体合伙人担任；经全体合伙人过半数同意，可以自合伙企业解散事由出现后十五日内指定一个或者数个合伙人，或者委托第三人，担任清算人。自合伙企业解散事由出现之日起十五日内未确定清算人的，合伙人或者其他利害关系人可以申请人民法院指定清算人。

清算人在清算期间执行下列事务：清理合伙企业财产，分别编制资产负债表和财产清单；处理与清算有关的合伙企业未了结事务；清缴所欠税款；清理债权、债务；处理合伙企业清偿债务后的剩余财产；代表合伙企业参加诉讼或者仲裁活动。

6

【案例分析 6－6】

如何确定清算人

案情：某合伙企业因经营不善，合伙人甲、乙、丙、丁共同决定解散，现在在如何确定清算人的问题上，几方各执一词。

甲主张：由我们 4 人共同担任清算人。

乙主张：我是大家一致同意的合伙事务执行人，只能由我来担任清算人。

丙主张：建议从我们 4 人中推选出 1 人来担任清算人。

丁主张：合伙企业清算人不允许由合伙人担任，因此建议请一名注册会计师来担任清算人。

问题：甲、乙、丙、丁 4 人谁的主张符合《合伙企业法》的规定？

解析：《合伙企业法》第八十六条规定："合伙企业解散，应当由清算人进行清算。清算人由全体合伙人担任；经全体合伙人过半数同意，可以自合伙企业解散事由出现后十五日内指定一个或者数个合伙人，或者委托第三人，担任清算人。自合伙企业解散事由出现之日起十五日内未确定清算人的，合伙人或者其他利害关系人可以申请人民法院指定清算人。"据此，甲和丙的主张符合《合伙企业法》规定，乙和丁的主张不符合《合伙企业法》规定。

（二）通知和公告债权人

清算人自被确定之日起十日内将合伙企业解散事项通知债权人，并于六十日内在报纸上公告。债权人应当自接到通知书之日起三十日内，未接到通知书的自公告之日起四十五日内，向清算人申报债权。债权人申报债权，应当说明债权的有关事项，并提供证明材料。清算人应当对债权进行登记。

（三）财产清偿顺序

合伙企业财产在支付清算费用和职工工资、社会保险费用、法定补偿金以及缴纳所欠税款、清偿债务后的剩余财产，由各合伙人进行分配。合伙企业的利润分配、亏损分担，按照合伙协议的约定办理；合伙协议未约定或者约定不明确的，由合伙人协商决定；协商不成的，由合伙人按照实缴出资比例分配、分担；无法确定出资比例的，由合伙人平均分配、分担。

（四）注销登记

清算结束，清算人应当编制清算报告，经全体合伙人签名、盖章后，在十五日内向企业登记机关报送清算报告，申请办理合伙企业注销登记。合伙企业注销后，原普通合伙人对合伙企业存续期间的债务仍应承担无限连带责任。

（五）不能清偿到期债务的处理

合伙企业不能清偿到期债务的，债权人可以依法向人民法院提出破产清算申请，也可以要求普通合伙人清偿。合伙企业依法被宣告破产的，普通合伙人对合伙企业债务仍应承担无限连带责任。

【案例分析 6－7】

合伙企业债务的清偿

案情：合伙人甲、乙、丙按照合伙协议约定分别出资 2 万元、4 万元、6 万元，成立一个普通合伙企业，主要从事小食品加工。合伙协议约定按出资比例分配利润、分担亏损。该普通合伙企业成立一年后，三人因经营理念发生分歧，一致同意解散该合伙企业。在清算的过程中查明：合伙企业现有价值 1.5 万元的小食品和设备，同时拖欠职工工资 0.5 万元、未缴税款 1 万元、借款 2.8 万元、清算费用 0.2 万元。

问题：

(1) 该合伙企业债务应当按照何种顺序进行清偿？

(2) 合伙人甲、乙、丙各自应承担的份额是多少？

解析：

(1)《合伙企业法》第八十九条规定："合伙企业财产在支付清算费用和职工工资、社会保险费用、法定补偿金以及缴纳所欠税款、清偿债务后的剩余财产，依照本法第三十三条第一款的规定进行分配。"本案中，合伙企业债务应当依法按照清算费用、职工工资、税款、借款的顺序进行清偿。

(2) 合伙企业现有价值 1.5 万元的小食品和设备，按照清偿顺序，在合伙企业财产不足以清偿债务的情况下，甲、乙、丙三人还需偿还 3 万元。根据《合伙企业法》第三十三条规定，合伙企业的利润分配、亏损分担，按照合伙协议的约定办理；合伙协议未约定或者约定不明确的，由合伙人协商决定；协商不成的，由合伙人按照实缴出资比例分配、分担；无法确定出资比例的，由合伙人平均分配、分担。本案中，甲、乙、丙三人约定按出资比例分享利润、分担亏损，故应按照 1∶2∶3 的比例承担偿还责任，其中甲承担 0.5 万元、乙承担 1 万元、丙承担 1.5 万元。

第五节 违反《合伙企业法》的法律责任

本节涉及的法律责任是指违反《合伙企业法》规定所应承担的不利的法律后果。法律责任的规定和追究，是规范合伙企业设立、变更、终止等行为，保护合伙企业、合伙人和合伙企业债权人等合法权益的重要手段，也是落实合伙企业法各项规定的重要保障。

一、合伙企业的法律责任

根据《合伙企业法》规定，合伙企业提交虚假文件或者采取其他欺骗手段，取得合伙企业登记的，由企业登记机关责令改正，处以五千元以上五万元以下的罚款；情节严重的，撤销企业登记，并处以五万元以上二十万元以下的罚款。合伙企业未在其名称中标明"普通合伙""特殊普通合伙"或者"有限合伙"字样的，由企业登记机关责令限期改正，处以二千元以上一万元以下的罚款。合伙企业未领取营业执照，而以合伙企业或者合伙企业分支机构名义从事合伙业务的，由企业登记机关责令停止，处以五千元以上五万元以下的罚款。登记事项发生变更时，合伙企业未依法办理变更登记的，由企业登记机关责令限期登记；逾期不登记的，处以二千元以上二万元以下的罚款。合伙企业登记事项发生变更，执行合伙事务的合伙人未按期申请办理变更登记的，应当赔偿由此给合伙企业、其他合伙人或者善意第三人造成的损失。

二、合伙人的法律责任

合伙人执行合伙事务，或者合伙企业从业人员利用职务上的便利，将应当归合伙企业的利益据为己有的，或者采取其他手段侵占合伙企业财产的，应当将该利益和财产退还合伙企业；给合伙企业或者其他合伙人造成损失的，依法承担赔偿责任。合伙人对《合伙企业法》规定或者合伙协议约定必须经全体合伙人一致同意始得执行的事务擅自处理，给合伙企业或者其他合伙人造成损失的，依法承担赔偿责任。不具有事务执行权的合伙人擅自执行合伙事务，给合伙企业或者其他合伙人造成损失的，依法承担赔偿责任。合伙人违反法律规定或者合伙协议的约定，从事与本合伙企业相竞争的业务或者与本合伙企业进行交易的，该收益归合伙企业所有；给合伙企业或者其他合伙人造成损失的，依法承担赔偿责任。

【案例分析 6－8】

6

合伙是否存续

案情：甲、乙、丙共同签订合伙协议，约定由三方按相同比例出资建造房屋，经营房屋出租业务，所得收入三方共同享有，并于每年 1 月 31 日将上一年的收入和账目进行确认和结算。协议签订后三方按协议履行，用于出租的房屋也已开始对外出租营利。但在其后几年的实际经营中，丙利用其管理上的便利，对甲、乙隐瞒房屋经营状况，且连续多年对合伙利润不进行分红。甲、乙多次要求分红无果后，为保护应得的合法利益，无奈之下向人民法院提起诉讼。经查：

(1) 合伙协议签订后，由于业务处于起始阶段，收益甚微，于是甲向丙提出转让其在合伙企业中的财产份额，希望撤出该投资项目。双方协商一致后甲便将其在合伙企业中的份额转让给被告，并签订了转让协议，协议约定："转让后该项目的利润及各项事务均与本人无关，签字后即生效。"随后，丙将约定的转让款交付给甲。

(2) 合伙协议中乙的签字并不是其本人所签，而是授权其亲姐所签。乙并未亲自进行任何形式的出资和经营管理。每次出资都是用其姐的名义将款项汇至被告的账户。在庭审过程中，乙的代理人承认丙已将转让款(包括投资款及利息)支付给了乙。

问题：甲、乙、丙之间的合伙是否存续？丙应否为甲、乙继续分红？

解析：从调查的信息可以看出，甲、乙已分别与丙完成了出资财产的转让，均已退伙，合伙企业已不再存续。由于甲、乙已不是合伙人，其诉讼请求不符合法律规定，因此丙无须继续为甲、乙分红，甲、乙的诉讼请求不会得到支持。

三、清算人的法律责任

清算人未依法向企业登记机关报送清算报告，或者报送清算报告隐瞒重要事实，或者有重大遗漏的，由企业登记机关责令改正。由此产生的费用和损失，由清算人承担和赔偿。清算人执行清算事务，牟取非法收入或者侵占合伙企业财产的，应当将该收入和侵占的财产退还合伙企业；给合伙企业或者其他合伙人造成损失的，依法承担赔偿责任。清算人隐匿、转移合伙企业财产，对资产负债表或者财产清单作虚假记载，或者在未清偿债务前分配财产，损害债权人利益的，依法承担赔偿责任。

四、行政管理机关工作人员的法律责任

有关行政管理机关的工作人员违反《合伙企业法》规定，滥用职权、徇私舞弊、收受贿赂、侵害合伙企业合法权益的，依法给予行政处分。

《合伙企业法》规定，违法行为构成犯罪的，依法追究刑事责任；应当承担民事赔偿责任和缴纳罚款、罚金，其财产不足以同时支付的，先承担民事赔偿责任。

阶段测试

一、名词解释

1. 普通合伙企业　　2. 有限合伙企业　　3. 特殊的普通合伙企业

4. 法定退伙　　5. 合伙企业的清算

二、单项选择题

1. 甲、乙、丙拟设立一有限合伙企业，甲、乙为普通合伙人，丙为有限合伙人，下列不可以作为丙的出资的是(　　)。

A. 著作权　　B. 土地使用权　　C. 房屋租赁权　　D. 劳务

2. 李某和张某拟设立一合伙企业，张某只愿意在出资范围内对企业债务承担责任，某律师给出的下列法律意见中不正确的是(　　)。

A. 该合伙企业的合伙人不得超过 50 人

B. 李某可以用劳务出资

C. 张某和李某对执行合伙企业事务享有同等的权利

D. 如果合伙企业只有张某和李某两人，李某对合伙企业债务必须承担无限责任

3. 我国《合伙企业法》规定，合伙人属于当然退伙的情形的有(　　)。

A. 合伙协议约定的退伙事由出现

B. 其他合伙人严重违反合伙协议约定的义务

C. 经全体合伙人同意退伙

D. 在合伙企业中的全部财产份额被人民法院强制执行

4.《合伙企业法》第四十六条规定，合伙协议未约定合伙期限的，合伙人在不给合伙企业事务执行造成不利影响的情况下，可以退伙，但应当提前(　　)日通知其他合伙人。

A. 十五　　B. 三十　　C. 四十五　　D. 六十

5. 甲、乙、丙 3 人设立了一普通合伙企业，合伙协议中约定甲以 10 万元现金出资，乙、丙各以 20 万元现金出资，合伙企业成立之日起 1 年内缴足，合伙协议未约定利润分配和亏损分担比例，合伙企业成立 6 个月后，由于经营不善，企业亏损 30 万元，3 人决定解散合伙企业，但是对于如何分担亏损达不成协议，此时甲实际缴付 10 万元出资，乙实际缴付 15 万元，丙实际缴

付 5 万元，对于 30 万元的亏损应(　　)。

A. 三人平均分担　　B. 甲、乙、丙按照 1∶2∶2 的比例分担

C. 甲、乙、丙按照 2∶3∶1 的比例分担　　D. 以上答案都不对

三、判断题

1. 自然人、法人和其他组织可以依法设立普通合伙企业和有限合伙企业，但国有独资公司、国有企业、上市公司以及公益性的事业单位、社会团体不得成为普通合伙人。(　　)

2. 合伙企业财产的构成包括合伙人的出资，以及以合伙企业名义取得的收益和依法取得的其他财产。(　　)

3. 普通合伙企业中，合伙人可以用货币、实物、土地使用权、知识产权出资，但不可以用劳务出资。(　　)

4. 合伙人在合伙企业清算前，不得请求分割合伙企业的财产；但是，《合伙企业法》另有规定的除外。合伙人在合伙企业清算前私自转移或者处分合伙企业财产的，合伙企业可以以此对抗善意第三人。(　　)

5. 被聘任的合伙企业的经营管理人员应当在合伙企业授权范围内履行职务。被聘任的合伙企业的经营管理人员，超越合伙企业授权范围履行职务，或者在履行职务过程中因故意或者重大过失给合伙企业造成损失的，依法承担赔偿责任。(　　)

四、案例分析题

1. 甲、乙、丙是多年好友，经协商共同出资设立了一合伙企业，经营装修材料。三人口头约定有关的合伙事项，商定由甲负责进货，乙负责销售，丙负责保管及账目。经营期间，甲因病在家休养了两个月。这期间，由丙从某瓷砖厂进了一批货，欠了 3 万元的货款。甲病愈后上班，要求查看这 2 个月的账目，乙和丙认为甲不出力反而不信任他们，就拒绝了其要求，并告知生意不景气，亏损了 8 000 多元。一天，甲在进货途中因违章驾驶发生交通事故，致使行人丁受重伤，花去医疗费 71 000 余元。丙见此情况声明退伙，并私自开走了自己用作出资的汽车，同时拉走一车的货物。甲又病倒在家，眼看合伙已经难以为继，乙便将企业的剩余存货以低价全部买下，自己继续经营。一年后，瓷砖厂找到乙要求偿还欠款。乙认为，瓷砖是丙进的货，而他们三个合伙人约定丙是不负责进货的，所以进货是他的个人行为，故让瓷砖厂找丙索要欠款。丁伤愈后也找到乙要求支付医疗费和赔偿金，乙说丁是被甲撞伤的，与自己无关，让丁去找甲索赔。

阅读案例，请回答：

上述哪些做法和说法是错误的？为什么？

2. 甲、乙、丙、丁共同投资设立了 A 有限合伙企业(以下简称 A 企业)。合伙协议约定：甲、乙为普通合伙人，分别出资 10 万元；丙、丁为有限合伙人，分别出资 15 万元；甲执行合伙企业事务，对外代表 A 企业。次年，A 企业发生下列事实：

2 月，甲以 A 企业的名义与 B 公司签订了一份 12 万元的买卖合同。乙获知后，认为该买卖合同损害了 A 企业的利益，且甲的行为违反了 A 企业内部规定的甲无权单独与第三人签订超过 10 万元合同的限制，遂要求各合伙人作出决议，撤销甲代表 A 企业签订合同的资格。

4月，乙、丙分别征得甲的同意后，以自己在A企业中的财产份额出质，为自己向银行借款提供质押担保。丁对上述事项均不知情，乙、丙之间也对质押担保事项互不知情。

阅读案例，请回答：

(1) 甲以A企业的名义与B公司签订的买卖合同是否有效？并说明理由。

(2) 合伙人对撤销甲代表A企业签订合同的资格事项作出决议，在合伙协议未约定表决办法的情况下，应当如何表决？

(3) 乙、丙的质押担保行为是否有效？并分别说明理由。

3. 甲、乙、丙、丁4人决定设立A运输有限合伙企业，在签订的合伙协议中约定甲、乙为普通合伙人，丙、丁为有限合伙人。合伙企业运营两年后的某一天，丁在为合伙企业运送石材的过程中，遇到法院正在拍卖房屋，丁考虑到合伙企业经营场所需要扩大，决定为合伙企业竞买该房屋。于是以合伙企业的名义将石材质押给朋友戊，借得20万元，竞买了该房屋。

阅读案例，请回答：

本案中，若最终戊的债权若得不到实现，其应向谁主张权利？并说明理由。

实训操作与指导

实训主题：合伙企业的债务清偿问题

案例设计：

甲、乙、丙共同设立普通合伙企业，合伙协议约定：甲以5万元现金出资，乙以房屋作价出资8万元，丙以劳务作价出资4万元；各合伙人按相同比例分配盈利、分担亏损。普通合伙企业成立后，为扩大经营，向银行贷款5万元。银行贷款到期后，银行要求合伙企业清偿债务，发现合伙企业已经解散，遂向甲要求偿还全部贷款，甲称自己早已退伙，不负责清偿债务。银行向乙要求偿还全部贷款，乙表示只能按照合伙协议约定的比例清偿相应数额。银行向丙要求偿还全部贷款，并表示自己是以劳务出资，不承担偿还贷款义务。银行向丁要求偿还全部贷款，丁称该笔贷款是在自己入伙前发生的，不负责清偿。

实训要求：

1. 理解《合伙企业法》关于合伙企业债务清偿的规定；

2. 掌握不同情形下合伙人对合伙企业债务如何承担。

操作安排：

1. 鼓励大多数学生积极参与，分派角色、研究分析案情。

2. 组织学生围绕甲、乙、丙、丁的主张是否成立进行分析、辩论，探究该合伙企业所欠银行贷款应如何清偿。

3. 采取学生自评和教师点评相结合的方式，强化实训效果的评价。

教师指导：

甲的主张不成立。《合伙企业法》规定退伙人对基于其退伙前的原因发生的合伙企业债务，承担无限连带责任。故甲对其退伙前发生的合伙企业债务承担清偿责任。乙的主张不成立。根据《合伙企业法》规定，合伙人之间对债务承担份额的约定对债权人没有约束力，乙提出按约定比例清偿债务的主张不成立，应承担连带清偿责任。丙的主张不成立。以劳务出资的合伙人也应承担合伙人的法律责任，应对银行贷款承担连带清偿责任。丁的主张不成立。新合伙人对入伙前合伙企业的债务承担无限连带责任，丁对其入伙前发生的银行贷款同样需要承担连带清偿责任。

自我评价

任务名称	掌握程度		
	好	中	差
对合伙企业概念和特征的理解情况			
对合伙企业的设立条件和程序的掌握情况			
对合伙企业内外部关系的认识情况			
对合伙企业财产转让相关规定的掌握情况			
对入伙和退伙相关规定的掌握情况			
对特殊的普通合伙企业的认识情况			
对有限合伙企业的事务执行的掌握情况			
对合伙企业的解散和清算的掌握情况			
对《合伙企业法》相关主体法律责任的掌握情况			

通过本章的学习，你还有什么收获？

第七章　公司法律制度

7

导 语

《中华人民共和国公司法》(以下简称《公司法》)于1993年12月29日第八届全国人民代表大会常务委员会第五次会议通过;根据1999年12月25日第九届全国人民代表大会常务委员会第十三次会议《关于修改〈中华人民共和国公司法〉的决定》第一次修正;根据2004年8月28日第十届全国人民代表大会常务委员会第十一次会议《关于修改〈中华人民共和国公司法〉的决定》第二次修正;2005年10月27日第十届全国人民代表大会常务委员会第十八次会议第一次修订;根据2013年12月28日第十二届全国人民代表大会常务委员会第六次会议《关于修改〈中华人民共和国公司法〉的决定》第三次修正;根据2018年10月26日第十三届全国人民代表大会常务委员会第六次会议《关于修改〈中华人民共和国公司法〉的决定》第四次修正;2023年12月29日第十四届全国人民代表大会常务委员会第七次会议第二次修订。

学习目标

理论知识目标:

1. 了解公司的概念、特征和种类。
2. 了解公司的设立条件和程序。
3. 掌握公司的基本制度。
4. 掌握公司的治理结构。
5. 熟悉公司的合并、分立、解散与清算。
6. 认识公司的破产制度。

职业能力目标:

1. 能够读懂公司股东大会决议并进行分析。
2. 能够从公司的财务报表中分析公司未来发展的前景。
3. 作为公司的股东能够合法正确地行使自己的权利、履行自己的义务。
4. 能够领会公司的企业文化并据此作出该公司是否适合自己的判断。

职业素养目标:

1. 从公司制度的变革了解我国经济体制改革的成果,培养国家荣誉感。
2. 从法律角度认识公司,对职业生涯规划建立初步认识,培养制定职业规划的意识。

7

思维导图

公司法律制度
公司与公司法概述
公司的概念及种类
公司法的概念和特点
公司基本制度
公司设立制度
公司资本制度
公司名称制度
公司治理制度
公司股东权制度
公司财务会计制度
国家出资公司
公司债券
公司债券的概念
公开发行公司债券的条件
公开发行公司债券募集资金的用途
公司债券的转让
公司的合并与分立
公司的合并
公司的分立
公司的解散与清算
公司的解散
公司的清算
公司破产制度
破产的概述
破产的申请与受理
管理人
债权人会议
重整
和解
破产宣告
破产清算

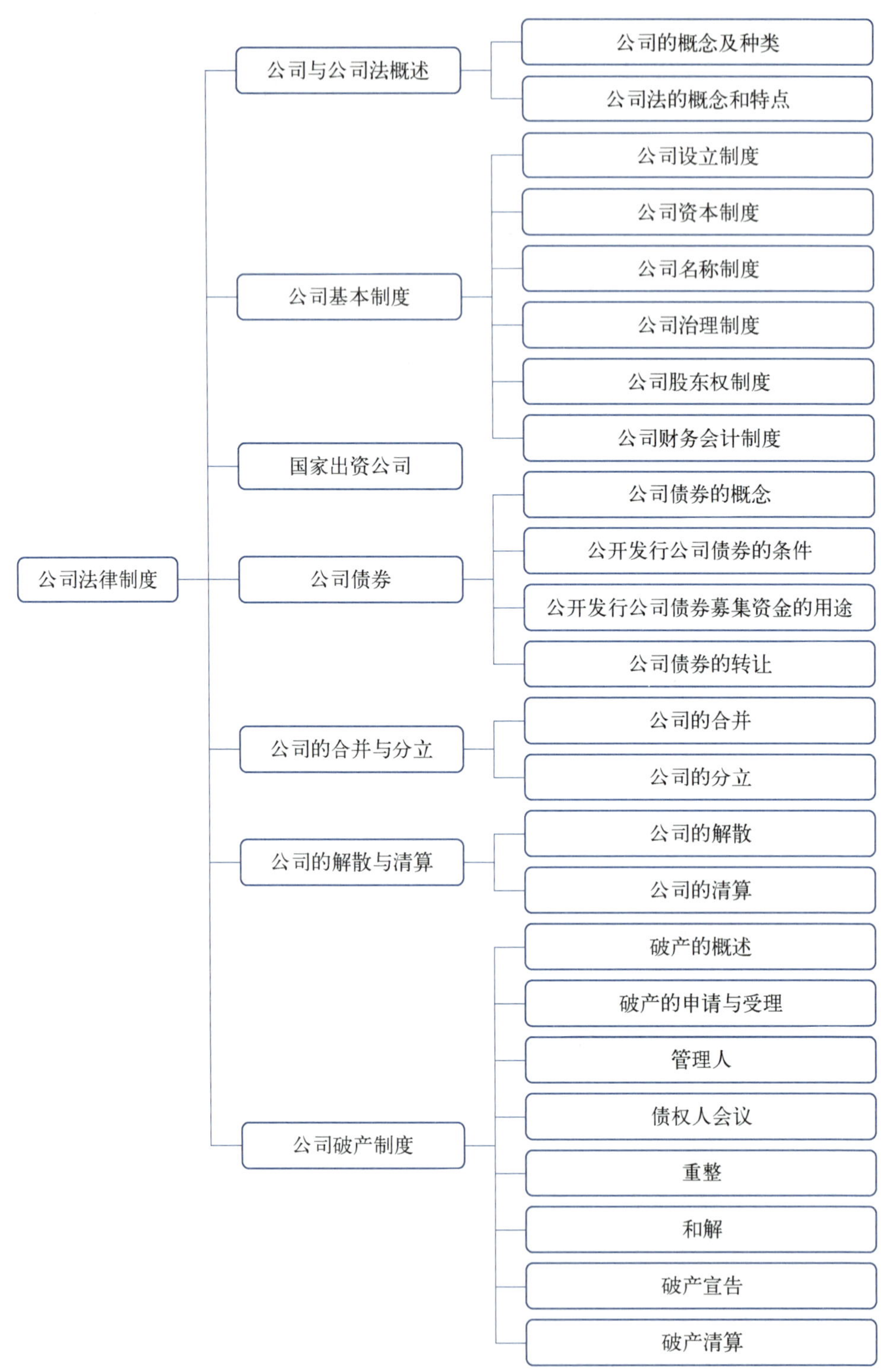

导入案例

甲、乙、丙于2020年8月出资设立大发食品有限责任公司。2022年4月，该公司决定增加注册资本100万元。2023年10月，该公司因经营不善造成严重亏损，拖欠巨额债务，被依法宣告破产。人民法院在清算中查明：甲在公司设立时作为出资的机器设备，其实际价额为120万元，显著低于公司章程所定价额300万元；甲的个人财产仅为20万元。根据有关法律规定，分别回答以下问题：

(1) 对于股东甲出资不实的行为，在公司内部应承担何种法律责任？

(2) 2022年4月公司增加注册资本，应履行哪些程序？

(3) 公司董事张发顺被李鼎食品股份公司聘为总经理，张发顺穿梭于两家公司工作，至2023年10月共从李鼎食品股份公司获利50万元，张发顺的这种行为是否符合《公司法》的规定？公司能否将其50万元的获利收归公司所有？为什么？

(4) 大发食品有限责任公司要申请破产必须具备什么条件？哪些主体可以申请破产？

案例解析：

(1) 对于股东甲出资不实的行为，甲首先应承担出资不足的补缴责任，然而甲的个人财产仅为20万元，无法足额补缴，因此公司设立时的其他股东乙和丙应承担出资不足的连带补缴责任。

(2) 2022年4月公司增加注册资本应履行以下程序：第一，大发食品有限责任公司的董事会制定增资方案。第二，公司的股东会作出决议通过公司增资方案。股东会会议做出增加注册资本的决议，必须经该公司代表三分之二以上表决权的股东表决通过。第三，交付新增资本的出资或认购新股的股款。第四，依法向公司登记机关办理变更登记。

(3) 公司董事张发顺未经公司同意被李鼎食品股份公司聘为总经理，张发顺穿梭于两家公司，至2023年10月共从李鼎食品股份公司获利50万元，张发顺的行为不符合《公司法》的规定，其违反了公司的董事、高级管理人员竞业禁止的规定。依据《公司法》第一百八十四条的规定："董事、监事、高级管理人员未向董事会或者股东会报告，并按照公司章程的规定经董事会或者股东会决议通过，不得自营或者为他人经营与其任职公司同类的业务。"李鼎食品股份公司与大发食品有限责任公司经营业务相同，公司董事张发顺未经公司同意依法不能在李鼎食品股份公司兼职从事与本公司相同的营业。

公司有权将其50万元的获利收归公司所有。根据《公司法》第一百八十六条的规定："董事、监事、高级管理人员违反公司法第一百八十一条至第一百八十四条规定所得的收入应当归公司所有。"

(4) 我国《企业破产法》第二条规定，企业不能清偿到期债务，并且资产不足以清偿全部债务或者明显缺乏清偿能力的，依照公司法规定清理债务。符合此规定可以依法申请破产。大发食品有限责任公司要申请破产必须具备以上条件。

可以申请破产的主体：❶ 债务人。债务人不能清偿到期债务，债务人可以向人民法院提出"重整、和解或者破产清算"的申请。债务人也可以在人民法院受理破产申请后、宣告债务人破产前，向人民法院申请和解。❷ 债权人。债务人不能清偿到期债务，债权人可以向人民法院提出破产清算的申请。❸ 清算人。企业法人已解散但未清算或者未清算完毕，资产不足以清偿债务的，依法负有清算责任的人应当向人民法院申请破产清算。

第一节　公司与公司法概述

一、公司的概念及种类

（一）公司的概念

公司，是指依法设立的、从事生产经营活动以营利为目的、具有法人资格的经济组织。公司一般具有以下基本特征。

（1）公司是依法设立的经济组织，具有法定性。只有依照公司法规定的条件和程序设立的经济组织，才能称为公司。公司的这个特征使得公司与其他经济组织有所不同。

（2）公司是以营利为目的的经济组织，具有营利性。公司是从事商品生产和经营活动的经济组织。公司的设立、运营都是为了谋取利润，股东依法可以获得分红，取得投资收益。

（3）公司的设立以股东投资行为为基础。公司股东因投资行为而形成的权利为股东权。公司股东依法享有资产收益、参与重大决策和选择管理者等权利。

（4）公司是具有法人资格的经济组织，具有人格独立性。公司是具有独立的财产、组织机构并独立承担财产责任的经济实体，具有独立的民事主体资格，依法独立享有民事权利和承担民事义务。

（二）公司的种类

根据法律规定和学理的标准可以把公司分为不同的种类：

1. 根据股东对公司所负责任的不同进行分类

（1）无限责任公司，是由两个以上的股东组成，股东对公司的债务承担连带无限清偿责任的公司。

（2）有限责任公司，是指由一定数量的股东组成，股东以其出资额为限对公司的债务承担责任的公司。

（3）股份有限公司，是指由一定数量以上的股东组成，公司资本等分形成公司的股份，股东以其认购的股份为限对公司的债务承担责任的公司。

（4）两合公司，是指由无限责任股东和有限责任股东组成的公司。无限责任股东对公司债务负连带无限清偿责任，有限责任股东只以其出资额为限对公司债务承担责任。

（5）股份两合公司，是指由无限责任股东和股份有限责任股东共同组成的公司。

2. 根据公司成立的基础不同进行分类

（1）人合公司，即主要以股东的个人信用关系作为其成立基础的公司。

（2）资合公司，即以资本的结合作为信用基础而成立的公司。

（3）人合兼资合公司，即公司的成立既取决于股东的个人信用，也取决于公司的财产信用的公司。

3. 根据公司从属关系的不同进行分类

（1）母公司与子公司。母公司是指拥有另一公司半数以上资本或股份，并对其经营管理活动有一定控制权的公司。子公司是指其资本或股份的大部分为另一公司控制，且其经营管理活动要受其制约的公司。

(2) 总公司与分公司。总公司是指从组织上、业务上管辖其他公司的公司。受管辖公司的业务执行及资金调度均由本公司发号施令。分公司是指从业务上、组织上接受其他公司管辖的公司。分公司在法律上不具有独立的主体地位和法人资格,不能独立承担责任,其经营活动主要有赖于总公司的意志。

我国的公司法只规定了有限责任公司和股份有限公司两个种类。

【案例分析 7－1】

大学生创业

案情: 李彤迅和刘勋 2024 年 7 月毕业于合肥某高职院校,两人经市场调研决定合伙创办一家公司,创业规划书中规定:两人合伙,作为合伙人分别出资 1 万元和 0.8 万元,拟定公司名称为田田信息科技有限责任公司,销售电脑配件。李彤迅对公司承担无限责任,刘勋对公司承担有限责任。

问题: 创业规划书中有哪些不妥之处?

解析:

两人合伙创业可以采用以下两种企业组织方式:❶ 有限责任公司,出资人(股东)以出资额为限对公司承担有限责任;❷ 普通合伙企业,合伙人承担无限连带责任。

故创业规划书可以作如下两种修改:❶ 拟创立田田信息科技有限责任公司,销售电脑配件,李彤迅出资 1 万元,刘勋出资 0.8 万元。两人以出资额为限对公司承担有限责任。❷ 两人合伙设立田田信息科技普通合伙企业,作为合伙人分别出资 1 万元和 0.8 万元,销售电脑配件,两合伙人承担无限连带责任。

二、公司法的概念和特点

(一) 公司法的概念

公司法是规范公司的设立、变更、经营管理、解散、清算过程中产生各种社会关系的法律规范的总称。

(二) 公司法的特征

(1) 公司法兼具组织法和活动法的双重性质。

(2) 公司法具有实体法和程序法性质。

(3) 公司法兼具强制法和任意法的双重性质。

(4) 公司法兼具公法和私法性质。

【知识拓展 7－1】

公司法相关用语的含义

公司法下列用语的含义:❶ 高级管理人员,是指公司的经理、副经理、财务负责人,上市公司董事会秘书和公司章程规定的其他人员。❷ 控股股东,是指其出资额占有限责任公司资本总额百分之五十以上或者其持有的股份占股份有限公司股本总额百分之五十以上的股东;

出资额或者持有股份的比例虽然不足百分之五十，但依其出资额或者持有的股份所享有的表决权已足以对股东会、股东大会的决议产生重大影响的股东。❸ 实际控制人，是指虽不是公司的股东，但通过投资关系、协议或者其他安排，能够实际支配公司行为的人。❹ 关联关系，是指公司控股股东、实际控制人、董事、监事、高级管理人员与其直接或者间接控制的企业之间的关系，以及可能导致公司利益转移的其他关系。但是，国家控股的企业之间不仅因为同受国家控股而具有关联关系。

第二节　公司基本制度

一、公司设立制度

（一）公司设立的含义

公司设立是指公司发起人为促成公司成立并取得法人资格，依据法定的条件和程序所应当完成的一系列行为的总称。公司设立有以下几层含义。

7

（1）公司设立是围绕公司成立并取得法人资格为目的的一系列行为组成。

（2）公司设立的主体是发起人。

（3）公司设立是一种法律行为。

（二）公司设立的条件

有限责任公司和股份有限公司两类公司的设立条件基本一致，但也有差别，具体条件如下。

1. 有限责任公司设立的条件

根据《公司法》的规定，设立有限责任公司，应当具备下列条件。

（1）股东符合法定人数。《公司法》第四十二条规定，有限责任公司由一个以上五十个以下股东出资设立。有限责任公司设立时的股东可以签订设立协议，明确各自在公司设立过程中的权利和义务。

（2）有符合公司章程规定的全体股东认缴的出资额。有限责任公司的注册资本为在公司登记机关登记的全体股东认缴的出资额。全体股东认缴的出资额由股东按照公司章程的规定，自公司成立之日起五年内缴足。法律、行政法规以及国务院决定对有限责任公司注册资本实缴、注册资本最低限额、股东出资期限另有规定的，从其规定。

（3）股东共同制定公司章程。有限责任公司章程是公司股东依法订立的规定公司组织和活动原则，经营管理方法等重大事项的文件，是公司的行为准则，也是确定股东权利义务的依据。因此，公司章程应当由股东一致同意制定。股东应当在公司章程上签名、盖章。公司章程对公司、股东、董事、监事、高级管理人员具有约束力。

有限责任公司章程应当载明下列事项：公司名称和住所；公司经营范围；公司注册资本；股东的姓名或者名称；股东的出资额、出资方式和出资日期；公司的机构及其产生办法、职权、议事规则；公司法定代表人的产生、变更办法；股东会认为需要规定的其他事项。

（4）有公司名称，建立符合有限责任公司要求的组织机构。公司作为法人必须有自己的名称，否则就难以对外进行正常的往来。在公司的名称中，必须标明有限责任公司字样，符合法律、行政法规的规定。公司还必须建立符合要求的内部机构，包括股东会、董事会、经理和监事会等，以保证公司的正常运作。

(5) 有公司住所。设立公司必须有住所。没有住所的公司，不得设立。公司以其主要办事机构所在地为住所。这是保证公司进行正常生产经营活动的基础，也是避免因滥设公司影响社会经济秩序的有效措施。

2. 股份有限公司设立的条件

(1) 发起人符合法定人数。设立股份有限公司应当有一人以上二百人以下为发起人，其中应当有半数以上的发起人在中国境内有住所。发起人承担公司筹办事务，发起人应当签订发起人协议，明确各自在公司设立过程中的权利和义务。

(2) 有符合公司章程规定的全体发起人认购的股本总额或者募集的实收股本总额。股份有限公司的注册资本为在公司登记机关登记的已发行股份的股本总额。

发起设立和公开募集设立的股份有限公司适用注册资本实缴制。以发起设立方式设立股份有限公司的，发起人应当认足公司章程规定的公司设立时应发行的股份，且发起人应当在公司成立前按照其认购的股份全额缴纳股款；以募集设立方式设立股份有限公司的，发起人认购的股份不得少于公司章程规定的公司设立时应发行股份总数的百分之三十五，在发起人认购的股份缴足前，不得向他人募集股份，发起人向社会公开募集股份，认股人应当按照所认购股份足额缴纳股款。

(3) 股份发行、筹办事项符合法律规定。发起人为了设立股份有限公司而发行股份时，以及在进行其他的筹办事项时，都必须符合法律规定的条件和程序，不得有所违反。如向社会公开募集股份，应当依法报国务院证券监督管理机构核准，并公告招股说明书、认股书；应当同依法设立的证券公司签订承销协议，通过证券公司承销其发行的股份；应当在法定的期限内召开创立大会，依法决定有关事项；应当在法定的期限内依法向公司登记机关申请设立登记等。

(4) 发起人共同制定公司章程，并经成立大会通过。股份有限公司章程应当载明下列事项：公司名称和住所；公司经营范围；公司设立方式；公司注册资本、已发行的股份数和设立时发行的股份数，面额股的每股金额；发行类别股的，每一类别股的股份数及其权利和义务；发起人的姓名或者名称、认购的股份数、出资方式；董事会的组成、职权和议事规则；公司法定代表人的产生、变更办法；监事会的组成、职权和议事规则；公司利润分配办法；公司的解散事由与清算办法；公司的通知和公告办法；股东会认为需要规定的其他事项。

(5) 有公司名称，建立符合股份有限公司要求的组织机构。

(6) 有公司住所。

(三) 公司设立的方式

有限责任公司的设立方式为发起人申请设立。

股份有限公司的设立方式有发起设立和募集设立两种类型。发起设立，是指由发起人认购设立公司时应发行的全部股份而设立公司；募集设立，是指由发起人认购设立公司时应发行股份的一部分，其余股份向特定对象募集或者向社会公开募集而设立公司。

(四) 公司登记

公司登记包括设立登记、变更登记和注销登记。

1. 设立登记

设立公司,应当依法向公司登记机关申请设立登记。法律、行政法规规定设立公司必须报经批准的,应当在公司登记前依法办理批准手续。

申请设立公司,应当提交设立登记申请书、公司章程等文件,提交的相关材料应当真实、合法和有效。

股份有限公司应当召开成立大会,成立大会行使下列职权:审议发起人关于公司筹办情况的报告;通过公司章程;选举董事、监事;对公司的设立费用进行审核;对发起人非货币财产出资的作价进行审核;发生不可抗力或者经营条件发生重大变化直接影响公司设立的,可以作出不设立公司的决议。

成立大会对前款所列事项作出决议,应当经出席会议的认股人所持表决权过半数通过。董事会应当授权代表,于公司成立大会结束后三十日内向公司登记机关申请设立登记。

公司登记机关对符合登记条件的,予以登记,发给公司营业执照;公司营业执照签发日期为公司成立日期。对公司营业执照应当载明公司的名称、住所、注册资本、经营范围、法定代表人姓名等事项。公司登记机关可以发给电子营业执照。电子营业执照与纸质营业执照具有同等法律效力。不符合登记条件的,不予登记。

7

公司设立分公司,也应当向公司登记机关申请登记,领取营业执照。

虚报注册资本、提交虚假材料或者采取其他欺诈手段隐瞒重要事实取得公司设立登记的,公司登记机关应当依照法律、行政法规的规定予以撤销。

【知识拓展 7-2】

公司未经登记而经营的法律责任

未依法登记为有限责任公司或者股份有限公司,而冒用有限责任公司或者股份有限公司名义的,或者未依法登记为有限责任公司或者股份有限公司的分公司,而冒用有限责任公司或者股份有限公司的分公司名义的,由公司登记机关责令改正或者予以取缔,可以并处十万元以下的罚款。

2. 变更登记

公司登记事项发生变更的,应当依法办理变更登记。公司登记事项未经登记或者未经变更登记,不得对抗善意相对人。

公司申请变更登记,应当向公司登记机关提交公司法定代表人签署的变更登记申请书、依法作出的变更决议或者决定等文件;公司变更登记事项涉及修改公司章程的,应当提交修改后的公司章程;公司变更法定代表人的,变更登记申请书由变更后的法定代表人签署。

公司营业执照记载的事项发生变更的,公司办理变更登记后,由公司登记机关换发营业执照。

【知识拓展 7-3】

公司未开业、未办理变更登记的法律责任

公司成立后无正当理由超过六个月未开业的,或者开业后自行停业连续六个月以上的,公司登记机关可以吊销营业执照,但公司依法办理歇业的除外。

公司登记事项发生变更时,未依照公司法规定办理有关变更登记的,由公司登记机关责令限期登记；逾期不登记的，处以一万元以上十万元以下的罚款。

3. 注销登记

公司因解散、被宣告破产或者其他法定事由需要终止的，应当依法向公司登记机关申请注销登记，由公司登记机关公告公司终止。

【知识拓展 7－4】

实施"多证合一、一照一码"登记制度改革

"多证合一、一照一码"是指商事主体的营业执照、组织机构代码证、税务登记证、刻章许可证、社保登记证、统计登记证、住房公积金缴存单位登记等，在商事登记部门"一表申请、一门受理、一次审核、信息互认、多证合一、档案共享"登记模式的基础上，只发放记载有统一社会信用代码的营业执照，赋予营业执照具有以上证(照)的全部功能。

实施"多证合一、一照一码"改革，是贯彻落实中央关于推进供给侧结构性改革，推进简政放权、放管结合、优化服务的重要内容，对建立程序更为便利、内容更为完善、流程更为优化、资源更为集约的市场准入新模式，进一步降低市场主体创设的制度性成本，培育发展新动能，重塑营商环境具有重要意义。

二、公司资本制度

公司资本又称股本，是指公司成立时由公司章程所确定且由公司股东出资所构成的公司的财产总额。

(一) 公司资本原则

为实现公司法的目标和作用，保护股东和债权人利益，维护公司稳定和促进公司的发展，各国公司法在长期的发展中，确立和形成的一系列基本的法律原则。其中最主要的是公司"资本三原则"。

1. 资本确定原则

资本确定原则，是指公司在设立时必须在公司章程中对公司的资本总额作出明确的规定。

2. 资本维持原则

资本维持原则又称资本充实原则，是指公司在其存续期间，应经常保持与其资本额相当的财产。我国公司法关于公司资本维持原则主要的规定有：❶ 不得任意抽回股本，发起人、认股人缴纳股款或者交付抵作股款的出资后，除未按期募足股份、发起人未按期召开创立大会或者创立大会决议不设立公司的情形外，不得抽回其股本。❷ 公司不得折价发行股份，公司发行股份可以按照面额平价发行或溢价发行。❸ 发起人和股东对出资承担连带认缴责任。内容包括股份未被全部认购时的认购担保责任、股款未被全部缴纳时的缴纳担保责任和实物出资过高估价时的差额填补责任。❹ 按照规定提取和使用公积金。❺ 没有盈利，不得向股东进行分配。❻ 公司禁止收购本公司的股份，法律另有规定除外。❼ 公司不得接受本公司的股份提供的担保。

3. 资本不变原则

公司的资本一经确定，不得随意改变，如需增减，必须严格按法定程序进行。

（二）股东出资

股东出资是指公司的股东（出资人）对公司资本所作的直接投资形成的相应的资本份额。

1. 股东出资的方式

股东可以用货币出资，也可以用实物、知识产权、土地使用权、股权、债权等可以用货币估价并可以依法转让的非货币财产作价出资；但是，法律、行政法规规定不得作为出资的财产除外。

2. 股东出资的评估

股东出资时，除现金以外，任何出资都会涉及其价值评估的问题。我国法律明确要求对非现金出资必须要进行评估作价。《公司法》第四十八条第 2 款规定："对作为出资的非货币财产应当评估作价，核实财产，不得高估或者低估作价。法律、行政法规对评估作价有规定的，从其规定。"

3. 股东出资的验资

以募集设立方式设立股份有限公司的，发行股份的股款缴足后，必须经法定的验资机构验资并出具证明。有限责任公司的设立和以发起方式设立股份有限公司的不需要进行验资。此处法定的验资机构通常是由符合条件的会计师事务所担任。

4. 股东出资的缴纳和补缴

股东应当按期足额缴纳公司章程中规定的各自所认缴的出资额。股东以货币出资的，应当将货币出资足额存入有限责任公司在银行开设的账户；以非货币财产出资的，应当依法办理其财产权的转移手续。股东未按期足额缴纳出资的，除应当向公司足额缴纳外，还应当对给公司造成的损失承担赔偿责任。

有限责任公司成立后，发现作为设立公司出资的非货币财产的实际价额显著低于公司章程所定价额的，应当由交付该出资的股东补足其差额；公司设立时的其他股东在出资不足的范围内承担连带责任。有限责任公司成立后，应当向股东签发出资证明书。

股份有限公司成立后，发起人未按照公司章程的规定缴足出资的，应当补缴；其他发起人在出资不足的范围内承担连带责任。股份有限公司成立后，发现作为设立公司出资的非货币财产的实际价额显著低于公司章程所定价额的，应当由交付该出资的发起人补足其差额；其他发起人承担连带责任。股份有限公司成立后，即向股东正式交付股票，公司成立前不得向股东交付股票。

【知识拓展 7－5】

虚报注册资本的法律责任

违反《公司法》规定，虚报注册资本、提交虚假材料或者采取其他欺诈手段隐瞒重要事实取得公司登记的，由公司登记机关责令改正。对虚报注册资本的公司，处以虚报注册资本金额百分之五以上百分之十五以下的罚款；对提交虚假材料或者采取其他欺诈手段隐瞒重要事实的公司，处以五万元以上二百万元以下的罚款；情节严重的，吊销营业执照；对直接负责的主管人员和其他直接责任人员处以三万元以上三十万元以下的罚款。

（三）公司资本的变动

公司的资本一经确定不得任意变动，如果由于公司经营和发展的需要，客观上需要增加或减少公司的资本，必须履行法定的资本变动程序。

1. 公司资本的增加

公司增资是指公司为筹集资金、扩大经营而依照法定的条件和程序增加公司的资本总额的行为。

(1) 公司增资的方式。公司增资的方式包括：发行新股(股份有限公司)、邀请新的股东向公司出资(有限责任公司)；增加每股金额或股东的出资额；公司公积金转增资本；公司利润转增为公司资本。

股份有限公司经股东会决议将公积金转为资本时，按股东原有股份比例派送新股或者增加每股面值。但法定公积金转为资本时，所留存的该项公积金不得少于注册资本的百分之二十五。

(2) 公司增资的程序。第一，董事会制定增资方案。第二，股东会作出决议通过公司增资方案。第三，交付新增资本的出资或认购新股的股款；有限责任公司增加注册资本时，股东认缴新增资本的出资，依照公司法设立有限责任公司缴纳出资的有关规定执行。股份有限公司为增加注册资本发行新股时，股东认购新股，依照公司法设立股份有限公司缴纳股款的有关规定执行。第四，依法向公司登记机关办理变更登记。

2. 公司资本的减少

公司减资是指公司根据生产经营的实际情况，依照法定的条件和程序减少公司的资本总额的行为。公司需要减少注册资本时，必须编制资产负债表及财产清单。

(1) 公司减资的方式。公司减资的方式包括：减少股份数、减少股份金额、同时减少股份数和减少股份金额。公司减少注册资本，应当按照股东出资或者持有股份的比例相应减少出资额或者股份，法律另有规定、有限责任公司全体股东另有约定或者股份有限公司章程另有规定的除外。

(2) 公司减资的程序。公司减资的程序同公司增资的程序。依据《公司法》的规定，公司减少注册资本时必须符合以下要求：第一，必须编制资产负债表及财产清单。第二，公司应当自股东会作出减少注册资本决议之日起十日内通知债权人，并于三十日内在报纸上或者国家企业信用信息公示系统(图 7-1、图 7-2)公告。债权人自接到通知之日起三十日内，未接到通知的自公告之日起四十五日内，有权要求公司清偿债务或者提供相应的担保。第三，如法律、行政法规对公司注册资本有最低限额要求的，公司减少资本后的注册资本不得低于法定的最低限额。

图 7-1 国家企业信用信息公示系统(微信小程序二维码)

图 7-2 国家企业信用信息公示系统(支付宝小程序二维码)

公司可以减少注册资本弥补亏损。减少注册资本弥补亏损的，公司不得向股东分配，也不得免除股东缴纳出资或者股款的义务。

三、公司名称制度

（一）公司名称的含义

公司名称是公司人格特定化并区别与其他民事主体的标记。具有唯一性、特定性和排他性的特征。

（二）公司名称的构成

依据《企业名称登记管理条例》的规定，公司名称由四个部分组成：行政区划名称（也可以没有）、商号、公司的行业或经营特点、公司的种类。

7

【案例分析7－2】

公司名称构成分析

案情：两个公司名称分别为四川长虹电器股份有限公司、长丰县大树建设工程有限责任公司。

问题：请分析两个公司的名称构成。

解析：

四川长虹电器股份有限公司：行政区划名称为四川、商号为长虹、公司的行业或经营特点为电器、公司的种类为股份有限公司。

长丰县大树工程建设有限责任公司：行政区划名称为长丰、商号为大树、公司的行业或经营特点为建设工程、公司的种类为有限责任公司。

（三）公司名称预先核准制度

公司名称预先核准制度，是指在公司成立前先将拟设立的公司名称提请公司登记机关核准的制度。

公司名称预先核准的程序包括以下三个步骤。

（1）由公司的全体股东（或发起人股东）指定的代表或共同委托的人向公司登记机关申请公司名称预先核准；

（2）向公司登记机关提交公司名称预先核准申请书和其他相关资料；

（3）公司登记机关应当自收到申请文件之日起十日内作出核准或驳回的决定，公司登记机关决定核准的，发给《企业名称预先核准通知书》，预先核准的公司名称的保留期为六个月。

（四）公司名称权

1. 公司名称权的含义

公司名称权，是指公司对其依法取得的名称享有的独占和排他的权利。具有主体的特定性、取得程序和条件的法定性、独占和排他性、财产性等特征。

2. 公司名称权的转让

公司的名称具有相应的市场价值和价格，可以依法进行转让。依据《企业名称登记管理条例》的规定，公司名称转让应遵守下列规定：

（1）企业名称可以随企业或企业的一部分一并转让；

（2）企业名称只能转让给一户企业；

（3）企业名称转让后，转让方不等继续使用已转让的企业名称；

（4）企业名称的转让方和受让方应当签订书面合同或协议，报原登记机关核准。

（五）公司名称权的侵权行为和侵权责任

侵害公司名称权的行为主要表现为盗用、冒用或者非法干涉他人对名称权的使用。

侵害公司名称权的民事责任有：停止侵害、消除影响、赔偿损失。行政处罚措施包括：责令停止侵权行为、罚款、没收非法所得、扣缴营业执照等。

四、公司治理制度

公司的组织机构包括股东会、董事会、经理和监事会。

（一）股东会

7

1. 股东会的性质和组成

股东会是公司的权力机构，股东会由全体股东组成，股东是按其所认缴出资额向公司缴纳出资的人。只有一个股东的公司不设股东会。

2. 股东会的职权

选举和更换董事、监事，决定有关董事、监事的报酬事项；审议批准董事会的报告；审议批准监事会的报告；审议批准公司的利润分配方案和弥补亏损方案；对公司增加或者减少注册资本作出决议；对发行公司债券作出决议；对公司合并、分立、解散、清算或者变更公司形式作出决议；修改公司章程；公司章程规定的其他职权。股东会可以授权董事会对发行公司债券作出决议。

有限责任公司对前款所列事项股东以书面形式一致表示同意的，可以不召开股东会会议，直接作出决定，并由全体股东在决定文件上签名、盖章。

3. 股东会的召开

有限责任公司的股东会会议分为定期会议和临时会议，定期会议应当依照公司章程的规定按时召开。代表十分之一以上表决权的股东、三分之一以上的董事或者监事会提议召开临时会议的，应当召开临时会议。首次股东会会议由出资最多的股东召集和主持，依法行使职权。

股份有限公司的股东会分为年会和临时会议。股东会应当每年召开一次年会。有下列情形之一的，应当在两个月内召开临时股东会会议：董事人数不足公司法规定人数或者公司章程所定人数的三分之二时；公司未弥补的亏损达股本总额三分之一时；单独或者合计持有公司百分之十以上股份的股东请求时；董事会认为必要时；监事会提议召开时；公司章程规定的其他情形。

设立董事会的，股东会会议由董事会召集，董事长主持；董事长不能履行职务或者不履行职务的，由副董事长主持；副董事长不能履行职务或者不履行职务的，由半数以上董事共同推荐一名董事主持。公司不设董事会的，股东会会议由执行董事召集和主持。

董事会不能履行或者不履行召集股东会会议职责的，监事会应当及时召集和主持；监事会不召集和主持的，连续九十日以上单独或者合计持有公司百分之十以上股份的股东可以自行召集和主持。

不能履行职务，是指因生病、出差在外等客观上的原因导致其无法履行职务的情形。不履行职务，是指不存在无法履行职务的客观原因，但以其他理由或者根本就没有理由而不履行职务的情形。

4. 股东会会议的通知

有限责任公司召开股东会会议，有限公司应当于会议召开十五日前通知全体股东；但是，公司章程另有规定或者全体股东另有约定的除外。股份有限公司召开股东会会议，应当将会议召开的时间、地点和审议的事项于会议召开二十日前通知各股东，临时股东大会应当于会议召开十五日前通知各股东。公开发行股份的公司，应当以公告方式作出前两款规定的通知。股东会不得对通知中未列明的事项作出决议。

股东可以委托代理人出席股东会会议，代理人应当向公司提交股东授权委托书，并在授权范围内行使表决权。应当明确代理人代理的事项、权限和期限。

有限责任公司的股东会应当对所议事项的决定做成会议记录，出席会议的股东应当在会议记录上签名。股份有限公司股东会应当对所议事项的决定作成会议记录，主持人、出席会议的董事应当在会议记录上签名。

7

会议记录应当与出席股东的签名册及代理出席的委托书一并保存。

5. 股东会的议事规则

公司的股东会是公司的权力机构，公司的重大事项应由股东会进行决策，其办法就是由公司的股东投票表决决定。

(1) 表决权的行使：有限责任公司股东会会议由股东按照出资比例行使表决权；但是，公司章程另有规定的除外；股份有限公司股东出席股东会会议，所持每一股份有一个表决权，类别股股东除外，公司持有的本公司股份没有表决权。

(2) 一般事项的表决：有限责任公司股东会作出决议，应当经代表过半数表决权的股东通过；股份有限公司股东会作出决议，应当经出席会议的股东所持表决权过半数通过。

(3) 重大事项的表决：股东会作出修改公司章程，增加或者减少注册资本的决议，以及公司合并、分立、解散或者变更公司形式的决议，有限责任公司应当经代表三分之二以上表决权的股东通过，股份有限公司应当经出席会议的股东所持表决权的三分之二以上通过。

(4) 公司章程规定：股东会的议事方式和表决程序，除公司法有规定外，由公司章程规定。

(5) 累积投票制。即股东会选举董事或者监事时，每一股份拥有与应选董事或者监事人数相同的表决权，股东拥有的表决权可以集中使用。股份有限公司的股东会选举董事、监事，可以依照公司章程的规定或者股东会的决议，实行累积投票制。

【知识拓展 7-6】

类别股

类别股是相对于普通股而言的，又称种类股、特别股，是指在股份公司的股权结构中，设置了两种以上不同种类、不同性质、不同权利义务关系和不同利益效果的股份。它是对股东实体性权利的重组，持有类别股的股东则是类别股股东。

我国公司法明确，类别股的种类包括优先/劣后股、表决权差异股、转让受限股，而公开发行股份的公司则只能发行优先/劣后股。

【案例分析7－3】

股东表决权的行使

案情：甲、乙、丙、丁共同出资设立一个有限责任公司，四人均以25万元的货币出资。公司章程规定，召开股东会时，甲享有50%的表决权，乙享有7%的表决权，丙享有13%的表决权，丁享有30%的表决权。2024年4月1日，丙提议召开临时股东会，拟将该公司变更为股份有限公司。在表决时，甲和丙表示赞成，乙、丁表示反对。

问题：根据公司法律制度的规定，该公司能否变更为股份有限公司？

解析：

该公司不能变更为股份有限公司。❶根据公司法律制度的规定，有限责任公司的股东按照出资比例行使表决权；但是，公司章程另有规定的除外。该公司的公司章程对股东的表决权有明确的规定，股东的表决权非按出资比例行使，符合公司法的规定。❷股东会会议作出变更公司形式的决议，有限公司必须经代表三分之二以上表决权的股东表决通过。该公司在表决时，甲和丙表示赞成，只占有表决权的63%，未超过三分之二。

（二）董事会

1. 董事会的性质及组成

董事会是公司的业务执行机关，享有业务执行权和日常经营的决策权。

公司设董事会。规模较小或者股东人数较少的公司，可以不设董事会，设一名董事，行使法律规定的董事会职权，该董事可以兼任公司经理。

董事会成员为三人以上，其成员中可以有公司职工代表。职工人数三百人以上的有限责任公司，除依法设监事会并有公司职工代表的外，其董事会成员中应当有公司职工代表。董事会中的职工代表由公司职工通过职工代表大会、职工大会或者其他形式民主选举产生。

董事会设董事长一人，可以设副董事长。有限责任公司的董事长、副董事长的产生办法由公司章程规定；股份有限公司由董事会以全体董事的过半数选举产生。

2. 董事的任期

董事任期由公司章程规定，但每届任期不得超过三年。董事任期届满，连选可以连任。

3. 董事会的职权

董事会行使下列职权：召集股东会会议，并向股东会报告工作；执行股东会的决议；决定公司的经营计划和投资方案；制订公司的利润分配方案和弥补亏损方案；制订公司增加或者减少注册资本以及发行公司债券的方案；制订公司合并、分立、解散或者变更公司形式的方案；决定公司内部管理机构的设置；决定聘任或者解聘公司经理及其报酬事项，并根据经理的提名决定聘任或者解聘公司副经理、财务负责人及其报酬事项；制定公司的基本管理制度；公司章程

7

规定或者股东会授予的其他职权。

公司章程对董事会职权的限制不得对抗善意相对人。

4. 董事会的召开

董事会会议由董事长召集和主持;董事长不能履行职务或者不履行职务的,由副董事长召集和主持;副董事长不能履行职务或者不履行职务的,由过半数董事共同推举一名董事召集和主持。

股份有限公司的董事会每年度至少召开两次会议,每次会议应当于会议召开十日前通知全体董事和监事;代表十分之一以上表决权的股东、三分之一以上董事或者监事会,可以提议召开临时董事会会议。董事长应当自接到提议后十日内,召集和主持董事会会议。

5. 董事会的议事规则

董事会会议应当有过半数的董事出席方可举行。董事会作出决议,应当经全体董事的过半数通过。董事会决议的表决,应当一人一票。

董事会的议事方式和表决程序,除法律有规定的外,由公司章程规定。

董事会应当对所议事项的决定作成会议记录,出席会议的董事应当在会议记录上签名。

6. 审计委员会

公司可以按照公司章程的规定在董事会中设置由董事组成的审计委员会,行使公司法规定的监事会的职权,即可不设监事会或者监事。审计委员会成员为三名以上,公司董事会成员中的职工代表可以成为审计委员会成员。审计委员会决议的表决,应当一人一票,作出决议需经审计委员会成员过半数通过。审计委员会的议事方式和表决程序,除法律有规定的外,由公司章程规定。

股份有限公司可以按照公司章程的规定在董事会中设置其他委员会。

(三) 经理

公司设经理,由董事会决定聘任或者解聘。经理对董事会负责,根据公司章程的规定或者董事会的授权行使职权。经理列席董事会会议。

公司董事会可以决定由董事会成员兼任经理。

公司的法定代表人按照公司章程的规定,由代表公司执行公司事务的董事或者经理担任。担任法定代表人的董事或者经理辞任的,视为同时辞去法定代表人。法定代表人辞任的,公司应当在法定代表人辞任之日起三十日内确定新的法定代表人。

【课堂小活动 7 - 1】

学生分组分角色模拟召开公司股东会。

角色 A:股东(多人)

角色 B:董事长

角色 C:经理

角色 D:财务人员

角色 E:股东大会工作人员

讨论:股东的权利有哪些?董事长、经理召开年会时的义务?财务报告的说明和讨论?会议工作人员的义务?如何确保会议高效、成功地进行以及其他开放性问题。

（四）监事会

1. 监事会的性质及组成

监事会是公司的常设监督机关，行使监督职能，监事会对股东会负责，并向其报告工作。

公司设监事会，监事会成员为三人以上。监事会成员应当包括股东代表和适当比例的公司职工代表，其中职工代表的比例不得低于三分之一，具体比例由公司章程规定。监事会中的职工代表由公司职工通过职工代表大会、职工大会或者其他形式民主选举产生。

股份有限公司的监事会设主席一人，可以设副主席。监事会主席和副主席由全体监事过半数选举产生。监事会主席召集和主持监事会会议，监事会主席不能履行职务或者不履行职务的，由监事会副主席召集和主持监事会会议，监事会副主席不能履行职务或者不履行职务的，由半数以上监事共同推举一名监事召集和主持监事会会议。董事、高级管理人员不得兼任监事。

2. 不设监事会的情形

有限责任公司可以按照公司章程的规定在董事会中设置由董事组成的审计委员会，行使法律规定的监事会的职权，不设监事会或者监事。

规模较小或者股东人数较少的公司，可以不设监事会，设一名监事，行使法律规定的监事会的职权。有限责任公司经全体股东一致同意，也可以不设监事。

3. 监事会的职权

监事会、不设监事会的公司的监事行使下列职权：检查公司财务；对董事、高级管理人员执行职务的行为进行监督，对违反法律、行政法规、公司章程或者股东会决议的董事、高级管理人员提出解任的建议；当董事、高级管理人员的行为损害公司的利益时，要求董事、高级管理人员予以纠正；提议召开临时股东会会议，在董事会不履行法律规定的召集和主持股东会会议职责时召集和主持股东会会议；向股东会会议提出提案；依照公司法第一百八十九条的规定，对董事、高级管理人员提起诉讼；公司章程规定的其他职权。

监事可以列席董事会会议，并对董事会决议事项提出质询或者建议。监事会、不设监事会的公司的监事发现公司经营情况异常，可以进行调查；必要时，可以聘请会计师事务所等协助其工作，费用由公司承担。

4. 监事的任期

监事的任期每届为三年。监事任期届满，连选可以连任。

5. 监事会的会议制度

有限责任公司监事会每年度至少召开一次会议，股份有限公司监事会每六个月至少召开一次会议。监事可以提议召开临时监事会会议。监事会的议事方式和表决程序，除法律另有规定外，由公司章程规定。监事会决议应当经半数以上监事通过。监事会应当对所议事项的决定作成会议记录，出席会议的监事应当在会议记录上签名。

【案例分析 7－4】

公司的组织机构

案情：股东甲、乙、丙、丁四人投资设立安徽元贞网络科技有限公司。董事会由甲、乙、丙三人组成，其中甲任董事长。关于该公司组织机构的设置，下列说法正确的是（　　）。

A. 该公司董事会决定，由乙担任公司经理

B. 股东会决定由丁担任该公司的法定代表人

C. 该公司必须设立审计委员会

D. 该公司设监事会，每六个月至少应当召开一次会议

解析： A正确，公司董事会可以决定由董事会成员兼任经理；B不正确，公司的法定代表人只能按照公司章程的规定，由代表公司执行公司事务的董事或者经理担任，但丁既不是董事，也不是经理，因此不能担任法定代表人；C不正确，公司可以按照公司章程的规定在董事会中设置由董事组成的审计委员会，但不是必设机构；D不正确，该公司为有限责任公司，监事会每年度至少召开一次会议即可。本题正确选项为A。

（五）公司董事、监事、高级管理人员的资格和义务

1. 公司董事、监事、高级管理人员的资格

根据我国《公司法》的规定，有下列情形之一的，不得担任公司的董事、监事、高级管理人员：

（1）无民事行为能力或者限制民事行为能力。

（2）因贪污、贿赂、侵占财产、挪用财产或者破坏社会主义市场经济秩序，被判处刑罚，或者因犯罪被剥夺政治权利，执行期满未逾五年，被宣告缓刑的，自缓刑考验期满之日起未逾二年。

（3）担任破产清算的公司、企业的董事或者厂长、经理，对该公司、企业的破产负有个人责任的，自该公司、企业破产清算完结之日起未逾三年。

（4）担任因违法被吊销营业执照、责令关闭的公司、企业的法定代表人，并负有个人责任的，自该公司、企业被吊销营业执照、责令关闭之日起未逾三年。

（5）个人因所负数额较大债务到期未清偿被人民法院列为失信被执行人。违反前款规定选举、委派董事、监事或者聘任高级管理人员的，该选举、委派或者聘任无效；董事、监事、高级管理人员在任职期间出现上述所列情形的，公司应当解除其职务。

2. 公司董事、监事、高级管理人员的义务

董事、监事、高级管理人员应当遵守法律、行政法规和公司章程，对公司负有忠实义务和勤勉义务。董事、监事、高级管理人员不得利用职权收受贿赂或者其他非法收入，不得侵占公司的财产。根据《公司法》一百八十一条规定，董事、监事、高级管理人员不得有下列行为：

（1）侵占公司财产、挪用公司资金；

（2）将公司资金以其个人名义或者以其他个人名义开立账户存储；

（3）利用职权贿赂或者收受其他非法收入；

（4）接受他人与公司交易的佣金归为己有；

（5）擅自披露公司秘密；

（6）违反对公司忠实义务的其他行为。

3. 公司董事、监事、高级管理人员的交易报告制度

董事、监事、高级管理人员，直接或者间接与本公司订立合同或者进行交易，应当就与订立

合同或者进行交易有关的事项向董事会或者股东会报告，并按照公司章程的规定经董事会或者股东会决议通过。董事、监事、高级管理人员的近亲属，董事、监事、高级管理人员或者其近亲属直接或者间接控制的企业，以及与董事、监事、高级管理人员有其他关联关系的关联人，与公司订立合同或者进行交易，适用前款规定。

4. 公司董事、监事、高级管理人员的谋取商业机会的规定

董事、监事、高级管理人员，不得利用职务便利为自己或者他人谋取属于公司的商业机会。但是，有下列情形之一的除外：❶ 向董事会或者股东会报告，并按照公司章程的规定经董事会或者股东会决议通过；❷ 根据法律、行政法规或者公司章程的规定，公司不能利用该商业机会。

5. 公司董事、监事、高级管理人员竞业报告制度

董事、监事、高级管理人员未向董事会或者股东会报告，并按照公司章程的规定经董事会或者股东会决议通过，不得自营或者为他人经营与其任职公司同类的业务。

董事会对公司董事、监事、高级管理人员的交易报告、谋取商业机会报告或竞业报告进行决议时，关联董事不得参与表决，其表决权不计入表决权总数。出席董事会会议的无关联关系董事人数不足三人的，应当将该事项提交股东会审议。

董事、监事、高级管理人员违反以上 2、3、4、5 规定所得的收入，应当归公司所有。

(六) 上市公司组织机构的特别规定

上市公司，是指其股票经国务院证券监督机构审核公开发行并在证券交易所上市交易的股份有限公司。《公司法》对上市公司组织及活动原则的特别规定，主要包括以下几个方面：

1. 特别事项的通过

上市公司在一年内购买、出售重大资产或者向他人提供担保的金额超过公司资产总额百分之三十的，应当由股东会作出决议，并经出席会议的股东所持表决权的三分之二以上通过。

2. 上市公司必须设立独立董事

独立董事，是指既不是公司股东，又不在公司担任除董事外的其他职务，并与其受聘的上市公司及其主要股东不存在可能妨碍其进行独立客观判断的关系的董事。独立董事除了应履行董事的一般职责外，主要职责在于对控股股东及其选任的上市公司的董事、高级管理人员，以及其与公司进行的关联交易等进行监督。

中国证券监督管理委员会发布《关于在上市公司建立独立董事制度的指导意见》(证监会〔2001〕102 号)的通知，要求上市公司要建立独立董事制度。独立董事应当具备与其行使职权相适应的任职条件。

担任独立董事应当符合下列基本条件：

(1) 根据法律、行政法规及其他有关规定，具备担任上市公司董事的资格。

(2) 具有本《指导意见》所要求的独立性。

(3) 具备上市公司运作的基本知识，熟悉相关法律、行政法规、规章及规则。

(4) 具有五年以上法律、经济或者其他履行独立董事职责所必需的工作经验。

(5) 公司章程规定的其他条件。

下列人员不得担任独立董事：

(1) 在上市公司或者其附属企业任职的人员及其直系亲属、主要社会关系。

(2) 直接或间接持有上市公司已发行股份百分之一以上或者是上市公司前十名股东中的自然人股东及其直系亲属。

(3) 在直接或间接持有上市公司已发行股份百分之五以上的股东单位或者在上市公司前五名股东单位任职的人员及其直系亲属。

(4) 最近一年内曾经具有前三项所列举情形的人员。

(5) 为上市公司或者附属企业提供财务、法律、咨询等服务的人员。

(6) 公司章程规定的其他人员。

(7) 中国证监会认定的其他人员。

【知识拓展 7-7】

直系亲属与主要社会关系

不同于法律对于“近亲属”的认定,《上市公司独立董事规则》规定,上市公司独立董事的直系亲属是指其配偶、父母、子女等,主要社会关系是指其兄弟姐妹、岳父母、儿媳女婿、兄弟姐妹的配偶、配偶的兄弟姐妹等。

7

独立董事除依法行使股份有限公司董事的职权外,还行使下列职权:对公司关联交易、聘用或者解聘会计师事务所等重大事项进行审核并发表独立意见;就上市公司董事、高级管理人员的提名、任免、报酬、考核事项以及其认为可能损害中小股东权益的事项发表独立意见。独立董事发表的独立意见应当作成记录,并经独立董事书面签字确认。股东有权查阅独立董事发表的独立意见。

3. 上市公司董事会中的审计委员会

如果上市公司在董事会中设置审计委员会的,董事会对下列事项作出决议前应当经审计委员会全体成员过半数通过:❶ 聘用、解聘承办公司审计业务的会计师事务所;❷ 聘任、解聘财务负责人;❸ 披露财务会计报告;❹ 国务院证券监督管理机构规定的其他事项。

4. 上市公司必须设立董事会秘书

董事会秘书是指掌管董事会文件并协助董事会成员处理日常事务的人员。董事会秘书是董事会设置的服务席位,既不能代表董事会,也不能代表董事长。上市公司董事会秘书是公司的高级管理人员,承担法律、行政法规以及公司章程对公司高级管理人员所要求的义务,享有相应的工作职权,获得相应的报酬。上市公司设立董事会秘书,负责公司股东大会和董事会会议的筹备、文件保管以及公司股权管理,办理信息披露事务等事宜。

5. 增设关联关系董事的报告制度和表决权排除制度

上市公司董事与董事会会议决议事项所涉及的企业或者个人有关联关系的,该董事应当及时向董事会书面报告。有关联关系的董事不得对该项决议行使表决权,也不得代理其他董事行使表决权。该董事会会议由过半数的无关联关系董事出席即可举行,董事会会议所作决议须经无关联关系董事过半数通过。出席董事会会议的无关联关系董事人数不足三人的,应当将该事项提交上市公司股东会审议。

6. 上市公司的信息披露义务

上市公司应当依法披露股东、实际控制人的信息,相关信息应当真实、准确、完整。

7. 持有上市公司股票的限制

禁止违反法律、行政法规的规定代持上市公司股票。

上市公司控股子公司不得取得该上市公司的股份;上市公司控股子公司因公司合并、质权行使等原因持有上市公司股份的,不得行使所持股份对应的表决权,并应当及时处分相关上市公司股份。

【案例分析 7-5】

符合担任独立董事的条件

案情:甲、乙、丙、丁拟任A上市公司独立董事。根据《上市公司独立董事制度》的规定,下列四人中,按照法律规定谁能够担任独立董事?甲之妻半年前卸任A上市公司之附属企业B公司总经理之职;乙于一年前卸任C公司副董事长之职,C公司持有A上市公司已发行股份的7%;丙正在担任B公司的法律顾问;丁是持有A上市公司已发行股份2%的自然人股东。

解析:

乙可以担任A公司的独立董事。

(1)现在或者最近一年内曾经在上市公司或者其附属企业任职的人员及其直系亲属、主要社会关系,不得担任独立董事。在本题中,由于甲妻半年前刚刚卸任A上市公司之附属企业B公司总经理之职,因此甲夫妇二人均不得担任A上市公司的独立董事。

(2)现在或者最近一年内曾经在直接或间接持有上市公司已发行股份5%以上的股东单位或者在上市公司前5名股东单位任职的人员及其直系亲属,不得担任独立董事。在本题中,尽管乙曾经在C公司(持有A上市公司5%以上的股东单位)任职,但一年前已经卸任,不影响其担任A上市公司的独立董事。

(3)正在为上市公司或者其附属企业提供财务、法律、咨询等服务的人员,不得担任上市公司的独立董事。

(4)现在或者最近一年内曾经是直接或间接持有上市公司已发行股份1%以上或者是上市公司前10名股东中的自然人股东及其直系亲属,不得担任上市公司独立董事。

五、公司股东权制度

(一)股东权的含义

股东权又称股权,是股东作为公司的成员在公司中的直接投资及所形成的相应资本份额以及基于投资所享有的相应权利。股东权有不同的分类。

1. 自益权和共益权

自益权和共益权是依据股权行使目的的不同进行的分类。自益权是指为该股东自己的利益而行使的权利。如股息和红利的分配请求权、剩余财产分配请求权、新股认购权等。共益权是为股东的利益并兼为公司的利益而行使的权利,如表决权、请求召集股东会的权利、账簿查阅请求权等。

2. 单独股东权和集合股东权

单独股东权和集合股东权是依据股权行使是否需要达到一定的股份数额为标准而进行的分类。单独股东权是指一个股东就可以行使的权利。集合股东权是指达到一定的股份数才能行使的权利。如连续九十日以上单独或者合计持有公司百分之十以上股份的股东有权自行召集和主持。

（二）公司股东的权利与义务

1. 股东的权利

（1）参加股东会并按照出资比例或公司章程约定行使表决权；

（2）选举和被选举为董事会成员、监事会成员；

（3）股东有权查阅、复制公司章程、股东名册、股东会会议记录、董事会会议决议、监事会会议决议和财务会计报告；股东可以要求查阅公司会计账簿、会计凭证；股东要求查阅、复制公司全资子公司相关材料的；

（4）按照出资比例分取红利，即股东享有收益权；

（5）依法转让出资；

（6）优先购买其他股东转让的出资；

（7）优先认购公司新增的资本；

（8）公司终止后，依法分得公司剩余财产；

（9）对公司的经营提出建议或者质询等。

此外，股东还可以享有公司章程规定的其他权利。

2. 股东的义务

（1）缴纳所认缴的出资；

（2）以其出资额为限对公司承担责任；

（3）公司设立登记后，不得抽回出资；

（4）应当遵守有关保护国家秘密、商业秘密、个人隐私、个人信息等法律、行政法规的规定；

（5）公司章程规定的其他义务，即应当遵守公司章程，履行公司章程规定的义务。

3. 股份有限公司发起人股东的责任

股份有限公司的发起人应当承担下列责任：

（1）公司不能成立时，对设立行为所产生的债务和费用负连带责任；

（2）公司不能成立时，对认股人已缴纳的股款，负返还股款并加算银行同期存款利息的连带责任；

（3）在公司设立过程中，由于发起人的过失致使公司利益受到损害的，应当对公司承担赔偿责任。

（三）有限责任公司股东股权的转让

股东转让股权的，应当书面通知公司，请求变更股东名册；股权转让的，受让人自记载于股东名册时起可以向公司主张行使股东权利。

1. 股东之间转让股权

《公司法》第八十四条规定，有限责任公司的股东之间可以相互转让其全部或者部分股权。

2. 股东向股东以外的人转让股权

股东向股东以外的人转让股权的，应当将股权转让的数量、价格、支付方式和期限等事项书面通知其他股东，其他股东在同等条件下有优先购买权。股东自接到书面通知之日起三十日内未答复的，视为放弃优先购买权。两个以上股东行使优先购买权的，协商确定各自的购买比例；协商不成的，按照转让时各自的出资比例行使优先购买权。公司章程对股权转让另有规定的，从其规定。

转让股权后，公司应当注销原股东的出资证明书，向新股东签发出资证明书，并相应修改公司章程和股东名册中有关股东及其出资额的记载。对公司章程的该项修改不需再由股东会表决。

3. 强制转让

人民法院依照法律规定的强制执行程序转让股东的股权时，应当通知公司及全体股东，其他股东在同等条件下有优先购买权。其他股东自人民法院通知之日起满二十日不行使优先购买权的，视为放弃优先购买权。

4. 股权收购

有下列情形之一的，对股东会该项决议投反对票的股东可以请求公司按照合理的价格收购其股权：公司连续五年不向股东分配利润，而公司该五年连续盈利，并且符合公司法规定的分配利润条件的；公司合并、分立、转让主要财产的；公司章程规定的营业期限届满或者章程规定的其他解散事由出现，股东会会议通过决议修改章程使公司存续的。公司的控股股东滥用股东权利，严重损害公司或者其他股东利益的，其他股东有权请求公司按照合理的价格收购其股权。公司收购的本公司股权，应当在六个月内依法转让或者注销。

自股东会会议决议通过之日起六十日内，股东与公司不能达成股权收购协议的，股东可以自股东会会议决议通过之日起九十日内向人民法院提起诉讼。

5. 股东资格的继承

自然人股东死亡后，其合法继承人可以继承股东资格。但是，公司章程另有规定的除外。

（四）股份有限公司的股份发行

1. 股份与股票

(1) 股份的概念与特征。股份有限公司的资本划分为股份，每一股的金额相等，它是股份有限公司资本最基本的构成单位，股份具有以下特征：❶ 每一股份所代表的金额相等；❷ 股份表示股东享有权益的范围；❸ 股份通过股票这种证券形式表现出来。

(2) 股票的概念和特征。公司的股份采取股票的形式，股票是股份有限公司签发的证明股东所持股份的凭证，是股份的外在表现形态，股票具有以下特征：❶ 股票是一种要式证券，它的制作和记载事项必须按照法定的方式进行。❷ 股票是一种非设权证券，即它是一种表示股东权的证券。公司发行的股票，可以为记名股票，也可以为无记名股票。

股票是股份公司发行的所有权凭证，是股份公司为筹集资金而发行给各个股东作为持股凭证并借以取得股息和红利的一种有价证券。公司的股份采取股票的形式；公司发行的股票，应当为记名股票；股票采用纸面形式或者国务院证券监督管理机构规定的其他形式。

股票采用纸面形式的，应当载明下列主要事项：公司名称；公司成立日期或者股票发行的时间；股票种类、票面金额及代表的股份数，发行无面额股的，股票代表的股份数。

股票采用纸面形式的，还应当载明股票的编号，由法定代表人签名，公司盖章。发起人股票采用纸面形式的，应当标明“发起人股票”的字样。股份有限公司成立后，即向股东正式交付股票。公司成立前不得向股东交付股票。

2. 股份发行

（1）股份发行的原则。股份发行应遵循公平、公正原则。公司的全部股份，根据公司章程的规定择一采用面额股或者无面额股。采用面额股的，每一股的金额相等。采用无面额股的，应当将发行股份所得股款的二分之一以上计入注册资本。公司可以根据公司章程的规定将已发行的面额股全部转换为无面额股，或者将无面额股全部转换为面额股。

同类别的每一股份应当具有同等权利；同次发行的同类别股份，每股的发行条件和价格应当相同；认购人所认购的股份，每股应当支付相同价额。

（2）股份发行的条件。公司公开发行新股，应当符合下列条件：❶ 具备健全且运行良好的组织机构；❷ 具有持续盈利能力，财务状况良好；❸ 最近三年财务会计报告被出具无保留意见审计报告；❹ 发行人及其控股股东、实际控制人最近三年不存在贪污、贿赂、侵占财产、挪用财产或者破坏社会主义市场经济秩序的刑事犯罪；❺ 经国务院批准的国务院证券监督管理机构规定的其他条件。

7

面额股股票的发行价格可以按票面金额，也可以超过票面金额，但不得低于票面金额。

（五）股份有限公司股东的股权转让

依法公开发行的股票（公司债券及其他证券），股东转让其股份，应当在依法设立的证券交易场所进行或者按照国务院规定的其他方式进行；股票的转让，由股东以背书方式或者法律、行政法规规定的其他方式进行。非公开发行的股票，买卖双方可以通过协议进行转让。

1. 股份转让

股份有限公司的股东持有的股份可以向其他股东转让，也可以向股东以外的人转让；公司章程对股份转让有限制的，其转让按照公司章程的规定进行。

2. 对公司公开发行股份前已发行的股份股份转让的限制

公司公开发行股份前已发行的股份，自公司股票在证券交易所上市交易之日起一年内不得转让。法律、行政法规或者国务院证券监督管理机构对上市公司的股东、实际控制人转让其所持有的本公司股份另有规定的，从其规定。

3. 对董事、监事、经理持有本公司股份转让的限制

公司董事、监事、高级管理人员应当向公司申报所持有的本公司的股份及其变动情况，在任职期间每年转让的股份不得超过其所持有本公司股份总数的百分之二十五；所持本公司股份自公司股票上市交易之日起一年内不得转让。上述人员离职后半年内，不得转让其所持有的本公司股份。公司章程可以对公司董事、监事、高级管理人员转让其所持有的本公司股份做出其他限制性规定。

4. 对受让主体的限制

公司不得收购本公司股份。公司也不得接受本公司的股票作为质押权的标的。但是有下列情形之一的公司可以收购本公司的股票：❶ 减少公司注册资本；❷ 与持有本公司股份的其他公司合并；❸ 将股份用于员工持股计划或者股权激励；❹ 股东因对股东大会做出的公司合并、分立决议持异议，要求公司收购其股份的；❺ 将股份用于转换上市公司发行的可转换为股

票的公司债券；❻ 上市公司为维护公司价值及股东权益所必需。

另外有下列情形之一的，对股东会该项决议投反对票的股东可以请求公司按照合理的价格收购其股份，公开发行股份的公司除外：公司连续五年不向股东分配利润，而公司该五年连续盈利，并且符合公司法规定的分配利润条件；公司转让主要财产；公司章程规定的营业期限届满或者章程规定的其他解散事由出现，股东会通过决议修改章程使公司存续。公司不得接受本公司的股票作为质押权的标的。

5. 出质股份的转让限制

股份在法律、行政法规规定的限制转让期限内出质的，质权人不得在限制转让期限内行使质权。

6. 因继承转让公司股份

自然人股东死亡后，其合法继承人可以继承股东资格；但是，股份转让受限的股份有限公司的章程另有规定的除外。

【课堂小活动 7－2】

学生分组分角色模拟股票交易。

角色 A：股民（多人）

角色 B：证券公司工作人员

角色 C：证券交易所工作人员

角色 D：潜在的股民

角色 E：冷眼看股市的人

讨论：如何进行股票交易开户？如何进行股票的买卖？你有买卖股票的意愿吗？对“股市有风险，入市需谨慎”的理解？其他开放性问题。

六、公司财务会计制度

公司财务会计制度是关于公司财务、会计方面的一系列规则，它包括财务制度和会计制度。财务制度是关于公司资金的管理、成本费用的计算、营业收入的分配、货币的管理、公司的财务报告、公司的清算及公司纳税等方面的规程。会计制度是会计记账、会计核算等方面的规程，它是公司生产经营过程中各种财务制度的具体反映。财务会计制度是公司的一项极其重要的基本制度，也是公司管理活动的一项重要内容。建立较为健全的公司财务会计制度，不仅是公司本身生存和发展的需要，而且也有利于切实保护公司股东和债权人的利益，有利于政府有关部门对公司进行更有效的管理和监督。正是因为如此，公司法对公司的财务会计制度作了专章规定。

（一）公司财务会计的基本要求

公司应当依照法律、行政法规和国务院财政部门的规定建立本公司的财务、会计制度。公司除法定的会计账簿外，不得另立会计账簿；对公司资金，不得以任何个人名义开立账户存储。

公司应当在每一会计年度终了时编制财务会计报告，并依法经会计师事务所审计。财务

7

会计报告应当依照法律、行政法规和国务院财政部门的规定制作。公司聘用、解聘承办公司审计业务的会计师事务所，按照公司章程的规定，由股东会、董事会或者监事会决定。公司股东会、董事会或者监事会就解聘会计师事务所进行表决时，应当允许会计师事务所陈述意见。公司应当向聘用的会计师事务所提供真实、完整的会计凭证、会计账簿、财务会计报告及其他会计资料，不得拒绝、隐匿、谎报。

有限责任公司应当依照公司章程规定的期限将财务会计报告送交各股东。股份有限公司的财务会计报告应当在召开股东大会年会的二十日前置备于本公司，供股东查阅。公开发行股票的股份有限公司必须公告其财务会计报告。

（二）公司的公积金

公积金又称储备金，是公司不作股息分配，提留备用的那部分利润，公积金根据其提取有无强制性和其来源划分，可分为法定公积金、任意公积金和资本公积金。

1. 公积金的种类

（1）法定公积金。法定公积金是由法律规定必须提取的公积金，公司在分配当年税后利润时，应当提取利润的百分之十，列入法定公积金，法定公积金累计达到公司注册资本百分之五十时，可以不再提取。

7

（2）任意公积金。任意公积金是公司自行决定，从税后利润中提取的公积金，是否提取及提取比例，都由公司股东作出决议。

（3）资本公积金。公司以超过股票票面金额的发行价格发行股份所得的溢价款、发行无面额股所得股款未计入注册资本的金额以及国务院财政部门规定列入资本公积金的其他项目，应当列为公司资本公积金。

2. 公积金的用途

公司的公积金应当按照规定的用途使用。公司的公积金主要有以下用途：

（1）弥补公司亏损。公积金弥补公司亏损，应当先使用任意公积金和法定公积金；仍不能弥补的，可以按照规定使用资本公积金。

（2）扩大公司生产经营。公司可以根据生产经营的需要，用公司的公积金来扩大公司的生产经营规模，增强公司实力。

（3）转增公司资本。公司为了实现增加资本的目的，可以将公积金的一部分转为资本。对用任意公积金转增资本的，法律没有限制，但用法定公积金转增资本时，所留存的该项公积金不得少于转增前公司注册资本的百分之二十五。

3. 公司税后利润的分配

公司税后利润必须依法分配，其顺序为：

（1）公司的法定公积金不足以弥补以前年度亏损的，在提取法定公积金之前，应当先用当年利润弥补亏损。

（2）提取法定公积金。

（3）经股东会决议，可以提取任意公积金。

（4）分配股利。

公司弥补亏损和提取公积金后所余税后利润，有限责任公司按照股东实缴的出资比例分配利润，全体股东约定不按照出资比例分配利润的除外；股份有限公司按照股东所持有的股份比例分配利润，公司章程另有规定的除外。但公司持有的本公司股份不得分配利润。

第三节　国家出资公司

一、国家出资公司的概念

《公司法》所称国家出资公司，是指国家出资的国有独资公司、国有资本控股公司，包括国家出资的有限责任公司、股份有限公司。

二、履行出资人职责的机构

国家出资公司由国务院或者地方人民政府分别代表国家，依法履行出资人职责，享有出资人权益。国务院或者地方人民政府可以授权国有资产监督管理机构或者其他部门、机构代表本级人民政府对国家出资公司履行出资人职责。

国务院国有资产监督管理委员会简称国资委，作为国务院直属的特设机构，代表国家履行出资人职责。

三、国家出资公司的特别规定

1. 党的组织

国家出资公司中中国共产党的组织，按照中国共产党章程的规定发挥领导作用，研究讨论公司重大经营管理事项，支持公司的组织机构依法行使职权。

2. 国有独资公司的权力机构

国有独资公司不设股东会，由履行出资人职责的机构行使股东会职权。履行出资人职责的机构可以授权公司董事会行使股东会的部分职权，但公司章程的制定和修改，公司的合并、分立、解散、申请破产，增加或者减少注册资本，分配利润，应当由履行出资人职责的机构决定。

3. 国有独资公司的董事会

国有独资公司的董事会依照公司法规定行使职权。国有独资公司的董事会成员中，应当过半数为外部董事，并应当有公司职工代表。董事会成员由履行出资人职责的机构委派，但董事会成员中的职工代表由公司职工代表大会选举产生。

董事会设董事长一人，可以设副董事长。董事长、副董事长由履行出资人职责的机构从董事会成员中指定。

4. 国有独资公司的经理

国有独资公司设经理，由董事会聘任或者解聘。经履行出资人职责的机构同意，董事会成员可以兼任经理。

5. 国有独资公司可不设监事会或者监事

国有独资公司在董事会中设置由董事组成的审计委员会行使公司法规定的监事会职权的，不设监事会或者监事。

6. 国有独资公司董事、高级管理人员的任职限制

国有独资公司的董事、高级管理人员，未经履行出资人职责的机构同意，不得在其他有限责任公司、股份有限公司或者其他经济组织兼职。

第四节　公司债券

一、公司债券的概念

公司债券是指公司依照法定程序发行、约定在一定期限还本付息的有价证券。

有限责任公司和股份有限公司都可以依法发行公司债券。公司以纸面形式发行公司债券的，应当在债券上载明公司名称、债券票面金额、利率、偿还期限等事项，并由法定代表人签名，公司盖章。公司债券应当为记名债券。

二、公开发行公司债券的条件

公司债券既可以公开发行，也可以非公开发行。根据《中华人民共和国证券法》(以下简称《证券法》)的规定，公开发行公司债券应具备以下条件。

(1) 具备健全且运行良好的组织机构。

(2) 最近三年平均可分配利润足以支付公司债券一年的利息。

(3) 国务院规定的其他条件。

上市公司发行可转换为股票的公司债券，除应当符合公司债券的发行条件外，还应当符合公开发行股票的条件。

对已公开发行的公司债券或者其他债务有违约或者延迟支付本息的事实，仍处于继续状态，或违反法律规定，改变公开发行公司债券所募资金的用途的，不得再次公开发行公司债券。

三、公开发行公司债券募集资金的用途

公开发行公司债券筹集的资金，必须按照公司债券募集办法所列资金用途使用。改变资金用途，必须经债券持有人会议作出决议。公开发行公司债券筹集的资金，不得用于弥补亏损和非生产性支出。

四、公司债券的转让

公司债券可以转让，转让价格由转让人与受让人约定。公司债券在证券交易所上市交易的，按照证券交易所的交易规则转让。公司债券的转让应当符合法律、行政法规的规定。

发行可转换为股票的公司债券的，公司应当按照其转换办法向债券持有人换发股票，但债券持有人对转换股票或者不转换股票有选择权。法律、行政法规另有规定的除外。

公司债券由债券持有人以背书方式或者法律、行政法规规定的其他方式转让，转让后由公司将受让人的姓名或者名称及住所记载于公司债券持有人名册。

【案例分析 7－6】

公司债券的发行

案情：长城电器股份公司 2024 年 10 月拟发行公司债券用于购买设备以扩大生产规模，其财务报表反映，公司总资产为 2 亿元，净资产为 12 000 万元。2022 年 12 月，公司发行的公司债券 2 000 万元已经到期且尚未还本付息。

问题：(1) 长城电器股份公司发行公司债券募集资金用途是否符合要求？

(2) 长城电器股份公司 2024 年 10 月能否再次发行公司债券？

解析：

(1) 长城电器股份公司发行公司债券募集资金用于购买设备以扩大生产规模符合要求。依据《证券法》规定，公开发行公司债券筹集的资金，不得用于弥补亏损和非生产性支出。

(2) 长城电器股份公司 2024 年 10 月不能再次发行公司债券。2022 年 12 月公司发行公司债券 2 000 万元已经到期且尚未还本付息，对已公开发行的公司债券或者其他债务有违约或者延迟支付本息的事实，仍处于继续状态的，不得再次发行公司债券。

第五节 公司的合并与分立

一、公司的合并

公司的合并是指两个或两个以上的公司，订立合并协议，依照公司法的规定不经清算程序，直接结合为一个公司的法律行为。

根据我国公司法规定，公司合并有两种类型：一是吸收合并，是指一个公司吸收其他公司后，吸收方继续存在，被吸收的公司解散，其实质是兼并；二是新设合并，是指两个或两个以上的公司合并设立一个新的公司，合并各方解散。合并类型、表现形式及法律后果如表 7－1 所示。

表 7－1 公司的合并

合并类型	表现形式	法律后果
吸收合并	A1＋B＝A2	A1 公司变更登记为 A2 公司
		B 公司注销登记（无须清算）
新设合并	A＋B＝C	A 公司、B 公司注销登记（无须清算）
		C 公司设立登记

一般情况下，公司合并需要经股东会决议。但以下情形不经股东会决议，经董事会决议即可：❶ 公司与其持股百分之九十以上的公司合并，被合并的公司不需要经股东会决议，但应当通知其他股东，其他股东有权请求公司按照合理的价格收购其股权或者股份；❷ 公司合并

支付的价款不超过本公司净资产百分之十的，可以不经股东会决议，公司章程另有规定的除外。

公司合并，应当由合并各方签订合并协议，并编制资产负债表及财产清单。公司应当自作出合并决议之日起十日内通知债权人，并于三十日内在报纸上公告。债权人自接到通知书之日起三十日内，未接到通知书的自公告之日起四十五日内，可以要求公司清偿债务或者提供相应的担保。

公司合并时，合并各方的债权、债务，应当由合并后存续的公司或者新设的公司承继。

二、公司的分立

公司的分立是指一个公司通过依法签订分立协议，不经过清算程序，分为两个或两个以上公司的法律行为。公司分立有两种形式，一是派生分立，是指公司以其部分资产另设一个或数个新的公司，原公司存续；二是新设分立，是指公司全部资产分别划归两个或两个以上的新公司，原公司解散。分立类型、表现形式及法律后果如表 7－2 所示。

表 7－2　　公司的分立

分立类型	表现形式	法律后果
派生分立	A1＝A2＋B	A1 公司变更登记为 A2 公司
		B 公司设立登记
新设分立	A＝B＋C	A 公司注销登记（无须清算）
		B 公司、C 公司设立登记

公司分立，其财产作相应的分割，应当编制资产负债表及财产清单。公司应当自作出分立决议之日起十日内通知债权人，并于三十日内在报纸上公告。

公司分立前的债务由分立后的公司承担连带责任。但是，公司在分立前与债权人就债务清偿达成的书面协议另有约定的除外。

第六节　公司的解散与清算

一、公司的解散

（一）公司解散的概念

公司的解散是指已成立的公司，基于一定的解散事由而使公司消灭的法律行为。

（二）公司解散的情形

公司解散的法定原因有以下五种情形：

（1）公司章程规定的营业期限届满或者公司章程规定的其他解散事由出现。

（2）股东会决议解散。

（3）因公司合并或者分立需要解散。

(4) 依法被吊销营业执照、责令关闭或者被撤销。

(5) 公司经营管理发生严重困难，继续存续会使股东利益受到重大损失，通过其他途径不能解决的，持有公司全部股东表决权百分之十以上的股东，可以请求人民法院解散公司。

二、公司的清算

公司清算是指公司解散时，为终结现存的财产和其他法律关系，依照法定程序，对公司的财产和债权债务关系进行清理、处分和分配，以了结其债权债务关系，从而剥夺公司法人资格的法律行为。公司除因合并或分立而解散外，其余原因引起的解散均须经过清算程序。

(一) 成立清算组

公司解散时，除因公司合并或者分立需要解散外，均应当依法进行清算。董事为清算义务人，清算组由董事组成。公司应当在解散事由出现之日起十五日内成立清算组。

公司解散逾期不成立清算组进行清算的，或者虽然成立清算组但故意拖延清算的，利害关系人可以申请人民法院指定有关人员组成清算组进行清算，人民法院应当受理该申请，并及时组织清算组进行清算。

公司依法被吊销营业执照、责令关闭或者被撤销的，作出吊销营业执照、责令关闭或者撤销决定的部门或者公司登记机关，可以申请人民法院指定有关人员组成清算组进行清算。人民法院受理公司清算案件，应当及时指定有关人员组成清算组。

清算组成员可以从下列人员或者机构中产生：

(1) 公司股东、董事、监事、高级管理人员。

(2) 依法设立的律师事务所、会计师事务所、破产清算事务所等社会中介机构。

(3) 依法设立的律师事务所、会计师事务所、破产清算事务所等社会中介机构中具备相关专业知识并取得执业资格的人员。

(二) 清算组的职权

根据《公司法》的规定，清算组在清算期间行使下列职权：

(1) 清理公司财产，分别编制资产负债表和财产清单。

(2) 通知、公告债权人。

(3) 处理与清算有关的公司未了结的业务。

(4) 清缴所欠税款以及清算过程中产生的税款。

(5) 清理债权、债务。

(6) 处理公司清偿债务后的剩余财产。

(7) 代表公司参与民事诉讼活动。

清算组在清算期间代表公司进行一系列民事活动，全权处理公司经济事务和民事诉讼活动。清算组成员应当依法履行清算职责，尽到忠实义务和勤勉义务。清算组成员不得利用职权收受贿赂或者其他非法收入，不得侵占公司财产。清算义务人怠于履行清算职责，给公司造成损失的，应当承担赔偿责任。清算组成员因故意或者重大过失给公司或者债权人造成损失的，应当承担赔偿责任。

（三）清算工作程序

1. 登记债权

清算组应当自成立之日起十日内通知债权人，并于六十日内在报纸上或者国家企业信用信息公示系统公告。债权人应当自接到通知之日起三十日内，未接到通知的自公告之日起四十五日内，向清算组申报其债权。

债权人申报债权，应当说明债权的有关事项，并提供证明材料。清算组应当对债权进行登记。在申报债权期间，清算组不得对债权人进行清偿。

2. 清理公司财产，制定清算方案

清算组应当对公司财产进行清理，编制资产负债表和财产清单，制定清算方案。清算方案应当报股东会或者人民法院确认。

清算组在清理公司财产、编制资产负债表和财产清单后，发现公司财产不足清偿债务的，应当依法向人民法院申请破产清算。公司被依法宣告破产的，依照有关企业破产的法律实施破产清算。人民法院受理破产申请后，清算组应当将清算事务移交给人民法院指定的破产管理人。

3. 清偿债务

公司财产在分别支付清算费用、职工的工资、社会保险费用和法定补偿金，缴纳所欠税款，清偿公司债务后的剩余财产，有限责任公司按照股东的出资比例分配，股份有限公司按照股东持有的股份比例分配。清算期间，公司存续，但不得开展与清算无关的经营活动。公司财产在未按上述规定清偿前，不得分配给股东。

4. 办理注销登记

公司清算结束后，清算组应当制作清算报告，报股东会或者人民法院确认，并报送公司登记机关，申请注销公司登记，申请注销登记。

【知识拓展 7－8】

公司清算时的法律责任

公司在进行清算时，隐匿财产，对资产负债表或者财产清单作虚假记载，或者在未清偿债务前分配公司财产的，由公司登记机关责令改正，对公司处以隐匿财产或者未清偿债务前分配公司财产金额百分之五以上百分之十以下的罚款；对直接负责的主管人员和其他直接责任人员处以一万元以上十万元以下的罚款。

三、简易程序注销公司登记的规定

公司在存续期间未产生债务，或者已清偿全部债务的，经全体股东承诺，可以按照规定通过简易程序注销公司登记。

通过简易程序注销公司登记，应当通过国家企业信用信息公示系统予以公告，公告期限不少于二十日。公告期限届满后，未有异议的，公司可以在二十日内向公司登记机关申请注销公司登记。

公司通过简易程序注销公司登记，股东承诺不实的，应当对注销登记前的债务承担连带责任。

四、公司登记机关主动注销公司登记的规定

公司被吊销营业执照、责令关闭或者被撤销，满三年未向公司登记机关申请注销公司登记的，公司登记机关可以通过国家企业信用信息公示系统予以公告，公告期限不少于六十日。公告期限届满后，未有异议的，公司登记机关可以注销公司登记。

公司登记机关主动注销公司登记的，原公司股东、清算义务人的责任不受影响。

第七节　公司破产制度

一、破产的概述

（一）破产的原因

破产原因，也称破产界限，指认定债务人丧失清偿能力，当事人得以提出破产申请，法院据以启动破产程序的法律事实。

《中华人民共和国企业破产法》第二条规定："企业不能清偿到期债务，并且资产不足以清偿全部债务或者明显缺乏清偿能力的，依照本法规定清理债务。"

符合破产条件的，相关当事人可以向人民法院申请破产、重整与和解。

（二）破产案件的管辖

1. 地域管辖

企业破产案件由债务人所在地人民法院管辖。所谓债务人所在地，指企业主要办事机构所在地。因此，当企业的注册地与主要办事机构所在地不一致时，应当以后者为准。

2. 级别管辖

破产案件的级别管辖，按如下原则确定：

（1）县、县级市或区的工商行政管理机关核准登记企业的破产案件，由基层人民法院管辖。

（2）地区、地级市（含本级）以上工商行政管理机关核准登记企业的破产案件由中级人民法院管辖。

【知识拓展 7－9】

我国破产法的立法概况

1986 年 12 月 2 日，第六届全国人民代表大会常务委员会（以下简称"全国人大常委会"）第十八次会议通过了《中华人民共和国企业破产法（试行）》（以下简称旧破产法）。该法适用于全民所有制企业，自《全民所有制工业企业法》实施满 3 个月之日即 1988 年 11 月 1 日起试行。此后，最高人民法院于 1991 年 11 月 7 日发布了《关于贯彻执行〈中华人民共和国企业破产法（试行）〉若干问题的意见》。

2006 年 8 月 27 日，第十届全国人大常委会第 23 次会议通过了《中华人民共和国企业破产法》（下称《企业破产法》），自 2007 年 6 月 1 日起施行，旧破产法同时废止。根据 2007 年 10 月 28 日第十届全国人大常委会第三十次会议通过的《关于修改〈中华人民共和国民事诉讼法〉

的决定》，删除原法第十九章“企业法人破产还债程序”，破产问题统一由《企业破产法》调整。

《企业破产法》的适用范围：

（1）具有法人资格的企业适用破产法。

（2）不具有法人资格的企业参照破产法执行。《企业破产法》第一百三十五条规定：“其他法律规定企业法人以外的组织的清算，属于破产清算的，参照适用本法规定的程序。”在法律实践中，合伙企业和个人独资企业等可参照适用破产程序。

（3）其他主体不具备破产资格。但随着社会经济的发展，未来我国的破产制度的适用范围很可能将扩大到各类营利组织和自然人。例如，《深圳经济特区个人破产条例》就是自然人破产制度的试点。

二、破产的申请与受理

（一）破产的申请人

1. 债务人

债务人不能清偿到期债务，债务人可以向人民法院提出“重整、和解或者破产清算”的申请。债务人也可以在人民法院受理破产申请后、宣告债务人破产前，向人民法院申请和解。

2. 债权人

债务人不能清偿到期债务，债权人可以向人民法院提出破产清算的申请。

3. 清算人

企业法人已解散但未清算或者未清算完毕，资产不足以清偿债务的，依法负有清算责任的人应当向人民法院申请破产清算。

申请人向人民法院提出破产申请，应当提交破产申请书和有关证据。在人民法院决定受理破产案件前，破产申请人可以请求撤回破产申请，是否准许，由人民法院决定。人民法院准许申请人撤回破产申请的，在撤回申请之前已经支出的费用由破产申请人承担。

（二）破产申请的受理

人民法院应当自收到破产申请之日起十五日内裁定是否受理。

债权人提出破产申请的，人民法院应当自收到申请之日起五日内通知债务人。债务人对申请有异议的，应当自收到人民法院的通知之日起七日内向人民法院提出。人民法院应当自异议期满之日起十日内裁定是否受理。有特殊情况需要延长前两款规定的裁定受理期限的，经上一级人民法院批准，可以延长十五日。

人民法院受理破产申请的，应当自裁定作出之日起五日内送达申请人。

人民法院裁定受理破产申请的，应当同时指定管理人。

人民法院应当自裁定受理破产申请之日起二十五日内通知已知债权人，并予以公告。

三、管理人

（一）管理人的概念

破产程序开始后，无论是进行破产和解、重整，还是破产清算，都需要对该债务人的财产和有关事务进行必要的管理，包括财产清理、营业维持、权力行使和财产处分等。这种专门管理债务人财产和有关破产事务的机构就被称为管理人。

（二）管理人的资格与更换

根据《企业破产法》的规定，管理人可以由有关部门、机构的人员组成的清算组或者依法设立的律师事务所、会计师事务所、破产清算事务所等社会中介机构担任。债权人会议认为管理人不能依法、公正执行职务或者有其他不能胜任职务情形的，可以申请人民法院予以更换。

但是有法律规定的下列情形之一的，不得担任管理人：

(1) 因故意犯罪受过刑事处罚。

(2) 曾被吊销相关专业执业证书。

(3) 与本案有利害关系。

(4) 人民法院认为不宜担任管理人的其他情形。

直接决定更换管理人的情况有：❶ 执业许可证或者营业执照被吊销或者注销；❷ 出现解散、破产事由或者丧失承担执业责任风险的能力；❸ 与本案有利害关系；❹ 履行职务时，因故意或者重大过失导致债权人利益受到损害。

（三）管理人的职责与权利义务

我国《企业破产法》第二十五条规定，管理人履行下列职责：❶ 接管债务人的财产、印章和账簿、文书等资料；❷ 调查债务人财产状况，制作财产状况报告；❸ 决定债务人的内部管理事务；❹ 决定债务人的日常开支和其他必要开支；❺ 在第一次债权人会议召开之前，决定继续或者停止债务人的营业；❻ 管理和处分债务人的财产；❼ 代表债务人参加诉讼、仲裁或者其他法律程序；❽ 提议召开债权人会议；❾ 人民法院认为管理人应当履行的其他职责。

根据我国《企业破产法》的规定，管理人在破产程序中享有如下权利：

(1) 报酬请求权。管理人的报酬由人民法院确定，债权人会议对管理人的报酬有异议的，有权向人民法院提出。

(2) 经许可聘用工作人员的权利。管理人经人民法院许可，可以聘用必要的工作人员，包括继续债务人营业事务需要的人员和处理破产事务的专业性人员。

管理人应履行下列义务：管理人应当勤勉尽责，忠实执行职务；管理人没有正当理由不得辞去职务；管理人辞去职务应当经人民法院许可。

【案例分析 7－7】

破产管理人

案情： 郎月科技有限责任公司（以下简称郎月科技）因不能清偿到期债务，2023 年 3 月被债权人得力股份有限公司申请破产。

问题： (1) 根据《企业破产法》的规定，下列主体中，谁可以担任管理人？

❶ 与债权人有尚未了结债务的人；❷ 曾被吊销注册会计师证书的人；❸ 因故意伤害被判处四年有期徒刑的人；❹ 郎朗科技有限责任公司董事长的儿子。

(2) 根据破产法律制度的规定，指出以下行为的不妥之处？

❶ 甲律师事务所在第一次债权人会议召开之前，有权决定继续或者停止郎月科技的

营业；❷ 甲律师事务所有权处分郎月科技的财产；❸ 甲律师事务所有权因担任管理人而获得报酬；❹ 如甲律师事务所不能胜任职务，债权人会议有权罢免其管理人资格。

解析：

（1）案例中的四种人都不能担任管理人。❶、❹两种属于与本案有利害关系的人，❷属于曾被吊销相关专业执业证书的人，❸属于因故意犯罪受过刑事处罚的人。根据破产法的规定，均不能担任破产案件的管理人。

（2）根据《企业破产法》的规定，❶、❷属于管理人的职责，❸属于管理人的权利，❹中债权人会议不享有对管理人罢免权，只能请求法院更换管理人。

四、债权人会议

（一）债权申报

债权申报期限自人民法院发布受理破产申请公告（而非受理）之日起计算，最短不得少于三十日，最长不得超过三个月。

7

在人民法院确定的债权申报期限内，债权人未申报债权的，可以在破产财产最后分配前补充申报；但是，此前已进行的分配，不再对其补充分配。为审查和确认补充申报债权的费用，由补充申报人承担。

（二）债权人会议和组成

债权人会议是由全体债权人组成，以维护债权人共同利益为目的，在法院监督下讨论决定有关破产事宜，表达债权人意思的破产机构。对内它负责协调、平衡债权人之间的利益关系，形成全体债权人的共同意志，对外它通过参与和监督破产程序，维护全体债权人的利益。

我国《企业破产法》规定，依法申报债权的债权人为债权人会议的成员，有权参加债权人会议，享有表决权。债权尚未确定的债权人，除人民法院能够为其行使表决权而临时确定债权额的外，不得行使表决权。对债务人的特定财产享有担保权的债权人，未放弃优先受偿权利的，对于通过和解协议、通过破产财产的分配方案等事项不享有表决权。债权人可以委托代理人出席债权人会议，行使表决权。代理人出席债权人会议，应当向人民法院或者债权人会议主席提交债权人的授权委托书。债权人会议应当有债务人的职工和工会的代表参加，对有关事项发表意见。债权人会议设主席一人，由人民法院从有表决权的债权人中指定。债权人会议主席负责主持债权人会议。

（三）债权人会议的职权

债权人会议行使下列职权：❶ 核查债权（债权表由第一次债权人会议核查，由人民法院确认）；❷ 申请人民法院更换管理人，审查管理人的费用和报酬（债权人会议不能直接更换管理人）；❸ 监督管理人；❹ 选任和更换债权人委员会成员（只能选举、更换其中的债权人代表，不包括职工代表）；❺ 决定继续或者停止债务人的营业（在第一次债权人会议召开之前，由管理人决定继续或者停止债务人的营业）；❻ 通过重整计划；❼ 通过和解协议；❽ 通过债务人财产的管理方案；❾ 通过破产财产的变价方案；❿ 通过破产财产的分配方案。

(四) 债权人会议的召集与决议

根据《企业破产法》的规定，第一次债权人会议由人民法院召集，自债权申报期限届满之日起十五日内召开。以后的债权人会议，在人民法院认为必要时，或者管理人、债权人委员会、占债权总额四分之一以上的债权人向债权人会议主席提议时召开。少数债权人拒绝参加债权人会议，不影响债权人会议的召开。但是，债权人不得作出剥夺其对破产财产受偿的机会或者不利于其受偿的决议。召开债权人会议，管理人应当提前十五日通知已知的债权人。债权人可以委托代理人出席债权人会议，并授权其行使表决权。代理人出席债权人会议的，应当向人民法院或者债权人会议主席提交债权人的授权委托书。

债权人会议设主席 1 人，由人民法院从有表决权的债权人中指定，债权人会议主席负责主持债权人会议。

关于债权人会议的决议方式，我国《企业破产法》采用人数和债权额双重标准。对于一般决议事项，由出席会议的有表决权的债权人过半数通过，并且其所代表的债权额占无财产担保债权总额的二分之一以上。对于特殊决议事项，法律作出了特别规定，如在对重整计划草案进行表决时，要求出席会议的同一表决组的债权人过半数同意，并且其所代表的债权额须占该组债权总额的三分之二以上。在通过和解协议时，须由出席会议的有表决权的债权过半数同意，并且其所代表的债权额占无财产担保债权总额的三分之二以上。此外，由于债权债务关系复杂，各债权人利益无法调和的原因，对于通过债务人财产的管理方案、通过破产财产的变价方案这两事项，经债权人会议表决未通过的，或者通过破产财产的分配方案这一事项经两次债权人会议二次表决仍未通过的，由人民法院裁定，裁定可以在债权人会议上宣布或者另行通知债权人。

如果债权人认为债权人的决议违反法律规定，损害其利益的，可以自债权人会议作出 决议之日起十五日内请求人民法院裁定撤销该决议，责令债权人会议依法重新作出决议。债权人对通过债务人财产的管理方案的裁定不服或者债权额占无财产担保债权总额二分之一以上的债权人对通过破产财产的变价方案的裁定不服的，可以自裁定宣布之日或者收到通知之日起十五日内向该人民法院申请复议。复议期间不停止裁定的执行。债权人会议的决议，对全体债权人均有约束力。

(五) 债权人委员会

债权人委员会(并非必设)由债权人会议选任的债权人代表和一名债务人的职工代表或者工会代表组成，债权人委员会成员不得超过九人。国有独资公司的监事会成员不得少于五人，其中职工代表的比例不得低于三分之一。

五、重整

(一) 重整的申请人

1. 债务人

债务人可以直接向人民法院申请重整；债权人申请对债务人进行破产清算的，在人民法院受理破产申请后、宣告债务人破产前，债务人可以向人民法院申请重整。

2. 债权人

债权人可以直接向人民法院申请对债务人进行重整。

3. 出资人

债权人申请对债务人进行破产清算的，在人民法院受理破产申请后、宣告债务人破产前，出资额占债务人注册资本十分之一以上的出资人，可以向人民法院申请重整。

（二）重整申请的受理

人民法院经审查认为重整申请符合法律规定的，应当裁定债务人重整，并予以公告。自人民法院裁定债务人重整之日起至重整程序终止，为重整期间。

（三）重整计划的制定

在重整期间，经债务人申请，人民法院批准，债务人可以在管理人的监督下自行管理财产和营业事务。

（1）债务人自行管理财产和营业事务的，由债务人制定重整计划草案。

（2）管理人负责管理财产和营业事务的，由管理人制定重整计划草案。

债务人或者管理人应当自人民法院裁定债务人重整之日起六个月内，同时向人民法院和债权人会议提交重整计划草案。期限届满，经债务人或者管理人请求，有正当理由的，人民法院可以裁定延期三个月。债务人或者管理人未按期提出重整计划草案的，人民法院应当裁定终止重整程序，并宣告债务人破产。

7

重整计划经人民法院批准后由债务人执行（不论由谁制定的重整计划，均由债务人自己执行）。在重整计划规定的监督期内，由管理人监督重整计划的执行。

重整计划草案应当包括下列内容：❶ 债务人的经营方案；❷ 债权分类；❸ 债权调整分类；❹ 债权受偿方案；❺ 重整计划的执行期限；❻ 重整计划执行的监督期限；❼ 有利于债务人重整的其他方案。

（四）重整计划的表决与批准

1. 表决

人民法院应当自收到重整计划草案之日起三十日内召开债权人会议，对重整计划草案分组进行表决。表决可以分成以下组别：有担保权的债权人组；职工组；债务人所欠税款人组；普通债权；人民法院在必要时可以决定在普通债权组中设小额债权组对重整计划草案进行表决；必要时设立出资人组。

出席会议的同一表决组的债权人过半数同意重整计划草案，并且其所代表的债权额占该组债权总额的三分之二以上的，即为该组通过重整计划草案。债务人或者管理人应当向债权人会议就重整计划草案作出说明，并回答询问。债务人的出资人代表可以列席讨论重整计划草案的债权人会议。重整计划草案涉及出资人权益调整事项的，应当设出资人组，对该事项进行表决。各表决组均通过重整计划时，重整计划即为通过。

部分表决组未通过重整计划草案的，债务人或者管理人可以同未通过重整计划草案的表决组协商。该表决组可以在协商后再表决一次。双方协商的结果不得损害其他表决组的利益。

2. 批准

自重整计划通过之日起十日内，债务人或者管理人应当向人民法院提出批准重整计划的申请。人民法院经审查认为符合法律规定的，应当自收到申请之日起三十日内裁定批准，终止重整程序，并予以公告。

六、和解

破产和解，是指破产程序开始后，经由债务人与债权人会议达成协议，就债务人延期清偿债务、减免债务、进行重整等事项达成协议，以中止破产程序，挽救复苏企业的法律行为。和解协议草案由债务人制定。

（一）和解的申请人

和解的申请人只能是债务人。债务人可以依法直接向人民法院申请和解；也可以在人民法院受理破产申请后、宣告债务人破产前，向人民法院申请和解。债务人申请和解，应当提出和解协议草案。

（二）和解申请的受理

人民法院经审查认为和解申请符合法律规定的，应当裁定和解，予以公告，并召集债权人会议讨论和解协议草案。

（三）和解协议的通过

债权人会议通过和解协议的决议，由出席会议的有表决权的债权人过半数同意，并且其所代表的债权额占无财产担保债权总额的三分之二以上。

债权人会议通过和解协议的，由人民法院裁定认可，并予以公告。和解协议草案经债权人会议表决未获得通过，或者已经债权人会议通过的和解协议未获得人民法院认可的，人民法院应当裁定终止和解程序，并宣告债务人破产。

（四）和解协议的效力

（1）经人民法院裁定认可的和解协议，对债务人和全体和解债权人均有约束力。

（2）和解债权人未依照规定申报债权的，在和解协议执行期间不得行使权利；在和解协议执行完毕后，可以按照和解协议规定的清偿条件行使权利。

（3）按照和解协议减免的债务，自和解协议执行完毕时起，债务人不再承担清偿责任。

（4）和解债权人对债务人的保证人和其他连带债务人所享有的权利，不受和解协议的影响。

（5）和解协议没有强制执行的效力，债务人不能执行或者不执行和解协议的，人民法院经和解债权人请求，应当裁定终止和解协议的执行，并宣告债务人破产。

七、破产宣告

（一）破产宣告的概念

破产宣告，是指人民法院依当事人的申请或法定职权裁定宣布债务人破产以清偿债务的诉讼活动。

破产宣告是一种司法行为，只能由人民法院以裁定方式作出。人民法院依法宣告债务人破产的，应当自裁定作出之日起五日内送达债务人和管理人，自裁定作出之日起十日内通知已知债权人，并予以公告。

（二）破产宣告的情形

（1）人民法院受理破产申请后经审查符合破产条件的，依法宣告破产。

（2）因和解不成而宣告破产。申请和解的，和解协议未通过的、和解协议未获得人民法院的认可的、和解协议无效的由人民法院应当裁定终止和解宣告破产；债务人不执行和解协议或不能执行和解协议的，人民法院经和解债权人请求，应当裁定终止和解协议的执行，并宣告债务人破产。

（3）因重整失败而宣告破产。申请重整的，债务人、管理人未按期提出重整计划草案的、重整计划草案未获通过且未获批准的、重整计划草案已获通过但未获批准的，人民法院应当裁定终止重整程序，并宣告债务人破产；债务人不能执行或者不执行重整计划的，人民法院经管理人或者利害关系人请求，应当裁定终止重整计划的执行，并宣告债务人破产。

《企业破产法》第二条规定："企业法人不能清偿到期债务，并且资产不足以清偿全部债务或者明显缺乏清偿能力的，依照本法规定清理债务。"因此，债务人具备破产原因（或者称达成破产界限）是破产宣告的必要条件。但是，在破产宣告前，有下列情形之一的，人民法院应当裁定终结破产程序，并予以公告：❶ 第三人为债务人提供足额担保或者为债务人清偿全部到期债务的；❷ 债务人已清偿全部到期债务的。

（三）破产宣告的后果

破产宣告标志着破产案件不可逆转地进入清算程序。债务人被宣告破产后，债务人称为破产人，债务人财产称为破产财产，人民法院受理破产申请时对债务人享有的债权称为破产债权。

八、破产清算

（一）破产财产

破产财产，是指法院依法予以确定并依破产程序供债权人分配的，在破产申请受理时属于债务人所有以及破产申请受理后至破产程序终结前债务人取得的全部财产。

根据《企业破产法》的规定，破产财产由以下财产构成：一是破产申请受理时属于债务人的全部财产；二是破产申请受理后至破产程序终结前债务人取得的财产；三是管理人行使撤销权及认定债务人行为无效后追回的财产；四是债务人的出资人注册资金投入不足的补足部分，且不受出资期限的限制；五是由管理人追回的债务人的董事、监事和高级管理人员利用职权从企业获取的非正常收入和侵占的企业财产。

（二）破产债权

破产债权，是指破产宣告前对破产企业所成立的，并且只通过破产程序，才可以从破产财产中获得公平受偿的债权。

我国《企业破产法》第四十四条规定，人民法院受理破产申请时对债务人享有债权的债权人，依照法律规定的程序行使权利，因此破产债权包括：破产宣告前成立的无财产担保的债权；虽有财产担保但放弃优先受偿权的债权；虽有财产担保，但担保物的价款低于债权额，其未能受偿的债权等。

（三）破产费用和共益债务

1. 破产费用

破产费用是指在人民法院受理破产申请后，为破产程序的进行以及为全体债权人的共同利益而从债务人财产中优先支付的费用。根据《企业破产法》规定，人民法院受理破产申请后发生的下列费用，为破产费用：❶ 破产案件的诉讼费用；❷ 管理、变价和分配债务人财产的费用；❸ 管理人执行职务的费用、报酬和聘用工作人员的费用。

2. 共益债务

共益债务是指在破产程序中为全体债权人的共同利益而管理、变价和分配破产财产而负担的债务。根据法律规定，人民法院受理破产申请后发生的下列费用，为共益债务：❶ 因管理人或者债务人请求对方当事人履行双方均未履行完毕的合同所产生的债务；❷ 债务人财产受无因管理所产生的债务；❸ 因债务人不当得利所产生的债务；❹ 为债务人继续营业而支付的劳动报酬和社会保险费用以及由此产生的其他债务；❺ 管理人或者相关人员执行职务致人损害所产生的债务；❻ 债务人财产致人损害所产生的债务。

（四）破产财产的变价和分配

7

1. 破产财产的变价

一般情况下，破产财产的分配都将以货币的形式进行，因此，拟订破产财产的变价方案以及根据方案变现破产人的财产就称为分配破产财产前的必要工作。

破产财产变价方案的执行应符合以下要求：❶ 管理人是破产财产变价方案的执行主体；❷ 管理人变价出售破产财产必须按债权人会议通过的或者人民法院依法裁定的破产财产变价方案进行；❸ 管理人变价出售破产财产必须适时。

破产财产变价出售的方式：❶ 变价出售破产财产应当通过拍卖方式进行；❷ 破产企业可以全部或者部分变价出售；❸ 按照国家规定不能拍卖或者限制转让的财产，应当按照国家规定的方式处理。

2. 破产财产的分配顺序

（1）破产财产优先清偿破产费用和共益债务。

（2）破产财产在清偿破产费用和共益债务后的清偿顺序：破产人所欠职工的工资和医疗、伤残补助、抚恤费用，所欠的应当划入职工个人账户的基本养老保险、基本医疗保险费用，以及法律、行政法规规定应当支付给职工的补偿金；破产人欠缴的除前项规定以外的社会保险费用和破产人所欠税款；普通破产债权。

破产财产不足以清偿同一顺序的清偿要求的，按照比例分配。

（五）破产程序的终结

破产程序的终结，是指法院受理破产案件后，存在法律规定的事由时，由法院依法裁定终结破产程序，结束破产案件。

1. 破产程序终结的事由

（1）债务人财产不足以清偿破产费用的，管理人应当提请人民法院终结破产程序。

（2）人民法院受理破产申请后，债务人与全体债权人就债权债务的处理自行达成协议的，可以请求人民法院裁定认可，并终结破产程序。

(3) 破产人无财产可供分配的，管理人应当请求人民法院裁定终结破产程序。

(4) 破产财产分配完毕。

管理人应当自破产程序终结之日起十日内，持人民法院终结破产程序的裁定，向破产人的原登记机关办理注销登记，并可于办理注销登记完毕的次日终止执行职务，但如果还存在诉讼或者仲裁未决的情况，则管理人应继续履行职务。

2. 破产财产的追加分配

自破产程序依法终结之日起两年内，有下列情形之一的，债权人可以请求人民法院按照破产财产分配方案进行追加分配：

(1) 发现有依照规定应当追回的财产的。应当追回的财产包括：人民法院受理破产申请前一年内，债务人的财产处理行为依法被撤销涉及的财产，包括无偿转让的财产、以明显不合理的价格进行交易的财产、对没有财产担保的债务提供财产担保的财产、对未到期的债务提前清偿的清偿额以及债务人放弃的债权；人民法院受理破产申请前六个月内，债务人处于破产状态时对个别债权人清偿的数额；债务人为逃避债务而隐匿、转移的财产、虚构的债务或者承认不真实的债务；债务人的董事、监事和高级管理人员利用职权从企业获取的非正常收入和侵占的企业财产。

7

(2) 发现破产人有应当供分配的其他财产的。有上述规定情形，但财产数量不足以支付分配费用的，不再进行追加分配，由人民法院将其上交国库。

3. 破产事宜的特殊规定

破产人在《企业破产法》公布之日前所欠职工的工资和医疗、伤残补助、抚恤费用，所欠的应当划入职工个人账户的基本养老保险、基本医疗保险费用，以及法律、行政法规规定应当支付给职工的补偿金，依照规定清偿后不足以清偿的部分，以规定的特定财产优先于对该特定财产享有担保权的权利人受偿。

破产人的保证人和其他连带债务人，在破产程序终结后，对债权人依照破产清算程序未受清偿的债权，依法继续承担清偿责任。

阶段测试

一、名词解释

1. 有限责任公司　　2. 独立董事　　3. 股票　　4. 公司的合并与分立

二、单项选择题

1. 设立有限责任公司时，股东人数应当符合的法定人数为(　　)。

A. 50 人以下　　B. 200 人以下

C. 2 人以上　　D. 2～50 人

2. 我国《公司法》规定的公司类型包括(　　)。

A. 有限责任公司和股份有限公司　　B. 有限责任公司和无限责任公司

C. 两合公司和有限责任公司　　D. 股份两合公司和股份有限公司

3. 公司的住所是指(　　)。
A. 登记地与主要办事机构所在地不一致的,为公司主要办事机构所在地
B. 公司户口所在地
C. 登记地与主要办事机构所在地不一致的,为登记地
D. 纳税地
4. 下列不属于股东的权利的是(　　)。
A. 参加股东会并按照出资比例行使表决权
B. 选举和被选举为董事会成员
C. 依法转让出资
D. 公司设立登记后抽逃出资
5. 下列关于有限责任公司组织机构,说法正确的是(　　)。
A. 公司董事会成员人数为 3 人以上
B. 董事任期由公司章程规定,但每届任期不得超过五年
C. 公司设监事会,监事会成员为 5 人以上
D. 监事任期届满,不能连选连任
6. 2024 年 3 月,某公司拟选聘公司经理,下列人员中可以担任公司的经理的是(　　)。
A. 17 岁的小刘
B. 2023 年 12 月 3 日因侵占财产被判有期徒刑刑满释放的小王
C. 失业人员小薛
D. 欠债 40 万元,无力偿还的小李
7. 公司应在税后利润中提取法定公积金的比例为(　　)。
A. 20%　　B. 15%　　C. 25%　　D. 10%
8. 股份有限公司股份的转让正确的是(　　)。
A. 公司股票上市后第三天,发起人刘国芝卖出所持本公司股票
B. 董事李泉一次性卖出所持本公司股份总数 80%的股票
C. 职工王庄卖出其持有的全部公司股票
D. 公司为提升二级市场股票价格,买进本公司股票
9. 关于上市公司下列说法正确的是(　　)。
A. 有限责任公司也可以成为上市公司
B. 上市公司是否设董事会秘书由公司自主决定
C. 上市公司必须设独立董事
D. 累积投票制度不适用上市公司
10. 公司破产的清算人可以是(　　)。
A. 公司的董事会　　B. 公司的财务部门
C. 公司的监理会　　D. 律师事务所

三、判断题

1. 股东可以用货币出资,也可以用劳务作价出资。　(　　)

2. 股东会会议做出修改公司章程、增加或者减少注册资本的决议，以及公司合并、分立、解散或者变更公司形式的决议，有限公司必须经代表三分之二以上表决权的股东表决通过。（　）

3. 上市公司董事与董事会会议决议事项所涉及的企业有关联关系的，可以对该项决议行使表决权，也可以代理其他董事行使表决权。（　）

4. 有限责任公司监事会每年度至少召开两次会议，股份有限公司监事会每三个月至少召开一次会议。（　）

5. 在公司设立过程中，由于发起人的过失致使公司利益受到损害的，应当对公司承担赔偿责任。（　）

6. “多证合一、一照一码”，即营业执照的注册号、组织机构代码证号、税务登记证号、统计证号及社保登记证号等统一为一个登记码，标注在营业执照上。（　）

7. 股份有限公司股东会应当对所议事项的决定作成会议记录，主持人、出席会议的董事应当在会议记录上签名，对所议事项投反对票的董事无需签名。（　）

8. 通过简易程序注销公司登记，应当通过国家企业信用信息公示系统予以公告，公告期限不少于十日。（　）

9. 公司解散必须进行清算，清算组在清理公司财产、编制资产负债表和财产清单后，发现公司财产不足清偿债务的，无权向人民法院申请宣告破产。（　）

10. 公司的破产申请人可以是债权人、债务人、清算人、股东等。（　）

四、案例分析题

1. 神木材料股份有限公司、晖崾陶瓷有限公司的三个投资人分别出资 40 万元、180 万元、100 万元成立万豪建筑工程有限责任公司，其中张朝阳担任该公司的董事长，李三水担任公司的监事，王生鑫担任公司的总经理并兼任总会计师。公司欲修改公司章程，在神木材料股份有限公司、晖崾陶瓷有限公司不同意修改章程的情况下，张朝阳以董事长的身份修改公司章程，还以各种理由解除王生鑫的总经理职务，并改为由自己担任，同时私自用公司的财产为其女儿的贷款提供担保。请回答以下问题：

（1）王生鑫担任公司的总经理并兼任总会计师是否符合规定？为什么？

（2）张朝阳能否以董事长的身份自行修改公司章程？为什么？

（3）董事长张朝阳能否解除王生鑫的总经理职务并改为由自己担任？为什么？

（4）董事长张朝阳私自用公司的财产为其女儿的贷款提供担保合法吗？为什么？

2. 甲、乙、丙、丁、戊拟共同组建一家有限责任性质的饮料公司，注册资本 700 万元，公司拟不设董事会，由甲任执行董事；不设监事会，由丙担任公司的监事。饮料公司成立后经营一直不景气，已欠 A 银行贷款 100 万元未还。经股东会决议，决定把饮料公司唯一盈利的保健品车间分出去，另成立有独立法人资格的保健品公司。后饮料公司增资扩股，乙将其股份转让给 C 公司。请回答以下问题：

（1）饮料公司的组织机构设置是否符合《公司法》的规定？为什么？

（2）饮料公司设立保健品公司的行为在《公司法》上属于什么性质的行为？保健品公司设立后，饮料公司原有的债权债务应如何承担？

（3）乙转让股份时应遵循股份转让的何种规则？

3. 甲、乙、丙于2021年3月出资设立大华电器有限责任公司。2021年4月，该公司吸收丁入股。2024年10月，该公司因经营不善造成严重亏损，拖欠巨额债务，被依法宣告破产。人民法院在清算中查明：甲在公司设立时以一套机器设备作价出资，其实际价额为200万元，显著低于公司章程所定价额500万元；甲的个人财产仅为50万元。

根据有关法律规定，分别回答以下问题：

（1）对于股东甲出资不实的行为，在公司内部应承担何种法律责任？

（2）当A公司被宣告破产时，对甲出资不实的问题应如何处理？

（3）对甲出资不足的问题，股东丁是否应对其承担连带责任？并说明理由。

4. 某食品公司与某农业技术研究院共同设立从事食品生产的甲有限责任公司，合作协议约定：

（1）甲公司注册资本为1 200万元。其中，食品公司以货币出资，金额300万元，另以某食品商标作价出资400万元。研究院以新型食品加工专利技术出资，该技术作价500万元（有评估机构出具的评估证明）。

（2）公司董事会由5名董事组成，其中董事长由食品公司推荐，公司的经理、财务负责人由董事长直接任命。

（3）双方按5∶5的出资比例分享利润、支付设立费用、分担风险。

根据有关法律规定，分别回答以下问题：

（1）甲公司的出资是否符合法律规定？为什么？

（2）甲公司董事长、经理和财务负责人的产生是否符合法律规定？为什么？

（3）甲公司对利润分配比例的约定是否合法？

5. 水晶宫有限责任公司是一家经营电器批发的企业，认缴注册资本1 000万元，全部出资未实缴。2024年4月，水晶宫有限责任公司决定减少注册资本。次月，股东会以代表二分之一以上表决权的股东通过决议，将公司注册资本减至400万元。公司作出减少注册资本决议的当天，就向公司登记机关办理了变更登记手续。

问题：水晶宫有限责任公司在减少注册资本的过程中存在哪些问题？

实训操作与指导

1. 到市场监督管理局咨询营业执照办理事项，到税务局咨询税务登记情况并制作任务报告书。

指导意见：选择就近的县区级市场监督管理局或税务局办事大厅的公司登记、税务登记窗口，咨询相关事项并带回关于公司设立条件、设立程序的行政告知单，税务登记所需资料和程序行政告知单，根据咨询情况和告知单制作任务报告书。

2. 登录一家上市公司的网站，如合肥百货大楼集团股份有限公司，仔细阅读其公司治理结构情况，并制作任务报告书。

指导意见：在公司治理结构或公司组织机构或高层治理页面采集公司的董事、独立董事、监事、经理的人员名单、性别、年龄、学历、薪酬、所持本公司股份数信息；在公司概况页面采集公司的名称、法人代表、注册资本、公司注册地址、办公地址、经营范围、公司股份发行情况、公司股票上市概况等信息；在公司股东研究或股东信息页面采集公司的股东名称或姓名、持股数、增减变动情况、有无限售等信息。根据所采集信息编制任务报告书。

3. 登录一家上市公司的网站如中国光大银行股份有限公司(有条件的同学可以直接到上市公司查询)，认真阅读其财务报表。摘录以下项目制作任务书：每股收益、每股净资产、每股未分配利润、每股经营现金流量、净利润、净利润增长率、公积金、资产负债比率等财务资料。

指导意见：分别在公司财务分析、经营分析、股本结构、分红扩股等页面采集每股收益、每股净资产、每股未分配利润、每股经营现金流量、净利润、净利润增长率、公积金、资产负债比率等财务资料信息。根据所采集信息编制任务报告书。

自我评价

任　务　名　称	掌　握　程　度		
	好	中	差
《公司法》《企业破产法》的概念的掌握情况			
对《公司法》基本制度的了解情况			
对公司治理的了解情况			
对公司财务的掌握情况			
对破产的作用、破产财产清算的了解情况			
对公司的法律责任的熟悉情况			
对公司主要存在的法律风险的识别能力			
对公司主要存在的法律风险的防范能力			
对公司主要存在的法律纠纷的处理能力			

通过本章的学习，你还有什么收获？

第八章 反不正当竞争法

导语

为发挥市场在资源配置中的决定作用，建立公平、开放、透明的市场规则，建设统一开放、竞争有序的市场体系，更好地维护公平竞争市场秩序，更好地保护消费者合法权益，针对近年来出现的新型竞争行为和竞争问题，充分吸收司法实践中的探索经验，并考虑相邻法律的立法情况，2019 年 4 月 23 日第十三届全国人民代表大会常务委员会第十次会议决定对包括《中华人民共和国反不正当竞争法》(以下简称《反不正当竞争法》)在内的八部法律进行修正。

学习目标

理论知识目标：

1. 理解不正当竞争行为的概念和特征。
2. 掌握《反不正当竞争法》关于七种不正当竞争行为的相关规定。
3. 熟悉《反不正当竞争法》关于法律责任的规定。

职业能力目标：

1. 能够利用所学知识正确分析判断经营者实施的行为是否属于不正当竞争行为，属于哪一种不正当竞争行为。
2. 能够掌握对涉嫌不正当竞争行为监督检查的相关要求。
3. 能够分析实施市场行为过程中可能存在的法律风险。

职业素养目标：

1. 通过了解不正当竞争行为的概念和特征，树立正确的竞争意识，在竞争中不断突破自我。
2. 通过学习《反不正当竞争法》，树立公平、有序的竞争意识，守法诚信经营。

思维导图

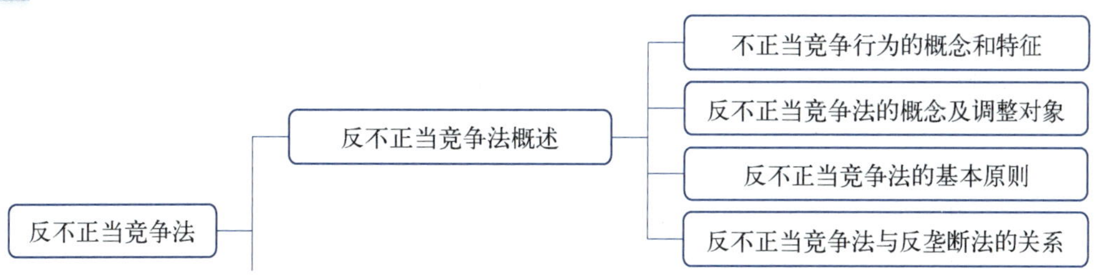

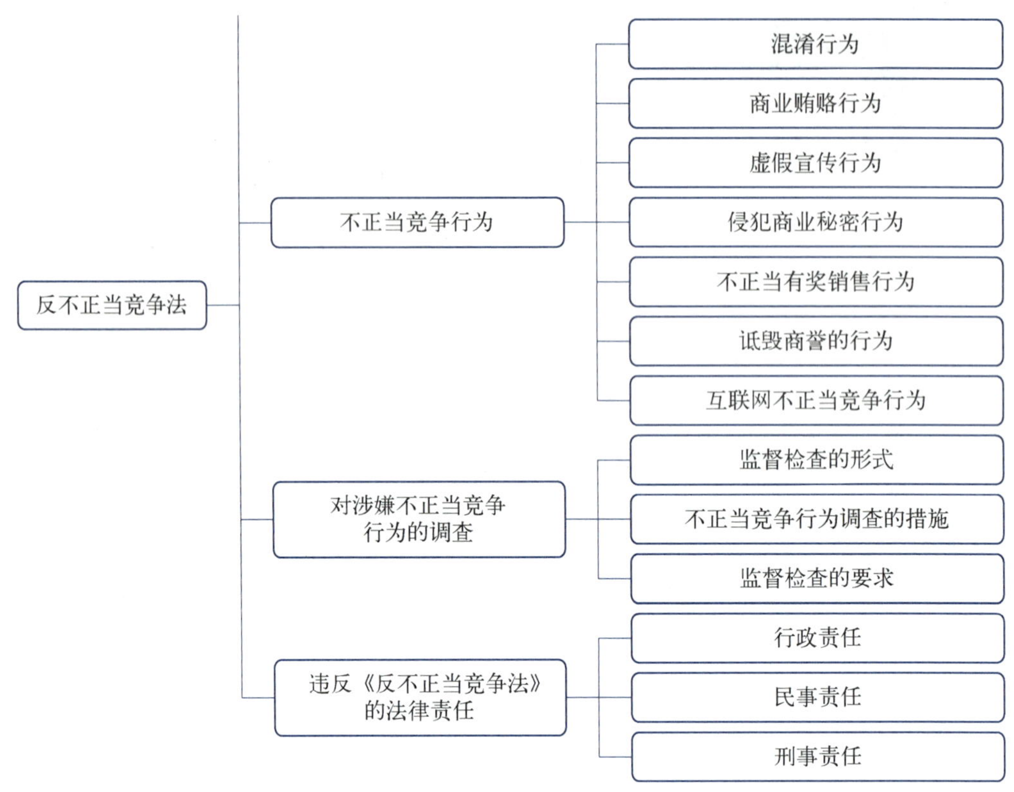

8

导入案例

甲百货大楼股份有限公司和乙百货公司作为竞争对手，具有共同的经营范围。为了吸引顾客，争夺市场，2024年5月乙百货公司决定以有奖销售的方式促销。其有奖销售方式一经推出，就吸引了大批顾客，其中还包括一部分原本属于甲公司的顾客。作为应对措施，甲公司董事长肖某召开紧急董事会，并决定开展有奖销售活动，具体办法及奖项如下：凡单日内在本公司购物满80元者，皆可获赠奖券一张，本次有奖销售设特等奖1名，奖励价值58 000元小汽车一辆；一等奖3名，奖励价值4 000元彩电一台；二等奖10名，奖励价值1 000元洗衣机一台；另外还有三、四、五、六等奖。与此同时，甲公司还展开了强大的宣传攻势，并在对外广播中称，本公司所设奖项皆由消费者公平竞争，而不像本市有的公司，虽然设奖，但公司内部职工知道一、二等奖的设置，实际上一、二等奖已由公司自己人摸去，如此欺骗、坑害消费者的行为实该谴责，务请广大消费者今后不要上当。许多消费者据此认定广播中所称的公司为乙公司。乙公司遂以甲公司为被告向人民法院提起诉讼。经调查后确认，在甲进行有奖销售之前，只有乙一家进行过有奖销售，且两公司距离较近，更易使消费者相信“欺骗、坑害消费者”的公司为乙公司，且乙公司的一、二等奖是普通消费者所中。由于甲公司的虚假宣传，已使乙公司的商业信誉受到了影响。

根据上述案例，请回答以下问题：

(1) 甲公司编造、传播虚假信息的行为是否构成不正当竞争？为什么？

(2) 甲公司的有奖销售行为是否构成不正当竞争行为？为什么？

案例解析：

(1) 甲公司编造、传播虚假信息的行为构成不正当竞争。《反不正当竞争法》第十一条规定："经营者不得编造、传播虚假信息或误导性信息，损害竞争对手的商业信誉、商品声誉。"本案中，甲公司为了打败竞争对手，捏造、散布虚伪事实，对外宣传乙公司的一、二等奖由公司自己人摸去，严重影响了乙公司的商业信誉，构成了《反不正当竞争法》规定的诋毁商誉行为。

(2) 甲公司的有奖销售行为构成不正当竞争行为。《反不正当竞争法》第十条规定："经营者进行有奖销售不得存在下列情形：(一) 所设奖的种类、兑奖条件、奖金金额或者奖品等有奖销售信息不明确，影响兑奖；(二) 采用谎称有奖或者故意让内定人员中奖的欺骗方式进行有奖销售；(三) 抽奖式的有奖销售，最高奖的金额超过五万元。"本案中，甲公司的有奖销售行为最高奖的金额超过法定限额，构成不正当竞争行为。

第一节 反不正当竞争法概述

一、不正当竞争行为的概念和特征

我国《反不正当竞争法》第二条第 2 款规定，本法所称的不正当竞争行为，是指经营者在生产经营活动中，违反本法规定，扰乱市场竞争秩序，损害其他经营者或者消费者的合法权益的行为。它包括以下几个主要特征。

1. 不正当竞争行为的实施主体是经营者

市场竞争是在经营者之间进行的。一般而言，只有参与竞争的经营者才有可能从事不正当竞争。《反不正当竞争法》第二条第 3 款规定，本法所称的经营者，是指从事商品生产、经营或者提供服务的自然人、法人和非法人组织。

2. 不正当竞争行为的目的是获取竞争利益

经营者在实施不正当竞争行为时，主观上往往存在故意，并有明确地获取竞争利益的目的。所谓竞争利益，是指能够影响经营者的竞争能力而被竞争者竭力争取的各种条件，如原材料供应、技术设备、销售渠道、销售价格以及市场占有率等。

3. 行为违反法律规定

正当竞争与不正当竞争本质的区别体现在是否违反法律规定。经营者在生产经营活动中，应当遵循自愿、平等、公平、诚信的原则，遵守法律和商业道德。反之，则构成不正当竞争。

4. 后果具有危害性

一方面，不正当竞争直接损害了其他合法经营者的利益，尤其是与不正当竞争者有直接竞争关系的经营者的利益；另一方面，由于不正当竞争的存在会增加市场道德风险、加大市场交易成本、损害人们正常的竞争关系，因此会扰乱和破坏市场的竞争秩序。

二、反不正当竞争法的概念及调整对象

反不正当竞争法是调整在维护公平竞争、制止不正当竞争过程中发生的社会关系的法律规范的总称。

为了适应社会主义市场经济体制下社会经济健康发展的客观需要，保护公平竞争，制止不正当竞争行为，维护经营者与消费者的合法权益，1993 年 9 月 2 日第八届全国人民代表大会常务委员会第三次会议通过并颁布了《反不正当竞争法》，并于 1993 年 12 月 1 日起施行。2017 年 11 月 4 日第十二届全国人民代表大会常务委员会第三十次会议予以修订，自 2018 年 1 月 1 日起施行。2019 年 4 月 23 日第十三届全国人民代表大会常务委员会第十次会议通过《关于修改〈中华人民共和国建筑法〉等八部法律的决定》，对《反不正当竞争法》进行修正。

【知识拓展 8－1】

2019 年《反不正当竞争法》修正简析

此次《反不正当竞争法》的修正，是国家知识产权强国战略的精神体现，是营造尊重知识价值营商环境，完善知识产权保护法律体系的进一步落实。通过对商业秘密定义的完善，使得商业秘密的门槛降低，更有利于企业选择商业秘密进行保护；进一步明确侵犯商业秘密的情形，扩大侵犯商业秘密责任主体的范围，强化侵犯商业秘密行为的法律责任，提高违法成本，降低违法收益，加大法律惩戒力；对侵犯商业秘密的民事审判程序中举证责任的转移作了新的规定，减轻商业秘密权利人的举证责任，大幅降低维权成本。由此可见，这次新修订的《反不正当竞争法》对我国日益重要的商业秘密保护无疑是注入了一剂强心针。

三、反不正当竞争法的基本原则

《反不正当竞争法》第二条规定，经营者在生产经营活动中，应当遵循自愿、平等、公平、诚信的原则，遵守法律和商业道德。这与《民法典》第一章基本规定中确立的平等、自愿、公平、诚信的原则保持一致性。这一规定反映了商品经济社会对经营者的必然要求，也是带有法律强制性的准则。

（一）自愿原则

自愿原则是指经营者能够按照自己的真实意愿来独立自主地参与市场交易活动，设立、变更和终止特定的经济法律关系。具体包括三层含义：一是经营者可以自主决定是否参与某项市场交易活动，他人无权干预；二是经营者可以根据自己的意愿自主地选择决定交易对象、交易内容和交易条件以及建立和变更交易具体额的法律关系；三是经营者之间的交易关系反映了双方真实的意思表示，以胁迫、强制手段进行交易，或者利用自己的优势地位强迫对方接受不合理的条件，都违背了自愿原则。

（二）平等原则

平等原则是指经营者法律地位平等，任何一方都不得将自己的意志强加于对方。经营者一旦进入市场，不论其规模大小、所有制形式如何，在法律上都是平等的。基于这一原则，那些在市场交易中滥用经济优势排挤其他竞争者等行为和做法，都是与平等原则相背离的。

（三）公平原则

经营者应当遵循公平原则来确定各方的权利和义务。公平原则强调在市场经济中，对任何经营者都要以市场交易规则为准则，享受公平合理的对待，既不享有任何特权，也无需履行任何不公平的义务，权利与义务对等。《反不正当竞争法》的公平原则主要体现在交易条件公平和交易结果公平两个方面。

（四）诚信原则

诚信原则既是现代市场经济中公认的商业道德，同时也是道德规范在法律上的体现。诚信原则要求经营者应以善意、诚实的态度与他人进行交易，反对任何欺诈性的交易行为，如假冒他人商品名称、包装、装潢等标识以及作出引人误解的虚假宣传等行为。

（五）遵守法律和商业道德

经营者实施的行为只有符合法律和商业道德，才能受到保护。商业道德是指在长期的市场交易活动中形成的，为社会所普遍承认和遵守的商业行为准则。立法过程中，有限的法律条文不可能涵盖商业道德的全部内容。因此，确立遵守商业道德这一原则，对于发挥市场自身的调节功能，弥补制定法的不足，具有重要意义。

【案例分析 8－1】

不正当竞争行为

案情：某保温瓶厂在新闻发布会上，公开称消费者几十年来一直使用的保温瓶胆存在着砒霜渗透的问题，并宣称他们已经研制生产出无毒的“金胆”。这一消息引起广大消费者和经营者的关注。该保温瓶厂又及时发出广告，开展“银胆”换“金胆”的销售活动，消费者只要交两元人民币可以用一个“银胆”换一个“金胆”。与此同时，全国各地的“银胆”销售受到影响，厂家大量积压产品，国外经营者也纷纷要求退货、解除合同。经技术鉴定，发现普通的保温瓶所使用的“银胆”根本不存在砒霜渗透的问题，而所谓的“金胆”和普通保温瓶使用的“银胆”在原材料、设计方法、外形、制造工艺等方面都完全一样。当地的工商行政部门经过调查也发现该保温瓶厂生产的所谓“金胆”实际上就是用换来的“银胆”冒充的。

问题：该保温瓶厂的行为违反了《反不正当竞争法》基本原则中的哪一个原则？构成哪一种不正当竞争行为？

解析：该保温瓶厂宣传其他保温瓶所使用的“银胆”存在砒霜渗透问题，并声称自己所生产的“金胆”已克服该问题。事实上，经调查鉴定，“银胆”根本不存在砒霜渗透的问题，而所谓的“金胆”实际上就是用换来的“银胆”冒充的。因此，该保温瓶厂实施的行为已经违背了《反不正当竞争法》关于诚信原则的规定，具备不正当竞争行为中关于虚假宣传行为的构成要件，属于不正当竞争行为，应依法追究其法律责任。

四、反不正当竞争法与反垄断法的关系

《反不正当竞争法》与《反垄断法》同属竞争法，两者互为补充，共同规范经营者的竞争行为，维护市场秩序，但在立法目的、调整对象、法律责任等方面也存在一定的区别。

（一）立法目的不同

两部法律均在开篇第一条明确了相应的立法目的。《反不正当竞争法》第一条规定："为了促进社会主义市场经济健康发展，鼓励和保护公平竞争，制止不正当竞争行为，保护经营者和消费者的合法权益，制定本法。"《反垄断法》第一条规定："为了预防和制止垄断行为，保护市场公平竞争，提高经济运行效率，维护消费者利益和社会公共利益，促进社会主义市场经济健康发展，制定本法。"由此可见，从立法的出发点来看，《反不正当竞争法》首先保护的是受不正当竞争行为损害的经营者的利益，维护公平的竞争秩序，而《反垄断法》主要是维护消费者利益和社会公共利益，保障社会资源的优化配置。

简言之，《反不正当竞争法》最直接的目的就是制止不正当竞争行为，并通过对不正当竞争行为的预防、制止和惩罚来实现鼓励和保护公平竞争、保护经营者和消费者的合法权益。而反垄断法的直接目的是预防和制止垄断行为，并通过对垄断行为的预防、控制和惩罚来实现保护市场公平竞争，提高经济运行效率，维护消费者利益，维护社会公共利益。

（二）调整对象不同

《反不正当竞争法》和《反垄断法》均以经营者的竞争行为或者市场竞争关系为调整对象，但具体又各有侧重。其中，《反不正当竞争法》的调整对象是竞争行为，主要调整狭义上的不正当竞争行为；《反垄断法》的调整对象是垄断行为，是与自由竞争相对的概念，是违反法律法规和社会公共利益，在某一生产领域或流通领域内实质上排斥、限制竞争的行为。

8

（三）法律责任不同

不正当竞争直接侵害的是经营者的利益，实施不正当竞争行为的经营者主要承担民事责任，而垄断行为主要侵害的是公共利益，更多的是通过行政处罚予以救济，但对于情节严重、危害较大的不正当竞争行为、垄断行为，都可能追究刑事责任。

【知识拓展 8－2】

我国竞争法的立法模式

立法模式是指一国或一地区竞争法律规范体系的外在表现形式。根据各国的立法实践，竞争法的立法模式主要有三种：分立式、合立式和综合式。我国竞争法采用分立式的立法模式，即将《反不正当竞争法》和《反垄断法》分别单独立法的模式。采取这种立法模式的国家以德国和日本为代表，其优点是可以对不正当竞争行为和垄断行为进行有针对性的调整，便于实践操作；其不足之处是分别调整不利于协调规范。

第二节　不正当竞争行为

《反不正当竞争法》规定，本法所称的不正当竞争行为，是指经营者在生产经营活动中，违反本法规定，扰乱市场竞争秩序，损害其他经营者或者消费者的合法权益的行为。经营者的行为构成不正当竞争，必须具备违法性、侵权性和社会危害性的特征。其中，违法性是指经营者的行为违反《反不正当竞争法》的规定，既包括该法的列举性规定，也包括一般性规定和基本原则的规定；侵权性是指不正当竞争行为侵害了或者可能侵害其他经营者的合法权益；社会危害性是指不正当竞争行为不但给其他经营者造成损害，还扰乱了公平竞争赖以生存的、良好的、正常的市场经济秩序。

具备上述特征的行为属于不正当竞争行为。根据《反不正当竞争法》的规定，不正当竞争主要有以下七种行为。

一、混淆行为

（一）混淆行为的概念

混淆行为主要是指经营者实施某些行为引人误认为是他人商品或者与他人存在特定联系的行为。

（二）混淆行为的特征

（1）行为主体一般是商品或服务的经营者。

（2）行为主体在主观上存在使人产生误信或混淆的故意，以获得交易机会。

（3）被混淆的对象，须具有一定的影响。

（4）客观上实施混淆行为，采取了欺骗性手段，使交易相对人误认为是他人商品或者与他人存在特定联系。

（三）混淆行为的具体形式

《反不正当竞争法》第六条列举了这种不正当竞争行为的四种表现形式。

（1）擅自使用与他人有一定影响的商品名称、包装、装潢等相同或者近似的标识。在“商品名称、包装、装潢”之后加上“等”字，以涵盖实践中的其他商业标识。

（2）擅自使用他人有一定影响的企业名称（包括简称、字号等），社会组织名称（包括简称等），姓名（包括笔名、艺名、译名等）。主体类标识增加“社会组织名称”，并把执法实践中已纳入保护范围的简称、字号、笔名、艺名、译名等明确写入法律条文。

（3）擅自使用他人有一定影响的域名主体部分、网站名称、网页等。修订后的《反不正当竞争法》新增互联网商业标识，通过列举性规定将互联网商业标识表述为“域名主体部分、网站名称、网页等”，解决域名等的法律地位和保护问题。

（4）其他足以引人误认为是他人商品或者与他人存在特定联系的混淆行为。这里规范的是不属于前三项的混淆行为，属于兜底性条款。

二、商业贿赂行为

商业贿赂行为是指经营者为谋取交易机会或者竞争优势，暗中给予交易对方有关人员或者其他能影响交易的相关人员以财物或其他利益的行为。商业贿赂行为是一种典型的不正当竞争行为，在国内国外都被广泛关注。这种行为既损害了其他经营者的合法权益，扰乱了社会经济秩序，也严重地损害了广大消费者的利益。

（一）商业贿赂行为的主体要件

具体从行贿主体和受贿主体两个方面来看。行贿主体的范围主要包括经营者，经营者的工作人员进行贿赂的，应当认定为经营者的行为，但经营者有证据证明该工作人员的行为与为经营者谋取交易机会或者竞争优势无关的除外。受贿主体的范围主要规定在《反不正当竞争法》第七条，包括三类单位或个人：一是交易相对方的工作人员，这是最为典型的商业贿赂，利用交易相对方工作人员不当行使权力来谋取交易机会或者竞争优势；二是受交易相对方委托办理相关事务的单位或者个人，认定这一受贿主体的基础就在于双方基于委托代理关系所产生的忠实义务；三是利用职权或者影响力影响交易的单位或者个人，例如向卫生局官员行贿，利用其职权或者影响力来要求某餐饮企业为行贿主体谋取交易机会或者竞争优势。

（二）商业贿赂行为的主观方面要件

《反不正当竞争法》第七条已明确规定商业贿赂行为主体主观上追求的目的，即“谋取交易机会或者竞争优势”。相较于修订前将商业贿赂行为主观目的明确为“以销售或者购买商品”，修订后的规定更加宽泛，尤其是将“竞争优势”也一并纳入，更加体现出该法对公平竞争的保护。

（三）商业贿赂行为的行为要件

《反不正当竞争法》第七条将商业贿赂行为的行为要件概括为“采用财物或者其他手段”。财物可以是现金、实物、有价证券等，采用财物手段可以是赠与、佣金、回扣等。这里需要明确的是，要正确区分正常赠与行为、公开折扣以及佣金等与商业贿赂行为的本质区别。经营者在交易活动中，可以以明示方式向交易相对方支付折扣，或者向中间人支付佣金。经营者向交易相对方支付折扣、向中间人支付佣金的，应当如实入账。接受折扣、佣金的经营者也应当如实入账。

8

三、虚假宣传行为

虚假宣传是一种违背诚信原则的不正当竞争行为。随着新兴网络媒体的快速发展，虚假宣传的手段日益多样化，严重损害了消费者的合法权益，破坏了市场的公平竞争秩序。对竞争对手来说，宣传行为属于竞争手段，作虚假或者引人误解的商业宣传，其目的和结果无非是欺骗、误导消费者，实现不正当竞争。

（一）虚假宣传的概念

虚假宣传是指经营者以广告或者其他方式对商品或服务进行虚假或者引人误解的商业宣传，欺骗、误导消费者的行为。需要注意的是，新修订的《反不正当竞争法》明确虚假宣传包括两种情形，一是虚假的商业宣传；二是引人误解的商业宣传。这一修改更加适应当今电子商务领域出现的各种新情况。

（二）虚假宣传的类型

在实践中，虚假宣传有多种表现形式，具体可以划分为两大类：一是以广告方式作出的虚假宣传，包括对其商品的性能、功能、质量、销售状况、用户评价、曾获荣誉等作虚假或者引人误解的商业宣传，欺骗、误导消费者，这是最常见的虚假宣传手段；二是以广告以外其他方式作出的虚假宣传，在《反不正当竞争法》第八条第2款有具体规定：“经营者不得通过组织虚假交易等方式，帮助其他经营者进行虚假或者引人误解的商业宣传。”

（三）虚假宣传行为的构成要件

（1）行为主体是经营者。规范虚假宣传行为的目的实质上就是规范经营者的市场竞争行为。《反不正当竞争法》中明确将虚假宣传的行为主体分为两类：一是商品或者服务的经营者；二是帮助其他经营者进行虚假或者引人误解的商业宣传的经营者。

（2）主观上以市场竞争为目的。只要经营者出于市场竞争的目的，作出了欺骗、误导消费者的宣传行为，都应构成虚假宣传。

（3）客观上实施了虚假或者引人误解的商业宣传。关于行为的判断标准是双重的，既包括虚假的商业宣传，也包括引人误解的商业宣传。

（4）行为的后果是欺骗、误导消费者。通过违背诚信原则，获取竞争优势，损害消费者和其他经营者利益。

四、侵犯商业秘密行为

（一）商业秘密的概念和特征

《反不正当竞争法》所称的商业秘密，是指不为公众所知悉、具有商业价值并经权利人采取相应保密措施的技术信息、经营信息等商业信息，主要有交易秘密、经营秘密、管理秘密、技术秘密等。

（二）商业秘密的构成要件

（1）秘密性，即不为公众所知悉，这是商业秘密的本质特征。

（2）实用性，即能给权利人带来实际的或潜在的经济利益和竞争优势，是商业秘密的价值所在。

（3）保密性，即权利人对其技术信息、经营信息等商业信息采取了相应的保密措施。权利人是否采取了保密措施不仅是判断商业秘密的条件，也是其寻求法律保护的前提。

（三）侵犯商业秘密的具体表现

商业秘密作为一种特殊形式的财产，为权利人所有，具有排他性、独占性，经营者采取不正当的手段侵犯他人商业秘密的行为属于不正当竞争行为之一，主要表现为：

（1）以盗窃、贿赂、欺诈、胁迫、电子侵入或者其他不正当手段获取权利人的商业秘密；

（2）披露、使用或者允许他人使用以前项手段获取的权利人的商业秘密；

（3）违反保密义务或者违反权利人有关保守商业秘密的要求，披露、使用或者允许他人使用其所掌握的商业秘密；

（4）教唆、引诱、帮助他人违反保密义务或者违反权利人有关保守商业秘密的要求，获取、披露、使用或者允许他人使用权利人的商业秘密。

经营者以外的其他自然人、法人和非法人组织实施上述违法行为的，视为侵犯商业秘密。第三人明知或者应知商业秘密权利人的员工、前员工或者其他单位、个人实施上述所列违法行为，仍获取、披露、使用或者允许他人使用该商业秘密的，视为侵犯商业秘密。

【知识拓展 8－3】

《反不正当竞争法》第九条修改前后对比

新修订的《反不正当竞争法》集中体现了扩展商业秘密的保护范围、提高商业秘密的保护强度的意图。以第九条为例，如表 8－1 所示。

表 8－1　修改前后对比

2017 年修改	2019 年修正
经营者不得实施下列侵犯商业秘密的行为： （一）以盗窃、贿赂、欺诈、胁迫或者其他不正当手段获取权利人的商业秘密； （二）披露、使用或者允许他人使用以前项手段获取的权利人的商业秘密； （三）违反约定或者违反权利人有关保守商业秘密的要求，披露、使用或者允许他人使用其所掌握的商业秘密。	经营者不得实施下列侵犯商业秘密的行为： （一）以盗窃、贿赂、欺诈、胁迫、电子侵入或者其他不正当手段获取权利人的商业秘密； （二）披露、使用或者允许他人使用以前项手段获取的权利人的商业秘密； （三）违反保密义务或者违反权利人有关保守商业秘密的要求，披露、使用或者允许他人使用其所掌握的商业秘密； （四）教唆、引诱、帮助他人违反保密义务或者违反权利人有关保守商业秘密的要求，获取、披露、使用或者允许他人使用权利人的商业秘密。 经营者以外的其他自然人、法人和非法人组织实施前款所列违法行为的，视为侵犯商业秘密。
第三人明知或者应知商业秘密权利人的员工、前员工或者其他单位、个人实施前款所列违法行为，仍获取、披露、使用或者允许他人使用该商业秘密的，视为侵犯商业秘密。 本法所称的商业秘密，是指不为公众所知悉、具有商业价值并经权利人采取相应保密措施的技术信息和经营信息	第三人明知或者应知商业秘密权利人的员工、前员工或者其他单位、个人实施本条第一款所列违法行为，仍获取、披露、使用或者允许他人使用该商业秘密的，视为侵犯商业秘密。 本法所称的商业秘密，是指不为公众所知悉、具有商业价值并经权利人采取相应保密措施的技术信息、经营信息等商业信息

8

五、不正当有奖销售行为

（一）不正当有奖销售的概念

不正当有奖销售是指经营者在销售商品或提供服务时，以提供奖励（包括金钱、实物、附加服务等）为名，实际上采取欺骗或者其他不正当手段损害交易相对人的利益，或者损害其他经营者合法权益的行为。

（二）不正当有奖销售行为的构成要件

（1）不正当有奖销售的主体是经营者。有关机构、团体经政府和政府有关部门批准的有奖募捐及其彩票发售活动不适用《反不正当竞争法》第十条的规定。

（2）经营者实施了法律禁止的不正当有奖销售行为，如欺骗性有奖销售或巨奖销售。

（3）经营者实施不正当有奖销售，目的在于争夺顾客，扩大市场份额，排挤竞争对手。

（三）不正当有奖销售的表现形式

为规范有奖销售，《反不正当竞争法》第十条规定，经营者进行有奖销售不得存在下列情形：

（1）所设奖的种类、兑奖条件、奖金金额或者奖品等有奖销售信息不明确，影响兑奖；

（2）采用谎称有奖或者故意让内定人员中奖的欺骗方式进行有奖销售；

（3）抽奖式的有奖销售，最高奖的金额超过五万元。

六、诋毁商誉的行为

（一）诋毁商誉的概念

根据《反不正当竞争法》第十一条的规定，商誉包括商业信誉与商品声誉。一般是社会公众对市场经营主体或者商品、服务质量等的积极评价。法律明确对商誉给予尊重和保护，对以不正当手段侵犯其他经营者商誉的行为予以打击和制裁。诋毁商誉行为是指经营者以编造、传播虚假信息或者误导性信息等不正当手段，损害竞争对手的商业信誉、商品声誉，从而削弱竞争对手竞争力的行为。

（二）诋毁商誉行为的构成要件

（1）行为的主体是存在商业竞争关系的经营者。包括从事市场交易的经营者及受经营者指使的人，其他经营者如果受其指使实施诋毁商誉行为，可构成共同侵权人。

（2）客观上实施了编造、传播虚假信息或者误导性信息的不正当行为。若信息真实、可靠，则不构成诋毁商誉行为。

（3）诋毁行为是针对一个或多个特定竞争对手的。诋毁应该针对特定的主体，使公众将虚假信息或误导性信息与相关经营者相联系，若无联系或者联系不紧密，则不会对相关经营者的权益带来侵害。

（4）行为主体主观上存在对其他竞争者实施诋毁行为的故意。行为日的是削弱其他竞争者，为自己取得竞争优势。

需要注意的是，诋毁商誉行为造成的损害，可以是实际发生的损害，也可以是有损害的危险，两种结果都构成诋毁商誉行为，属于不正当竞争行为。

七、互联网不正当竞争行为

电子商务的蓬勃发展，为人们的日常生活提供了便利，也为市场经济注入新的活力，同时还引发了一系列互联网行业的不正当竞争行为。面对这些新型的现象和问题，新修订的《反不正当竞争法》第十二条专门规定了互联网不正当竞争行为，也被称为“互联网专条”。该条采用“概括＋列举＋兜底”的立法模式平衡规制利用网络从事生产经营活动的经营者之间的不正当竞争行为，在规范竞争者之间竞争行为的同时，不仅维护了竞争者们的合法权益，也保护了用户的选择利益。

（一）新增“互联网专条”的现实意义

一是从经济角度来看，由于互联网经营模式不断普及，社会公众对于电子商务的依赖性日益增强，互联网经济在市场份额中所占的比重越来越大，电子商务已然成为一种不容忽视的社会现象。通过制定专门条款对此现象进行规制是经济社会发展的必然选择。

二是从市场角度来看，对互联网不正当竞争行为的规制有利于净化市场公平竞争的环境，促进市场经济和谐发展，对市场主体也有很好的引导性和激励性。

三是从实践角度来看，网络侵权案件频发，法律规制欠缺，给司法实践带来了考验。结合我国互联网产业发展过程中的新特点、新问题，制定“互联网专条”，对于指导行政执法和司法

8

实践、构建健康行业市场秩序，具有积极作用。

（二）关于“宣誓性条款”

《反不正当竞争法》第十二条第1款规定：“经营者利用网络从事生产经营活动，应当遵守本法的各项规定”。这一条款明确了立法所追求的价值，不包括行为模式和法律后果等要素，并未直接调整社会关系，属于宣誓性条款。具体解决的是互联网发生的竞争行为应受到《反不正当竞争法》的规制，如果不是利用技术手段实施的不正当竞争行为，应适用《反不正当竞争法》第二章规定的其他六种具体不正当竞争行为的条款。

（三）“互联网专条”的特别规定

《反不正当竞争法》第十二条第2款规定，经营者不得利用技术手段，通过影响用户选择或者其他方式，实施妨碍、破坏其他经营者合法提供的网络产品或者服务正常运行的行为。具体有四种表现形式：

（1）未经其他经营者同意，在其合法提供的网络产品或者服务中，插入链接、强制进行目标跳转。这种“劫持行为”的典型案例就是北京百度网讯科技有限公司诉青岛奥商网络技术有限公司等不正当竞争纠纷一案，通过山东省青岛市网通接入互联网，在百度公司网站的搜索结果页面强行增加广告。对该案审判时，《反不正当竞争法》尚未在具体条文中列举这一行为，只能按照公认的商业道德和普遍认识认定其违反该法第二条原则性规定。

（2）误导、欺骗、强迫用户修改、关闭、卸载其他经营者合法提供的网络产品或者服务。这一项规定类型化地归纳了司法实践中常见的“误导”“欺骗”“强迫”的干扰手段，范围限定较为明确。

（3）恶意对其他经营者合法提供的网络产品或者服务实施不兼容。对于主观上“恶意”的认定尚无具体标准，实践中还具有自由裁量的空间，相关标准还需进一步明确。

（4）其他妨碍、破坏其他经营者合法提供的网络产品或者服务正常运行的行为。上述三项类型化的规定较为明确，主要规范的是实践中常见的几类典型互联网不正当竞争行为。但需要注意的是，新型的互联网不正当竞争行为层出不穷，仅靠上述列举并不能适应新的社会变化。因此，《反不正当竞争法》第十二条设置了此项兜底条款，以对未来新型的“妨碍”“破坏”行为进行规范。

【案例分析8－2】

“刷单炒信”不正当竞争纠纷案——利用虚假交易进行虚假宣传行为的认定

案情：广东省深圳市龙华区人民法院(2022)粤0309民初2585号〔上海汉涛信息咨询有限公司与伍某侵害商标权及不正当竞争纠纷案〕

上海汉涛信息咨询有限公司(以下简称汉涛公司)运营的“大众点评网”是一个为用户提供商户信息、消费点评及消费优惠等信息服务的本地生活信息及交易平台，平台点评规则要求用户发布信息时，应确保信息的真实性、客观性、合法性。伍某经营的食味先(深圳)餐饮管理有限公司(以下简称食味先公司)系一家代运营公司，其通过刷虚假交易、虚假好评等方式帮助大众点评平台内经营者快速提高评分、星级，以获取平台流量。汉涛公司以食味先公司的前述行为构成商标侵权及不正当竞争为由提起本案诉讼。诉讼过程中，食味先公司注销。

广东省深圳市龙华区人民法院一审认为，用户点评是大众点评平台的真正优势，点评数据是汉涛公司获得用户流量和用户黏性的重要基础，汉涛公司对基于真实发生的消费评价产生的平台数据及其衍生出来的商业价值享有正当合法权益。食味先公司采用虚假交易、"刷好评炒信"等方式帮助大众点评平台内经营者进行虚假商业宣传，快速提高经营者在大众点评平台的排名及星级，违反平台评价规则，影响平台信用体系，对平台商业模式的正常发展产生不利影响，该行为是虚假宣传的不正当竞争行为。广东省深圳市龙华区人民法院一审判令伍某赔偿经济损失及合理费用共计227 880元。一审判决后，双方均未上诉。

解析：本案是打击互联网环境下利用虚假交易进行虚假宣传的典型案例。近年来，电子商务领域通过"刷单炒信"方式虚构成交量、交易额、用户好评，不当谋取竞争机会或者竞争优势的现象比较突出。本案中，人民法院及时、有效制止帮助平台经营者组织虚假交易、"刷好评炒信"等方式不当获取流量的虚假宣传不正当竞争行为，有助于引导、促进平台经营者诚信经营，保障消费者的知情权、选择权，维护平台经济的公平竞争和有序发展。

【课堂小活动】

将班级学生划分为七组，其中一组为裁判组。

裁判组之外的六组提前收集自己或者亲朋好友遭遇或听说的涉嫌不正当竞争行为的事件，要求充分掌握具体事件情况。由各小组分别推荐1人简要介绍或者通过角色扮演展示事件的基本情况后，教师就该案例进行引导性提问，其他组成员围绕提问迅速展开分析讨论，认定该事件是否构成不正当竞争行为，属于哪一种不正当竞争行为，并说明理由。

全部完成介绍和认定后，由裁判组在分别打分的基础上，进行评比推荐。从介绍或展示的具体事件中评选出"最佳事件奖"；结合分析认定的情况，评选出"学习小达人"。

通过开展活动的形式，使教师能够正确把握学生对各种不正当竞争行为的理解和掌握程度，确保能够有针对性地指导，同时可以帮助学生巩固课堂所学知识，提高分析问题能力和语言表达能力；通过评选表彰优秀，激发学生的学习热情和团队意识。

第三节 对涉嫌不正当竞争行为的调查

一、监督检查的形式

（一）国家监督检查

《反不正当竞争法》第四条规定，县级以上人民政府履行工商行政管理职责的部门有权对不正当竞争行为进行查处。法律、行政法规规定由其他部门查处的，依照其规定。具体来说，除上述工商行政管理部门外，法律、法规规定的其他有关部门，如技术监督部门、物价部门等，也有权在自己职权范围内依法对不正当竞争行为进行监督检查。

（二）社会监督检查

《反不正当竞争法》第五条规定，国家鼓励、支持和保护一切组织和个人对不正当竞争行为进行社会监督。由于不正当竞争行为会对其他经营者和消费者的利益带来损害，且表现形式日益隐秘、复杂，因此必须充分发挥社会监督的作用，使之置于全社会的监督之下，充分调动社会各方面的力量，通过多种途径和方式，发现和制止各种不正当竞争行为。社会监督的方式主要有以下四种。

（1）披露。通过电台、电视台、报刊等新闻媒介或者网络平台等公开揭露不正当竞争行为，通过曝光来唤起社会舆论对不正当竞争行为的谴责。

（2）举报。与不正当竞争行为没有利害关系的消费者、经营者，为了维护公共利益，可以通过电话举报、信函举报或者网络举报等形式，对不正当竞争行为主体及其不正当竞争行为事实向有关部门或组织检举。《反不正当竞争法》第十六条规定，对涉嫌不正当竞争行为，任何单位和个人有权向监督检查部门举报，监督检查部门接到举报后应当依法及时处理。监督检查部门应当向社会公开受理举报的电话、信箱或者电子邮件地址，并为举报人保密。对实名举报并提供相关事实和证据的，监督检查部门应当将处理结果告知举报人。

（3）控告。不正当竞争行为的受害方可以向行政执法机关或司法机关揭发、控诉不正当竞争行为人及其不正当竞争违法事实并要求依法惩处。

（4）起诉。受到侵害的经营者和消费者依法直接提请有管辖权的人民法院对实施不正当竞争行为的主体追究法律责任。

另外，《反不正当竞争法》还规定，行业组织应当加强行业自律，引导、规范会员依法竞争，维护市场竞争秩序，明确行业组织对反不正当竞争行为监督检查的要求。

【案例分析 8－3】

“代练帮 APP”不正当竞争纠纷案——网络游戏商业代练不正当竞争行为的认定

案情：腾讯《王者荣耀》游戏用户协议要求实名制登记，并不得将账号提供给他人做代练代打等商业性使用。游戏配有“防沉迷”措施，未成年人仅能在国家新闻出版署规定的时间段内登录游戏。佛山市南海区北笙网络科技有限责任公司（简称“北笙公司”）运营的“代练帮 APP”以“发单返现金”、设立专区的形式引诱包括未成年人在内的用户通过其平台进行商业化的游戏代练交易并从中获得收益。接单者可以非真实身份登录涉案游戏，未成年人亦可接单获得他人的游戏账号绕开“防沉迷”机制进入游戏并赚取费用。“代练帮 APP”通过“安全保证金”等方式保障交易，从中抽取一定比例作为平台收益。腾讯成都公司、深圳腾讯公司以北笙公司的前述行为构成不正当竞争为由提起诉讼。

上海市浦东新区人民法院一审认为，北笙公司通过“代练帮 APP”组织商业化的代练服务，致使涉案游戏的实名制及未成年人防沉迷机制落空，妨碍网络游戏运营秩序，不利于网络生态治理和未成年人权益保护，损害社会公共利益。同时绕开了《王者荣耀》游戏的实名制和未成年人防沉迷机制，导致相关公众质疑企业的合规运营和社会责任承担。此外，被诉行为导致其他实名游戏用户无法匹配到水平相当的对手及队友，无法获得公平竞技的游戏体验，增加未成年人玩家沉迷游戏的风险，影响未成年人身心健康。北笙公司的被诉行为构成不正当竞争。上海市浦东新区人民法院一审判令北笙公司赔偿经济损失及合理开支共98.5万元。一审判决后，双方均未上诉。

解析：本案是制止以网络游戏商业代练方式实施不正当竞争行为的典型案例。随着网络游戏产业的快速发展，商业代练行为引发的法律和社会问题备受关注。本案裁判有利于维护互联网产业的公平竞争秩序、游戏产业的健康发展和社会公共利益，也体现了保护通过公平、诚信、守法经营形成的竞争优势的司法导向。

二、不正当竞争行为调查的措施

《反不正当竞争法》第十三条规定了监督检查部门调查涉嫌不正当竞争行为可以采取的五项具体措施。

(1) 进入涉嫌不正当竞争行为的经营场所进行检查。

(2) 询问被调查的经营者、利害关系人及其他有关单位、个人，要求其说明有关情况或者提供与被调查行为有关的其他资料。

(3) 查询、复制与涉嫌不正当竞争行为有关的协议、账簿、单据、文件、记录、业务函电和其他资料。

(4) 查封、扣押与涉嫌不正当竞争行为有关的财物。

(5) 查询涉嫌不正当竞争行为的经营者的银行账户。

采取上述规定的措施，应当向监督检查部门主要负责人书面报告，并经批准。采取上述第4项、第5项规定的措施，应当向设区的市级以上人民政府监督检查部门主要负责人书面报告，并经批准。

三、监督检查的要求

(1) 对监督检查部门的要求。监督检查部门调查涉嫌不正当竞争行为，应当遵守《中华人民共和国行政强制法》和其他有关法律、行政法规的规定，并应当将查处结果及时向社会公开。

(2) 对被调查一方的要求。《反不正当竞争法》第十四条规定，监督检查部门调查涉嫌不正当竞争行为，被调查的经营者、利害关系人及其他有关单位、个人应当如实提供有关资料或者情况。

第四节 违反《反不正当竞争法》的法律责任

不正当竞争行为的法律责任是指经营者违反《反不正当竞争法》，实施不正当竞争行为，在法律上应当承担的不利后果。按照责任主体不同，可以分为经营者的法律责任、监督检查部门工作人员的法律责任等；按照责任形式不同，可以分为行政责任、民事责任和刑事责任。

一、行政责任

经营者和监督检查部门工作人员违反《反不正当竞争法》的规定，均可追究其行政责任。

《反不正当竞争法》第十八条至第二十四条关于法律责任的规定基本对应了该法第二章规定的7种不正当竞争行为(商业贿赂行为除外)，主要是监督检查部门作出的行政决定。具体来看，违反《反不正当竞争法》承担行政责任的主要形式有以下五种。

(一) 责令停止违法行为

从《反不正当竞争法》的规定来看，对七种不正当竞争行为所承担的行政责任均规定了由监督检查部门责令停止违法行为。责令停止违法行为是让违法行为处于停滞的状态，是行政管理过程中的一种手段。如果行政相对人认为该行政行为损害了其合法权益，可以申请行政复议和提起行政诉讼。

(二) 没收违法所得

没收违法所得是指没收经营者通过不正当竞争行为直接或间接获得的利益，属于行政处罚的一种。《反不正当竞争法》第四章关于法律责任的规定中，有两处规定了“没收违法所得”，分别是第十九条(商业贿赂行为)和第二十一条(侵犯商业秘密行为)。

(三) 罚款

罚款是监督检查部门对不正当竞争行为主体强制收取一定数量金钱，剥夺一定财产权利的制裁方法，是行政处罚中财产罚的一种。《反不正当竞争法》对七种不正当竞争行为的法律责任均规定了数额不等的罚款。

8

(四) 吊销营业执照

《反不正当竞争法》对实施混淆行为、商业贿赂行为和虚假宣传行为的法律责任均规定了“情节严重的，吊销营业执照”。其中，进一步明确对经营者登记的企业名称违反《反不正当竞争法》第六条规定的，应当及时办理名称变更登记；名称变更前，由原企业登记机关以统一社会信用代码代替其名称。

上述四种法律责任的主体主要是经营者。《反不正当竞争法》还规定了从轻或者免除处罚的情形，即经营者违反本法规定从事不正当竞争，有主动消除或者减轻违法行为危害后果等法定情形的，依法从轻或者减轻行政处罚；违法行为轻微并及时纠正，没有造成危害后果的，不予行政处罚。经营者因实施不正当竞争行为，受到行政处罚的，由监督检查部门记入信用记录，并依照有关法律、行政法规的规定予以公示。

(五) 行政处分

《反不正当竞争法》第三十条规定，监督检查部门的工作人员滥用职权、玩忽职守、徇私舞弊或者泄露调查过程中知悉的商业秘密的，依法给予处分。行政处分属于内部行政行为，是指监督检查部门依照行政隶属关系给予有违法失职行为的国家机关公务人员的一种惩罚措施，包括警告、记过、记大过、降级、撤职、开除。《反不正当竞争法》对违法失职行为进一步列举为滥用职权、玩忽职守、徇私舞弊或者泄露调查过程中知悉的商业秘密等。

二、民事责任

《反不正当竞争法》第十七条明确规定了经营者违反本法规定，给他人造成损害的，应当依法承担民事责任。经营者的合法权益受到不正当竞争行为损害的，可以向人民法院提起诉讼。同时对赔偿损失的数额进行重点规定，明确因不正当竞争行为受到损害的经营者的赔偿数额，按照其因被侵权所受到的实际损失确定；实际损失难以计算的，按照侵权人因侵权所获得的利益确定。经营者恶意实施侵犯商业秘密行为，情节严重的，可以在按照上述方法确定数额的一倍以上五倍以下确定赔偿数额。赔偿数额还应当包括经营者为制止侵权行为所支付的合理开支。经营者违反本法第六条、第九条规定，权利人因被侵权所受到的实际损失、侵权人因侵权所获得的利益难以确定的，由人民法院根据侵权行为的情节判决给予权利人五百万元以下的赔偿。

三、刑事责任

《反不正当竞争法》第三十一条规定，违反本法规定，构成犯罪的，依法追究刑事责任。研究《反不正当竞争法》关于法律责任的规定，可以发现，该法规定的法律责任的特点主要是：以行政责任为主，民事责任，尤其是刑事责任笼统规定。正是由于这一特点，也导致我国《反不正当竞争法》刑事责任的威慑作用不够有力。

【案例分析 8－4】

不正当竞争行为侵犯商业秘密

案情：甲旅行社和乙旅行社均以承接境外游客为主要经营业务。2021—2023 年，两旅行社在海外游客接待量上不相上下。2024 年上半年，甲旅行社以承诺高薪的方式，致使乙旅行社海外部 20 名工作人员全部辞职，进入甲旅行社从事海外业务。为此，甲旅行社专门成立海外旅行二部。据悉，该 20 名原乙旅行社工作人员在辞职时均将自己的业务资料、海外业务单位名单等信息带入甲旅行社。2024 年，甲旅行社的海外游客骤然上升，效益大增，而乙旅行社海外业务受到极大不利影响，造成较大的经济损失。

问题：

(1) 甲旅行社的行为是否构成不正当竞争？如构成，应属于哪种形式的不正当竞争行为？为什么？

(2) 甲旅行社是否应被追究承担法律责任？承担何种法律责任？

解析：

(1) 甲旅行社的行为构成不正当竞争，属于侵犯商业秘密的行为。《反不正当竞争法》第九条规定："经营者不得实施下列侵犯商业秘密的行为：(一) 以盗窃、贿赂、欺诈、胁迫、电子侵入或者其他不正当手段获取权利人的商业秘密；(二) 披露、使用或者允许他人使用以前项手段获取的权利人的商业秘密；(三) 违反保密义务或者违反权利人有关保守商业秘密的要求，披露、使用或者允许他人使用其所掌握的商业秘密；(四) 教唆、引诱、帮助他人违反保密义务或者违反权利人有关保守商业秘密的要求，获取、披露、使用或者允许他人使用权利人的商业秘密。"甲旅行社利用高薪利诱乙旅行社职员将在乙旅行社工作期间获得的业务资料、海外业务单位名单都带入甲旅行社，实际上侵犯了乙旅行社的经营信息，给乙旅行社造成一定经济损失，因此属于侵犯商业秘密的行为。

(2) 甲旅行社应被追究法律责任。根据《反不正当竞争法》第二十一条规定:"经营者以及其他自然人、法人和非法人组织违反本法第九条规定侵犯商业秘密的,由监督检查部门责令停止违法行为,没收违法所得,处十万元以上一百万元以下的罚款;情节严重的,处五十万元以上五百万元以下的罚款。"《反不正当竞争法》第十七条规定,甲还应承担民事责任。

阶段测试

一、名词解释

1. 不正当竞争行为　　2. 混淆行为　　3. 商业秘密　　4. 诋毁商誉

二、单项选择题

1. 根据《反不正当竞争法》,下列行为中,属于不正当竞争行为的是(　　)。

A. 甲因其所居住小区内超市过于吵闹,影响其休息,遂捏造该超市出售伪劣商品并进行散布,导致该超市营业额严重下降

B. 乙家具制造企业将产自国内的家具产品的原产地标注为意大利

C. 入夏前,丙商场为了清库存、筹资金,以低于进货价的价格甩卖了一批库存的羽绒服

D. 丁商场见与其邻近的一家商场客源多,心生妒忌,每天在家诅咒抱怨

2. 下列关于白酒的广告宣传中,不为法律所禁止的是(　　)。

A. "××酒,启瓶醉八方,香溢飘千里"　　B. "××酒,行销全国,中国最优"

C. "××酒,治愈风湿病,疗效百分百"　　D. "××酒,消除紧张和焦虑,健康佳酿"

3. 根据《反不正当竞争法》,抽奖式有奖销售最高奖的金额不得超过(　　)元。

A. 三千　　B. 五千　　C. 三万　　D. 五万

4.《反不正当竞争法》第二十一条规定:"经营者以及其他自然人、法人和非法人组织违反本法第九条规定侵犯商业秘密的,由监督检查部门责令停止违法行为,没收违法所得,处十万元以上一百万元以下的罚款;情节严重的,处五十万元以上五百万元以下的罚款。"这里实施不正当竞争行为的经营者承担的责任形式是(　　)。

A. 民事责任　　B. 刑事责任　　C. 行政责任　　D. 经济责任

5. 经营者违反《反不正当竞争法》规定,给他人造成损害的,应当依法承担民事责任。因不正当竞争行为受到损害的经营者的赔偿数额,按照(　　)确定。

A. 受害人被侵权所受到的实际损失

B. 侵权人在侵权期间所获得的利润

C. 人民法院根据侵权行为的情节判决具体的赔偿数额

D. 受害人诉讼请求的赔偿数额

三、判断题

1. 我国《反不正当竞争法》规定了九种不正当竞争行为。 ( )

2. 引人误解的宣传不属于不正当竞争行为。 ( )

3. 使用不知道是他人用盗窃等非法手段获取的商业秘密的，不视为侵犯商业秘密。 ( )

4. 监督检查部门应当向社会公开受理举报的电话、信箱或者电子邮件地址，并为举报人保密。对实名举报并提供相关事实和证据的，监督检查部门可以将处理结果告知举报人。 ( )

5.《反不正当竞争法》第二十条规定："经营者违反本法第八条规定对其商品作虚假或者引人误解的商业宣传，或者通过组织虚假交易等方式帮助其他经营者进行虚假或者引人误解的商业宣传的，由监督检查部门责令停止违法行为，处二十万元以上一百万元以下的罚款；情节严重的，处一百万元以上二百万元以下的罚款，可以吊销营业执照。"此处实施不正当竞争行为的经营者承担的责任类型属于民事责任。 ( )

四、案例分析题

1. 某区市场监督管理局接到举报，经查，该市甲公司自2024年5月25日起分别在其公司官网、微信公众号、微博认证账号等发表名为《自动浇灌花盆的历程》文章。该文章片面陈述A塑料制品厂、B塑业有限公司、C塑业有限公司、D公司四家企业产品的缺点以及当事人产品的优点，导致四家企业订单流失，商业信誉、商品声誉受到损害。调查中，除个别客户的聊天记录外，当事人不能提供其他证据证明其贬低上述四家企业用语的真实性。

阅读案例，请回答：甲公司的行为是否构成不正当竞争？为什么？

2. A研究所是以技术研发为主的科技型企业，尤其在陶铸设备的设计制造方面成绩优异。为了保护知识产权，A研究所完善了关于保护知识产权的相关规定，同时在劳动合同中明确职工对单位知识产权的保密义务。袁某是A研究所陶铸技术方面的高级工程师，也签订了劳动合同。2022年1月，A研究所与B陶铸有限公司签订了陶铸技术转让合同，承接了主体板块的研发设计工作。2023年6月投产。同年10月，袁某将自己在A研究所办公电脑中该陶铸设备的设计图纸私自复制到个人电脑中。11月初，A研究所按照合同约定，向B陶铸有限公司提供了该所刻制的设备设计图纸光盘一张。2024年6月，袁某向该研究所提出辞职，随后被C公司聘任并担任该公司副总工程师。办理聘任手续后，袁某将其私自复制的陶铸设备设计图纸传至C公司内网中，供C公司设计人员使用。次年，A研究所工作人员在联系业务时，发现C公司车间内生产的陶铸设备与其设计十分相似，即回单位向领导汇报了该情况，其后A研究所在自行展开调查了解后认为C公司非法使用了其已采取保密措施的设计图纸，遂向公安局报案。

阅读案例，请回答：

(1) 该陶铸设备的设计图纸是否属于商业秘密？

(2) 袁某的行为是否构成侵犯商业秘密的行为？为什么？

3. 甲厂生产的"不倒翁"牌白酒行销本省及西南地区。该酒自销售以来，广告力度较大，在西南各省乡镇均可见到其广告和销售点。该酒物美价廉，尤其在西南农村地区广受

8

欢迎。该酒的包装装潢是将酒瓶设计成葫芦型，并贴有黑底及金色字体的“不倒翁”名称。乙白酒厂主要生产“醉翁”牌白酒，酒瓶也设计成葫芦形，并贴有黑底金字瓶贴，且也在西南地区销售。

甲厂向执法部门投诉，诉称乙厂行为属混淆行为。乙厂辩称：❶ 甲厂生产使用的是“不倒翁”商标，乙厂使用的是“醉翁”商标，消费者不会误认；❷ 从瓶身来看，仔细观察，差别还是明显的，所以不能认定为混淆。

阅读案例，请回答：

（1）乙厂的行为是否构成不正当竞争行为？为什么？

（2）乙厂辩称的理由是否成立？

实训操作与指导

实训主题：规定“互联网专条”的必要性分析。

2021 年 11 月 4 日，十二届全国人大常委会第三十次会议表决通过《反不正当竞争法（修订草案）》，2018 年 1 月 1 日正式实施。新的《反不正当竞争法》除对侵犯商业秘密、商业贿赂等规定的增补外，还有一大特色就是对互联网领域不正当竞争行为的规定。

8

关于“互联网专条”，各方意见不一。在肯定专条具有一定实践基础的前提下，不少学者认为专条内容仍具有完善的空间，如认为互联网技术及商业模式发展较快，很多行为属于传统不正当竞争行为在互联网领域的延伸，且专条所列举的行为具有一定的滞后性，对近来频发的数据抓取争端等，并未进行规范。针对这一问题，组织学生通过查询资料、收集案例等形式对规定专条的必要性进行分析。

实训形式：课堂辩论。

操作安排：将学生分为两组，一组为正方，一组为反方，围绕“互联网专条”的必要性进行辩论。

教师指导：在互联网产业快速发展，与各传统行业尽情相拥，深度融合的时代，结合我国互联网产业发展过程中的新特点、新问题，制定“互联网专条”，对于指导行政执法和司法实践、构建健康行业市场秩序意义重大，但在立法的前瞻性和单独成条的必要性等方面还有进一步探讨的空间。

自我评价

任务名称	掌握程度		
	好	中	差
对不正当竞争行为概念和特征的理解情况			
对《反不正当竞争法》和《反垄断法》关系的认识情况			

续 表

任务名称	掌握程度		
	好	中	差
对不正当竞争行为种类的掌握情况，能否准确界定属于哪一种不正当竞争行为			
对《反不正当竞争法》规定的7种不正当竞争行为构成要件的认识情况			
对“互联网专条”的认识和掌握情况			
对涉嫌不正当竞争行为监督检查相关规定的了解情况			
对违反《反不正当竞争法》承担相应法律责任的掌握情况			

通过本章的学习，你还有什么收获？

第九章　反垄断法

导语

制定《中华人民共和国反垄断法》(以下简称《反垄断法》)主要考虑两个方面：一是顺应 WTO 要求，与国际立法接轨；二是符合我国的基本国情，预防和制止垄断行为，保护市场公平竞争，提高经济运行效率，维护消费者利益和社会公共利益，促进社会主义市场经济健康发展。2007 年 8 月 30 日，第十届全国人大常委会第二十九次会议通过《反垄断法》，自 2008 年 8 月 1 日起施行。2022 年 6 月 24 日，第十三届全国人民代表大会常务委员会第三十五次会议通过修改《中华人民共和国反垄断法》的决定，自 2022 年 8 月 1 日起施行。

学习目标

理论知识目标：

1. 了解《反垄断法》的调整对象和范围。
2. 掌握《反垄断法》关于垄断行为的相关规定。
3. 了解对垄断行为的调查和处理。

职业能力目标：

1. 能够利用所学知识正确分析判断经营者实施的行为是否属于垄断行为。
2. 能够掌握对垄断行为调查和处理的相关要求以及不同主体违反《反垄断法》应承担的法律责任。

职业素养目标：

通过学习《反垄断法》，培养学生的社会责任感与公共利益意识，鼓励他们在未来的职业生涯中积极维护公平竞争的市场环境。

思维导图

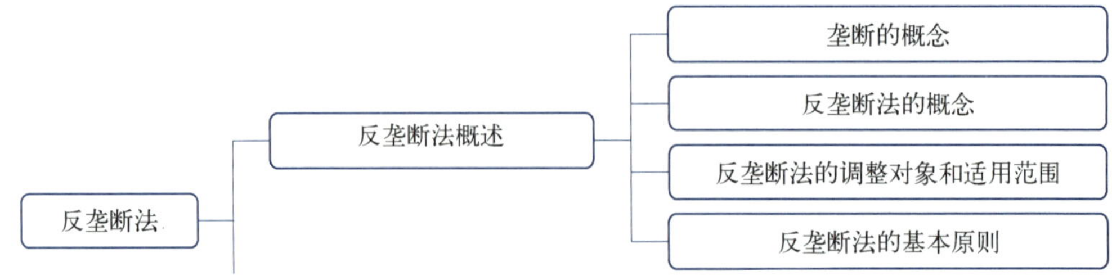

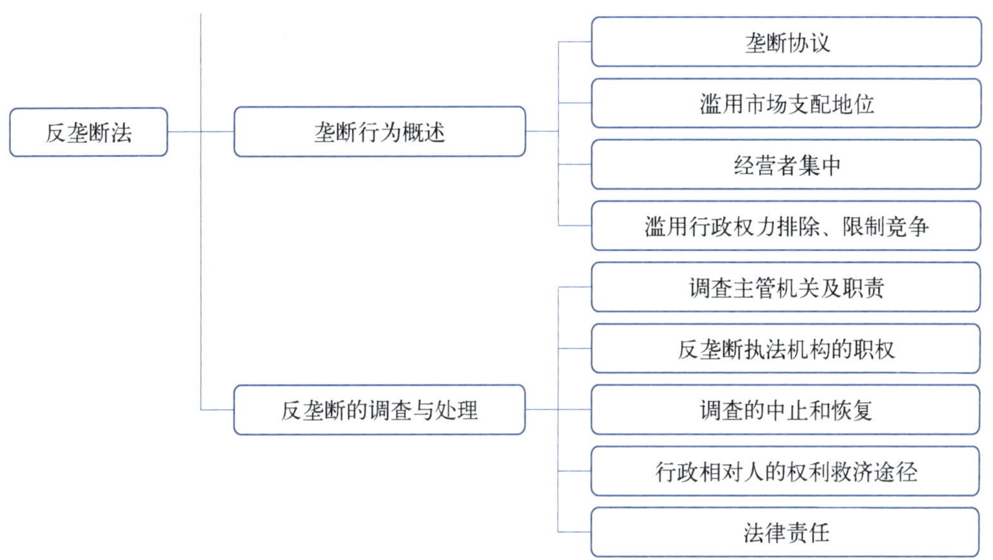

导入案例

12月18日上午，北京市第一中级人民法院公开开庭宣判了原告唐山市Z信息服务有限公司（简称唐山Z公司）诉被告北京X网讯科技有限公司（简称X公司）垄断纠纷案，判决驳回原告唐山Z公司的诉讼请求。本案是《反垄断法》正式实施后北京法院作出判决的第一起案件。原告唐山Z公司诉称，由于其降低了对X公司搜索竞价排名的投入，被告即对全民医药网在自然排名结果中进行了全面屏蔽，从而导致了全民医药网访问量的大幅度降低。而被告这种利用中国搜索引擎市场的支配地位对原告的网站进行屏蔽的行为，违反了我国《反垄断法》的规定，构成滥用市场支配地位强迫原告进行竞价排名交易的行为。故请求法院判令被告赔偿原告经济损失1 106 000元，解除对全民医药网的屏蔽并恢复全面收录。

被告X公司辩称，被告确实对原告所拥有的全民医药网采取了减少收录的措施，实施该措施的原因是原告的网站设置了大量垃圾外链、搜索引擎自动对其进行了作弊处罚。但是，该项处罚措施针对的仅仅是X公司搜索中的自然排名结果，与原告所称的竞价排名的投入毫无关系，亦不会影响原告竞价排名的结果。其次，原告称被告具有《反垄断法》所称的市场支配地位缺乏事实依据。被告提供的搜索引擎服务对于广大网民来说是免费的，故与搜索引擎有关的服务不能构成《反垄断法》所称的相关市场。因此，请求人民法院判决驳回原告的诉讼请求。

根据上述案件，请回答：

1. 被告在“中国搜索引擎服务市场”是否具有市场支配地位？

2. 被告是否存在滥用市场支配地位的行为？

案例解析：

1. 本案中的相关市场是中国搜索引擎服务市场，原告未能举证证明被告在“中国搜索引擎服务市场”中占据了支配地位。

2. 被告虽然对全民医药网的自然排名结果实施了减少收录数量的技术措施，但其行为是对全民医药网存在“垃圾外链”行为进行的处罚。被告处罚措施针对的是所有设置了“垃圾外链”的被搜索网站而非单独指向全民医药网。这种反作弊机制的实施是为了保证广大搜索引擎用户的利益，被告实施的技术措施是正当的，不存在滥用市场支配地位的行为。

第一节 反垄断法概述

一、垄断的概念

垄断是从自由竞争中形成的。在以自由竞争为基本特征的资本主义发展阶段，企业为了攫取更多的剩余价值，通过采取先进的生产技术和科学的管理方法，不断提高劳动生产率。在激烈的市场竞争中，大企业往往凭借自己的经济优势，不断排挤和吞并中小企业，使生产资料、劳动力和劳动产品的生产日益集中到自己手中。生产和资本集中发展到一定程度，企业之间更容易达成协议，共同操纵部门的生产和销售，从而使垄断的产生具有可能。可以说，自由竞争引起生产集中，生产集中发展到一定程度必然走向垄断，这是自由竞争的资本主义发展到垄断资本主义阶段的一般的、基本的规律。垄断是把“双刃剑”，一方面有助于降低成本，提高劳动生产率，形成规模经济；另一方面又会限制市场竞争，损害消费者权益。

垄断（monopoly）（通常译“独占”），是指少数大企业或者经济组织之间为了赚取高额利润，利用正当或者不正当手段，彼此达成协议独占某种商品的生产和销售。垄断是一种经济现象。经济学上的垄断，是指少数大公司、企业或者若干企业的联合独占生产和市场，他们控制一个或几个部门的生产和流通，在经济活动中取得统治地位，操纵这些部门产品的销售价格和某些生产资料的购买价格，以保证获得高额利润。法学意义上的垄断，是指违反国家法律、法规、政策和社会公共利益，通过合谋性协议、安排和协同行动，或者通过滥用经济优势地位，排斥或者控制其他经营者正当的经济活动，在某一生产领域或者流通领域内实质上限制竞争的行为。

二、反垄断法的概念

反垄断是禁止垄断和贸易限制的行为，是国家政府或国际组织对营销呈现垄断或有垄断趋势的企业所采取的一种干预手段。反垄断法是指由国家立法机关通过法定程序制定的用以调整具有竞争关系的经营者之间以及行政主体滥用行政权力排除、限制竞争的反垄断过程中产生的社会关系的法律规范的总称。它所规范的是国家反垄断执法机关的反垄断行为及经营者的垄断和限制性行为，是规范市场的基本法，通常被人们称作市场经济的“宪法”。

我国反垄断立法起步较晚。1980 年 10 月，国务院发布了《关于开展和保护社会主义竞争的暂行规定》，明确“在社会主义公有制经济占优势的情况下，允许和提倡各种经济成分之间、各个企业之间，发挥所长，开展竞争。在经济活动中，除国家指定由有关部门和单位专门经营的产品以外，其余的不得进行垄断、搞独家经营”。1987年9月，国务院发布的《价格管理条例》将“企业之间或者行业组织商定垄断价格的”行为认定为价格违法行为。1987年12月，国家体改委、国家经委印发《关于组建和发展企业集团的几点意见》强调组建企业集团的原则是鼓励竞争，防止垄断，明确在一个行业内一般不搞全国性的独家垄断企业集团，鼓励同行业集团间的竞争，促进技术进步，提高经济效益。在此基础上，反垄断法起草小组于1988年提出了《反对垄断和不正当竞争暂行条例草案》。1993年开始实施的《反不正当竞争法》是一部制约不正当竞争行为和限制竞争行为的法律，该法禁止的11种不正当竞争行为中有5种属于限制竞争或者说是垄断行为，主要包括公用企业或者其他依法具有独占地位的经营者限制竞争行为、行政性垄断行为、低于成本价销售行为、搭售行为和串通招投标行为。

2007年8月30日，十届全国人大常委会第二十九次会议通过《中华人民共和国反垄断法》，自2008年8月1日起施行。2022年6月24日，第十三届全国人民代表大会常务委员会第三十五次会议通过修改《中华人民共和国反垄断法》的决定，自2022年8月1日起施行。

【知识拓展9-1】

反垄断法的发展史

美国在19世纪80年代爆发了抵制托拉斯的大规模群众运动，这种反垄断思潮导致1890年《谢尔曼法》(Sherman Act)的诞生。《谢尔曼法》是世界上最早的反垄断法，从而也被称为世界各国反垄断法之母。第二次世界大战后，日本在1947年颁布了《禁止私人垄断和确保公正交易法》，德国于1957年颁布了《反对限制竞争法》。1958年生效的《欧洲经济共同体条约》第八十五条至第九十条是欧共体重要的竞争规则。此外欧共体理事会于1989年还颁布了《欧共体企业合并控制条例》，把控制企业合并作为欧共体竞争法的重要内容。意大利在1990年颁布了《反垄断法》，是发达市场经济国家中颁布反垄断法最晚的国家。现在，经济合作与发展组织(OECD)的所有成员国都有反垄断法。

三、反垄断法的调整对象和适用范围

(一) 调整对象

《反垄断法》调整的主要是具有竞争关系的经营者之间的法律关系。本法所称经营者，是指从事商品生产、经营或者提供服务的自然人、法人和其他组织。而经营者之间的竞争关系主要存在于相关市场中。同时《反垄断法》将具有行政垄断性质的反竞争行为也纳入调整范围，例如第十条规定：“行政机关和法律法规授权的具有管理公共事务职能的组织不得滥用行政权力，排除、限制竞争。”

(二) 适用范围

《反垄断法》作为国内法，不仅适用于中华人民共和国境内经济活动中的垄断行为，对于中华人民共和国境外的垄断行为，对境内市场竞争产生排除、限制影响的，也适用本法，如表9-1所示。

表 9－1　《反垄断法》的适用原则与内容

原　则	内　容
属地原则	中华人民共和国境内经济活动中的垄断行为，适用《反垄断法》
效果原则	中国境外的垄断行为，对境内市场竞争产生排除、限制影响的，也适用《反垄断法》

（三）关于适用除外的规定

（1）知识产权的正当行使行为。《反垄断法》第六十八条规定，经营者依照有关知识产权的法律、行政法规规定行使知识产权的行为，不适用本法；但是，经营者滥用知识产权，排除、限制竞争的行为，适用本法。

（2）农业生产中的联合或者协同行为。《反垄断法》第六十九条规定，农业生产者及农村经济组织在农产品生产、加工、销售、运输、储存等经营活动中实施的联合或者协同行为，不适用本法。

【案例分析 9－1】

相关集体管理行为

案情：北京知识产权法院一审审结了广东地区 8 家 KTV 公司诉中国音像著作权集体管理协会（以下简称音集协）垄断纠纷案。8 家 KTV 公司诉称，被告音集协要求 KTV 公司与其指定的合作单位广州天合文化发展有限公司签约，并提出收取签约费等不合理的签约条件，构成我国反垄断法规定的滥用市场支配地位的垄断行为，同时违反了《著作权集体管理条例》（以下简称《条例》）的相关规定，请求法院判令音集协停止垄断行为等。对此，音集协认为，原告方无权就其认为被告存在违反《条例》相关规定的行为提起民事诉讼；且音集协在本案的相关市场不具有支配地位，原告未对被告在相关市场具有支配地位和滥用市场支配地位尽到举证责任。

问题：音集协的相关集体管理行为是否应受《反垄断法》规制？

解析：集体管理组织是经权利人授权，集中行使权利人的有关权利并以自己的名义进行许可使用、收取使用费等相关活动的市场主体。被告音集协作为音像节目的集体管理组织，以自己的名义提供音像节目的使用许可等服务，属于《反垄断法》所规制的经营者，被告音集协的相关集体管理行为应受《反垄断法》规制。

四、反垄断法的基本原则

（一）健全统一、开放、竞争、有序的市场体系的原则

《反垄断法》第四条规定，国家坚持市场化、法治化原则，强化竞争政策基础地位，制定和实施与社会主义市场经济相适应的竞争规则，完善宏观调控，健全统一、开放、竞争、有序的市场体系。概括为健全统一、开放、竞争、有序的市场体系原则。2002 年，党的十六大关于《全面建设小康社会，开创中国特色社会主义事业新局面》的报告中指出，要健全现代市场体系，加强和完善宏观调控，在更大程度上发挥市场在资源配置中的基础性作用，健全统一、开放、竞争、有

序的现代市场体系。党的二十大报告着眼全面建设社会主义现代化国家的历史任务，进一步作出“构建高水平社会主义市场经济体制”的战略部署，明确了新举措新要求。

（二）鼓励公平竞争，依法实施集中，提高市场竞争力

《反垄断法》第六条规定，经营者可以通过公平竞争、自愿联合，依法实施集中，扩大经营规模，提高市场竞争力。

防止企业在市场竞争中通过兼并等手段形成独占地位或垄断优势，进而破坏竞争机制，是《反垄断法》的主要目标和功能，因而兼并控制历来属于反垄断制度和机制的核心内容之一。我国是发展中的市场经济国家，实行中国特色的社会主义市场经济，制定和实施《反垄断法》，必须以维护国家基本经济制度为目标。这既要有利于巩固和发展公有制经济，又要有利于鼓励、支持和引导非公有制经济发展，哪一方面都不可偏废。与此同时，还必须充分考虑我国企业通过市场竞争做强做大、提高产业集中度和市场竞争力的现实需要。因此，《反垄断法》通过确定这一基本原则，表明了两方面意思。第一，企业通过合并等方式形成企业集中，本身并不违法。第二，企业通过合并等方式形成企业集中，必须依法进行。

（三）禁止违法实施限制竞争行为的原则

结合反不正当竞争与消费者权益保护来看，不正当竞争行为和损害消费者权益行为，就不具有限制竞争行为所具有的两重性。所以在《反不正当竞争法》和《消费者权益保护法》中，都不需要一个“禁止不正当竞争行为”的基本原则和“禁止损害消费者权益”的基本原则。法律总则中所明确的任务与完成任务所要遵守的原则不能混为一谈。

（四）禁止滥用行政权力，排除、限制竞争原则

《反垄断法》第十条规定，行政机关和法律、法规授权的具有管理公共事务职能的组织不得滥用行政权力，排除、限制竞争。俗称行政性垄断的这种行为，并非传统的反垄断法律所规制的内容。因为传统的反垄断法律针对的是市场行为，是市场中经营者为追逐利润而破坏竞争，结果影响了市场机制正常发挥作用的经营行为。此外，传统的反垄断法律一般适用于市场经济比较成熟的国家或地区。这也是一个重要原因。

《反垄断法》除了在总则中作出原则性规定外，在分则部分专门设第五章（滥用行政权力排除、限制竞争）具体列举了各种行政性垄断行为。其中，一项显著的规定是，禁止行政机关滥用行政权力，制定含有排除、限制竞争内容的规定。这表明，《反垄断法》对行政性垄断行为的规制已从具体行政行为延伸到了抽象行政行为，无疑具有重大意义。因此，与《反垄断法》第五章相呼应的总则第十条规定，就成为《反垄断法》的一项基本原则，既表明法律反对滥用行政权力，排除、限制竞争的立场，又成为禁止这种违法行为的法律规范。

第二节 垄断行为概述

所谓垄断行为，实际上是一种违反竞争法规定的行为，其目的在于扩张自己的经济规模或形成对自己有利的经济地位。我国《反垄断法》将形形色色、各种各样的垄断行为归为四大类，分别进行了定义，并予以规制。

一、垄断协议

《反垄断法》第十六条规定："本法所称垄断协议，是指排除、限制竞争的协议、决定或者其他协同行为。"垄断协议，也称限制竞争协议、联合限制竞争行为，不是指单纯的为达到垄断目的而签订的协议，而是强调欲达到一致的垄断效果的所有行为。

【知识拓展9-2】

《禁止垄断协议规定》简介

为贯彻落实新修订的《反垄断法》，进一步加强和改进反垄断监管执法，有效规制垄断协议，保护市场公平竞争，根据立法计划及工作安排，市场监管总局对《禁止垄断协议暂行规定》进行了修订。新修订的《禁止垄断协议规定》共计51条，自2023年4月15日起施行。

该规定进一步明确了竞争关系的认定标准，对数字经济领域的有关规定进行完善，对纵向垄断协议的规则予以细化，同时细化了组织和帮助达成垄断协议行为的认定标准，进一步规范行政机关调查执法程序，对违反《反垄断法》的法律责任进行了完善。

垄断协议分为横向垄断协议和纵向垄断协议。横向垄断协议是指两个或两个以上因为经营同类产品或服务而在生产和销售过程中处于同一经营阶段的同业竞争者之间的垄断协议，如两家汽车公司的联合。纵向垄断协议是指两个或两个以上在同一产业中处于不同阶段而又有买卖关系的企业间的垄断协议，如汽车生产商与汽车销售商之间的联合。

（一）横向垄断协议

9

《反垄断法》第十七条规定，禁止具有竞争关系的经营者达成下列垄断协议。

1. 固定或者变更商品价格

《禁止垄断协议规定》第八条明确禁止具有竞争关系的经营者就固定或者变更商品价格达成下列垄断协议：❶ 固定或者变更价格水平、价格变动幅度、利润水平或者折扣、手续费等其他费用；❷ 约定采用据以计算价格的标准公式、算法、平台规则等；❸ 限制参与协议的经营者的自主定价权；❹ 通过其他方式固定或者变更价格。

2. 限制商品的生产数量或者销售数量

《禁止垄断协议规定》第九条明确禁止具有竞争关系的经营者就限制商品的生产数量或者销售数量达成下列垄断协议：❶ 以限制产量、固定产量、停止生产等方式限制商品的生产数量，或者限制特定品种、型号商品的生产数量；❷ 以限制商品投放量等方式限制商品的销售数量，或者限制特定品种、型号商品的销售数量；❸ 通过其他方式限制商品的生产数量或者销售数量。

3. 分割销售市场或者原材料采购市场

《禁止垄断协议规定》第十条明确禁止具有竞争关系的经营者就分割销售市场或者原材料采购市场达成下列垄断协议：❶ 划分商品销售地域、市场份额、销售对象、销售收入、销售利润或者销售商品的种类、数量、时间；❷ 划分原料、半成品、零部件、相关设备等原材料的采购区域、种类、数量、时间或者供应商；❸ 通过其他方式分割销售市场或者原材料采购市场。

4. 限制购买新技术、新设备或者限制开发新技术、新产品

《禁止垄断协议规定》第十一条明确禁止具有竞争关系的经营者就限制购买新技术、新设备或者限制开发新技术、新产品达成下列垄断协议：❶ 限制购买、使用新技术、新工艺；❷ 限制购买、租赁、使用新设备、新产品；❸ 限制投资、研发新技术、新工艺、新产品；❹ 拒绝使用新技术、新工艺、新设备、新产品；❺ 通过其他方式限制购买新技术、新设备或者限制开发新技术、新产品。

5. 联合抵制交易

《禁止垄断协议规定》第十二条明确禁止具有竞争关系的经营者就联合抵制交易达成下列垄断协议：❶ 联合拒绝向特定经营者供应或者销售商品；❷ 联合拒绝采购或者销售特定经营者的商品；❸ 联合限定特定经营者不得与其具有竞争关系的经营者进行交易；❹ 通过其他方式联合抵制交易。

【案例分析 9－2】

行业协会的垄断行为

案情：某行业协会组织本行业七家主要企业的领导人召开“行业峰会”，并就共同提高本行业产品价格及提价幅度形成决议，与会企业领导人均于决议上签字。会后，决议以行业协会名义下发全行业企业。与会七家企业的市场份额合计达85%。

问题：根据反垄断法律制度的规定，行业协会的行为是否属于垄断行为？

解析：《反垄断法》第十四条规定：“行业协会应当加强行业自律，引导本行业的经营者依法竞争，合规经营，维护市场竞争秩序。”第二十一条规定：“行业协会不得组织本行业的经营者从事本章禁止的垄断行为。”案例中经营者就提高产品价格及提价幅度形成协议，属于横向垄断协议中的“固定或变更商品价格的协议”，应认定为垄断行为。

（二）纵向垄断协议

《反垄断法》第十八条规定，禁止经营者与交易相对人达成下列垄断协议。

（1）固定向第三人转售商品的价格。

（2）限定向第三人转售商品的最低价格。

（3）国务院反垄断执法机构认定的其他垄断协议。

横向垄断协议和纵向垄断协议的比较，如表 9－2 所示。

表 9－2　　横向与纵向垄断协议的区别

类　型	区　别			反垄断法禁止的情形	举证责任
	主　体	危害程度	是否能产生积极效果		
横向垄断协议	具有竞争关系的经营者	高	不能	五种	被告
纵向垄断协议	具有买卖关系的经营者	低	能	三种	原告

（三）垄断协议的适用除外制度

并非以限制竞争为目的或者是为了公共利益而达成的合意或者一致行动，反垄断法是允许的。《反垄断法》第二十条规定，经营者能够证明所达成的协议属于下列情形之一的，不适用本法关于垄断协议的规定。

（1）为改进技术、研究开发新产品的。此项旨在促进科技研发中的强强联合，共同促进科技进步。

（2）为提高产品质量、降低成本、增进效率，统一产品规格、标准或者实行专业化分工的。此项规定了合理化卡特尔，旨在使经济过程合理化。但以该协议适合于从根本上提高参与企业在技术方面提高产品质量、降低成本，以及企业经济方面或组织方面的工作效率或经济效率，并因此能提高对需求的满足为限。合理化的效果应当同与之相关联的限制竞争之间保持适当的关系。如成本没有降低价格反而上升的，或产品质量无提升价格反而上升的，则不能成为反垄断的除外。

（3）为提高中小经营者经营效率，增强中小经营者竞争力的。此项规定了中小企业卡特尔，为帮助中小企业弥补在与大企业竞争中的结构和规模的不利地位，只要是旨在提高效率，提高中小企业的竞争力，并且未实质性地损害竞争的中小企业之间的联合协议，都是应当允许的。

（4）为实现节约能源、保护环境、救灾救助等社会公共利益的。此项规定主要是出于公共利益的考虑。

（5）因经济不景气，为缓解销售量严重下降或者生产明显过剩的。此项规定了不景气卡特尔。为了应对经济的不景气，企业合理组合的共同行为是允许的，而不纳入反垄断的视线。

（6）为保障对外贸易和对外经济合作中的正当利益的。各国反垄断法基于对本国利益的保护，几乎无一例外地将为了发展对外贸易、加强本国企业出口竞争力而进行的有关限制竞争行为（垄断行为）包括在合法垄断的适用例外内，显然，这是从国家利益的角度考虑的，也是为国际社会所普遍承认和接受的。

（7）法律和国务院规定的其他情形。

属于前款第1项至第5项情形，不适用本法第十七条、第十八条第1款、第十九条的规定，经营者还应当证明所达成的协议不会严重限制相关市场的竞争，并且能够使消费者分享由此产生的利益。

二、滥用市场支配地位

滥用市场支配地位行为是一种典型的垄断行为。《反垄断法》第二十二条规定，本法所称市场支配地位，是指经营者在相关市场内具有能够控制商品价格、数量或者其他交易条件，或者能够阻碍、影响其他经营者进入相关市场能力的市场地位。我国《反垄断法》采取国际通行做法，不反对经营者具有市场支配地位，但禁止经营者滥用其市场支配地位。

（一）市场支配地位的依据因素

《反垄断法》第二十三条规定，认定经营者具有市场支配地位，应当依据下列因素。

(1) 该经营者在相关市场的市场份额,以及相关市场的竞争状况。

(2) 该经营者控制销售市场或者原材料采购市场的能力。

(3) 该经营者的财力和技术条件。

(4) 其他经营者对该经营者在交易上的依赖程度。

(5) 其他经营者进入相关市场的难易程度。

(6) 与认定该经营者市场支配地位有关的其他因素。

(二) 市场支配地位的推定条件

《反垄断法》二十四条规定,有下列情形之一的,可以推定经营者具有市场支配地位。

(1) 一个经营者在相关市场的市场份额达到二分之一的。

(2) 两个经营者在相关市场的市场份额合计达到三分之二的。

(3) 三个经营者在相关市场的市场份额合计达到四分之三的。

有前款第二项、第三项规定的情形,其中有的经营者市场份额不足十分之一的,不应当推定该经营者具有市场支配地位。

被推定具有市场支配地位的经营者,有证据证明不具有市场支配地位的,不应当认定其具有市场支配地位。

(三) 滥用市场支配地位的认定

《反垄断法》二十二条规定具有市场支配地位的经营者有下列行为之一,则可以认定经营者存在滥用市场支配地位的行为,判断标准和依据如表 9-3 所示。

(1) 以不公平的高价销售商品或者以不公平的低价购买商品。

(2) 没有正当理由,以低于成本的价格销售商品。

(3) 没有正当理由,拒绝与交易相对人进行交易。

(4) 没有正当理由,限定交易相对人只能与其进行交易或者只能与其指定的经营者进行交易。

(5) 没有正当理由搭售商品,或者在交易时附加其他不合理的交易条件。

(6) 没有正当理由,对条件相同的交易相对人在交易价格等交易条件上实行差别待遇。

(7) 国务院反垄断执法机构认定的其他滥用市场支配地位的行为。此项规定为兜底性条款,应注意是国务院“认定”,而非“法定”。

表 9-3　滥用市场支配地位的判断标准和依据

标准	判断依据	
认定因素	该经营者	❶ 在相关市场的市场份额,以及相关的竞争状况; ❷ 控制销售市场或者原材料采购市场的能力; ❸ 财力和技术条件
	其他经营者	❶ 对该经营者在交易上的依赖程度; ❷ 其他经营者进入相关市场的难易程度

9

续 表

标准	判断依据	
认定因素	新经济业态经营者	可以考虑相关行业竞争特点、经营模式、用户数量、网络效应、锁定效应、技术特性、市场创新、掌握和处理相关数据的能力及经营者在关联市场的市场力量等因素
	特殊因素	认定两个以上的经营者具有市场支配地位，还应考虑市场结构、相关市场透明度、相关商品同质化程度、经营者行为一致性等因素
推定标准	一个单独	一个经营者在相关市场的市场份额达到二分之一
	二个合计	两个经营者在相关市场的市场份额合计达到三分之二
	三个合计	三个经营者在相关市场的市场份额合计达到四分之三
	对于多个经营者被推定为共同占有市场支配地位时，其中有的经营者市场份额不足十分之一的，不应当推定该经营者具有市场支配地位	

【案例分析 9－3】

“商砼联营”反垄断行政处罚案——实施横向垄断协议的认定

案情：重庆江都建材有限公司（简称江都公司）与案外人重庆建典混凝土有限公司（简称建典公司）是重庆市丰都县内仅有的两家商砼生产企业，两公司为避免展开价格战，于 2019 年 4 月达成固定商品价格、分割销售市场、分配商砼方量和销售利润的协议，此后双方互派人员到对方企业现场监督，确保协议得到执行。重庆市市场监督管理局于 2019 年 10 月对江都公司、建典公司涉嫌垄断行为启动调查，认定两公司达成并实施固定销售价格、分割商砼销售市场的行为违反反垄断法，对江都公司（建典公司另案处理）作出处上一年度销售额 5%共计 12 149 260.88 元罚款的行政处罚决定。

江都公司不服，提起行政诉讼，请求撤销前述行政处罚决定。一审法院判决驳回江都公司的诉讼请求。江都公司不服，提起上诉。最高人民法院二审认为，“固定或者变更商品价格”“分割销售市场”均属于典型的横向垄断协议类型，在实践中的表现形式具有多样性，约定价格变动幅度、采用标准公式或算法计算价格的、未经协议方同意不得变更价格等亦属于“固定或者变更商品价格”；约定划分市场份额、销售对象、销售收入、销售利润等亦构成“分割销售市场”。江都公司和建典公司达成固定商品价格、分割销售市场的协议并予以实施，直接导致所在区域没有价格竞争，明显具有排除、限制价格竞争的效果。被诉行政处罚决定对江都公司的行为定性准确，作出程序合法，处罚结果符合过罚相当原则。最高人民法院终审判决，驳回上诉，维持原判。

解析：本案通过分析当事人达成并实施横向垄断协议的具体表现形式，细化了"固定或者变更商品价格""分割销售市场"等横向垄断协议的认定标准，对于人民法院依法监督和支持反垄断行政执法部门的行政执法，共同维护市场公平竞争具有积极意义。

三、经营者集中

（一）经营者集中的含义

经营者集中是指经营者合并，经营者通过取得其他经营者的股份、资产，以及通过合同等方式取得对其他经营者的控制权或者能够对其他经营者施加决定性影响的情形。经营者集中，可能具有两种效果：❶ 经营者集中有利于发挥规模经济、范围经济的积极效果并不对竞争产生排斥和限制；❷ 经营者集中具有或者可能具有排除、限制竞争的效果。对于前者，反垄断法并不禁止；对于后者，则应受反垄断法禁止，除非经营者能够证明该集中对竞争产生的有利影响明显大于不利影响，或者符合社会公共利益。

（二）经营者集中的申报

《反垄断法》第二十六条规定，经营者集中达到国务院规定的申报标准的，经营者应当事先向国务院反垄断执法机构申报，未申报的不得实施集中。

1. 可以不申报的情形

《反垄断法》第二十七条规定，经营者集中有下列情形之一的，可以不向国务院反垄断执法机构申报：❶ 参与集中的一个经营者拥有其他每个经营者百分之五十以上有表决权的股份或者资产的；❷ 参与集中的每个经营者百分之五十以上有表决权的股份或者资产被同一个未参与集中的经营者拥有的。

2. 申报材料要求

《反垄断法》第二十八条规定，经营者向国务院反垄断执法机构申报集中，应当提交下列文件、资料：

（1）申报书；

（2）集中对相关市场竞争状况影响的说明；

（3）集中协议；

（4）参与集中的经营者经会计师事务所审计的上一会计年度财务会计报告；

（5）国务院反垄断执法机构规定的其他文件、资料。

申报书应当载明参与集中的经营者的名称、住所、经营范围、预定实施集中的日期和国务院反垄断执法机构规定的其他事项。

《反垄断法》第二十九条规定，经营者提交的文件、资料不完备的，应当在国务院反垄断执法机构规定的期限内补交文件、资料。经营者逾期未补交文件、资料的，视为未申报。

（三）审查

1. 审查期限

对经营者集中申请的审查，分为初步审查和进一步审查。国务院反垄断执法机构应当自收到经营者提交的符合规定的文件、资料之日起三十日内，对申报的经营者集中进行初步审查，作出是否实施进一步审查的决定，并书面通知经营者。国务院反垄断执法机构作出决定前，经营者不得实施集中。国务院反垄断执法机构作出不实施进一步审查的决定或者逾期未作出决定的，经营者可以实施集中。国务院反垄断执法机构决定实施进一步审查的，应当自决定之日起九十日内审查完毕，作出是否禁止经营者集中的决定，并书面通知经营者。作出禁止经营者集中的决定，应当说明理由。审查期间，经营者不得实施集中。

2. 审查经营者集中应考虑的因素

❶ 参与集中的经营者在相关市场的市场份额及其对市场的控制力。❷ 相关市场的市场集中度。❸ 经营者集中对市场进入、技术进步的影响。❹ 经营者集中对消费者和其他有关经营者的影响。❺ 经营者集中对国民经济发展的影响。❻ 国务院反垄断执法机构认为应当考虑的影响市场竞争的其他因素。

3. 审查决定

经过审查，国务院反垄断执法机构可以分别作出三种决定：❶ 禁止决定。如果经营者集中具有或者可能具有排除、限制竞争效果的，国务院反垄断执法机构作出禁止经营者集中的决定。❷ 不予禁止决定。经营者能够证明该集中对竞争产生的有利影响明显大于不利影响，或者符合社会公共利益的，国务院反垄断执法机构可以作出对经营者集中不予禁止的决定。❸ 附加决定。对不予禁止的经营者集中，国务院反垄断执法机构可以决定附加减少集中对竞争产生不利影响的限制性条件。

4. 对外资参与经营者集中的规定

《反垄断法》第三十八条规定，对外资并购境内企业或者以其他方式参与经营者集中，涉及国家安全的，除依照本法规定进行经营者集中审查外，还应当按照国家有关规定进行国家安全审查。

9

【案例分析 9－4】

虎牙斗鱼合并案

案情：2021 年 7 月，市场监管总局发布对腾讯申报的虎牙与斗鱼合并案的经营者集中反垄断审查决定。决定称，本案相关市场为中国境内网络游戏运营服务市场和游戏直播市场。腾讯在上游网络游戏运营服务市场份额超过 40%，排名第一；虎牙和斗鱼在下游游戏直播市场份额分别超过 40%和 30%，排名第一、第二，合计超过 70%。目前，腾讯已具有对虎牙的单独控制权和对斗鱼的共同控制权。如虎牙与斗鱼合并，将使腾讯单独控制合并后的实体，进一步强化腾讯在游戏直播市场的支配地位，同时使腾讯有能力和动机在上下游市场实施闭环管理和双向纵向封锁，具有或者可能具有排除、限制竞争效果，不利于市场公平竞争、可能减损消费者利益，也不利于网络游戏和游戏直播市场规范健康持续发展。

解析：根据《反垄断法》第二十八条和《经营者集中审查暂行规定》第三十五条规定，市场监管总局决定依法禁止此项经营者集中。此案中，若虎牙与斗鱼想要顺利通过反垄断执法机关的审查而成功合并，则必须在审查数据的“集中对相关市场竞争状况影响的说明”中进行利于自己合并条件的叙述。

四、滥用行政权力排除、限制竞争

滥用行政权力排除、限制竞争，即通常所称"行政垄断"，是指拥有行政权力的政府机关以及其他依法具有管理公共事务职能的组织滥用行政权力排除、限制竞争的各种行为。这种行为的主体不是经营者，而是行政机关和法律、法规授权的具有管理公共事务职能的组织。根据我国《反垄断法》规定，行政机关和法律、法规授权的具有管理公共事务职能的组织的以下行为是滥用行政权力排除、限制竞争的行为。

（一）行政强制交易

《制止滥用行政权力排除、限制竞争行为规定》第四条规定，行政机关和法律、法规授权的具有管理公共事务职能的组织不得滥用行政权力，实施下列行为，限定或者变相限定单位或者个人经营、购买、使用其指定的经营者提供的商品或者服务（以下统称商品）：

（1）以明确要求、暗示、拒绝或者拖延行政审批、备案、重复检查、不予接入平台或者网络等方式，限定或者变相限定经营、购买、使用特定经营者提供的商品。

（2）通过限制投标人所在地、所有制形式、组织形式等方式，限定或者变相限定经营、购买、使用特定经营者提供的商品。

（3）没有法律、法规依据，通过设置不合理的项目库、名录库、备选库、资格库等方式，限定或者变相限定经营、购买、使用特定经营者提供的商品。

（4）限定或者变相限定单位或者个人经营、购买、使用其指定的经营者提供的商品的其他行为。

（二）地区封锁行为

9

《反垄断法》第四十一条规定，行政机关和法律、法规授权的具有管理公共事务职能的组织不得滥用行政权力，实施下列行为，妨碍商品在地区之间的自由流通。

（1）对外地商品设定歧视性收费项目、实行歧视性收费标准，或者规定歧视性价格。

（2）对外地商品规定与本地同类商品不同的技术要求、检验标准，或者对外地商品采取重复检验、重复认证等歧视性技术措施，限制外地商品进入本地市场。

（3）采取专门针对外地商品的行政许可，限制外地商品进入本地市场。

（4）设置关卡或者采取其他手段，阻碍外地商品进入或者本地商品运出。

（5）妨碍商品在地区之间自由流通的其他行为。

（三）排斥或限制外地经营者参加本地招标投标

行政权力干预下的招投标行为是指行政机关和法律、法规授权的具有管理公共事务职能的组织滥用行政权力，以设定歧视性资质要求、评审标准或者不依法发布信息等方式，排斥或者限制外地经营者参加本地的招标投标活动。

《制止滥用行政权力排除、限制竞争行为规定》第八条规定，行政机关和法律、法规授权的具有管理公共事务职能的组织不得滥用行政权力，实施下列行为，排斥或者限制经营者参加招标投标以及其他经营活动。

（1）不依法及时、有效、完整地发布招标投标信息。

（2）明确外地经营者不能参与特定的招标投标。

(3) 对参加招标投标的经营者设定歧视性的资质要求或者评审标准。

(4) 通过设定与招标项目的具体特点和实际需要不相适应或者与合同履行无关的资格、技术和商务条件,变相限制经营者参加招标投标。

(5) 排斥或者限制经营者参加招标投标以及其他经营活动的其他行为。

(四) 行政权力干预下的不平等待遇

《反垄断法》第四十三条规定,行政机关和法律、法规授权的具有管理公共事务职能的组织不得滥用行政权力,采取与本地经营者不平等待遇等方式,排斥、限制、强制或者变相强制外地经营者在本地投资或者设立分支机构。需要注意的是,该条没有规定,采取高于本地经营者待遇方式吸引外地经营者投资或设立分支机构。也就是说,法律仍然允许各地行政机关制定或采取一些吸引投资的优惠措施。

《制止滥用行政权力排除、限制竞争行为规定》第九条规定,行政机关和法律、法规授权的具有管理公共事务职能的组织不得滥用行政权力,实施下列行为,排斥、限制、强制或者变相强制外地经营者在本地投资或者设立分支机构。

(1) 拒绝、强制或者变相强制外地经营者在本地投资或者设立分支机构。

(2) 对外地经营者在本地投资的规模、方式以及设立分支机构的地址、商业模式等进行限制或者提出不合理要求。

(3) 对外地经营者在本地的投资或者设立的分支机构在投资、经营规模、经营方式、税费缴纳等方面规定与本地经营者不同的要求,在安全生产、节能环保、质量标准、行政审批、备案等方面实行歧视性待遇。

(4) 排斥、限制、强制或者变相强制外地经营者在本地投资或者设立分支机构的其他行为。

(五) 行政权力干预下的强制垄断行为

行政权力干预下的强制垄断行为,是指行政管理者为了本部门或本地区利益违背经营者意愿,强制其从事有利于本部门或本地区的垄断行为。《反垄断法》第四十四条规定,行政机关和法律、法规授权的具有管理公共事务职能的组织不得滥用行政权力,强制或者变相强制经营者从事本法规定的垄断行为。

(六) 抽象行政性垄断行为

抽象行政性垄断行为,是指行政机关利用行政权力通过制定行政法规、命令,将限制竞争性质的条款或内容包含其中,要求相对人执行以达到限制竞争的目的。《反垄断法》第四十五条规定,政机关和法律、法规授权的具有管理公共事务职能的组织不得滥用行政权力,制定含有排除、限制竞争内容的规定。

【案例分析 9-5】

抽象行政性垄断行为

案情: 甲市市政府办公厅下发红头文件,要求本市各级政府机构在公务接待中必须使用本市乙酒厂生产的"不倒翁"系列白酒,并根据有关政府机构的公务接待预算分别下达了一定数量的用酒任务。

问题：甲市市政府的行为是否违反《反垄断法》？

解析：《反垄断法》第四十五条规定，行政机关和法律、法规授权的具有管理公共事务职能的组织不得滥用行政权力，制定含有排除、限制竞争内容的规定。甲市市政府办公厅下发的红头文件具有限制竞争性质的内容，违反了《反垄断法》的规定，构成抽象行政性垄断行为。

第三节 反垄断的调查与处理

目前各国反垄断立法对滥用垄断地位行为的规定有两种基本类型：一是对于垄断地位本身不作任何干预，仅仅禁止滥用垄断地位的行为，即使发生滥用垄断地位的行为，也只是禁止和制裁其行为本身，而不分拆垄断企业，甚至在不正当获取垄断地位的情况下也是如此。二是不禁止垄断地位本身，而禁止以不正当方式获取垄断地位以及以不正当方式维持垄断地位的情形，可以采取分解垄断企业的制裁措施，从根本上消除其滥用垄断地位的基础。

一、调查主管机关及职责

《反垄断法》第十二条规定，国务院设立反垄断委员会，负责组织、协调、指导反垄断工作，履行下列职责。

（1）研究拟订有关竞争政策。

（2）组织调查、评估市场总体竞争状况，发布评估报告。

（3）制定、发布反垄断指南。

（4）协调反垄断行政执法工作。

（5）国务院规定的其他职责。

国务院反垄断委员会的组成和工作规则由国务院规定。

《反垄断法》第十三条规定：“国务院反垄断执法机构负责反垄断统一执法工作。国务院反垄断执法机构根据工作需要，可以授权省、自治区、直辖市人民政府相应的机构，依照本法规定负责有关反垄断执法工作。”

国家市场监督管理总局组建后于2018年4月10日挂牌，国家发展和改革委员会、商务部和国务院反垄断委员会办公室职责全部整合于国家市场监督管理总局。在国家市场监督管理总局网站公布的职责中第四项明确其负责反垄断统一执法，具体负责统筹推进竞争政策实施，指导实施公平竞争审查制度。依法对经营者集中行为进行反垄断审查，负责垄断协议、滥用市场支配地位和滥用行政权力排除、限制竞争等反垄断执法工作。指导企业在国外的反垄断应诉工作。承担国务院反垄断委员会日常工作。反垄断机构及执法权如图9-1所示。

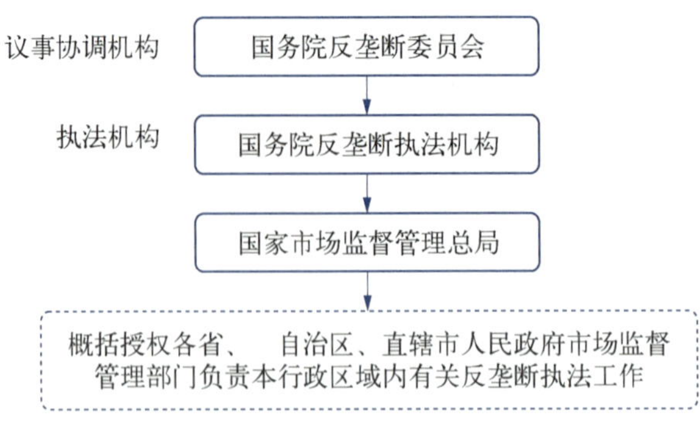

图 9－1 反垄断机构及执法权(双层制模式)

二、反垄断执法机构的职权

(一) 反垄断执法机构依职权或依举报展开调查

《反垄断法》第四十六条:“反垄断执法机构依法对涉嫌垄断行为进行调查。对涉嫌垄断行为,任何单位和个人有权向反垄断执法机构举报。反垄断执法机构应当为举报人保密。举报采用书面形式并提供相关事实和证据的,反垄断执法机构应当进行必要的调查。”

(二) 反垄断执法机构的职权

《反垄断法》第四十七条:“反垄断执法机构调查涉嫌垄断行为,可以采取下列措施:❶ 进入被调查的经营者的营业场所或者其他有关场所进行检查;❷ 询问被调查的经营者、利害关系人或者其他有关单位或者个人,要求其说明有关情况;❸ 查阅、复制被调查的经营者、利害关系人或者其他有关单位或者个人的有关单证、协议、会计账簿、业务函电、电子数据等文件、资料;❹ 查封、扣押相关证据;❺ 查询经营者的银行账户。采取前款规定的措施,应当向反垄断执法机构主要负责人书面报告,并经批准。”

(三) 反垄断执法机构可采取的措施

依据上述规定,反垄断执法机构调查涉嫌垄断行为,书面报告反垄断执法机构主要负责人并经批准,有权采取下列措施。

(1) 对被调查者相关经营场所检查权。

(2) 对被调查单位及利害人或有关人的询问权。

(3) 查询复制相关文件资料权。

(4) 查封扣押相关证据权。

(5) 查询经营者银行账户权。注意这里并不包括冻结、扣划权。

(四) 处理决定公布

《反垄断法》第五十二条规定:“反垄断执法机构对涉嫌垄断行为调查核实后,认为构成垄断行为的,应当依法作出处理决定,并可以向社会公布。”

三、调查的中止和恢复

对反垄断执法机构调查的涉嫌垄断行为,被调查的经营者承诺在反垄断执法机构认可的期限内采取具体措施消除该行为后果的，反垄断执法机构可以决定中止调查。中止调查的决定应当载明被调查的经营者承诺的具体内容。

反垄断执法机构决定中止调查的，应当对经营者履行承诺的情况进行监督。经营者履行承诺的，反垄断执法机构可以决定终止调查。

有下列情形之一的，反垄断执法机构应当恢复调查：❶ 经营者未履行承诺的；❷ 作出中止调查决定所依据的事实发生重大变化的；❸ 中止调查的决定是基于经营者提供的不完整或者不真实的信息作出的。

四、行政相对人的权利救济途径

根据《反垄断法》第六十五条规定，对反垄断执法机构依据《反垄断法》第三十四条、第三十五条作出的决定不服的，可以先依法申请行政复议；对行政复议决定不服的，可以依法提起行政诉讼。

对反垄断执法机构作出的前款规定以外的决定不服的，可以依法申请行政复议或者提起行政诉讼。

五、法律责任

（一）违法经营者的法律责任

（1）达成并实施垄断协议的法律责任。由反垄断执法机构责令停止违法行为，没收违法所得，并处上一年度销售额百分之一以上百分之十以下的罚款，上一年度没有销售额的，处五百万元以下的罚款；尚未实施所达成的垄断协议的，可以处三百万元以下的罚款。经营者的法定代表人、主要负责人和直接责任人员对达成垄断协议负有个人责任的，可以处一百万元以下的罚款。经营者组织其他经营者达成垄断协议或者为其他经营者达成垄断协议提供实质性帮助的，适用上述规定。

经营者主动向反垄断执法机构报告达成垄断协议的有关情况并提供重要证据的，反垄断执法机构可以酌情减轻或者免除对该经营者的处罚。

行业协会违反《反垄断法》规定，组织本行业的经营者达成垄断协议的，由反垄断执法机构责令改正，可以处三百万元以下的罚款；情节严重的，社会团体登记管理机关可以依法撤销登记。

（2）滥用市场支配地位的法律责任。由反垄断执法机构责令停止违法行为，没收违法所得，并处上一年度销售额百分之一以上百分之十以下的罚款。

（3）实施经营者集中且具有或者可能具有排除、限制竞争效果的法律责任。由国务院反垄断执法机构责令停止实施集中、限期处分股份或者资产、限期转让营业以及采取其他必要措施恢复到集中前的状态，处上一年度销售额百分之十以下的罚款；不具有排除、限制竞争效果的，处五百万元以下的罚款。

经营者实施垄断行为，给他人造成损失的，依法承担民事责任。

（二）滥用行政权力，实施排除、限制竞争行为的法律责任

《反垄断法》第六十一条规定，行政机关和法律、法规授权的具有管理公共事务职能的组织

滥用行政权力，实施排除、限制竞争行为的，由上级机关责令改正；对直接负责的主管人员和其他直接责任人员依法给予处分。反垄断执法机构可以向有关上级机关提出依法处理的建议。行政机关和法律、法规授权的具有管理公共事务职能的组织应当将有关改正情况书面报告上级机关和反垄断执法机构。

法律、行政法规对行政机关和法律、法规授权的具有管理公共事务职能的组织滥用行政权力实施排除、限制竞争行为的处理另有规定的，依照其规定。

【案例分析 9-6】

市场监管部门制止滥用行政权力限制竞争行为

案情：某市安监局委托某市政府采购中心发布“某市安全生产责任保险项目竞争性谈判采购公告”，其中规定：本保险项目共涉及 18 个行业的安全生产责任保险，全市市场划分为 5 个区域，确定 5 家财产保险公司作为中标单位。之后，某市安监局通过竞争性谈判确认 5 家财产保险公司为候选人，并按前述规定，明确了每家公司的承保区域，同时与 5 家公司约定了“五统一”，即统一保险责任、统一保险费率、统一保险金额、统一理赔标准、统一浮动机制；5 家公司如未执行“五统一”，或超出划分的承保区域向投保企业收取保费，一经发现，取消其承保资格，并不得参加下一轮某市安全生产责任保险投标活动。各县(区)安监局根据某市政府和市安监局相关文件要求，分别以县政府办公室或县安全生产委员会办公室名义制定下发或转发了关于进一步深化安全生产责任保险工作实施方案的通知，确定了实施范围、承保单位、工作措施、参保方式、工作要求等内容，并将实施范围内企业是否投保安全生产责任保险作为安全生产许可的重要条件进行审查，将是否参加安全生产责任保险纳入执法检查的重要内容，依法检查相关高危行业企业参加安全生产责任保险情况，对未按规定参保的企业依法处理。

问题：某市安监局上述行为是否违反《反垄断法》？为什么？

解析：本案是国家市场监管总局发布 2018 年市场监管部门制止滥用行政权力排除、限制竞争行为 16 起典型案例之一。某市安监局上述行为违反了《反垄断法》第三十九条“行政机关和法律、法规授权的具有管理公共事务职能的组织不得滥用行政权力，限定或者变相限定单位或者个人经营、购买、使用其指定的经营者提供的商品”的规定，构成滥用行政权力，排除、限制竞争行为。原安徽省工商行政管理局于 2018 年 11 月向某市人民政府发出行政建议书，建议其责令涉案机关纠正违法行为，吸取教训，认真落实国务院、省政府关于开展公平竞争审查相关制度与规定，切实维护公平竞争市场秩序。现某市安监局已终止与 5 家财产保险公司的合同。

(三) 反垄断执法机构工作人员的法律责任

反垄断执法机构工作人员滥用职权、玩忽职守、徇私舞弊或者泄露执法过程中知悉的商业秘密、个人隐私和个人信息的，构成犯罪的，依法追究刑事责任；尚不构成犯罪的，依法给予处分。

(四) 行业协会的法律责任

行业协会违反《反垄断法》规定，组织本行业的经营者达成垄断协议的，由反垄断执法机构责令改正,可以处三百万元以下的罚款;情节严重的,社会团体登记管理机关可以依法撤销登记。

【课堂小活动】

将班级学生划分为五组,其中A组和B组签订纵向垄断协议;C组为利益受到侵害的其他经营者;D组为反垄断执法机构;E组为点评组。

在授课教师提供具体案例的基础上,组织班级学生自愿报名参加相应的组别,通过角色扮演的方式,将课堂所学知识按照具体流程实施。

活动完成后,由点评组根据综合表现,评选出"最佳表现奖"和"理论学习小达人"。通过实训活动形式,旨在提高学生的课堂参与度、理论学习能力、语言表达能力等,提升教学效果。

阶段测试

一、名词解释

1. 垄断　　2. 垄断协议　　3. 滥用市场支配地位　　4. 经营者集中

二、单项选择题

1.《中华人民共和国反垄断法》于(　　)由第十届全国人大常委会第二十九次会议通过。

A. 2007年5月30日　　B. 2007年8月30日

C. 2008年5月30日　　D. 2008年8月30日

2. 根据《反垄断法》规定,依据其在相关市场的市场份额,可以推定(　　)具有市场支配地位。

A. 合计份额达到四分之三的三个经营者

B. 合计份额达到三分之二的两个经营者

C. B选项的情形下,其中有的经营者市场份额不足十分之一的经营者

D. 份额达到二分之一的一个经营者

3. 下列不是垄断协议的是(　　)。

A. 甲乙两大超市约定:前者占A市市场,后者占B市市场

B. 因为价格问题,甲乙两家汽车厂口头约定都不购买丙钢铁公司的钢材

C. 甲药厂和乙医药连锁超市约定:后者出售前者的某种专利药物只能按某价格出售

D. 甲药厂和乙医药连锁超市约定:后者出售前者的某种专利药物最高按某价格出售

4. 经营者违反《反垄断法》的规定,达成并实施垄断协议的,由反垄断执法机构责令停止违法行为,没收违法所得,并处一定数额的罚款。该罚款数额是(　　)。

A. 50万元以下　　B. 100万元以下

C. 上一年度销售额1%以上10%以下　　D. 上一年度销售额2%以上20%以下

5. 在不会严重限制相关市场竞争，并能使消费者分享由此产生的利益前提下，经营者与具有竞争关系的经营者（　　），不为《反垄断法》所禁止。

A. 为排除竞争，达成的联合抵制交易协议

B. 为实现其支配地位，达成的限制商品的生产数量协议

C. 为限制竞争，达成的固定商品价格协议

D. 为改进技术，达成的限制购买新技术协议

三、判断题

1. 世界上第一部正式的反垄断法是德国的《反对限制竞争法》。（　　）

2. 国务院反垄断执法机构根据工作需要，可以授权省、自治区、直辖市人民政府相应的机构，依照《反垄断法》规定负责有关反垄断执法工作。（　　）

3. 经营者同意延长审查期限的，国务院反垄断执法机构经书面通知经营者，可以延长规定的审查期限，但最长不得超过三十日。（　　）

4. 经营者主动向反垄断执法机构报告达成垄断协议的有关情况并提供重要证据的，反垄断执法机构可以酌情减轻或者免除对该经营者的处罚。（　　）

5. 对反垄断执法机构依法实施的审查和调查，拒绝提供有关材料、信息，或者提供虚假材料、信息，或者隐匿、销毁、转移证据，或者有其他拒绝、阻碍调查行为的，构成犯罪的，依法追究刑事责任。（　　）

9

四、案例分析题

1. 2024 年，某市 20 多家液化气公司、液化气站签订《××地区液化气联合销售协议》，内容如下：❶ 各成员实行统一定价、统一销售、统一分配；❷ 成员向协调办缴纳差价结算押金 1 万元；❸ 成员保证不接受外地气源，否则每吨罚款 500 元，从押金中扣除；❹ 成员协调制定瓶装液化气销售价格，低于协调价格的成员将被罚款 5 000 元。

根据上述案例，请回答：该市液化气公司、液化气站的行为构成哪一类垄断行为？为什么？

2. 甲机场是××地区一家提供国际国内客运航班起、降、停、修服务的经营者。在该地区每售出 10 份航空意外险，就有近 5 份是通过甲机场售出的。而航空意外险原本是一种让旅客自由购买、以弥补空难损失补偿不足、减轻家庭和政府负担的险种。甲机场宣布，将指定乙人寿保险公司在首都机场独家销售航空意外险。

根据上述案例，请回答：甲机场的这种行为是否属于《反垄断法》规制的垄断行为？如果是，属于哪一种？为什么？

3. 据相关媒体报道，部分银行清点零钞（面值 1 元以下的硬币或纸币）要收取手续费。以某银行为例，200 个零钞收取 5 元，每增加 100 个，加收 1 元。相继多家银行都开始了此项业务，且收费标准基本上相近或相同。

根据上述案例，请回答：多家银行同时收取清点零钞手续费的行为是否违反《反垄断法》？为什么？

实训操作与指导

本章实训的重点主要是对经典案例的分析理解，通过小组讨论和正反辩论等形式，深入把握各种垄断行为的特点和构成，能够运用所学知识对社会上存在的各种行为进行分析、认定，为维护消费者利益和经营者利益，保护公平竞争贡献力量。

自我评价

任务名称	掌握程度		
	好	中	差
对垄断的认识情况			
对《反垄断法》的调整对象和范围的理解情况			
对横向垄断协议和纵向垄断协议各种表现的把握情况			
对认定滥用市场支配地位的条件理解情况			
对经营者集中申报的认识情况			
对反垄断调查和处理的掌握情况			
对反垄断执法机构职责的了解情况			
对相关主体违反《反垄断法》承担责任的掌握情况			

通过本章的学习，你还有什么收获？

第十章　产品质量法

导语

产品质量与消费者合法权益密切相关，也是市场经营者生存与发展的关键。完善健全产品质量法律制度，有利于加强产品质量的监督管理，促进产品质量的不断提高，切实保护消费者人身、财产的安全，推动社会资源的优化配置，实现国家经济的健康发展。

我国立足“质量第一”的宗旨，已陆续颁布了一系列产品质量方面的法律法规。1993年颁布的《产品质量法》，是我国第一部专门性产品质量领域的法律规范，经过2000年、2009年、2018年的三次修正，将调整产品质量监督管理与产品质量责任法律规范相结合，明确了产品的范围、缺陷产品定义、产品质量监督制度、生产者和销售者的产品质量责任和义务、损害赔偿制度和罚则等内容，与《食品安全法》《药品管理法》《消费者权益保护法》等法律法规中的有关产品质量方面的法律规范共同组成了以《产品质量法》为核心的、具有中国特色的产品质量法律体系。

学习目标

理论知识目标：

1. 了解产品与产品质量的概念。
2. 了解产品质量法的特点。
3. 掌握我国产品质量监督制度。
4. 熟悉生产者、销售者的产品质量义务。
5. 掌握产品质量责任制度内容。

职业能力目标：

1. 具有学习查阅产品质量相关法律法规进行案例分析的能力。
2. 具有防范产品质量风险的能力。
3. 具有对产品质量法律纠纷的防范处理能力。

职业素养目标：

培育工匠精神，以高质量的产品与服务推动中国经济社会的发展。

思维导图

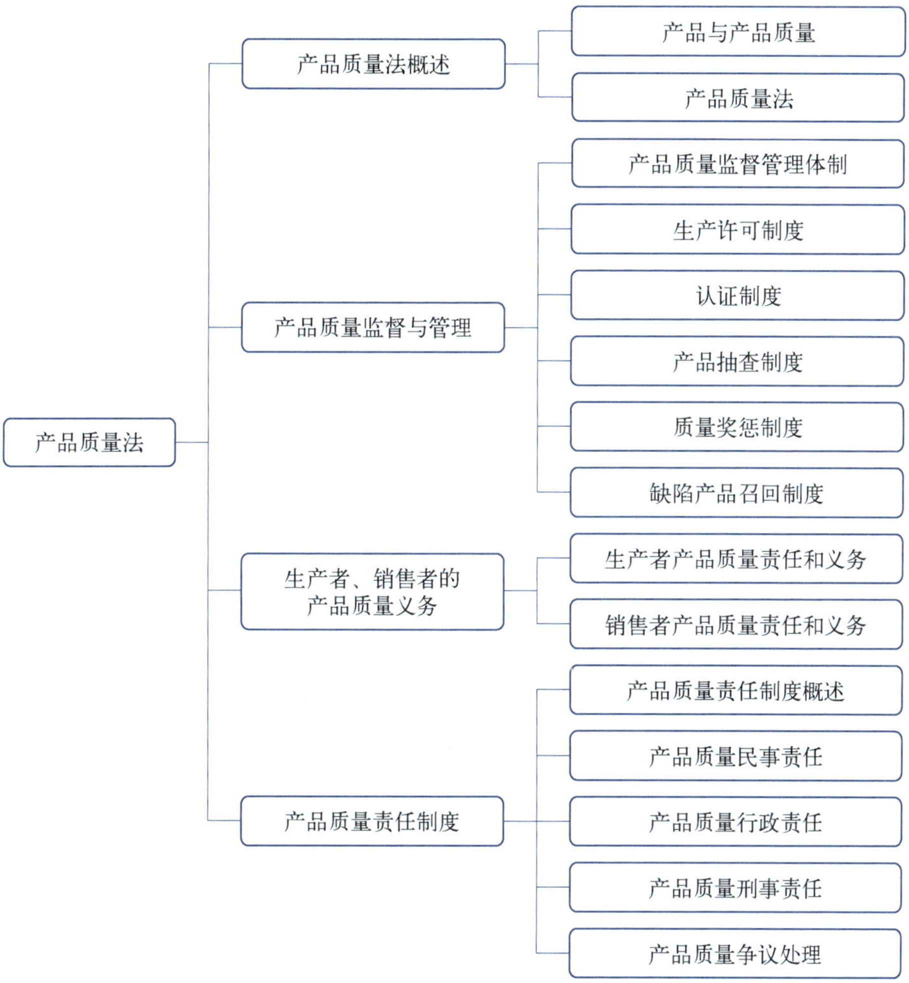

- 产品质量法
  - 产品质量法概述
    - 产品与产品质量
    - 产品质量法
  - 产品质量监督与管理
    - 产品质量监督管理体制
    - 生产许可制度
    - 认证制度
    - 产品抽查制度
    - 质量奖惩制度
    - 缺陷产品召回制度
  - 生产者、销售者的产品质量义务
    - 生产者产品质量责任和义务
    - 销售者产品质量责任和义务
  - 产品质量责任制度
    - 产品质量责任制度概述
    - 产品质量民事责任
    - 产品质量行政责任
    - 产品质量刑事责任
    - 产品质量争议处理

导入案例

陈某到自由市场花费230元购买了一把秋千椅回家。某日午后陈某坐在秋千椅上自然摇动时，秋千椅其中一根支撑的木料断裂，陈某摔倒致使右手骨折，经医院治疗共花去医药费1 100元。陈某治愈后去自由市场找销售方，但发现销售方已不在原处，无法找到。后来发现秋千椅上刻着鸿达木竹制品厂生产的字样，通过打听在城郊找到了该厂家，陈某要求该厂承担损失，而厂方认为陈某应先向销售者索赔。在协商无果的情况下，陈某便向法院提起诉讼，要求被告鸿达木竹制品厂赔偿秋千椅的损失230元，并赔偿医药费1 100元。

问题：被告厂家的拒赔理由是否符合法律规定？法院是否应该支持原告的诉讼请求？

案例解析：

鸿达木竹制品厂对陈某购买秋千椅的损失和所花的医药费均应赔偿。我国《产品质量法》第四十三条规定:"因产品存在缺陷造成人身、他人财产损害的,受害人可以向产品的生产者要求赔偿,也可向产品的销售商要求赔偿。"同时其第二十六条规定:"生产者应当对其生产的产品质量负责。"据此,鸿达木竹制品厂作为生产厂家应对陈某的人身损害及秋千椅的损失承担赔偿责任。如果该产品质量缺陷属于销售者责任的,该厂有权向销售者再追偿。

第一节 产品质量法概述

一、产品与产品质量

(一)产品

产品本是经济学中的一个术语,一般指为了他人的需要而进行生产、加工和销售的,并非是为了满足生产者自身需要而生产的东西。当产品通过市场流通环节流入市场,到达消费者的手中,这时产品就具有了其自身价值与使用价值。而法学领域对产品的界定相对狭窄,我国《产品质量法》第二条规定:"本法所称产品是指经过加工、制作,用于销售的产品。建设工程不适用本法规定;但是,建设工程使用的建筑材料、建筑构配件和设备,属于前款规定的产品范围的,适用本法规定。"第七十三条规定:"军工产品质量监督管理办法,由国务院、中央军事委员会另行制定。"因此,我国产品质量法律中所指"产品"是排除天然物、由建筑工程形成不动产以及军工产品之外的经过加工、制作,用于销售的产品。

(二)产品质量

产品质量是指产品应当具有的,符合人们对产品适用、安全及其他特性的要求,既包含实际使用中产品应该具有的固有特性,也包含其应符合约定、法定要求的特性,具体包括产品的使用性、安全性、耐用性、可靠性、卫生性、经济性等方面要求。对于不同类型的产品,衡量其质量特性参量的权重会有所不同。比如,对于药品来说,安全性和有效性是衡量其质量的最重要的特征;而对于仪器来说,可靠性和准确性则是其最为重要的质量特征。同时产品质量的内容随着社会经济、科学技术、产品需求的变化,也在不断发展丰富。

二、产品质量法

产品质量法是指调整产品生产与销售以及对产品质量进行监督管理过程中所形成社会关系的法律规范的总称,具体包括关于产品质量监督管理、产品质量责任、产品质量损害赔偿等方面的法律规范。

我国的产品质量法在原有产品质量监督管理的法律法规基础上,吸收了国外产品责任法的原则宗旨与具体内容,是产品质量监管法、产品质量促进法、产品质量责任法的统一体,具体包括1993年颁布后经历三次修正的《产品质量法》,以及《工业产品质量责任条例》《消费者权益保护法》《药品管理法》《食品安全法》《认证认可条例》等相关法律法规内容,形成了具有中国特色的产品质量法律体系。其中《产品质量法》是我国产品质量领域方面的基本法,在加强产品质量的监督管理、提高产品质量水平、明确产品质量责任、保护消费者合法权益、维持社会秩序等方面发挥了重要作用。

【案例分析 10－1】

《产品质量法》中关于“产品”的界定

案情： 刘某于某市场店铺购买某煤炭公司块煤一车，后在往炉子里加煤过程中发生爆炸，致使刘某被炸伤。刘某遂将块煤的销售者和生产者作为共同被告起诉至法院，要求赔偿人身、财产损失。

问题： 本案中块煤是否属于《产品质量法》中的产品？

解析：《产品质量法》第二条规定：“本法所称产品是指经过加工、制作，用于销售的产品。建设工程不适用本法规定；但是，建设工程使用的建筑材料、建筑构配件和设备，属于前款规定的产品范围的，适用本法规定。”据此，产品质量法中的产品须具备两个条件：一是经过加工、制作；二是用于销售，即投入流通。没有经过加工、制作的天然矿产品、初级农产品等不属于《产品质量法》中的产品。经过加工、制作的产品但是未投入流通用于销售，如自用的产品，试用品等，也不属于《产品质量法》中的产品。本案中的块煤，由于经过加工、制作，且已经用于销售，因此完全符合《产品质量法》中关于“产品”的界定。

第二节 产品质量监督与管理

一、产品质量监督管理体制

产品质量监督管理体制，是指运用经济、法律手段为主，采取事前设立准入标准、事中进行各环节监督、事后对违法行为进行制裁等方式，对产品质量进行全方位、全过程的管理和监督，以达到提高产品质量水平，明确产品质量责任，保护消费者的合法权益，维护社会经济秩序的目的。

《产品质量法》第八条规定了我国产品质量监督管理体制。国务院市场监督管理部门主管全国产品质量监督工作。国务院有关部门在各自的职责范围内负责产品质量监督工作。县级以上地方市场监督管理部门主管本行政区域内的产品质量监督工作。县级以上地方人民政府有关部门在各自的职责范围内负责产品质量监督工作。法律对产品质量的监督部门另有规定的，依照有关法律的规定执行。

此外《产品质量法》还规定了有关社会监督的内容。任何单位和个人都有权对违反本法规定的行为，向市场监督管理部门或者其他有关部门检举；消费者有权就产品质量问题，向产品的生产者、销售者查询，向市场监督管理部门及有关部门申诉，接受申诉的部门应当负责处理。

二、生产许可制度

生产许可制度，是指国家对重要的工业产品生产经营实施的行政许可制度，尤其是特殊行业、特殊产品的市场准入资格。《行政许可法》第十二条规定，直接关系到公共安全、人身健康、生命财产安全的重要设备、设施、产品、物品，需要按照技术标准、技术规范，通过检验、检测、检疫等方式进行审定的事项，可以设定行政许可。《工业产品生产许可证管理条例》中对重要工业产品的生产实行产品目录制度，任何单位和个人未取得生产许可证不得生产列入目录产品，任何单位和个人不得销售或者在经营活动中使用未取得生产许可证的列入目录产品，列入目录产品的进出口管理依照法律、行政法规和国家有关规定执行。

三、认证制度

认证是指由认证机构证明产品、服务、管理体系符合相关技术规范的强制性要求或者标准的合格评定活动。我国《产品质量法》规定了企业质量体系认证与产品质量认证两种认证制度。

（一）企业质量体系认证

企业质量体系认证是指国家根据国际通用的质量管理标准，推行企业质量体系认证制度。企业根据自愿原则可以向国务院市场监督管理部门认可的或者国务院市场监督管理部门授权的部门认可的认证机构申请企业质量体系认证。经认证合格的，由认证机构颁发企业质量体系认证证书。

（二）产品质量认证

产品质量认证是指国家参照国际先进的产品标准和技术要求，推行的产品质量认证制度。企业根据自愿原则可以向国务院市场监督管理部门认可的或者国务院市场监督管理部门授权的部门认可的认证机构申请产品质量认证。经认证合格的，由认证机构颁发产品质量认证证书，准许企业在产品或者其包装上使用产品质量认证标志。

【知识拓展 10－1】

常见的认证标志，如图 10－1 所示。

图 10－1　常用认证标志

另外，《产品质量法》中还规定了认可制度。认可是指由认可机构对认证机构、检查机构、实验室以及从事评审、审核等认证活动人员的能力和执业资格，予以承认的合格评定活动。

四、产品抽查制度

国家对产品质量实行以抽查为主要方式的监督检查制度，对可能危及人体健康和人身、财产安全的产品，影响国计民生的重要工业产品，以及消费者、有关单位组织反映有质量问题的产品进行抽查。抽查的样品在市场上或者企业成品仓库内的待销产品中随机抽取。监督抽查工作由国务院市场监督管理部门规划和组织。县级以上地方市场监督管理部门在本行政区域内也可以组织监督抽查。法律对产品质量的监督检查另有规定的，依照有关法律的规定执行。检验抽取的样品数量不得超过合理需求，并不得向被检查人收取检验费用。

生产者、销售者对抽查检验的结果有异议的，可以自收到检验结果之日起 15 日内向实施监督抽查的市场监督管理部门或者其上级市场监督管理部门申请复检，由受理复检的市场监督管理部门作出复检结论。

五、质量奖惩制度

国家鼓励推行科学的质量管理方法，采用先进的科学技术，鼓励企业产品质量达到并且超过行业标准、国家标准和国际标准。对产品质量管理先进和产品质量达到国际先进水平、成绩显著的单位和个人，给予奖励。同时对产品质量违法行为，相关法律法规规定了承担的民事责任、行政责任和刑事责任。

六、缺陷产品召回制度

根据《产品质量法》第四十六条的规定，缺陷产品是指产品存在危及人身、他人财产安全的不合理的危险；产品有保障人体健康和人身、财产安全的国家标准、行业标准的，是指不符合该标准。《消费者权益保护法》第十九条中也明确提出了经营者针对其生产的产品、服务存在问题的，甚至会造成消费者人体生命健康受到损害的，则需要向有关部门汇报，及时发布信息，停止生产销售，进行召回，经营者承担所有的消费者产品召回成本。《缺陷消费品召回管理办法》中则明确，任何个体或单位组织针对发生的缺陷产品，包括销售商、生产商、零售商等针对缺陷产品问题，要及时反馈到有关部门，停止缺陷产品的生产、销售，并进行召回产品。其中作为生产者应当建立缺陷信息收集分析处理制度，收集消费品质量安全信息，获知消费品可能存在缺陷的，应当立即组织调查分析，确认消费品存在缺陷的，应当向生产者所在地省级质检部门报告调查分析结果，并立即采取措施，停止生产、销售、进口存在缺陷的消费品，按相关规定实施召回。

缺陷产品召回的目的是消除产品存在的隐患，更好地保护消费者权益，维护社会公共安全。这样做短期内可能会对企业产品的生产和销售产生一定的影响，但却能为企业赢得商业信誉，增强了消费者对产品、企业的信任。

【知识拓展 10－2】

川崎摩托(上海)有限公司召回部分进口 ZR900 型摩托车

根据《缺陷汽车产品召回管理条例》和《缺陷汽车产品召回管理条例实施办法》的要求，2024 年 5 月，川崎摩托(上海)有限公司向国家市场监督管理总局备案了召回计划，召回 2023

年9月5日至2023年9月7日生产的部分进口ZR900型摩托车，共计10辆。

本次召回范围内车辆，由于轮胎内部的帘子线发生分层，可能导致轮胎内壁鼓包，不满足相关要求，存在安全隐患。川崎摩托(上海)有限公司将为召回范围内的车辆免费检查轮胎批次，如属于缺陷批次，则更换轮胎，以消除安全隐患。

【案例分析10-2】

电动自行车应符合国家标准

案情：2022年7月6日，某区市场监管局根据某市市场监管局《产品质量监督抽查不合格产品移交处理通知单》及检验报告[当事人生产销售的电动自行车(批次2021-04-13)经检验，电气装置(短路保护)项目不符合GB 17761-2018标准，检验结论为不合格]，对当事人进行执法检查。经查，该抽检不合格批次(2021-04-13)电动自行车生产日期为2021年4月13日，车型TDR08Z，共生产34辆，通过天猫店铺“某电动车旗舰店”进行网络销售。当事人上述行为涉嫌违反了《中华人民共和国产品质量法》相关规定，2022年8月19日，某区市场监管局根据《中华人民共和国产品质量法》有关规定对当事人进行了行政处罚。

解析：电动自行车出行方便，停车简单，给人们带来了许多便利，市场上电动自行车数量繁多，品类也众多。通过对生产厂家生产产品的抽检和对不合格产品的处罚，既规范了电动自行车市场，又保证了电动自行车安全使用，切实保护人民群众的生命财产安全。

第三节 生产者、销售者的产品质量义务

一、生产者产品质量责任和义务

(一) 作为义务

1. 产品质量要求

不存在危及人身、财产安全的不合理的危险，有保障人体健康和人身、财产安全的国家标准、行业标准的，应当符合该标准；具备产品应当具备的使用性能，但是，对产品存在使用性能的瑕疵作出说明的除外；符合在产品或者其包装上注明采用的产品标准，符合以产品说明、实物样品等方式表明的质量状况。

2. 产品包装要求

有产品质量检验合格证明；有中文标明的产品名称、生产厂厂名和厂址；根据产品的特点和使用要求，需要标明产品规格、等级、所含主要成分的名称和含量的，用中文相应予以标明；需要事先让消费者知晓的，应当在外包装上标明，或者预先向消费者提供有关资料；限期使用的产品，应当在显著位置清晰地标明生产日期和安全使用期或者失效日期；使用不当，容易造成产品本身损坏或者可能危及人身、财产安全的产品，应当有警示标志或者中文警示说明；裸

装的食品和其他根据产品的特点难以附加标识的裸装产品，可以不附加产品标识。

3. 特殊产品的包装要求

易碎、易燃、易爆、有毒、有腐蚀性、有放射性等危险物品以及储运中不能倒置和其他有特殊要求的产品，其包装质量必须符合相应要求，依照国家有关规定作出警示标志或者中文警示说明，标明储运注意事项。

（二）不作为义务

生产者不得生产国家明令淘汰的产品；生产者不得伪造产地，不得伪造或者冒用他人的厂名、厂址；生产者不得伪造或者冒用认证标志等质量标志；生产者生产产品，不得掺杂、掺假，不得以假充真、以次充好，不得以不合格产品冒充合格产品。

二、销售者产品质量责任和义务

（一）作为义务

销售者应当对其所销售的产品质量负责。具体来说，销售者应当建立并执行进货检查验收制度，验明产品合格证明和其他标识；销售者应当采取措施，保持销售产品的质量；销售者不得销售国家明令淘汰并停止销售的产品和失效、变质的产品；销售者销售的产品的标识应当符合相关法律规定。

（二）不作为义务

销售者不得伪造产地，不得伪造或者冒用他人的厂名、厂址；销售者不得伪造或者冒用认证标志等质量标志；销售者销售产品，不得掺杂、掺假，不得以假充真、以次充好，不得以不合格产品冒充合格产品。

【知识拓展 10－3】

关于社会团体、社会中介机构的承诺、保证责任

《产品质量法》第五十八条规定，社会团体、社会中介机构对产品质量作出承诺和保证，而该产品又不符合其承诺、保证的质量要求，给消费者造成损失的，与产品的生产者、销售者承担连带责任。

【案例分析 10－3】

销售者产品质量责任和义务

案情：王某在某百货公司买到一台冰箱，冰箱附有产品合格证。王某买回冰箱后第 6 天，发现冰箱噪声太大，遂与百货公司交涉，百货公司解释冰箱开始使用时有些噪声是正常现象，使用一段时间就会消失。没过多长时间，冰箱的制冷器又出了问题，到后来完全丧失了冷冻食品的功能，成了一个食品储藏柜。王某再找百货公司时，公司解释冰箱不是他们生产的，冰箱不制冷属冰箱的技术问题，此事只有生产厂家才能解决，因此让王某去找生产厂家。王某遭到百货公司拒绝后，向人民法院提起诉讼，要求百货公司对冰箱进行维修或退货。

问题：王某的诉讼请求能否得到法院支持？

解析:《产品质量法》第四十条规定,销售者应承担修理、更换、退货责任。产品虽然存在瑕疵,但经过修补、修理、加工、并不影响产品的实用性和美观。在这种情况下,用户或消费者可以要求对产品的瑕疵进行修理;如果有瑕疵的产品不容易修理,或者消费者不愿意修理可采取更换的办法;如果产品的瑕疵严重影响了产品的使用效果,使产品丧失了原有的使用价值,或者由于修理、更换时间的延误,用户或消费者已不再需要该产品,则有权请求退回产品。根据本案的实际情况,某百货公司应对王某购买的冰箱进行退货。如果百货公司要行使追偿权,则按产品质量法的规定办理。

【案例分析 10-4】

进货检查验收制度

案情:肖某在某百货公司购买高压锅一个,回家后发现高压锅密封不严,检查后发现气垫圈质量存在问题。因有事外出,决定晚些时候去百货公司更换。肖某妻子回家后发现新买的高压锅,便开始按照说明书的指示进行使用,不料却发生爆炸,使其面部被炸伤,共计花费医疗费三千余元。

问题:肖某与其妻应如何主张损害赔偿责任?

解析:《产品质量法》第四十一条规定,因产品存在缺陷造成人身、缺陷产品以外的其他财产(以下简称他人财产)损害的,生产者应当承担赔偿责任。本案中生产高压锅的生产者提供的高压锅的质量危及了肖某妻子的人身安全,同时不具备高压锅本身应该具备的应有的性能。应当承担损害赔偿责任。《产品质量法》第三十三条规定,销售者应当建立并执行进货检查验收制度,验明产品合格证和其他标识;第四十二条规定,由于销售者的过错使产品存在缺陷,造成人身、他人财产损害的,销售者应当承担赔偿责任。

根据这一规定,本案中百货公司在进货时未尽到进货检查验收义务,验明高压锅气垫圈损坏,存在密封不严以及漏气现象的事实,造成肖某妻子使用高压锅时爆炸造成其面部炸伤的损害事实的发生,对此作为销售者的百货公司应赔偿损失。

第四节 产品质量责任制度

一、产品质量责任制度概述

(一) 产品质量责任概念

产品质量责任是指当产品质量不符合国家有关规定标准或合同约定的对产品安全性、适用性及其他特性的要求,其生产者、销售者对给使用者造成的损失所应当承担的法律责任。责任形式具体包括民事责任、行政责任和刑事责任等。

(二) 产品缺陷与产品瑕疵

产品质量责任的发生,以该产品是否存在质量问题为前提条件。我国《产品质量法》第二十六条的规定明确了合格产品的质量要求，即不存在危及人身、财产安全的不合理的危险，有保障人体健康和人身、财产安全的国家标准、行业标准的，应当符合该标准；具有产品应当具备的使用性能，但是，对产品存在使用性能的瑕疵作出说明的除外；符合产品或者其包装上注明采用的产品标准，符合以产品说明、实物样品等方式表明的质量状况。换言之，如果产品存在不符合该条中的标准、要求，就应该判定该产品为不合格产品，即产品存在缺陷或瑕疵。

我国《产品质量法》第四十六条中明确了缺陷的界定，是指产品存在危及人身、他人财产安全的不合理危险；产品有保障人体健康、人身、财产安全的国家标准、行业标准的，是指不符合该标准。所谓不合理的危险是指产品存在明显的或潜在的不安全性，这种危险程度超出了理性的消费者在正常情况下对产品安全性的合理期望，就属于产品缺陷；如果产品依其存在特性及使用目的可能存在无法避免的危险性，但在合理使用时不会发生危及人身、财产安全情形的，则不属于具有不合理危险。所谓产品缺陷的法定标准，是指针对部分产品制定的系列国家标准、行业标准等，当产品质量未达到相应标准时，即可认定存在缺陷。

产品缺陷的具体类型通常包括制造缺陷、设计缺陷和警示缺陷等。制造缺陷是指产品背离了设计意图，不符合产品应有的性能标准或设计要求，在制造、包装等生产过程以及在产品脱离制造商控制之后的运输或分销环节中所产生的缺陷；设计缺陷是指虽然产品符合设计要求、生产标准和预期状态，但在设计上却存在问题，这种问题将会导致该产品在正常用途下造成不合理危险，缺陷发生于生产、制造之前；警示或说明缺陷并非产品本身存在的缺陷，而是由于当产品具有不为普遍知悉或能够合理预见的风险时，生产者、销售者未能针对可能存在的风险，向消费者如何安全使用作出说明或予以警示。

另外，我国现行法律中没有给出“瑕疵”这一概念的具体法律含义，但在《产品质量法》《合同法》《消费者权益保护法》中都采用了“瑕疵”的说法，所以我们通常将“瑕疵”解释为产品质量不符合约定或不具有通常的使用价值，但是不存在危及人身、财产安全的不合理危险情形。

二、产品质量民事责任

损害赔偿是产品质量责任主体承担民事责任的主要形式，《产品质量法》中对损害赔偿责任主体的认定、责任主体的赔偿范围、赔偿程序都作出了较为全面的规定。另外在《消费者权益保护法》中规定的惩罚性赔偿内容，在产品质量责任中同样有所适用，即如果行为人恶意实施侵权行为，或存在重大过失时，基于惩罚和威慑行为人的目的，可以要求行为人支付超出受害人实际损害范围的赔偿。

（一）生产者、销售者产品质量责任

《产品责任法》中明确规定了生产者、销售者的产品质量责任：因产品存在缺陷造成人身、缺陷产品以外的其他财产损害的，生产者应当承担赔偿责任。生产者能够证明有下列情形之一的，不承担赔偿责任：❶ 未将产品投入流通的；❷ 产品投入流通时，引起损害的缺陷尚不存在的；❸ 将产品投入流通时的科学技术水平尚不能发现缺陷的存在的。

由于销售者的过错使产品存在缺陷，造成人身、他人财产损害的，销售者应当承担赔偿责任。销售者不能指明缺陷产品的生产者也不能指明缺陷产品的供货者的，销售者应当承担赔偿责任。

另外，如售出的产品有下列情形之一的，销售者应当负责修理、更换、退货；给购买产品的消费者造成损失的，销售者应当赔偿损失。❶ 不具备产品应当具备的使用性能而事先未作说明的；❷ 不符合在产品或者其包装上注明采用的产品标准的；❸ 不符合以产品说明、实物样品等方式表明的质量状况的。销售者依照前款规定负责修理、更换、退货、赔偿损失，属于生产者的责任或者属于向销售者提供产品的其他销售者的责任的，销售者有权向生产者、供货者进行追偿，有合同约定的除外。

（二）产品质量责任处理

1. 损害赔偿责任范围

因产品存在缺陷造成受害人人身伤害的，侵害人应当赔偿医疗费、治疗期间的护理费、因误工减少的收入等费用；造成残疾的，还应当支付残疾者生活自助器具费、生活补助费、残疾赔偿金以及由其扶养的人所必需的生活费等费用；造成受害人死亡的，并应当支付丧葬费、死亡赔偿金以及由死者生前扶养的人所必需的生活费等费用。因产品存在缺陷造成受害人财产损失的，侵害人应当恢复原状或者折价赔偿。受害人因此遭受其他重大损失的，侵害人应当赔偿损失。

2. 损害赔偿责任主体

因产品存在缺陷造成人身、他人财产损害的，受害人可以向产品的生产者要求赔偿，也可以向产品的销售者要求赔偿；属于产品的生产者的责任，产品的销售者赔偿的，产品的销售者有权向产品的生产者追偿；属于产品的销售者的责任，产品的生产者赔偿的，产品的生产者有权向产品的销售者追偿。

【案例分析 10－5】

产品质量责任的处理

案情：2024 年 4 月，马某在鸿运通公司购得一辆汽车，该汽车生产厂家在汽车出厂说明中明确介绍该车型的 SRS 系统，在发生汽车撞击或者翻滚产生的压力强度超过安全气囊预先设计的安全数值等紧急情况时，所有气囊会同时自动弹开，最大限度地保护司乘安全。同年 12 月 1 日下午，马某驾车行驶时发生事故，汽车滑向路边山坡时，因汽车不断翻滚造成强烈撞击，副驾座上的安全气囊弹出，使得副驾驶座上的乘客幸免于难，但是马某所在座位上的气囊并未成功弹开。该事故造成马某死亡，后排及副驾驶上的乘客轻微受伤。马某妻子遂向法院提请损害赔偿。

问题：该诉讼请求是否能得到法院支持？

解析：在本案事故中，主副驾驶座上的安全气囊没有同时展开，明显违背了制造者预先设计要求，该汽车产品因为偏离了预先设计而丧失了其本应该具有的功能，所以应该认定汽车安全气囊存在产品缺陷，法院应该对此观点予以采纳，根据《产品质量法》中有关缺陷产品责任的规定，判定生产商承担损害赔偿责任。

三、产品质量行政责任

我国《产品质量法》，承担行政责任的违法行为有：生产、销售不符合保障人体健康和人身、财产安全的国家标准、行业标准的产品的；在产品中掺杂、掺假，以假充真，以次充好，或者以不合格产品冒充合格产品的；生产国家明令淘汰的产品的，销售国家明令淘汰并停止销售的产品的；销售失效、变质的产品的；伪造产品产地的，伪造或者冒用他人厂名、厂址的，伪造或者冒用认证标志等质量标志的；产品标识不符合法律规定的；法律规定的其他应当承担行政责任的违法行为。

产品质量监督部门依据职权，对违反产品质量法律法规的行为可采取责令纠正、警告、罚款、没收违法所得、责令停止生产、销售、吊销营业执照等措施。

四、产品质量刑事责任

为了更好遏制产品质量危害行为的发生，我国产品质量法确认了缺陷产品制造者、销售者等主体的刑事责任：

生产、销售不符合保障人体健康和人身、财产安全的国家标准、行业标准的产品的，责令停止生产、销售，没收违法生产、销售的产品，并处违法生产、销售产品货值金额等值以上三倍以下的罚款；有违法所得的，并处没收违法所得；情节严重的，吊销营业执照；构成犯罪的，依法追究刑事责任。

在产品中掺杂、掺假，以假充真，以次充好，或者以不合格产品冒充合格产品的，责令停止生产、销售，没收违法生产、销售的产品，并处违法生产、销售产品货值金额 50% 以上三倍以下的罚款；有违法所得的，并处没收违法所得；情节严重的，吊销营业执照；构成犯罪的，依法追究刑事责任。

销售失效、变质的产品的，责令停止销售，没收违法销售的产品，并处违法销售产品货值金额两倍以下的罚款；有违法所得的，并处没收违法所得；情节严重的，吊销营业执照；构成犯罪的，依法追究刑事责任。

五、产品质量争议处理

10

（一）争议处理方式

因产品质量发生民事纠纷时，当事人可以通过协商或者调解解决。当事人不愿通过协商、调解解决或者协商、调解不成的，可以根据当事人各方的协议向仲裁机构申请仲裁；当事人各方没有达成仲裁协议或者仲裁协议无效的，可以直接向人民法院起诉。

另外消费者有权就产品质量问题，向市场监督管理部门及有关部门申诉，接受申诉的部门应当负责处理；同时保护消费者权益的社会组织可以就消费者反映的产品质量问题建议有关部门负责处理，支持消费者对因产品质量造成的损害向人民法院起诉。

（二）诉讼时效

因产品存在缺陷造成损害要求赔偿的诉讼时效期间为三年，自当事人知道或者应当知道其权益受到损害时起计算；因产品存在缺陷造成损害要求赔偿的请求权，在造成损害的缺陷产品交付最初消费者满十年丧失，尚未超过明示的安全使用期的除外。

【知识拓展 10－4】

生产者、销售者的产品责任构成要件

我国《产品质量法》第四十一条、第四十二条规定了生产者、销售者所应当承担的产品责任。作为生产者，承担产品责任须具备“三要件”：产品存在缺陷、缺陷产品造成受害人损害的事实、缺陷产品与损害事实之间存在因果关系；而对于销售者的责任构成，目前理论界和实务中有两种不同理解和主张。一种意见认为，《产品质量法》第四十二条中规定，由于销售者的过错使产品存在缺陷，造成人身、他人财产损害的，销售者应当承担赔偿责任；销售者不能指明缺陷产品的生产者也不能指明缺陷产品的供货者的，销售者应当承担赔偿责任。所以认定销售者产品责任时除了“三要件”之外，还需要销售者具有过错。另一种意见则认为，依据《产品质量法》第四十三条的规定，对于产品生产者、销售者的责任的规定应该统一，《产品质量法》第四十二条规定的销售者的过错要件，只是划分产品销售者与产品生产者之间内部责任的归责原则。与第一种意见相比，第二种意见更有利于保护消费者的合法权益，使受害人能够得到充分及时的补偿，并督促销售者严格履行义务，杜绝假冒伪劣产品流入市场。

【课堂小活动】

分角色讨论活动

A组学生：原告方代理人

B组学生：被告方代理人

基本案情：甲乘坐由本单位司机驾驶的乙公司生产的越野吉普车前往福州市，坐在副驾驶座位上，当该车以时速90千米左右通过某路段时，甲面前的挡风玻璃突然爆破，形成口杯大小洞口，甲因此受爆震伤。交通管理部门经现场勘查后认定，此次事故不属于交通事故。车辆生产厂家乙公司得知事故消息派员到该市，在得到车主的许可后，指令由其设在该市的某汽车修理有限公司将前挡风玻璃拆卸下来封存。后应车主关于核查前挡风玻璃质量问题的要求，乙公司向其出具玻璃生产厂家根据发生事故的前挡风玻璃照片进行鉴定后制作的调查报告，该报告确认：❶ 由于玻璃呈放射状破损，并且玻璃的中间膜亦破碎，判断为受外强力造成破损，不排除与装载钢材、原木等车辆追尾的可能；❷ 据破损情况分析，曾受物品贯穿。

甲的亲属提出反驳意见，认为该报告所述情况与交警部门的现场勘查结果不符：一是事故现场及车厢内均未见任何物体，故“曾受物品贯穿”没有事实根据；二是事故发生时间为早间7时许，彼时公路上车辆稀少，且同车乘坐者和驾驶员均证明事发时前后百米内，未见其他车辆，认为“与装载钢材、原木等车辆追尾的可能”也不存在。

甲的亲属随后作为原告向人民法院提起诉讼，请求被告乙公司承担损害赔偿责任。

讨论：作为原告方代理人与被告方代理人，如何看待本案的责任承担问题？

阶段测试

一、名词解释

1. 产品　　2. 产品质量缺陷　　3. 产品质量认证　　4. 产品抽查

5. 产品召回

二、单项选择题

1. (　　)的产品质量适用《产品质量法》调整。

A. 原煤　　B. 电视机

C. 籽棉　　D. 饲养的鱼

2. 销售者不得销售国家明令淘汰并(　　)的产品和失效、变质的产品。

A. 限制使用　　B. 未经检验

C. 停止销售　　D. 未经认证

3. 某厂发运一批玻璃器皿,以印有“龙丰牌方便面”的纸箱包装,在运输过程中,由于装卸工未细拿轻放而损坏若干件,该损失应由(　　)承担。

A. 装卸工　　B. 装卸工的雇主

C. 运输部门　　D. 某厂

4. 某厂生产了一种治疗腰肌劳损的频谱治疗仪投放市场,消费者甲购买了一部,用后腰肌劳损大大减轻,但却患上了偏头痛症,甲询问了这种治疗仪的其他用户,很多人都有类似反应。甲向某厂要求索赔。某厂对此十分重视,专门找专家做了鉴定,结论是,目前科学技术无法断定治疗仪与偏头疼之间的关系。以下观点正确的有(　　)。

A. 该厂应当承担赔偿责任

B. 因出现不良反应的用户众多,应将争议搁置,待能够作出明确结论时再行处理

C. 只要治疗仪具备治疗腰肌劳损的功能,对于使用中的副作用,该厂无需承担责任

D. 由于治疗仪投入流通时的科学技术水平尚不能发现缺陷存在,该厂无需承担赔偿责任

5. 知道或者应当知道属于《产品质量法》禁止的产品,而为其提供运输服务的,没收全部收入,并处违法收入(　　)的罚款。

A. 百分之五十以上三倍以下　　B. 百分之二十以上三倍以下

C. 百分之五十以上两倍以下　　D. 一倍以上三倍以下

10

三、判断题

1. 国家对产品质量实行监督检查的主要方式是抽查。(　　)

2. 缺陷产品造成他人人身、财产损害的,该产品的销售者和生产者承担连带责任。(　　)

3. 我国《产品质量法》规定,产品缺陷造成损害要求赔偿的诉讼时效期间为两年,从产品售出之日起计算。(　　)

4. 在产品中掺杂、掺假,以假充真,以次充好,或者以不合格产品冒充合格产品的,责令停止生产、销售,没收违法生产、销售的产品,并处违法生产、销售产品货值金额等值以上三倍以下的罚款;有违法所得的,并处没收违法所得;情节严重的,吊销营业执照;构成犯罪的,依法追究刑事责任。(　　)

5. 销售者对抽查检验的结果有异议的,可以自收到检验结果之日起六十日内向实施监督

抽查的产品质量监督部门或者其上级产品质量监督部门申请复检。（ ）

四、案例分析题

1. 某体育用品商店，销售一种国家明令淘汰并停止销售的体育器材，该批器材总货值10万元，没有卖出即被查获。市场监督管理部门根据《产品质量法》的有关规定，对体育用品商店处以50万元的罚款并没收了该批体育器材，当事人以不知道是淘汰停止销售为由不服该处罚。当事人的免责理由是否成立？市场监督管理部门的处罚是否正确？

2. 甲公司售与乙商汤一批玻璃花瓶，称花瓶上有不规则的抽象花纹为新产品，乙商场接货后即行销售，后受到消费者丙的投诉，称花瓶上的花纹实际上是裂缝，不仅导致花瓶漏水还因此被划伤，遂要求乙商场退货并赔偿损失。甲公司称此类花瓶是用于插装塑料花的，裂缝不影响使用并有特殊的美学效果，乙商场称自己仅为销售方，因此都拒绝承担责任。请问：消费者丙应该如何主张损害赔偿？乙商场的理由是否成立？

3. 甲从国外低价购得一项未获当地政府批准销售的专利产品"近视治疗仪"。甲将产品样品和技术资料提交给我国某市卫生局指定的医疗产品检验机构。该机构未做任何检验，按照甲书写的文稿出具了该产品的检验合格报告。该市退休医师协会的秘书长乙，随后以该协会的名义出具了该产品的质量保证书。该产品投入市场后，连续造成多起青少年因使用该产品致眼睛严重受损的事件。请问：现除要求追究甲的刑事责任外，受害者可以采用哪些民事救济方式？

实训操作与指导

1. 产品质量纠纷的处理方法。

当事人之间可以通过协商或者调解解决；当事人协商、调解不成或者本身就没有协商调解的意愿，可以根据当事人各方的协议向仲裁机构申请仲裁；当事人各方经仲裁机构仲裁没有达成一致或者仲裁协议无效的，可以向人民法院提起诉讼。

2. 产品质量纠纷诉讼主体的确定。

原告方面，不限于商品买卖合同的当事人，产品的实际使用人、实际受害人均可以起诉；被告方面，消费者既可以起诉生产者，也可以起诉销售者。如果是通过商场、展销会、交易市场等场所购买的商品，还可以起诉活动开办者、柜台的所有者。新消法颁布后，网络购物中的网络交易平台也可能成为被告，在其不能提供生产者或销售者信息的情况下，需承担先行赔付责任。

3. 产品质量纠纷诉讼的举证。

在产品责任纠纷中，消费者需举证事项一般包括四个方面：一是购买物的同一性，即产生纠纷的产品为生产者、销售者所生产出售的产品；二是产品存在质量缺陷或不符合安全标准；三是产品的质量缺陷造成了消费者财产和人身损害；四是损害和产品质量缺陷存在因果关系。

自我评价

任务名称	掌握程度		
	好	中	差
产品与产品质量的概念的掌握情况			
我国产品质量法的特点的了解情况			
我国产品质量监督制度的掌握情况			
生产者、销售者的产品质量义务的熟悉情况			
产品质量责任制度的掌握情况			
对学习查阅产品质量相关法律法规进行案例分析的能力			
对防范产品质量风险的能力			
对产品质量法律纠纷的防范处理能力			

通过本章的学习，你还有什么收获？

第十一章　消费者权益保护法

导语

为保护消费者的合法权益，维护社会经济秩序，促进社会主义市场经济健康发展。我国颁布了于1993年10月31日通过，1994年1月1日起生效的《中华人民共和国消费者权益保护法》。该法律的通过，正式构筑起我国对于消费者权益的保护体系，是我国经济法律体系中的重要组成部分。消费者权益保护法的概念有广义与狭义之分。广义的消费者权益保护法是指有关消费者权益保护的法律规范的总称，除了《消费者权益保护法》外，还有包括《产品质量法》《反不正当竞争法》《商标法》等法律法规中都涉及消费者权益保护的相关法律规范。狭义的消费者权益保护法则是单指1994年1月1日起生效的《中华人民共和国消费者权益保护法》。现行的消费者权益保护法经过2009年、2013年两次修正。

消费者权益保护是一个系统性的工程，在学习中，需要将其与我国公民的基本权利有机结合，也需要深刻了解当下的经济法律制度，才能真正理解消费者权益保护法的历史意义和现实意义。

学习目标

理论知识目标：

1. 了解消费者与消费者权益保护法的概念。
2. 理解消费者权益保护法的基本原则。
3. 熟悉消费者的权益和经营者的义务。

职业能力目标：

1. 掌握消费争议的解决方法及法律责任。
2. 具有防范消费活动中法律风险的能力。
3. 能够运用法律维护消费者合法权益。

职业素养目标：

通过学习消费者权益和经营者义务，树立诚信守法的经营理念和绿色健康的消费观。

思维导图

- 消费者权益保护法
  - 消费者权益保护法概述
    - 消费者、消费者权益及消费者权益保护法的概念
    - 消费者权益保护法的立法宗旨与基本原则
  - 消费者的权利
    - 消费者的安全保障权
    - 消费者的知情权
    - 消费者的自主选择权
    - 消费者的公平交易权
    - 消费者获得赔偿的权利
    - 消费者依法成立社会组织的权利
    - 消费者获得知识的权利
    - 消费者的人格尊严权
    - 消费者的监督权
  - 经营者的义务
    - 依法定或约定履行的义务
    - 听取意见、接受监督、公平交易的义务
    - 安全保障义务
    - 对存在缺陷的产品和服务及时采取措施的义务
    - 提供真实全面信息的义务
    - 出具相关购物凭证和服务单据的义务
    - 质量担保义务、瑕疵举证责任
    - 商品和服务“三包”义务
    - 不得从事不公平、不合理交易的义务
    - 不得侵犯消费者人格权的义务
    - 合法收集、使用消费者相关信息、披露经营信息的义务
  - 消费者权益的法律保护与争议的解决
    - 消费者权益的法律保护
    - 争议的解决
    - 法律责任

11

导入案例

春天大药房由王某某经营，朱某某在春天大药房先后十次购买广恩堂牌霍氏鲜清喷剂10盒。产品外包装盒注明该产品出品单位为拉萨A生物科技有限公司，该产品委托生产商为贵州B生物医药科技有限责任公司。B公司取得的该喷剂的保健用品生产批准证书在此之前已被陕西省食品药品监督管理局依法公告注销，且该公告中明确“凡以原批准文号继续生产的，应视为违法生产行为”。

案例解析：

A公司委托已被注销生产许可的B公司生产鲜清喷剂属违法行为，且经法院审理查明，该产品存在引人误解的虚假宣传。故春天大药房销售上述产品应认定为存在欺诈行为，依法应当按照消费者的要求增加赔偿其受到的损失，增加赔偿的金额为消费者购买商品的价款的三倍。

第一节 消费者权益保护法概述

一、消费者、消费者权益及消费者权益保护法的概念

(一) 消费者的概念和特征

1. 消费者的概念

要明确《中华人民共和国消费者权益保护法》(以下简称《消费者权益保护法》)的保护主体，明确消费者权益的重要问题，必须先正确理解“消费者”这一概念。国际标准化组织对于消费者的界定是“为个人目的购买货物或使用商品和服务的个体社会成员”。《泰国消费者权益保护法》规定“消费者是指买方和从经营者那里接受服务的人，包括购买商品和享受服务、接受经营者提议和说明的人”。欧盟将消费者定义为“不直接从事经营性活动而购买的自然人”。纵观我国的《消费者权益保护法》，法律条文中并未明确规定消费者的定义，但是条文的第二条中规定“为生活需要购买、使用商品或者接受服务，其权益受本法保护”。根据这一规定可以看出，我国法律对于消费者的定义是指为满足个人生活需要，购买、使用商品或接受服务的人。

消费者是消费者权益保护法的保护对象，也是最主要的主体之一。

2. 消费者的特征

消费者有以下几点特征：

(1) 消费者是购买、使用商品或接受服务的个人。

(2) 消费者消费的客体包括商品和服务。

(3) 消费者消费的方式包括购买、使用商品和接受服务。

(4) 消费者是为了生活目的购买商品。

【案例分析 11-1】

消费者身份的界定

案情： 孙某在超市购物时，发现超市的某品牌香肠已经超过保质期仍在货架售卖。遂

将货架上的15包香肠全部购买，并在收银柜台结账后，即径直到服务台索赔，超市不同意其索赔要求，协商未果诉至法院，要求超市支付15包香肠售价十倍的赔偿金5 586元。

解析： 该案的争议是原告孙某是否属于消费者的问题。根据《中华人民共和国消费者权益保护法》第二条规定："消费者为生活消费需要购买、使用商品或者接受服务，其权益受本法保护；本法未作规定的，受其他有关法律、法规保护。"消费者是相对于销售者和生产者的概念。只要在市场交易中购买、使用商品或者接受服务是为了个人、家庭生活需要，而不是为了生产经营活动或者职业活动需要的，就应当认定为"为生活消费需要"的消费者，属于消费者权益保护法调整的范围。本案中，孙某从超市购买香肠这一事实无异议，据此可以认定孙某实施了购买商品的行为，且孙某并未将所购香肠用于再次销售经营，超市也无证据证明其购买商品是为了生产经营。孙某消费者身份无异议。

（二）消费者权益的概念

消费者权益可以理解为消费者的权利与利益的结合体，是指消费者依法享有的权利和该权利受到保护时所应得的利益。

（三）消费者权益保护法的概念及地位

消费者权益保护法是指调整在保护消费者权益过程中发生的经济关系的法律规范的总称，它是我国经济法律体系中的重要组成部分。消费者权益保护法的概念有广义与狭义之分。广义的消费者权益保护法是指有关消费者权益保护的法律规范的总称，除了《消费者权益保护法》外，还有包括《产品质量法》《反不正当竞争法》《商标法》等法律法规中涉及消费者权益保护的相关法律规范。狭义的消费者权益保护法则是指于是1993年10月31日通过，1994年1月1日起生效的《中华人民共和国消费者协议保护法》。现行的《消费者权益保护法》经过两次修正，于2013年10月25日，由中华人民共和国第十二届全国人民代表大会常务委员会第五次会议审议通过，并自2014年3月15日起实施。

11

二、消费者权益保护法的立法宗旨与基本原则

（一）消费者权益保护法的立法宗旨

《消费者权益保护法》第一条即规定了该法的立法宗旨："为保护消费者的合法权益，维护社会经济秩序，促进社会主义市场经济健康发展。"

（二）消费者权益保护法的基本原则

1. 遵循自愿、平等、公平、诚实信用的原则

经营者与消费者在进行交易的过程中，均应该遵循自愿、平等、公平、诚实信用的原则，这是消费保护法的基本原则。交易过程中，消费者享有知情权、选择权、公平交易权、人身和财产安全不受损害以及依法获得赔偿等权利。而经营者如违反规定则需要承担相应的法律后果。

2. 国家保护原则

《消费者权益保护法》中规定国家采取措施保障消费者依法行使权利，维护消费者的合法

权益。国家需通过立法、司法和行政执法多维度维护消费者的合法利益，并向社会倡导文明、健康、节约资源和保护环境的消费方式。

3. 社会共同保护原则

保护消费者的合法权益是全社会的共同责任。《消费者权益保护法》第六条指出一切组织和个人都可以对损害消费者权益的行为进行监督，特别是大众媒体的舆论监督。社会保护原则作为国家保护原则的有效补充，动员了组织和个人的力量，有利于全社会共同保护消费者权益的机制形成。

【课堂小活动】

我国《消费者权益保护法》规定："经营者提供商品或者服务有欺诈行为的，应当按照消费者的要求增加赔偿其受到的损失，增加赔偿的金额为消费者购买商品的价款或者接受服务的费用的三倍；增加赔偿的金额不足五百元的，为五百元。"于是，以王海为代表的"职业消费者"，他们通过知假买假向商家获利。有人称为"王海现象"，对"王海现象"的索赔案件，先是大多数胜诉（即双倍获赔），后是大多数败诉，各地的打假者的下场也基本如此。请同学们分为正反两方，以"知假买假能否获得三倍赔偿"为论题开展一场辩论。

第二节　消费者的权利

美国总统约翰·肯尼迪在其1962年向国会提出的《保护消费者利益的总统特别咨文》中首次明确提出了消费者权利这一概念。而其提出该概念的日期正是后来被规定为"国际消费者权益日"的3月15日。在我国，消费者权利作为《宪法》中规定的公民生存权的重要组成部分、公民基本权利在消费领域的具体化表现，在社会发展中不断地得到补充和完善。我国《消费者权益保护法》规定了消费者依法享有以下九项权利。

一、消费者的安全保障权

消费者的安全权利是消费者最重要的，也是最基本的权利，是《宪法》赋予公民的人身权、财产权在消费领域的具体体现。我国《消费者权益保护法》第七条规定，消费者在购买使用商品和接受服务时享有人身、财产安全不受损害的权利。消费者有权要求经营者提供的商品和服务，符合保障人身、财产安全的要求。消费者获得商品和服务是为了进行生活消费，安全问题是消费者最为关心的问题。

二、消费者的知情权

《消费者权益保护法》第八条规定，消费者享有知悉其购买、使用的商品或者接受服务的真实情况的权利。消费者有权根据商品或者服务的不同情况，要求经营者提供商品的价格、产地、生产者、用途、性能、规格、等级、主要成分、生产日期、有效期限、检验合格证明、使用方法说明书、售后服务，或者服务的内容、规格、费用等有关情况。

消费者权益保护法事无巨细地罗列了消费者所享有的知悉权的具体内容，目的是想让消费者更加明确了解其法定的具体权利内容。由此可见，我国消费者知情权的含义非常的丰富，对于经营者来说，偏重要求经营者提供商品的有关信息说明。对于消费者来说，则是达到公平交易、自主选择的保证。

我国《消费者权益保护法》第十三条规定还规定了消费者享有获得有关消费和消费者权益保护方面的知识的权利。获取消费知识的权利是一项从知情权中引申出的权利。消费者作为市场经济的重要参与者，掌握消费相关的知识和使用技巧，正确的使用商品，提高自我保护意识，也可以促进市场的良性运转。国家和社会各界也应该开辟更多渠道引导消费者获得相关消费知识。

【案例分析 11－2】

消费者的知情权

案情：2024 年 8 月 30 日，邓某至某 4S 店订购汽车一辆，数日后，车架号 LF×××××××××××××××、发动机号××××××的大众轿车，即争议车辆到位，同年 9 月 27 日，邓某与该公司推荐的金融公司签署借款合同，并支付车辆余款，并取得发票。同年 10 月 2 日，该 4S 店向邓某交付系争车辆及车辆三包凭证、车辆保单、售前检查证明（落款显示当日出具）等相关材料。邓某拿到车后发现，该车辆维修记录显示：2023 年 9 月 12 日，维修项目“拆装后保、后保整喷”，里程数 1 千米；同年 10 月 23 日，维修项目“走合检查、检查 130 码方向盘是否抖动、一年 7 500 千米内做首保”，里程数 1 610 千米；同年 10 月 27 日，维修项目“两前轮换位、检查行驶跑偏、陪同客户试车正常”，里程数 1 797 千米。邓某认为，系争议车辆在交付前已有过维修记录，该 4S 店隐瞒车辆真实情况并出售的行为已构成欺诈，2024 年 11 月，邓某提起本案诉讼。

解析：该案中，汽车经销商对于车辆后保险杠外观瑕疵予以“拆装后保、后保整喷”的维修超出了车辆售前正常维护和 PDI 质量检测的范围，经销商对此未履行告知义务的，侵犯了消费者的知情权、选择权，使其陷入错误认识，属于故意隐瞒真实情况，构成消费欺诈。消费者要求经销商按照消费者权益保护法赔偿损失的，经销商应承担车辆价款三倍的惩罚性赔偿责任。

三、消费者的自主选择权

《消费者权益保护法》第九条规定，消费者有权自主选择提供商品或者服务的经营者，自主选择商品品种或者服务方式，自主决定购买或者不购买任何一种商品，接受或者不接受任何一项服务。消费者在自主选择商品或服务时，有权进行比较、鉴别和挑选。例如，某商场在销售某商品时强制搭售另一商品就侵害了消费者自主选择商品或服务的权利。消费者的自主选择权是契约自由原则在消费者权益保护法中的具体体现，但是与此同时，法律也要求消费者的自主选择行为必须合法。

【案例分析 11－3】

消费者的自主选择权

案例：李某逛街时来到一家鞋店，看中一双价格为 370 元的皮鞋，遂要求营业员拿过来试穿。试穿后觉得不合适，准备离开。这时，营业员将她拦住，说不能够只试不买，要求缴纳 20 元试穿费，李某不同意，遂产生纠纷。

解析：我国《消费者权益保护法》第九条明确规定："消费者享有自主选择商品或者服务的权利。消费者有权自主选择商品或者服务的经营者，自主选择商品品种或者服务方式，自主决定购买或者不购买任何一种商品、接受或不接受任何一项服务。消费者在自主选择商品或者服务时，有权进行比较、鉴别和挑选。"商店卖鞋，理应让消费者试穿，以便消费者自主选择，决定买与不买。可是，该鞋店却在顾客不愿购买商品时要求客人缴纳 20 元试穿费，显然侵犯了消费者的自主选择权。

四、消费者的公平交易权

如果说自主选择权体现了契约平等精神，那么公平交易权利则是公平价值理念的具体化。我国《消费者权益保护法》第十条规定，消费者享有公平交易的权利。消费者购买商品或者接受服务时，有权获得质量保障、价格合理、计量正确等公平交易条件，有权拒绝经营者的强制交易行为。例如，商家在价目表上标注的价格未备注单位，结果出现天价菜单；运输企业强行载客等均侵犯了消费者公平交易的权利。

五、消费者获得赔偿的权利

消费者因购买、使用商品和接受服务受到人身、财产损害时，享有依法获得赔偿的权利。深入探究该权利，我们可以认识到消费者获得赔偿的权利并非消费者的实然权利，而是一种针对消费者合法权益受到损害后所获得的救济权利。这体现了消费者权益保护法的核心价值即将消费者权利法定化，从而使消费者免于谈判即可获得相应的权利。

六、消费者依法成立社会组织的权利

根据我国《消费者权益保护法》规定，消费者享有依法成立维护自身合法权益社会组织的权利。消费者组织是消费者为了维护自己的合法权益，而由分散走向集中，从弱小变得强大的最重要的表现形式。成立社会组织的权利不同于政治性权利和纯粹的社会性权利，而是一种通过带有经济色彩的社会组织维护自身合法权益的权利。《消费者权益保护法》第三十一条明确规定，消费者协会和其他消费者组织是依法成立的对商品和服务进行社会监督的保护消费者合法权益的社会团体。

七、消费者获得知识的权利

消费者享有获得有关消费和消费者权益保护方面的知识的权利。消费者应当努力掌握所需商品或者服务的知识和使用技能，正确使用商品，提高自我保护意识。

八、消费者的人格尊严权

《消费者权益保护法》第十四条规定，消费者在购买、使用商品和接受服务时，享有人格尊严权、民族风俗习惯得到尊重的权利，享有个人信息依法得到保护的权利。人格尊严受到保护是消费者最基本的权利之一。人格尊严权包括两方面，一方面是诸如名誉权、肖像权等人身权利不受侵犯，另一方面是尊重民族风俗习惯。例如，一些商场对于消费者进行搜包、搜身。再例如，某些经营者禁止某个民族公民进入消费场所消费。

【案例分析 11－4】

消费者的人格尊严权

案情： 朱女士在某大型超市购物，出门口时报警器突然鸣响不止，保安将其拦住，当着超市门口很多人的面严厉训斥她，称其为小偷，并无理地要求其拿出所偷的物品。朱女士无法拿出物品，保安就强制当众脱掉朱女士的外衣搜身，并抢过她的包、购物袋，搜查里面的物品，挨个在报警器前扫过，以便检查哪件是没有付款的，最终毫无结果。

解析： 该案中，保安明显侵犯了消费者的人格尊严权，应按法律规定对朱女士进行赔偿。

九、消费者的监督权

《消费者权益保护法》第十五条规定，消费者享有对商品和服务以及保护消费者权益工作进行监督的权利。具体来说包括，消费者有权检举、控告侵害消费者权益的行为和国家机关及其工作人员在保护消费者权益工作中的违法失职行为以及对于保护消费者权益工作提出批评和建议的权利。当然，消费在行使权利的同时应该善意且克制，不能恶意诽谤或者作出其他的违法行为。

行李丢失该找谁？

11

第三节　经营者的义务

在消费法律关系中，经营者与消费者是一对相对应的主体。消费者所享有的权利一定意义上也就是经营者的义务。因此，我国的《消费者权益保护法》明确规定了经营者的相关义务，以期更好地维护经营者、消费者双方的合法权益。

一、依法定或约定履行的义务

《消费者权益保护法》第十六条规定，经营者向消费者提供商品或者服务，应当依照本法和其他有关法律、法规的规定（如《民法典》合同编、《反不正当竞争法》等）履行义务。经营者和消费者有约定的，应当按照约定履行义务，但双方的约定不得违背法律、法规的规定。经营者向消费者提供商品或者服务，应当恪守社会公德，诚信经营，保障消费者的合法权益；不得设定不公平、不合理的交易条件，不得强制交易。

二、听取意见、接受监督、公平交易的义务

听取消费者的意见与建议本身就是接受消费者监督的一种方式，这是与消费者的监督权相对应的义务。我国《消费者权益保护法》第十七条规定，经营者应当听取消费者对其提供的商品或者服务的意见，接受消费者的监督。经营者积极听取消费者的意见不仅维护了消费者的权益更可以促进企业不断提升自己服务质量和产品品质，从而提升企业的核心竞争力。

《消费者权益保护法》第二十六条规定，经营者在经营活动中使用格式条款的，应当以显著方式提请消费者注意商品或者服务的数量和质量、价款或者费用、履行期限和方式、安全注意事项和风险警示、售后服务、民事责任等与消费者有重大利害关系的内容，并按照消费者的要求予以说明。经营者不得以格式条款、通知、声明、店堂告示等方式，作出排除或者限制消费者权利、减轻或者免除经营者责任、加重消费者责任等对消费者不公平、不合理的规定，不得利用格式条款并借助技术手段强制交易。格式条款、通知、声明、店堂告示等含有前款所列内容的，其内容无效。

三、安全保障义务

《消费者权益保护法》第十八条规定经营者应当保证其提供的商品或者服务符合保障人身、财产安全的要求。对可能危及人身、财产安全的商品和服务，应当向消费者作出真实的说明和明确的警示，并说明和标明正确使用商品或者接受服务的方法以及防止危害发生的方法。例如，超市的自助寄存柜，如无明确要求消费者自负寄存物品安全，出现财产损失时，超市需要对消费者的损失承担相应的责任。又例如，某些食品在包装的显著部位标识过敏源等行为，均是其安全保障义务的体现。此外，还要求宾馆、商场、餐馆、银行、机场、车站、港口、影剧院等经营场所的经营者，应当对消费者尽到安全保障义务。

【案例分析 11－5】

11

安全保障义务

案情：某超市为庆祝周年组织促销活动，由于当天促销活动力度大，前来购物的消费者众多，在活动中，70 多岁的许某在蔬菜区被人流冲倒导致骨折，构成 9 级伤残。随后许某及其家人要求超市承担责任，赔偿其医药费等各项损失 15 万余元。

解析：在此案中，超市作为经营者，未采取必要的、积极安全保障措施，以致消费者被推挤而摔倒受伤的，对许某的受伤超市应承担主要责任。

四、对存在缺陷的产品和服务及时采取措施的义务

经营者发现其提供的商品或者服务存在缺陷，有危及人身、财产安全危险的，应当立即向有关行政部门报告和告知消费者，并采取停止销售、警示、召回、无害化处理、销毁、停止生产或者服务等措施。《消费者权益保护法》第十九条规定了经营者发现其提供的商品或者服务存在严重缺陷，即使正确使用商品或者接受服务仍然可能对人身、财产安全造成危害的，应当立即

向有关行政部门报告和告知消费者，并采取防止危害发生的措施。例如，大众汽车股份有限公司曾因发动机存在起火隐患在全球范围内召回了39万辆奥迪汽车。法律还规定采取召回措施的，经营者应当承担消费者因商品被召回支出的必要费用。

五、提供真实全面信息的义务

经营者提供真实全面信息的义务是与消费者的知情权相对应的义务。我国《消费者权益保护法》第二十条对此进行了规定，具体内容包括：经营者向消费者提供有关商品或者服务的质量、性能、用途、有效期限等信息，应当真实、全面，不得作虚假或者引人误解的宣传；经营者对消费者就其提供的商品或者服务的质量和使用方法等问题提出的询问，应当作出真实、明确的答复；经营者提供商品或者服务应当明码标价。例如，有些经营者提高售价后再打折，发布虚假折扣信息等诱骗消费者。

近年来，利用他人企业名称或是标记从事经营活动生产销售假冒伪劣产品的行为屡见不鲜，不仅极大地侵害了消费者的权益，也损害相关企业的利益。《消费者权益保护法》第二十一条规定，经营者应当标明其真实名称和标记。租赁他人柜台或者场地的经营者，应当标明其真实名称和标记。

【案例分析 11－6】

提供真实全面信息的义务

案情：冯某在某超市购买了一袋生粉，单价为5.1元。但买回家后，冯某发现，生粉的实际产地为泰州，而超市的价格标签却标注产地为上海；另外，生粉外包装袋上标注的专利号早已过有效期，遂返回超市，要求超市给个说法。但是超市坚称，所售产品具有正规进货渠道，且对厂商的生产资质、产品质量履行了审查义务，不存在过错，只是存在标签标注不规范的情况而已。双方协商无果，诉至法院。

解析：本案中，超市作为销售者应当建立并执行进货检查验收制度，验明产品合格证明和其他标识。超市销售生粉时，在价格标签和产品外包装上提供不真实信息，并对消费者的选择产生一定影响，违反了《消费者权益保护法》的相关规定，应依法赔偿。

六、出具相关购物凭证和服务单据的义务

《消费者权益保护法》第二十二条规定，经营者提供商品或者服务，应当按照国家有关规定或者商业惯例向消费者出具发票等购货凭证或者服务单据；消费者索要发票等购货凭证或者服务单据的，经营者必须出具。购物凭证和服务单据是界定经营者和消费者双方权利和义务的重要证据，具有重要意义。

七、质量担保义务、瑕疵举证责任

《消费者权益保护法》第二十三条规定了经营者应当保证其提供的商品或者服务质量的义务。具体包括：经营者应当保证在正常使用商品或者接受服务的情况下其提供的商品或者服

务应当具有的质量、性能、用途和有效期限。但消费者在购买该商品或者接受该服务前已经知道其存在瑕疵，且存在该瑕疵不违反法律强制性规定的除外；经营者以广告、产品说明、实物样品或者其他方式表明商品或者服务的质量状况的，应当保证其提供的商品或者服务的实际质量与表明的质量状况相符。此外，还规定了如果经营者提供的机动车、计算机、电视机、电冰箱、空调器、洗衣机等耐用商品或者装饰装修等服务，消费者自接受商品或者服务之日起六个月内发现瑕疵，发生争议的，由经营者承担有关瑕疵的举证责任。

八、商品和服务“三包”义务

《消费者权益保护法》第二十四条规定，经营者提供的商品或者服务不符合质量要求的，消费者可以依照国家规定、当事人约定退货，或者要求经营者履行更换、修理等义务。没有国家规定和当事人约定的，消费者可以自收到商品之日起七日内退货；七日后符合法定解除合同条件的，消费者可以及时退货，不符合法定解除合同条件的，可以要求经营者履行更换、修理等义务。消费者依规定进行退货、更换、修理的，经营者应当承担运输等必要费用。

【案例分析 11－7】

商品和服务“三包”义务

案情：武先生于 2024 年 6 月 10 日在中关村某电子市场以 9 120 元购买了一部笔记本电脑，购机时销售人员介绍该款电脑可以 24 小时连续工作，性能好。两天后，武先生发现该笔记本工作时声音有些异常，即与商家联系要求送检。但该经销商一直拖延至 6 月 15 日才予配合办理送检手续。经检测，确认该笔记本硬盘有异常声音，并建议做 DOA 检测（须由经销商提出申请）。武先生随即要求经销商申请做 DOA 检测，该经销商又以种种理由拖延至 6 月 25 日才上报 DOA 检测。经 DOA 检测，故障为不进系统，检测不到硬盘。武先生依据检验报告要求经销商退货，但遭对方拒绝。双方协商无果，遂产生纠纷。

解析：本案中，通过检测单可知，原告购买的产品存在质量问题，卖方应向消费者提供质量合格产品，现产品因存在质量问题无法正常使用。依《中华人民共和国消费者权益保护法》规定：经营者提供商品或者服务，按照国家规定或者与消费者的约定，承担包修、包换、包退或者其他责任的，应当按照国家规定或者约定履行，不得故意拖延或者无理拒绝。消费者为生活消费需要购买商品，其合法权益受法律保护。

第二十五条还针对当下出现的网络购物等进行了法律规制，规定了经营者采用网络、电视、电话、邮购等方式销售商品，消费者有权自收到商品之日起七日内退货，且无需说明理由，但下列商品除外：❶ 消费者定做的；❷ 鲜活易腐的；❸ 在线下载或者消费者拆封的音像制品、计算机软件等数字化商品；❹ 交付的报纸、期刊。除上述所列商品外，其他根据商品性质并经消费者在购买时确认不宜退货的商品，不适用无理由退货。消费者退货的商品应当完好。经营者应当自收到退回商品之日起七日内返还消费者支付的商品价款。退回商品的运费由消费者承担，经营者和消费者另有约定的，按照约定。

九、不得从事不公平、不合理交易的义务

经营者的这一义务是与消费者的公平交易权相对应的，它要求经营者在进行市场交易时，必须遵守公平、合理的原则。《消费者权益保护法》第二十六条规定，不得以格式合同、通知、声明、店堂告示等方式作出对消费者不公平、不合理的约定，更不允许采用上述方式减轻、免除其损害消费者合法权益应当承担的民事责任。格式合同、通知、声明、店堂告示等含有前项所列内容的，其内容无效。

十、不得侵犯消费者人格权的义务

消费者的人身权是其基本人权，消费者的人身自由和人格尊严不受侵犯。我国《消费者权益保护法》第二十七条明确规定，经营者不得对消费者进行侮辱、诽谤，不得搜查消费者的身体及其携带的物品，不得侵犯消费者的人身自由。例如，商场怀疑消费者有偷盗行为，对消费者进行搜身、搜包等行为就侵犯了消费者的人格权，情节严重的，要受到法律的制裁。

【案例分析 11－8】

不得侵犯消费者人格权的义务

案情：某日，李某等三人去某酒吧唱歌，刚唱了半个多小时，房内的电视机突然显示不出图像，便叫来服务员。但该酒吧的工作人员发现电视机里有水，便怀疑是李某等人把啤酒倒入电视机内，导致电视机烧坏。随后，该酒吧的负责人阿强便进来要李某等人赔偿电视机。李某等人认为电视机不是他们弄坏的，双方遂发生争吵，而且打 110 报警。民警了解情况后，建议双方协商解决纠纷。民警走后，双方继续就电视机赔偿问题进行协商。酒吧工作人员要求李某等人将损坏的电视机搬去维修并留下 5 000 元作押金。期间，李某与其朋友权某在卡拉 OK 房内被人殴打。最后，李某等人向酒吧缴纳了 4 000 多元押金后离开，并将电视机搬去维修。凌晨 4 时，李某等人即到派出所报案，警方即作相关调查。李某和权某即到医院进行治疗，均诊断为多处软组织挫伤，李某花费医疗费 126.7 元，权某花了 388 元。

解析：在本案中，李某等人进入包房半小时后，电视机发生故障，在无任何证据可直接归责李某等人时，酒吧的负责人便要李某等人赔偿电视机。其后，在民警协商离开后，酒吧强行要求李某等人将损坏的电视机搬去维修并留下 5 000 元作押金，并且期间对其进行殴打、羞辱。此举明显违反了《中华人民共和国消费者权益保护法》第二十七条，经营者不得对消费者进行侮辱、诽谤，不得搜查消费者的身体及其携带的物品，不得侵犯消费者的人身自由。酒吧的行为构成对李某等人人格尊严的侵害。

十一、合法收集、使用消费者相关信息、披露经营信息的义务

信息对于市场的意义重大，我国《消费者权益保护法》针对消费者信息和经营者信息都做了相关规定。

首先，第二十八条规定了对特定领域经营者的信息披露义务，具体内容为要求采用网络、电视、电话、邮购等方式提供商品或者服务的经营者，以及提供证券、保险、银行等金融服务的经营者，应当向消费者提供经营地址、联系方式、商品或者服务的数量和质量、价款或者费用、履行期限和方式、安全注意事项和风险警示、售后服务、民事责任等信息。

然后，在第二十九条中明文规定，经营者收集、使用消费者个人信息，应当公开其收集、使用规则，不得违反法律、法规的规定和双方的约定收集、使用信息；经营者及其工作人员对收集的消费者个人信息必须严格保密，不得泄露、出售或者非法向他人提供；经营者应当采取技术措施和其他必要措施，确保信息安全，防止消费者个人信息泄露、丢失。在现实生活中，消费者的个人信息常被当作商品进行交易，极大地损害了消费的合法权益。法条还明确了在发生或者可能发生信息泄露、丢失的情况时，应当立即采取补救措施。如经营者未经消费者同意或者请求，或者消费者已经明确表示拒绝的，经营者不得再向其发送商业性信息。

以上就是我国《消费者权益保护法》规定的经营者主要义务的基本内容。除此之外，诸如《产品质量法》《食品安全法》等法律法规中也对经营者义务做了有关规定。例如《食品安全法》第六十三条就规定了国家建立食品召回制度，如经营者发现其经营的食品有安全问题的应立即停止经营并通知相关经营者和消费者。

第四节　消费者权益的法律保护与争议的解决

小张在健身房的那些事

一、消费者权益的法律保护

为保障消费者合法权益，促进市场经济健康发展，国家从立法、司法、行政执法各层面并大力引导社会监督，全方位多角度推进消费者权益保护事业。

（一）国家对消费者合法权益的保护

依《消费者权益保护法》第四章的规定，国家对消费者合法权益的保护主要体现在以下几个方面。

1. 立法保护

全国人大及其常务委员会、国务院及所属的主管机关或省、自治区、直辖市、人大及常委会制定和颁布有关消费者权益的法律、法规、规章和强制性标准。这些法律、法规、规章和强制性标准组成了我国对于消费者权益保护的法律依据。国家制定有关消费者权益的法律、法规、规章和强制性标准，应当听取消费者和消费者协会等组织的意见。

2. 行政保护

《消费者权益保护法》规定，各级人民政府应当加强领导，组织、协调、督促有关行政部门做好保护消费者合法权益的工作，落实保护消费者合法权益的职责。同时应当加强监督，预防危害消费者人身、财产安全行为的发生，及时制止危害消费者人身、财产安全的行为。法律同时还规定了各级人民政府工商行政管理部门和其他有关行政部门应依法履职，在各自的职责范围内，定期或者不定期对经营者进行抽检、及时调查处理消费相关案件、保护消费者的合法权益。

3. 司法保护

消费者权益的司法保护主要由人民法院和人民检察院担负。按《消费者权益保护法》规定，有关部门应当依照法律、法规的规定，惩处经营者在提供商品和服务中侵害消费者合法权益的违法犯罪行为。人民法院应当采取措施，方便消费者提起诉讼。对符合《中华人民共和国民事诉讼法》起诉条件的消费者权益争议，必须受理，及时审理。

（二）社会对消费者合法权益的保护

国家鼓励、支持一切组织和个人对损害消费者合法权益的行为进行社会监督。在我国，消费者组织、新闻舆论机构、经营者自律组织和内部机构组成了舆论监督网，共同维护消费者的合法权益。其中，消费者组织是最为重要的社会监督主体。

消费者协会和其他消费者组织是依法成立的对商品和服务进行社会监督的保护消费者合法权益的社会组织。我国《消费者权益保护法》明确规定消费者协会履行下列公益性职责：

（1）向消费者提供消费信息和咨询服务，提高消费者维护自身合法权益的能力，引导文明、健康、节约资源和保护环境的消费方式。

（2）参与制定有关消费者权益的法律、法规、规章和强制性标准。

（3）参与有关行政部门对商品和服务的监督、检查。

（4）就有关消费者合法权益的问题，向有关部门反映、查询，提出建议。

（5）受理消费者的投诉，并对投诉事项进行调查、调解。

（6）投诉事项涉及商品和服务质量问题的，可以委托具备资格的鉴定人鉴定，鉴定人应当告知鉴定意见。

（7）就损害消费者合法权益的行为，支持受损害的消费者提起诉讼或者依照本法提起诉讼。

（8）对损害消费者合法权益的行为，通过大众传播媒介予以揭露、批评。

为保障消费者协会的公正性，消费者组织不得从事商品经营和营利性服务，不得以收取费用或者其他谋取利益的方式向消费者推荐商品和服务。

此外，新闻媒体应当做好消费者权益保护的宣传工作，传递正确的消费观和价值观。行业协会要加强对经营者的引导和教育，提升经营者的法律意识，积极参与纠纷解决，维护消费者和经营者双方的合法权益。经营者内部可以通过建立相关消费制度与机构，切实保护消费者权益。

二、争议的解决

消费者权益争议是指在消费过程中，消费者和经营者之间出现的，权利受到侵害或者不履行义务时产生的争议。

根据我国《消费者权益保护法》第三十九条之规定，消费者和经营者发生消费者权益争议的，可以通过下列途径解决：❶ 与经营者协商和解；❷ 请求消费者协会或者依法成立的其他调解组织调解；❸ 向有关行政部门投诉；❹ 根据与经营者达成的仲裁协议提请仲裁机构仲裁；❺ 向人民法院提起诉讼。

此外，消费者权益保护法还规定了应如何确认赔偿主体及确定了有利于消费者的求偿原则。

根据我国《消费者权益保护法》第四十条的规定：

（1）消费者在购买、使用商品时，其合法权益受到损害的，可以向销售者要求赔偿。

（2）销售者赔偿后，属于生产者的责任或者属于向销售者提供商品的其他销售者的责任的，销售者有权向生产者或者其他销售者追偿。

（3）消费者或者其他受害人因商品缺陷造成人身、财产损害的，可以向销售者要求赔偿，也可以向生产者要求赔偿。属于生产者责任的，销售者赔偿后，有权向生产者追偿。属于销售者责任的，生产者赔偿后，有权向销售者追偿。

（4）消费者在接受服务时，其合法权益受到损害的，可以向服务者要求赔偿。

（5）消费者在购买、使用商品或者接受服务时，其合法权益受到损害，因原企业分立、合并的，可以向变更后承受其权利义务的企业要求赔偿。

（6）使用他人营业执照的违法经营者提供商品或者服务，损害消费者合法权益的，消费者可以向其要求赔偿，也可以向营业执照的持有人要求赔偿。

（7）消费者在展销会、租赁柜台购买商品或者接受服务，其合法权益受到损害的，可以向销售者或者服务者要求赔偿。展销会结束或者柜台租赁期满后，也可以向展销会的举办者、柜台的出租者要求赔偿。展销会的举办者、柜台的出租者赔偿后，有权向销售者或者服务者追偿。

【案例分析 11－9】

不定期租赁合同是否终止

案情：2024 年 6 月 13 日，李先生与重庆某家居店签订了家居认购书，并于同月 20 日支付预付款 15 600 元。2024 年 7 月 19 日，该家居店经理刘某死亡。另查明，刘某系个体工商户，负责经营该家居店，其与重庆家佳喜装饰市场有限公司之间为不定期租赁关系。因刘某死亡，其与重庆家佳喜装饰市场有限公司之间的租赁关系终止，该租赁柜台已终止经营。现购买合同无法履行，故李先生诉至法院，要求家佳喜公司赔偿预付款 15 600 元。

解析：《消费者权益保护法》规定，消费者在租赁柜台购买商品或者接受服务，其合法权益受到损害的，可以向销售者或者服务者要求赔偿。柜台租赁期满后，也可以向柜台的出租者要求赔偿。本案中刘某死亡，其与家佳喜公司之间的不定期租赁合同终止，与该租赁合同期满情形相同。

（8）消费者通过网络交易平台购买商品或者接受服务，其合法权益受到损害的，可以向销售者或者服务者要求赔偿。网络交易平台提供者不能提供销售者或者服务者的真实名称、地址和有效联系方式的，消费者也可以向网络交易平台提供者要求赔偿；网络交易平台提供者作出更有利于消费者的承诺的，应当履行承诺。网络交易平台提供者赔偿后，有权向销售者或者服务者追偿。网络交易平台提供者明知或者应知销售者或者服务者利用其平台侵害消费者合法权益，未采取必要措施的，依法与该销售者或者服务者承担连带责任。

（9）消费者因经营者利用虚假广告或者其他虚假宣传方式提供商品或者服务，其合法权益受到损害的，可以向经营者要求赔偿。广告经营者、发布者发布虚假广告的，消费者可以请求行政主管部门予以惩处。广告经营者、发布者不能提供经营者的真实名称、地址和有效联系方式的，应当承担赔偿责任。广告经营者、发布者设计、制作、发布关系消费者生命健康商品或者服务的虚假广告，造成消费者损害的，应当与提供该商品或者服务的经营者承担连带责任。

社会团体或者其他组织、个人在关系消费者生命健康商品或者服务的虚假广告或者其他虚假宣传中向消费者推荐商品或者服务，造成消费者损害的，应当与提供该商品或者服务的经营者承担连带责任。

三、法律责任

（一）民事责任

1. 承担民事责任的情形

《消费者权益保护法》规定经营者提供商品或者服务有下列情形之一的，除另有规定外，应当依照其他有关法律、法规的规定，承担民事责任。❶ 商品或者服务存在缺陷的；❷ 不具备商品应当具备的使用性能而出售时未作说明的；❸ 不符合在商品或者其包装上注明采用的商品标准的；❹ 不符合商品说明、实物样品等方式表明的质量状况的；❺ 生产国家明令淘汰的商品或者销售失效、变质的商品的；❻ 销售的商品数量不足的；❼ 服务的内容和费用违反约定的；❽ 对消费者提出的修理、重作、更换、退货、补足商品数量、退还货款和服务费用或者赔偿损失的要求，故意拖延或者无理拒绝的；❾ 法律、法规规定的其他损害消费者权益的情形。经营者对消费者未尽到安全保障义务，造成消费者损害的，应当承担侵权责任。

2. 侵犯人身权的民事责任的专门规定

针对因经营者提供商品或者服务，造成消费者或者其他受害人人身伤害的，经营者应当赔偿消费者的医疗费、护理费、交通费等为治疗和康复支出的合理费用，以及因误工减少的收入。造成残疾的，还应当赔偿残疾生活辅助具费和残疾赔偿金。造成死亡的，还应当赔偿丧葬费和死亡赔偿金。如经营者的行为侵害消费者的人格尊严、人身自由或其依法受到保护的个人信息，应当停止侵害、恢复名誉、消除影响、赔礼道歉，并赔偿损失，造成严重精神损害的，受害人可以要求精神损害赔偿。如经营者明知商品或者服务存在缺陷，仍然向消费者提供，造成消费者或者其他受害人死亡或者健康严重损害的，受害人有权要求经营者依照《消费者权益保护法》第四十九条、第五十一条等法律规定赔偿损失，并有权要求所受损失二倍以下的惩罚性赔偿。

3. 侵犯财产权的民事责任的专门规定

我国对于侵犯财产权的民事责任做了以下具体规定：

（1）经营者提供商品或者服务，造成消费者财产损害的，应当依照法律规定或者当事人约定承担修理、重作、更换、退货、补足商品数量、退还货款和服务费用或者赔偿损失等民事责任。

（2）经营者以预收款方式提供商品或者服务的，应当按照约定提供。未按照约定提供的，应当按照消费者的要求履行约定或者退回预付款；并应当承担预付款的利息、消费者必须支付的合理费用。

（3）依法经有关行政部门认定为不合格的商品，消费者要求退货的，经营者应当负责退货。

（4）经营者提供商品或者服务有欺诈行为的，应当按照消费者的要求增加赔偿其受到的损失，增加赔偿的金额为消费者购买商品的价款或者接受服务的费用的三倍；增加赔偿的金额

11

不足500元的，为500元。法律另有规定的，依照其规定。

【知识拓展11-1】

瑕疵举证责任倒置理念

在传统的消费争议解决过程中，大多采用"谁主张谁举证"的举证责任分配方式，消费者的维权成本高，维权难度大。现行的《消费者权益保护法》首度引入瑕疵举证责任倒置的理念，大大方便了消费者维权。《消费者权益保护法》第二十三条第3款规定：经营者提供的机动车、计算机、电视机、电冰箱、空调器、洗衣机等耐用商品或者装饰装修等服务，消费者自接受商品或者服务之日起六个月内发现瑕疵，发生争议的，由经营者承担有关瑕疵的举证责任。该条款列举了适用六个月内由经营者承担举证责任的商品、服务。

（二）行政责任

经营者有下列情形之一，除承担相应的民事责任外，其他有关法律、法规对处罚机关和处罚方式有规定的，依照法律、法规的规定执行；法律、法规未作规定的，由工商行政管理部门或者其他有关行政部门责令改正，可以根据情节单处或者并处警告、没收违法所得、处以违法所得一倍以上十倍以下的罚款，没有违法所得的，处以50万元以下的罚款；情节严重的，责令停业整顿、吊销营业执照。

（1）提供的商品或者服务不符合保障人身、财产安全要求的。

（2）在商品中掺杂、掺假，以假充真，以次充好，或者以不合格商品冒充合格商品的。

（3）生产国家明令淘汰的商品或者销售失效、变质的商品的。

（4）伪造商品的产地，伪造或者冒用他人的厂名、厂址，篡改生产日期，伪造或者冒用认证标志等质量标志的。

（5）销售的商品应当检验、检疫而未检验、检疫或者伪造检验、检疫结果的。

（6）对商品或者服务作虚假或者引人误解的宣传的。

（7）拒绝或者拖延有关行政部门责令对缺陷商品或者服务采取停止销售、警示、召回、无害化处理、销毁、停止生产或者服务等措施的。

（8）对消费者提出的修理、重作、更换、退货、补足商品数量、退还货款和服务费用或者赔偿损失的要求，故意拖延或者无理拒绝的。

（9）侵害消费者人格尊严、侵犯消费者人身自由或者侵害消费者个人信息依法得到保护的权利的。

（10）法律、法规规定的对损害消费者权益应当予以处罚的其他情形。经营者有前款规定情形的，除依照法律、法规规定予以处罚外，处罚机关应当记入信用档案，向社会公布。

（三）刑事责任

依《消费者权益保护法》有关规定，追究刑事责任的情形主要有以下几种：

（1）经营者提供商品或者服务，造成消费者或其他受害人人身伤害及死亡，构成犯罪的，依法追究刑事责任。

（2）以暴力、威胁等方法阻碍有关行政部门工作人员依法执行职务的，依法追究刑事责任；拒绝、阻碍有关行政部门工作人员依法执行职务，未使用暴力、威胁方法的，由公安机关依照《中华人民共和国治安管理处罚法》的规定处罚。

(3) 国家机关工作人员玩忽职守或者包庇经营者侵害消费者合法权益的行为的，由其所在单位或者上级机关给予行政处分；情节严重，构成犯罪的，依法追究刑事责任。

【案例分析 11－10】

关于预付款的纠纷

案情：A洗衣公司将门店及设备转让给B洗衣公司(未办理工商登记注销手续)继续从事洗衣服务。徐某曾在A洗衣公司办理了200元的洗衣卡，在A公司转让后仍有132元未使用。徐某要求B洗衣公司继续允许其使用剩余的卡券余额，或者按约定退回部分款项，遭到B洗衣公司的拒绝，遂产生纠纷。

解析：该案中，依《消费者权益保护法》有关规定，经营者以预收款方式提供商品或者服务的，应当按照约定提供；未按约提供的，应当按照消费者的要求履行约定或者退回预付款。本案中，A公司以出售洗衣卡的预收款方式提供洗衣服务，徐某购买洗衣卡后，因A在未办理工商登记注销手续情况下将其营业性财产和权利概括转让给B公司，经营人与受让人应对营业财产中的预收款债务承担连带责任。遂B应该向包括徐某在内的持有其洗衣卡的消费者提供洗衣服务，或按消费者要求退回预付款。

阶段测试

一、名词解释

1. 消费者权益　　2. 举证责任倒置　　3. 质量担保义务

二、单项选择题

1. 我国新修订的《消费者权益保护法》中，消费者享有的权利有(　　)。

A. 8项　　B. 9项　　C. 10项　　D. 7项

2. 最新的《中华人民共和国消费者权益保护法》自(　　)起施行。

A. 1993年10月31日　　B. 1993年12月1日

C. 1994年1月1日　　D. 2014年3月15日

3. 下面有关消费者合法权益的认识中，正确的是(　　)。

A. 消费者依法享有权利，但不能滥用

B. 消费者有权选择商品或服务、并确定价格

C. 消费者有权监督企业经营管理者的决策过程

D. 消费者有权要求生产经营者提供产品的生产技术秘密

4. 如果你发现自己购买的某电影周边纪念品是假冒的，可以依照消费者权益保护法向有关部门举报或向经营者提出退货、索赔等。这是因为假冒电影周边纪念品的行为侵犯了消费

者的(　　)。

A. 自主选择权　　B. 财产安全权　　C. 公平交易权　　D. 处分权

三、判断题

1. 林女士通过某购物网站为其女儿定制了一条连衣裙，隔日收到后发现穿着效果不好，当即向商家提出要退货。林女士的退货要求符合《消费者权益保护法》规定的“7 天无理由退货”。(　　)

2.《消费者权益保护法》调整的对象是消费者为生产需要购买、使用商品或接受服务时所发生的法律关系。(　　)

3. 在保修期内修理一次仍不能正常使用的，经营者应当负责更换或者退货。(　　)

4. 消费者协会是依法保护消费者权益的国家机关。(　　)

四、案例分析题

1. 李某从超市购买了一台洗衣机，回去使用后发现有质量问题，在保修期内经过两次修理仍不能正常使用。请问：

(1) 李某能否要求退货或者换货？

(2) 李某能否要求超市承担其修理、退货过程中所支付的合理运输费用？

(3) 如果超市在宣传中夸大了该洗衣机的功能，李某能否要求增加赔偿金额？

2. 汪某在某超市购物时见促销员推荐某品牌麦片“买五赠一”活动，遂购 20 袋，并在促销员协助下，将 24 袋麦片装入购物袋。结账时，汪某与收银员为没有粘贴赠品标签的 4 袋麦片是否应付款而发生争执。店内的保安将汪某及选购的物品带至该店风险预防办公室。汪某辩解 4 袋麦片系赠品，无需付款。保安在店内两名工作人员陈述麦片没有做赠送活动后，对汪某及选购的商品拍照，并要其在一张表格上签名。汪某因患有眼疾，并未看清具体内容即签名。此后，促销员将“非卖品”标签贴在 4 袋麦片上，带汪某结了账。几日后，汪某与丈夫一起到某超市要求查看其签名的表格，看见办公室内《每日抓窃记录》的“窃嫌姓名”一栏有自己的名字，汪某签字及所购物品的照片作为“窃嫌截图”附后。沟通后得知汪某签字的表格为《保安部报告暨收据》。该表格中将其选购的全部物品列为“遗失商品”，处理流程一栏注明“教育释放”。请问：本案中的超市是否侵犯了汪某的权益？如有侵犯应当承担哪些法律责任？

3. 在“双 11”期间，白某在某电商平台网购一台创维彩电，卖家在促销中，说购买该彩电赠送一个乌金木材质的电视柜，价格共计 11 999 元。网上付款后，物流公司送来该货物。但拆开包装后发现彩电屏幕有非常明显的刮痕，严重影响外观和节目观看效果。另外，电视柜也不是乌金木材质的，而是普通的板材，且有裂纹。白某随即联系卖家，但是买家却说彩电发货时是完好无损的，是物流公司在运输途中导致了屏幕刮痕，因此拒绝承担任何责任。同时，买家说电视柜虽然不是乌金木材质的，但它是赠送品，连保修都无权享受，因而拒绝退货或赔偿。另外，买家以其开的是网店为由，拒绝提供发票。请问：

(1) 彩色电视存在刮痕，卖家推脱说是物流公司的责任，白某该如何主张权利？

(2) 电视柜不是乌金木材质的，且质量很差，白某能否要求买家退货？

(3) 卖家以开的是网店为由而不提供发票，这种行为合法吗？

实训操作与指导

消费者王某(原告)在超市购物时,看到货架上摆的红酒,遂准备选购。但他刚刚将其中一瓶红酒拿起时,红酒倾倒,造成12瓶红酒破碎,超市(被告)要求消费者王某赔偿损失。王某认为是超市在摆放货品时,未能将货品摆放妥当,自己已经小心拿起,对于货品倾倒并无过错,双方协商无果后诉至法院。

请同学们组成模拟法庭,按照法庭程序进行并将人员作如下划分:审判长一人、审判员两人、书记员一人、原告一人、原告代理律师一人、被告一人、被告代理律师一人,审理此案。

自我评价

任务名称	掌握程度		
	好	中	差
消费者权益保护法的概念的掌握情况			
对消费者权益保护法调整对象和范围的了解情况			
对消费者权益保护法中各方的权利和义务的熟悉情况			
对消费者权益保护法中主要存在的法律风险的防范能力			
对消费者权益保护法中主要存在的法律纠纷的处理能力			

通过本章的学习,你还有什么收获?

第十二章 票据法

导语

《中华人民共和国票据法》是为了规范票据行为，保障票据活动中当事人的合法权益，维护社会经济秩序，促进社会主义市场经济的发展而制定的。该法于1995年5月10日第八届全国人民代表大会常务委员会第十三次会议通过，并于2004年8月28日第十届全国人民代表大会常务委员会第十一次会议修正。最新修订票据法包括总则、汇票、本票、支票、涉外票据的法律适用、法律责任、附则共七章一百一十条。

学习目标

理论知识目标：

1. 了解票据法的基础理论及汇票、本票、支票等票据种类。
2. 熟悉票据行为、票据权利、票据抗辩及票据责任的解除。
3. 理解汇票的追索权。
4. 掌握汇票、本票和支票的适用范围以及汇票的出票、背书、承兑。

职业能力目标：

1. 具备根据具体结算情况选用票据的能力。
2. 能正确行使票据权利，具备票据效力的分析能力。
3. 树立依法履行票据义务的意识。

职业素养目标：

通过学习《票据法》，建立依法依规使用票据的守法意识。

思维导图

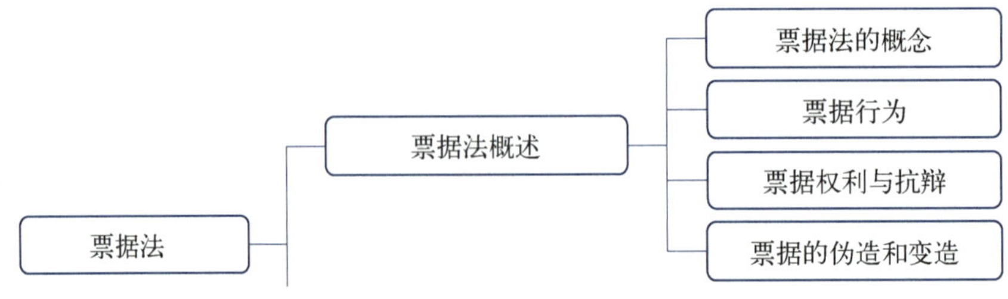

导入案例

某年1月，安徽天爱公司与振皖公司签订了名为联营实质上是借贷性质的《联营合同》，约定振皖公司向天爱公司借款人民币500万元，交通银行合肥某分行（下简称为交行）对该借款作担保并给天爱公司出具了担保书。

此后，天爱公司签发了以合肥某服装厂为收款人，到期日为当年8月底的500万元商业汇票一张，还同该厂签订了虚假的《购销合同》，将该汇票与合同一并提交给农业银行某县支行（下简称为农行）请求承兑，双方签订了《委托承兑商业汇票协议》。天爱公司告知农行拟使用贴现的方式取得资金，并承诺把该汇票的贴现款项大部分汇回该行，由该行控制使用。其后，该农行承兑了此汇票。而后收款人合肥某服装厂持票到建设银行合肥某分行贴现，并将贴现所得现款以退货款形式退回给天爱公司，后者则按《联营协议》的约定，将此款项全部借给振皖公司。汇票到期后农行以受天爱公司等诈骗为理由拒绝付款给贴现行，而当天爱公司要求振皖公司及交行归还借款时，该行则以出借方签发汇票套取资金用于借贷不合法为由，拒绝承担保证人责任。

问题：

1. 此案中哪些属于票据关系？
2. 此案中有哪几种非票据关系？
3. 农行和交行的理由能否成立？为什么？

案例解析：

1. 天爱公司的出票、农行的承兑、服装厂向建行分行的贴现，构成了本案中的汇票的出票人、收款人、承兑人、背书人及被背书人之间的一系列的票据债权债务关系，即本案的票据关系。

2. 在本案中存在以下两种非票据关系：❶ 票据原因关系。将套取的资金用于非法借贷是本案中一系列出票、承兑等票据行为的真正原因，它们在本案中是以各种合同关系体现出来的。❷ 票据资金关系，该关系以天爱公司同农行签订的《委托承兑商业汇票协议》体现出来。

3. 农行和交行的理由均不能成立。因为付款人一旦承兑，其即成为确定的付款人，承担保证到期支付票款的责任，不得以资金关系抗辩善意的持票人。交行是票据基础关系的当事人，同样不得以他人的票据关系系非法得来作为借贷担保关系的抗辩理由。本案中，天爱公司与振皖公司的借贷关系显然是无效的，交行应依法就其过错承担赔偿责任。

第一节　票据法概述

一、票据法的概念

（一）票据与票据法

票据是商品经济发展到一定阶段的产物，具有支付、汇兑、结算、信用、融资等功能。广义的票据泛指各种商业活动中与权利结合在一起的包括股票、国库券、企业债券、发票、提单等各种有价证券和凭证。狭义的票据即指汇票、本票和支票等货币证券，是由出票人依法签发的，约定自己或委托付款人在见票时或指定的日期向收款人或持票人无条件支付一定金额的有价证券。

票据载明一定金额，能够代替现金作为支付工具和流通工具，是有价证券；票据的权利发生于票据的制成，制成前票据权利并不存在，是设权证券；票据的记载事项、记载方式，必须符合法律的规定，否则会导致该票据的无效，是要式证券；票据的设立是由一定的原因引起的，票据有效制成后便与产生或者转让该票据的原因相分离，只要权利人持有票据，就可以行使票据上的权利，是无因证券；票据当事人的权利、义务都以票据上记载的文字为准，不受票据上记载文字之外的其他事项的影响，是文义证券；票据具有流通性，票据权利可以通过背书或交付而转让，并可在市场上自由流通，是流通证券。

票据法是规定票据的种类、形式、内容以及有关当事人之间权利义务关系的法律规范的总称。

（二）票据关系

1. 票据法上的关系

票据法上的关系是指因票据行为及与票据行为有关的行为而产生的票据当事人之间的法律关系，分为票据法上的票据关系和非票据关系。

票据法上的票据关系是指当事人基于票据行为而产生的票据权利义务关系。其中，持票人享有票据权利，对在票据上签名的票据债务人可以主张行使票据法规定的相关权利；票据上签名的票据债务人负担票据义务，依自己在票据上的签名按照票据上记载的文义承担相应的义务。票据关系当事人较复杂，一般包括出票人、收款人、付款人、持票人、承兑人、背书人、被背书人、保证人等。票据关系在不同的当事人之间基于不同的票据行为而不同，其中出票人、持票人、付款人三者之间的关系是票据的基本关系。票据法上的非票据关系是指票据法直接规定的，不基于票据行为而发生的票据当事人之间与票据有关的法律关系。

2. 票据基础关系

票据关系的发生是基于票据的授受行为，这种授受票据的原因或前提关系即为票据的基础关系。票据关系的发生总是以票据的基础关系为原因和前提的，票据关系一经形成，就与基础关系相分离，票据关系失效也不影响基础关系的效力。

【案例分析 12－1】

票据关系

案情：付款人付款后请求持票人交出票据的权利义务关系，属于（　　）。

A. 票据关系　　B. 票据法上的非票据关系
C. 民法上的票据关系　　D. 民法上的非票据关系

解析：正确答案是B。票据法上的非票据关系是指由票据法直接规定的，不基于票据行为而发生的票据当事人之间与票据有关的法律关系。票据付款人付款后请求持票人交还票据而发生的关系属于票据法上的非票据关系。

二、票据行为

(一) 票据行为的概念

票据行为是指票据当事人以发生票据债务为目的、以在票据上签章为权利义务成立要件的法律行为。

票据行为是在票据关系当事人之间进行，以设立、变更或者终止票据关系为目的的行为，是一种合法行为。凡是行为主体不合格、意思表示不真实、行为内容不合法的行为就不是票据行为，不受法律的保护。

不同的票据所涉及的票据行为是不同的，有些票据行为是汇票、本票、支票共有的行为，如出票、背书、付款等；而有的只是某一种票据所独有的行为，如承兑是汇票所独有的行为，保付是支票所独有的行为。我国《票据法》中规定的票据行为主要有出票、背书、承兑、保证四种行为。

票据行为还可以分为基本票据行为和附属票据行为。基本票据行为即主要票据行为，是创设票据的原始行为，是指能够引起票据关系发生的行为。基本票据行为仅指出票行为，包括签发票据与交付票据两种具体行为。出票行为是附属行为有效成立的前提，只有基本票据行为依法成立，票据才能有效。附属票据行为即从票据行为，是指能够引起票据关系变更、消灭的行为，如背书、提示、承兑、付款、退票、追索、保证等。附属票据行为是以票据已经出票为前提所进行的票据行为。有了基本票据行为，才可能有附属票据行为。

(二) 票据行为成立的有效条件

1. 行为人必须具有票据能力

票据能力即从事票据行为的能力，包括权利能力和行为能力。权利能力是指行为人可以享有票据上的权利和承担票据上的义务的资格，行为能力则是指行为人可以通过自己的票据行为取得票据上的权利和承担票据上的义务的资格。《票据法》规定，无民事行为能力人或限制民事行为能力人在票据上签章的，其签章无效，但是不影响其他签章的效力。

2. 行为人的意思表示必须真实或无缺陷

民商法中意思表示真实是指行为人的内心意思与外在表示应当一致，意思表示无缺陷是指行为人的意思表示不存在法律上的障碍或者欠缺。票据行为作为一种意思表示行为，要求行为人的意思表示也必须真实且无缺陷。鉴于票据行为的特殊性，应当更注重票据行为的外在表示形式的合法性。根据《票据法》规定，以欺诈、偷盗或者胁迫等手段取得票据的，或者明知有这些情形，出于恶意取得票据的，不得享有票据权利。这一规定表明，尽管票据的形式符合法定条件，但从事票据行为的意思表示不真实或存在缺陷，该行为无效，票据持有人也不得享有票据上的权利。

3. 票据行为的内容必须符合法律法规的规定

票据行为的内容合法是指票据行为本身必须合法，即票据行为的进行程序、记载的内容等必须合法，与票据基础关系涉及的行为是否合法无关。例如，当事人发出票据是基于买卖关系，如果该买卖关系违反法律而无效，则不影响票据行为的有效性。根据《票据法》规定，票据活动应当遵守法律法规，不得损害社会公共利益。凡违背法律规定而进行的行为，将不产生票据行为的法律效力。

4. 票据行为必须符合法定形式

票据行为是一种要式行为，必须符合法律规定的形式，如关于签章和票据记载事项的法律规定。票据上的签章是票据行为表现形式中绝对记载的事项，是票据行为生效的一个重要条件，如无该项内容，票据行为即为无效。票据上的签章，为签名、盖章或者签名加盖章。法人和其他使用票据的单位在票据上的签章，为该法人或者该单位的盖章加其法定代表人或者其授权的代理人的签章。在票据上的签名，应当为该当事人的本名。票据记载事项一般分为绝对记载事项、相对记载事项、非法定记载事项等。绝对记载事项是指票据法明文规定必须记载的，如无记载票据行为即为无效的事项；相对记载事项是指对某些应该记载而未记载的，适用法律有关规定而不使票据行为失效的事项；非法定记载事项是指票据法规定由当事人任意记载的事项。由于票据种类的不同，记载的事项也有所不同，但关于票据金额、出票日期、出票人签章等为各类票据共同的绝对记载事项。

三、票据权利与抗辩

（一）票据权利

1. 票据权利的概念

票据权利是指持票人向票据债务人请求支付票据金额的权利，包括付款请求权和追索权。付款请求权是持票人请求票据的债务人按票据金额支付款项的权利，是票据的第一次请求权，其权利主体是持票人。票据债权人在向票据债务人提示票据、行使付款请求权而未得到实现时，就可以行使追索权。追索权是持票人行使付款请求权遭到拒绝或者有其他法定事由请求付款未果时，向其前手（包括出票人、背书人以及票据的其他债务人）请求支付票据金额的权利。被追索人进行清偿后，可以向其他票据债务人行使再追索权。追索权是票据权利中的第二次请求权。

2. 票据权利的取得

票据权利的取得即票据权利的发生。票据权利以持有票据为依据，行为人合法取得票据就取得了票据权利。签发、取得和转让票据，应当遵守诚实信用的原则，具有真实的交易关系和债权债务关系。一般情况下，当事人取得票据可以从出票人处出票取得，也可以从持票人处背书或交付等受让取得，还可以通过税收、继承、赠与、企业合并等方式取得。行为人依法取得票据权利必须给付对价，即应当给付票据双方当事人认可的相对应的代价。因税收、继承、赠与、企业合并等方式取得票据的，不受给付对价的限制，但所享有的票据权利不得优于其前手的权利。以欺诈、偷盗、胁迫、恶意取得票据或因重大过失取得不符合法律规定的票据的，均不得享有票据权利。

【案例分析 12－2】

票据权利

案情： 张某因采购货物签发一张票据给王某，刘某从王某处窃取该票据，陈某明知胡某系窃取所得但仍受让该票据，并将其赠与不知情的李某，下列取得票据的当事人中，享有票据权利的是（　　）。

A. 王某　　B. 刘某　　C. 陈某　　D. 李某

解析： 正确答案为 A。持票人以欺诈、偷盗或者胁迫等手段取得票据的，或者明知有上述情况，出于恶意取得票据的，不享有票据权利。刘某和陈某均不享有票据权利；因税收、继承、赠与可以依法无偿取得票据的，票据权利不得优于其前手。李某虽然是善意不知情的，但是其未支付合理对价，其票据权利不优于其前手陈某，故李某不享有票据权利。

3. 票据权利的行使与保全

票据权利的行使是指票据权利人向票据债务人提示票据，请求实现票据权利的行为，如请求承兑、提示票据请求定期付款、行使追索权等。持票人行使票据权利应当按照法定程序在票据上签章，并出示票据。票据权利的保全是指票据权利人为防止票据权利的丧失而实施的行为，包括票据提示、作成拒绝证明、中断时效等保全方式。如为防止付款请求权与追索权因时效而丧失，采取中断时效的行为；为防止追索权丧失而请求作成拒绝证明的行为等。

票据权利人为了防止票据权利丧失，在人民法院审理、执行票据纠纷案件时，可以对具有下列情形之一的票据，请求人民法院依法对票据采取保全措施或者执行措施：不履行约定义务，与票据债务人有直接债权债务关系的票据当事人所持有的票据；持票人恶意取得的票据；应付对价而未付对价的持票人持有的票据；记载“不得转让”字样而用于贴现、质押的票据。

持票人对票据债务人行使票据权利，或者保全票据权利，应当在票据当事人的营业场所和营业时间内进行，票据当事人无营业场所的，应当在其住所进行。

4. 票据权利的补救

票据权利与票据紧密相连，如果票据丧失，票据权利的实现就会受到影响。由于票据丧失并非出于持票人本意，票据丧失后可采取挂失止付、公示催告、普通诉讼三种补救措施。

（1）挂失止付是指失票人将票据丧失的情况通知付款人并由接受通知的付款人暂停支付的一种方法。票据法规定票据丧失后失票人可以及时通知票据的付款人挂失上传，但是，未记载付款人或者无法确定付款人及其代理付款人的票据除外。在票据实务中，已承兑的商业汇票、支票、填明“现金”字样和代理付款人的银行汇票以及填明“现金”字样的银行本票丧失，可以由失票人通知付款人或者代理人挂失止付。挂失止付只是票据丧失后票据权利补救的暂时预防措施，最终要通过申请公示催告或提起普通诉讼来补救票据权利。但是，付款人或者代理付款人自收到挂失止付通知之日起十二日内没有收到人民法院的止付通知书的，自第十三日起，挂失止付通知书失效；如果在收到挂失止付通知书前，已经依法向持票人付款的，不再接受挂失止付。

（2）公示催告是指在票据丧失后由失票人向人民法院提出申请，请求人民法院以公告方式通知不确定的利害关系人限期申报权利，逾期未申报者，由人民法院通过除权判决宣告所丧失票据无效的一种制度。失票人应当在通知挂失止付后三日内，也可以在票据丧失后，依法向票据支付地的基层人民法院申请公示催告。

(3) 普通诉讼是指丧失票据的失票人向人民法院提起民事诉讼，要求法院判定付款人向其支付票据金额的活动。失票人在向法院起诉时，应提供所丧失票据的有关书面证明，同时提供相当于票据载明金额的担保，以防由于付款人支付已丧失票据票款后可能出现的损失；票据丧失后的诉讼被告一般是付款人，在找不到付款人或付款人不能付款时，也可将其他票据债务人作为被告；诉讼请求的内容是要求付款人或其他票据债务人在票据的到期日或判决生效后支付或清偿票据金额。在判决前，若丧失的票据出现时，付款人应当以该票据正处于诉讼阶段为由暂不付款，而将情况迅速通知失票人和人民法院，法院应终结诉讼程序。

5. 票据权利的消灭

票据权利的消灭是指因发生一定的法律事实而使票据权利不复存在。票据权利消灭后，票据上的债权债务关系也随之消灭。一般情况下，票据权利因履行、免除、抵销等事由的发生而消灭。我国票据法着重规定了持票人因时效届满消灭票据权利的四种情形：持票人对票据的出票人和承兑人的权利(包括付款请求权和追索权)，自票据到期日起二年，见票即付的汇票、本票，自出票日起二年；持票人对支票出票人的权利(包括付款请求权和追索权)，自出票日起六个月；持票人对前手(不包括出票人)的追索权，自被拒绝承兑或者被拒绝付款之日起六个月；持票人对前手(不包括出票人)的再追索权，自清偿日或者被提起诉讼之日起三个月。

持票人因超过票据权利时效或者因票据记载事项欠缺而丧失票据权利的，仍享有民事权利，可以请求出票人或者承兑人返还其与未支付的票据金额相当的利益。

6. 票据责任

票据责任是指票据债务人向持票人支付票据金额的义务。

票据付款人依法足额付款后，全体票据债务人的责任解除。

(二) 票据抗辩

票据抗辩是指票据债务人按照票据法的规定，对票据债权人拒绝履行义务的行为。票据债务人享有的对票据债权人拒绝履行义务的权利称为抗辩权。票据作为一种可流通证券，在每一个转让环节都有可能使票据出现缺陷，抗辩权是票据债务人的一种权利，是债务人保护自己的一种手段。

根据抗辩原因及抗辩效力的不同，票据抗辩可分为对物抗辩和对人抗辩两种。

(1) 对物抗辩是指基于票据本身存在的事由而发生的抗辩，不受持票人变更的影响，因而可以对任何持票人提出，又称绝对抗辩，主要包括以下几种情形：因票据行为不成立而进行的抗辩，如票据应记载的事项有欠缺、票据债务人无行为能力、票据上有禁止记载的事项、背书不连续、持票人的票据权利有瑕疵等；依据票据的记载不能提出请求而进行的抗辩，如票据未到期、付款地不符等；因票据载明的权利已消灭或失效而进行的抗辩，如票据债权因付款、抵销、提存、免除、除权判决、时效届满而消灭等；因票据权利的保全手续有欠缺进行的抗辩，如应作成拒绝证明而未作等；因票据上有伪造、变造情形而进行的抗辩。

(2) 对人抗辩是指票据债务人对特定债权人的抗辩，是基于票据当事人之间的特定关系而发生的，只能对特定的票据债权人进行抗辩，又称相对抗辩。票据债务人可以对不履行约定义务的与自己有直接债权债务关系的持票人进行抗辩。如甲签发一张票据给乙而购买商品，甲可就以乙未交货，不具有对价为由向乙主张抗辩；若乙已将该票据转让给丙，且丙属善意、对价取得，则甲不能对丙进行抗辩。

为防止抗辩权的滥用，保证票据流通的安全、便利，法律对抗辩权的行使也作了相应的限制，主要表现在：票据债务人不得以自己与出票人之间的抗辩事由对抗持票人；票据债务人不得以自己与持票人的前手之间的抗辩事由对抗持票人；凡是善意的、已付对价的正当持票人可以向票据上的一切债务人请求付款，不受前手权利瑕疵和前手相互间抗辩的影响；持票人取得的票据是无对价或不相当对价的，由于其享有的权利不能优于其前手，故票据债务人可以对抗持票人前手的抗辩事由对抗该持票人。

四、票据的伪造和变造

（一）票据的伪造

票据的伪造是指假冒他人名义或虚构人的名义而进行的票据行为，包括票据的伪造和票据签章的伪造。票据的伪造是指假冒他人或虚构人的名义进行出票行为，如在空白票据上伪造出票人的签章或者盗盖出票人的印章而进行出票；票据上签章的伪造是指假冒他人名义进行出票行为之外的其他票据行为，如伪造背书签章、承兑签章、保证签章等。

票据的伪造行为是一种扰乱社会经济秩序，损害他人利益的行为，在法律上不具有任何票据行为的效力。由于票据的伪造一开始就是无效，所以持票人即使是善意取得票据，对任何人也不能行使票据权利。伪造人没有在票据上以自己名义进行签章，可以不承担票据责任。但若其伪造行为给他人造成损害，则应承担法律责任。

票据上有伪造签章的，不影响票据上其他真实签章的效力。持票人依法提示承兑、提示付款或行使追索权时，在票据上真实签章人不能以票据伪造为由进行抗辩。

（二）票据的变造

票据的变造是指无权更改票据内容的人，对票据上签章以外的记载事项加以变更的行为，如变更票据上的到期日、付款日、付款地、金额等。可见，变造的票据均是合法成立的有效票据，其变造人本身是无权更改票据内容的，其更改的是除签章事项以外票据的记载内容。

票据的变造应依照签章是在变造之前或之后来承担责任。如果当事人签章在变造之前，应按原记载的内容负责；如果当事人签章在变造之后，则应按变造后的记载内容负责；如果无法辨别前后的，视同在变造之前签章。同时，尽管被变造的票据仍为有效，但由于其行为的违法，若给他人造成损失的，应当承担相关责任。

银行以善意且符合规定和正常操作程序的要求，对伪造、变造的票据签章以及需要交验的个人有效身份证件进行了审查，未发现异常情况而支付金额的，对出票人或付款人不再承担受托付款的责任，对持票人或收款人不再承担付款的责任。

（三）票据欺诈行为

下列行为属票据欺诈行为，依法追究刑事责任；情节轻微，不构成犯罪的，依照国家有关规定给予行政处罚。

（1）伪造、变造票据的。

(2) 故意使用伪造、变造的票据的。

(3) 签发空头支票或者故意签发与其预留的本名签名式样或者印鉴不符的支票，骗取财物的。

(4) 签发无可靠资金来源的汇票、本票，骗取资金的。

(5) 汇票、本票的出票人在出票时作虚假记载，骗取财物的。

(6) 冒用他人的票据，或者故意使用过期或者作废的票据，骗取财物的。

(7) 付款人同出票人、持票人恶意串通，实施上述六项所列行为之一的。

金融机构工作人员在票据业务中玩忽职守，对违反票据法规定的票据予以承兑、付款或者保证的，给予处分；造成重大损失，构成犯罪的，依法追究刑事责任；给当事人造成损失的，由该金融机构和直接责任人员依法承担赔偿责任。

票据的付款人对见票即付或者到期的票据，故意压票，或者拖延支付的，由金融行政管理部门处以罚款，对直接责任人员给予处分；给持票人造成损失的，依法承担赔偿责任。

【案例分析 12－3】

票据的伪造和变造

案情：某年7月，某工行县支行办公室主任李某与其妻弟密谋后，利用工作上的便利，盗用该行已于一年前公告作废的旧业务印鉴和银行现行票据格式凭证，签署了金额为人民币100万元的银行承兑汇票一张，出票人和付款人及承兑人记载为该支行，汇票到期日为同年12月底，收款人为某省建筑公司，该建筑公司系李某妻弟所承包经营的企业。李某将签署的汇票交给了该公司后，该公司请求某外贸公司在票据上签署了保证，之后持票向某城市合作银行申请贴现。该合作银行扣除利息和手续费后，把贴现款96万元支付给了该建筑公司。汇票到期，城市合作银行向工行县支行提示付款遭拒绝。

问题：

(1) 本案中有哪些票据行为？其效力如何？为什么？

(2) 某市合作银行是否享有票据权利？如有，应如何行使？如没有，该如何处理？

(3) 如果李某用已经作废的旧票据格式凭证（无出票人一栏）签署银行承兑汇票，在其他情节相同的情况下，对某市合作银行有何影响？

解析：

(1) 本案中的票据行为有：❶ 李某伪造签章进行的出票和承兑行为。相对于县支行现行有效公章而言，李某使用的作废的公章应定为假公章。因此，出票和承兑行为属伪造，行为本身无效。❷ 某外贸公司的票据保证行为，该行为有效。❸ 建筑公司的贴现行为（背书转让），该行为有效。虽然该公司（代表人）恶意取得票据，不得享有票据权利，但其背书签章真实，符合形式要件，且有行为能力，故有效。

(2) 合作银行不知情，且给付了相当对价，为善意持票人，故享有票据权利，可以向保证人或背书人行使追索权。

(3) 该汇票将因形式要件欠缺而整个无效，连保证人亦因此不承担票据责任。合作银行不享有票据权利，只能依据普通民事关系进行追偿。

12

第二节 汇票、本票与支票

一、汇票

（一）汇票的概念

汇票是出票人签发的、委托付款人在见票时或者在指定日期无条件支付确定的金额给收款人或者持票人的票据。可见，汇票是由出票人委托他人支付的票据，是一种委付证券而非自付证券。汇票有三个基本当事人，即出票人、付款人和收款人，缺一不可。但随着汇票的背书转让、保证等行为的发生，被背书人、保证人等也成为汇票上的当事人。汇票是在指定到期日付款，包括见票即付、定日付款、出票后定期付款、见票后定期付款四种形式。

（二）汇票的分类

根据出票人身份的不同，汇票可分为银行汇票和商业汇票。

银行汇票是出票银行签发的，由其在见票时按照实际结算金额无条件支付给收款人或者持票人的票据。银行汇票的出票银行为银行汇票的付款人。银行汇票一般由汇款人将款项交存当地银行，由银行签发给汇款人持往异地办理结算或支取现金。单位、个体工商户和个人需要使用各种款项，均可使用银行汇票。银行汇票可以用于转账，填明“现金”字样的银行汇票也可以用于支取现金。银行汇票的提示付款期限自出票日起一个月。持票人超过付款期限提示付款的，代理付款人不予受理，持票人依法向出票银行请求付款。银行汇票丧失，失票人可以凭人民法院出具的享有票据权利的证明，向出票银行请求付款或退款。银行汇票和解讫通知同时使用，缺少任何一联，银行不予受理。

商业汇票是出票人签发的，委托付款人在指定日期无条件支付确定的金额给收款人或者持票人的票据。电子商业汇票是指出票人依托上海票据交易所电子商业汇票系统，以数据电文形式制作的，委托付款人在指定日期无条件支付确定的金额给收款人或者持票人的票据。商业汇票的出票人为银行以外的企业或其他组织；其付款人可以是银行，也可以是银行以外的企业或其他组织。凡由银行承兑的，称为银行承兑汇票；凡由银行以外的付款人承兑的，称为商业承兑汇票。纸质商业汇票的付款期限，最长不得超过六个月；电子商业汇票期限自出票日至到期日不超过一年。商业汇票的提示付款期限，自汇票到期日起十日，持票人应在提示付款期内向付款人提示付款。各种汇票票样如图 12－1 至图 12－4 所示。

（三）汇票的出票

出票是指出票人签发票据并将其交付给收款人的票据行为，包括签发票据和交付票据两个行为。出票是最基本的票据行为，没有出票也就没有背书、承兑、保证等附属的票据行为。

汇票是要式证券，出票是要式行为，汇票出票必须按票据法的规定记载一定的事项，符合法定的格式。出票的记载事项分为绝对应记载事项、相对应记载事项和非法定记载事项。

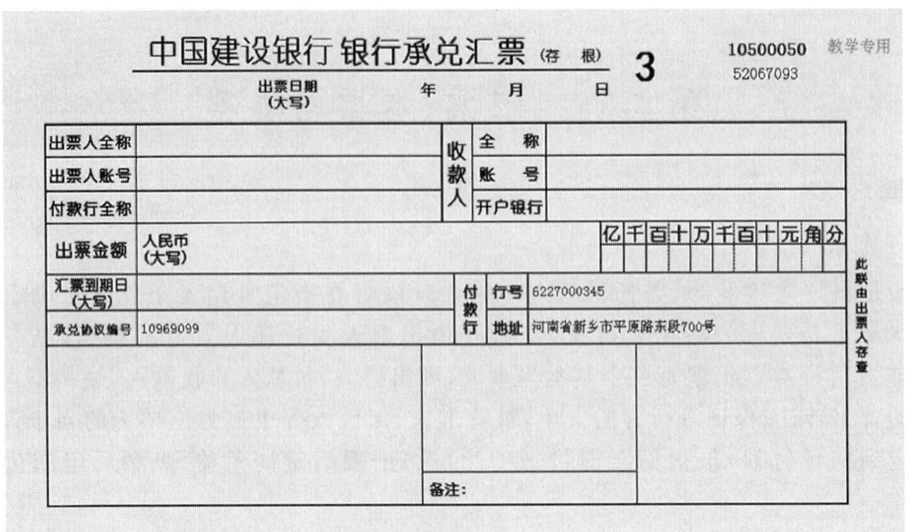

中国建设银行 银行承兑汇票（存　根）　3　　10500050　教学专用　52067093

出票日期（大写）　年　月　日

出票人全称		收款人	全　称	
出票人账号			账　号	
付款行全称			开户银行	
出票金额	人民币（大写）			亿 千 百 十 万 千 百 十 元 角 分
汇票到期日（大写）		付款行	行号	6227000345
承兑协议编号	10969099		地址	河南省新乡市平原路东段700号
		备注:		

此联由出票人存查

图 12－1　银行汇票票样

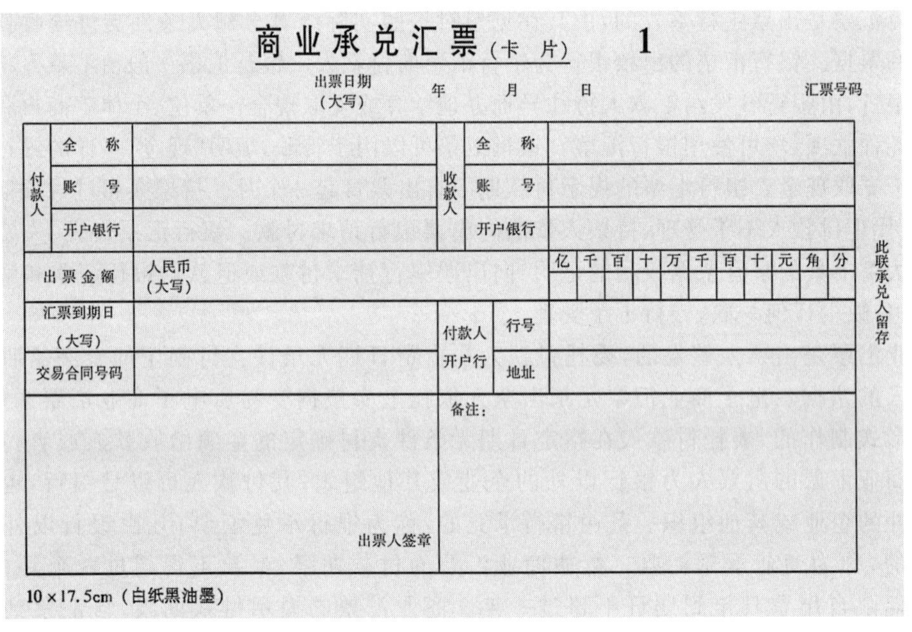

商业承兑汇票（卡　片）　1

出票日期（大写）　年　月　日　　汇票号码

付款人	全　称		收款人	全　称	
	账　号			账　号	
	开户银行			开户银行	
出票金额		人民币（大写）			亿 千 百 十 万 千 百 十 元 角 分
汇票到期日（大写）			付款人开户行	行号	
交易合同号码				地址	
出票人签章			备注:		

此联承兑人留存

10×17.5cm（白纸黑油墨）

图 12－2　商业承兑汇票票样

汇票的绝对应记载事项包括七个方面的内容：表明“汇票”的字样；无条件支付的委托；确定的金额；付款人名称；收款人名称；出票日期；出票人签章。如果汇票上未予以记载，汇票无效。汇票上记载付款日期、付款地、出票地等相对应记载事项应当清楚、明确。汇票上未记载付款日期的，为见票即付；汇票上未记载付款地的，付款人的营业场所、住所或者经常居住地为付款地；汇票上未记载出票地的，出票人的营业场所、住所或者经常居住地为出票地。汇票上还可以记载非法定记载事项，如签发票据的原因或用途、该票据项下交易的合同号码等，但是该记载事项不具有汇票上的效力。

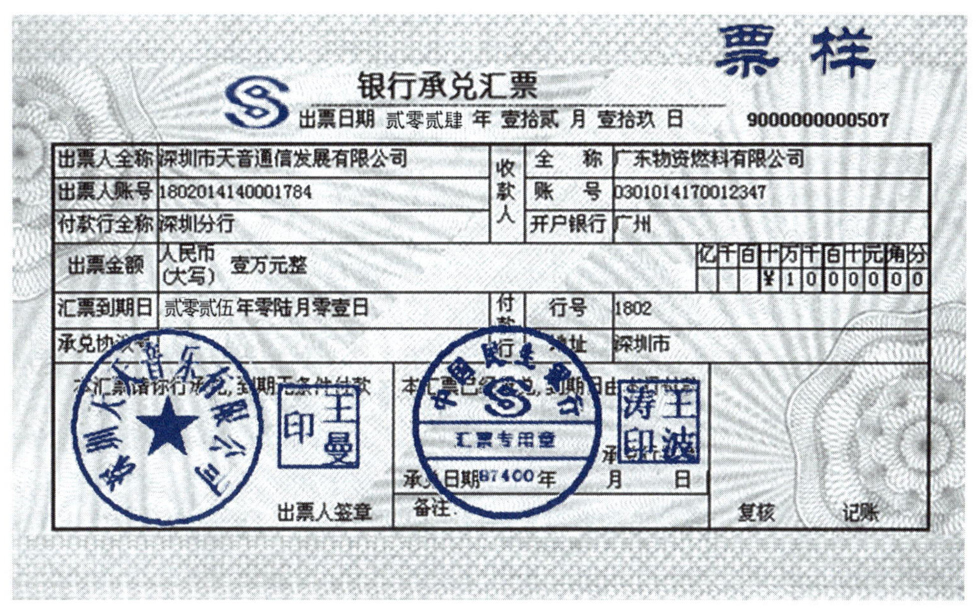

票样

银行承兑汇票

出票日期 贰零贰肆 年 壹拾贰 月 壹拾玖 日　　9000000000507

出票人全称	深圳市天音通信发展有限公司	收款人	全 称	广东物资燃料有限公司
出票人账号	1802014140001784		账 号	0301014170012347
付款行全称	深圳分行		开户银行	广州
出票金额	人民币（大写） 壹万元整		亿千百十万千百十元角分	¥1000000
汇票到期日	贰零贰伍年零陆月零壹日	付款行	行号	1802
承兑协议号			地址	深圳市
本汇票请你行承兑，到期无条件付款		本汇票已经承兑，到期日由本行付款		
出票人签章		承兑日期 年 月 日		
		备注	复核	记账

图 12－3　银行承兑汇票票样

电子商业承兑汇票

出票日期　　　　　　　　　　　　　　票据状态：

汇票到期日　　　　　　　　　　　　　票据号码

出票人	全 称		收票人	全 称	
	账 号			账 号	
	开户银行			开户银行	
出票保证信息	保证人名称：		保证人地址：		保证日期：
票据金额	人民币（大写）				十 亿 千 百 十 万 千 百 十 元 角 分
承兑人信息	全 称		开户行行号		
	账 号		开户行名称		
交易合同号			承兑信息	出票人承诺：本汇票请予以承兑，到期无条件付款	
能否转让				承兑人承兑：本汇票已经承兑，到期无条件付款	
				承兑日期	
承兑保证信息	保证人名称：		保证人地址：		保证日期：
评级信息（由出票人、承兑人自己记载，仅供参考）	出 票 人	评级主体：	信用等级：		评级到期日：
	承 兑 人	评级主体：	信用等级：		评级到期日：

图 12－4　电子商业汇票票样

出票人为在银行开立存款账户的法人以及其他组织，并与付款人具有真实的委托付款关系，具有支付汇票金额的可靠资金来源，不得签发无对价的汇票用以骗取银行或者其他票据当事人的资金。出票人办理电子商业汇票业务，还应同时具备签约开办对公业务的企业网银等电子服务渠道、与银行签订《电子商业汇票业务服务协议》。单张出票金额在 100 万元以上的商业汇票原则上应全部通过电子商业汇票办理；单张出票金额在 300 万元以上的商业汇票应

12

全部通过电子商业汇票办理。出票人签发汇票后，即承担保证该汇票承兑和付款的责任。出票人在汇票得不到承兑或者付款时，应当依法向持票人清偿法律规定的金额和费用。付款人只有在其对汇票进行承兑后，才成为汇票上的主债务人。收款人取得票据权利后，一方面就票据金额享有付款请求权，另一方面在该请求权不能满足时享有追索权。同时，收款人享有依法转让票据的权利。

（四）汇票的背书

背书是指持票人以转让汇票权利或授予他人一定的票据权利为目的，按法定的事项和方式在票据背面或粘单上记载有关事项并签章的票据行为。票据法规定，持票人可以将汇票权利转让给他人或者将一定的汇票权利授予他人行使，持票人行使此项权利时，应当背书并交付汇票。如果出票人在汇票上记载“不得转让”字样，该汇票不得背书转让。

作成背书并将票据交付给他人的原持票人为背书人，因背书而取得票据的新持票人为被背书人。背书由背书人签章并记载背书日期。背书未记载日期的，视为在汇票到期日前背书。汇票以背书转让或者以背书将一定的汇票权利授予他人行使时，必须记载被背书人名称。背书人未记载被背书人名称而将票据交付他人的，持票人在票据被背书人栏内记载自己的名称与背书人记载具有同等法律效力。

以背书转让的汇票，其背书应当连续。背书连续是指在票据转让中，转让汇票的背书人与受让汇票的被背书人在汇票上的签章依次前后衔接。持票人以背书的连续证明其汇票权利；非经背书转让，而以其他合法方式取得汇票的，依法举证证明其汇票权利。以背书转让的汇票，后手应当对其直接前手背书的真实性负责。后手是指在票据签章人之后签章的其他票据债务人。如果背书人不愿意对其后手以后的当事人承担票据责任，可以在背书时记载禁止背书。

背书不得记载的内容有两项：一是附有条件的背书，二是部分背书。附有条件的背书是指背书人在背书时，记载一定的条件，以限制或者影响背书效力。背书时附有条件的，所附条件不具有汇票上的效力。部分背书是指背书人在背书时，将汇票金额的一部分转让的背书或者将汇票金额分别转让给二人以上的背书。票据法规定背书不得附有条件，部分背书无效。

我国票据法还规定了委托收款背书和质押背书。委托收款背书和质押背书属非转让背书，具有自己的特殊性。委托收款背书是指持票人以行使票据上权利为目的，授予被背书人以代理权的背书。该背书方式不以转让票据权利为目的，背书后被背书人可以代理行使票据上的一切权利，但被背书人不得再背书转让汇票权利。在此情形下，被背书人只是代理人，而未取得票据权利，背书人仍是票据权利人。质押背书是指持票人以票据权利设定质权为目的而在票据上作成的背书。背书人是原持票人，也是出质人，被背书人则是质权人。质押背书确立的是一种担保关系，而不是票据权利的转让关系。但是，被背书人取得质权人地位后，在背书人不履行其债务的情况下，可以行使票据权利，并从票据金额中按担保债权的数额优先得到偿还。如果背书人履行了所担保的债务，被背书人则必须返还票据。委托收款背书、质押背书和其他背书一样，持票人依据法律规定的记载事项作成背书并交付才能生效。委托收款背书应记载“委托收款”字样，质押背书应记载“质押”字样。被背书人依法实现其质权时，可以行使汇票权利。

票据法规定汇票被拒绝承兑、被拒绝付款或者超过付款提示期限的，不得背书转让，如果背书转让则应当承担汇票责任。被拒绝承兑的汇票是指持票人在汇票到期日前，向付款人提示承兑而遭拒绝的汇票。汇票上付款人只有在汇票承兑后，才是汇票上的主债务人。如果付款人对汇票拒绝承兑的，就不具有汇票上债务人的地位，不承担支付票据金额的责任，因此，收款人或持票人虽然在汇票成立时即已取得付款请求权，但因付款人拒绝承兑，该付款请求权无法确定，不得再背书转让。被拒绝付款的汇票是指对不需要承兑的汇票或者已经承兑的汇票，持票人于汇票到期日向付款提示付款而被拒绝的汇票。付款人在汇票到期日拒绝付款的，收款人或者持票人也无法实现付款请求权，票据法禁止将该种票据再行背书转让。超过付款提示期限的汇票是指持票人未在法定付款提示期间内向付款人提示付款的汇票。如果收款人或持票人未在法定付款提示期间行使付款请求权，即丧失对其前手的追索权，为保护受让人的利益，票据法规定不允许再转让该种汇票。汇票背书如图 12-5 所示。

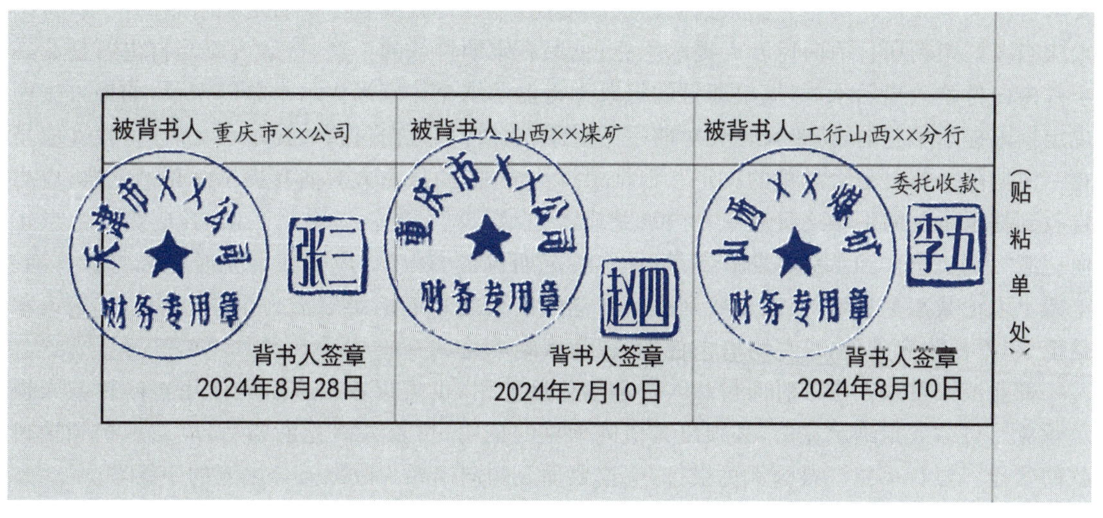

图 12-5　汇票背书票样

（五）汇票的保证

保证是票据债务人以外的他人充当保证人，担保票据债务履行的票据行为。保证的作用在于加强持票人票据权利的实现，确保票据付款义务的履行，促进票据流通。

保证的当事人为保证人和被保证人。保证人必须是由汇票债务人以外的他人担当，应是具有代为清偿票据债务能力的法人、其他组织或个人。除特定事项，国家机关、公益事业单位、社会团体、企业法人的分支机构和职能部门不得为保证人。票据保证无效的，票据的保证人应当承担与其过错责任相应的责任。被保证人是指票据关系中已有的债务人，包括出票人、背书人、承兑人等。票据债务人一旦同由他人为其提供保证，其在保证关系中就被称为被保证人。

在办理保证手续时，保证人必须在汇票或粘单上记载以下事项：表明“保证”的字样；保证人名称和住所；被保证人的名称；保证时期；保证人签章。其中表明保证的字样和保证人签章为绝对记载事项，被保证人的名称、保证日期和保证人依据为相对记载事项。保证人在汇票或者粘单上未记载被保证人的名称的，已承兑的汇票以承兑人为被保证人；未承兑的汇票以出票人为被保证人。保证人在汇票或者粘单上未记载保证日期的，以出票日期为保证日期。同时，保证不得附有条件；附有条件的，不影响对汇票的保证责任。保证人为出票人、承兑人保证的，应将保证事项记载于汇票的正面，保证人为背书人保证的，应将保证事项记载于汇票的背面或粘单上。

保证一旦成立，即在保证人与被保证人之间产生法律效力，保证人必须对保证行为承担相应的责任。保证人应当与被保证人对持票人合法取得的汇票所享有的汇票权利，承担连带责任。保证人为两人以上的，保证人之间承担连带责任。保证人清偿汇票债务后，可以行使持票人对被保证人及其前手的追索权。

（六）汇票的承兑

承兑是指汇票付款人承诺在汇票到期日支付汇票金额的票据行为。承兑是汇票特有的制度。付款人承兑汇票后，作为汇票承兑人，便成为汇票的主债务人，应当承担到期付款的责任。

承兑的程序主要包括提示承兑和承兑成立。提示承兑是指持票人向付款人出示汇票，并要求付款人承兑付款的行为。根据票据法的规定，定日付款或者出票后定期付款的汇票，持票人应当在汇票到期日前向付款人提示承兑；见票后定期付款的汇票，持票人应当自出票日起一个月内向付款人提示承兑；见票即付的汇票无需提示承兑。应当提示承兑的汇票，如果未按照规定期限提示承兑的，持票人丧失对前手的追索权。持票人向付款人提示承兑后，付款人应当在一定期限内作出是否承兑的决定。根据票据法的规定，付款人对向其提示承兑的汇票，应当自收到提示承兑的汇票之日起三日内承兑或者拒绝承兑。付款人承兑汇票的，应当在汇票正面记载“承兑”字样和承兑日期并签章；见票后定期付款的汇票，应当在承兑时记载付款日期。汇票上未记载承兑日期的，以自收到提示承兑的汇票之日起的第三天为承兑日期。付款人承兑汇票，不得附有条件；承兑附有条件的，视为拒绝承兑。

商业汇票可以在出票时向付款人提示承兑后使用，也可以在出票后先使用再向付款人提示承兑。付款人拒绝承兑的，必须出具拒绝承兑的证明；付款人承兑汇票后，应当承担到期付款的责任。银行承兑汇票的承兑银行，应按票面金额向出票人收取万分之五的手续费。

【知识拓展 12－1】

商业承兑汇票风险有多大

商业承兑汇票与银行承兑汇票的承兑人不同，其承兑信用也不同。银行承兑汇票是经银行承兑，票据到期承兑银行无条件据以付款，若签发人不能付款则由承兑银行按贷款代为垫付，仍属于银行信用；而商业承兑汇票是由银行以外的付款人承兑，银行只履行结算业务，若票据到期不能兑现，银行不承担连带责任，票据退还持票人，属于交易双方的商业信用。相比而言，商业承兑汇票银行保障度远低于银行承兑汇票大，风险较大。但商业承兑汇票相对于银行承兑汇票，手续方便，可以有效降低手续费支出，融资成本低，是基于企业双方良好信用的基础上进行的交易，有利于企业培植自身良好的商业信用，在大宗货物贸易时经常被作为支付手段使用。

（七）汇票的付款

付款是指付款人依据票据文义支付票据金额，以消灭票据关系的行为，包括付款提示与支付票款两个程序。

付款提示是指持票人向付款人或承兑人出示票据，请求付款的行为。见票即付的汇票自出票日起一个月内向付款人提示付款；定日付款、出票后定期付款或者见票后定期付款的汇票，自到期日起十日内向承兑人提示付款。持票人未按照规定期限内提示付款的，在作出说明后，承兑人或者付款人仍应当继续对持票人承担付款责任。通过委托收款银行或者通过票据交换系统向付款人提示付款的，视同持票人提示付款。

持票人向付款人进行付款提示后，付款人无条件地在当日按票据金额足额支付给持票人。持票人获得付款的，应当在汇票正面签章，表明持票人已经获得付款，并将汇票交给付款人。付款人或代理付款人在付款时应当履行形式审查义务，审查持票人提示的汇票背书是否连续、提示付款人的身份是否合法有效。如果付款人或者其代理付款人以恶意或有重大过失付款的以及付款人在汇票到期日前付款的，均应由付款人自行承担所产生的责任。

付款人依法足额付款后，全体汇票债务人的责任解除。

【知识拓展 12－2】

商业汇票贴现

商业汇票贴现是指商业汇票的持票人将未到期的商业汇票转让于银行，银行将票面金额扣除贴现利息后将余额付给持票人的一种资金融通行为。贴现利息应根据票据到期金额、贴现天数（自银行向贴现单位支付贴现票款日起至汇票到期日前一天止的天数）和贴现率计算求得，用公式表示即为：贴现利息＝票据金额×贴现天数×日贴现率。

（八）汇票的追索权

追索权是指持票人在票据到期后不获付款或期前不获承兑或有其他法定原因，并在实施行使或保全票据上权利的行为后，可以向其前手请求偿还票据金额、利息及其他法定款项的一种票据权利。汇票追索权是汇票上的第二次权利，是为补充汇票上的第一次权利即付款请求权而设立的。持票人只有在行使第一次权利而未实现时才能行使第二次权利。如果持票人付款请求权得以实现，则追索权随之消灭。

行使追求权必须具备一定的要件，包括实质要件和形式要件。实质要件即持票人行使追索权的法定原因，包括：汇票到期被拒绝付款；汇票在到期日前被拒绝承兑；在汇票到期日前，承兑人或付款人死亡、逃匿的；在汇票到期日前，承兑人或付款人被依法宣告破产或因违法被责令终止业务活动。形式要件是指持票人行使追索权而必须履行的保全手续，包括：在法定提示期限提示承兑或提示付款；在不获承兑或不获付款时，在法定期限内作成拒绝证明。票据法规定的拒绝证明主要有拒绝证书、退票理由书、直接在汇票上记载拒绝并盖章和汇票、债务人死亡或失踪证明、法院有关司法文件、部门处罚决定等。持票人不能出示拒绝证明的，丧失对其前手的追索权，但是承兑人或付款人仍应当对持票人承担责任。

行使追索权一般包括由持票人发出追索通知、确定追索对象、请求偿还、受领清偿金额等程序。持票人应当自收到拒绝证明之日起三日内，将被拒绝事由书面通知其前手，其前手应当自收到通知之日起三日内书面通知其再前手。持票人也可以同时向各汇票债务人发出书面通知。未按照规定期限通知的，持票人仍可以行使追索权。因延期通知给其前手或者出票人造成损失的，由没有按照规定期限通知的汇票当事人承担对该汇票金额为限损失的赔偿责任。被追索人包括出票人、背书人、承兑人和保证人。持票人可以不按照汇票债务人的先后顺序，对其中任何一人、数人或者全体行使追索权。被追索人对持票人承担连带责任。持票人对汇票债务人中的一人或数人已经进行追索的，对其他汇票债务人仍可以行使追索权。被追索人清偿债务后，与持票人享有同一权利。但持票人为出票人的，对其前手无追索权；持票人为背书人的，对其后手无追索权。

持票人行使追索权，可以请求被追索人支付的金额和费用包括：被拒绝付款的汇票金额；汇票金额自到期日或者提示付款日起至清偿日止，按央行规定的流动资金贷款利率计算的利息；取得有关拒绝证明和发出通知书的费用。持票人或行使追索权的被追索人在接受清偿金额时，应当履行相应的义务，交出汇票和有关拒绝证明，并出具所收到利息和费用的收据。

【案例分析 12－4】

票据背书效力

根据票据法律制度规定，关于票据背书效力的下列表述中，不正确的是（　　）。

A. 背书人在票据上记载“不得转让”字样，其后手再背书转让的，原背书人对后手的被背书人仍然承担保证责任

B. 背书附有条件的，所附条件不具有票据上的效力

C. 背书人背书转让票据后，即承担保证其后手所得票据承兑和付款的责任

D. 背书未记载日期的，视为在票据到期日前背书

解析：本题考核票据背书行为，选项 A，背书人在票据记载“不得转让”字样，其后手再背书转让的，原背书人对后手的被背书人不再承担保证责任。

【案例分析 12－5】

关于承兑汇票的付款责任和连带责任

案情：某年 10 月 16 日，甲公司与乙公司签订了一份空调购销合同，双方约定：由乙公司向甲公司供应空调 100 台，价款为 25 万元，交货期为当年 10 月 25 日，货款结算后即付 3 个月的商业承兑汇票。10 月 24 日，甲公司向乙公司签发并承兑商业汇票一张，金额为 25 万元，到期日为次年 1 月 24 日。11 月 10 日，乙公司持该汇票向 S 银行申请贴现，S 银行审核后同意贴现，向乙公司实付贴现金额 23.6 万元，乙公司将汇票背书转让给 S 银行。该商业汇票到期后，S 银行持甲公司承兑的汇票提示付款，因该公司银行存款不足而遭退票。S 银行遂直接向该公司交涉票款。甲公司以乙公司未履行合同为由不予付款。次年 8 月 2 日，S 银行又向其前手乙公司追索要款，亦未果。为此，S 银行诉至法院，要求汇票的承兑人甲公司偿付票款 25 万元及利息；要求乙公司承担连带赔偿责任。甲公司辩称，论争的商业承兑汇票确系由其签发并经承兑，但乙公司未履行合同，有骗取票据之嫌，故拒绝支付票款。乙公司辩称，原合同约定的履行期太短，无法按期交货，可以延期交货，但汇票追索时效已过了六个月，S 银行不能要求其承担连带责任。

问题：

（1）甲公司是否应履行付款责任，为什么？

（2）乙公司应否承担连带责任，为什么？

解析：

（1）甲公司应当履行付款责任。因为在本案中，甲公司作为承兑人（其同时也是出票

12

人）以乙公司未履行合同为由拒付票款，该抗辩事由只是对乙公司的抗辩事由，不得对抗善意持票人。S银行通过贴现，支付了相应的对价，经原持票人背书后成为新的善意持票人，享有票据权利。S银行在承兑期间提示承兑，甲公司不能与持票人的前手即乙公司的抗辩事由来对抗S银行，甲公司应履行其付款责任。

（2）乙公司不负担连带责任。因为S银行的追索权时效已届满。虽然我国票据法规定背书人以背书转让票据后，即承担保证其后手所持汇票承兑和付款的责任。背书人在汇票得不到承兑或付款时，应当向持票人清偿依法被追索的金额和费用。所以，在本案中，商业承兑汇票在到期日被拒付后，银行有权在法定期间内向前手即背书人乙公司行使追索权。但S银行并未及时行使这一权利，直到次年8月2日才对前手进行追索，已超过了法律规定的六个月的追索时效。因此乙公司不需要承担连带责任。

【课堂小活动】

案例：陈某将一起货物出卖给某设计公司并签订一份《买卖合同》，合同签订后，陈某依约向设计公司供应了货品，设计公司向陈某交付商业承兑汇票四张，出票金额总计为人民币250万元，出票人为某能源股份公司，收款人为某机械制造公司，汇票到期日均为当年9月13日。

该汇票背书过程中收款人机械制造公司先背书转让给设计公司，设计公司又背书转让给陈某指定的委托收款方某银行支行。

该汇票到期日，持票人某银行支行向出票人开户行提示付款，因出票人某能源股份公司拒绝付款而未能承兑，但被拒付后六个月内从未通知前手主张过票据权利，直至次年5月，陈某将设计公司诉至法院，要求设计公司按照买卖合同约定的义务向其支付货款，一审判决支持了原告陈某诉讼请求。在这种情况下，设计公司不服，该如何上诉？

模拟法庭进行二审庭审或分组讨论：

（1）设计公司都可以起诉谁？

（2）需要到哪个法院起诉？

（3）持票人都能得到哪些补偿？

（4）是否还在追诉时效内？

二、本票

（一）本票的概念

本票是出票人签发的，承诺自己在见票时无条件支付确定的金额给收款人或者持票人的票据。与汇票相比，本票是自付证券，由出票人约定自己付款，在出票人之外不存在独立的付款人，只有出票人和收款人两个基本当事人。在出票人完成出票行为之后，即承担了到期日无条件支付票据金额的责任，不需要在到期日前进行承兑。

依照不同的标准，可以对本票作不同分类，如记名式本票、指定式本票和不记名本票，远期本票和即期本票，银行本票和商业本票等。在我国，本票仅限于银行本票，且为记名式本票和即期本票。银行本票是银行签发的，承诺自己在见票时无条件支付确定的金额给收款人或持票人的票据。单位和个人在同一票据交换区域需要支付各种款项，均可使用银行本票。银行本票可以转账，注明“现金”字样的银行本票可以用于支取现金。银行本票分为定额银行本票和不定额银行本票，其中定额银行本票票面面额为 1 000 元、5 000 元、10 000 元和 50 000 元四种。本票票样如图 12－6、图 12－7 所示。

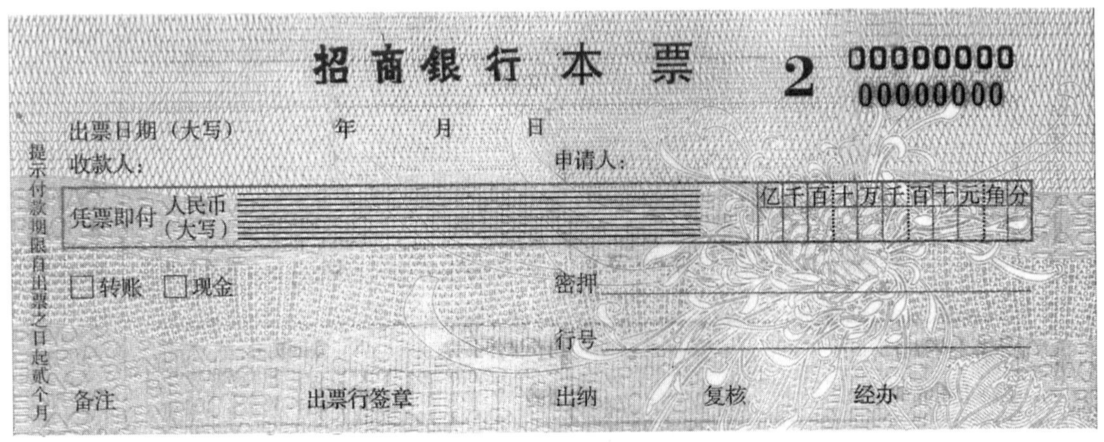

招商银行本票　2　00000000 00000000

提示付款期限自出票之日起贰个月

出票日期（大写）　年　月　日

收款人：　申请人：

凭票即付　人民币（大写）　亿 千 百 十 万 千 百 十 元 角 分

□转账　□现金　密押

行号

备注　出票行签章　出纳　复核　经办

图 12－6　银行本票票样

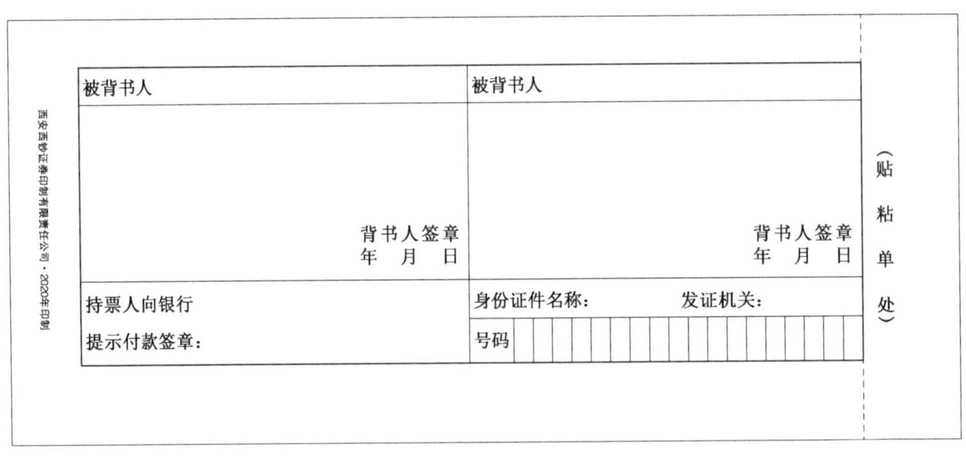

西安西钞证券印制有限责任公司・2020年印制

被背书人	被背书人
背书人签章 年　月　日	背书人签章 年　月　日
持票人向银行 提示付款签章：	身份证件名称：　发证机关： 号码

（贴粘单处）

图 12－7　本票背书票样

（二）关于本票的特殊规则

本票和汇票相比，除了不具有承兑、拒绝承兑证明等特征外，其他许多制度均与汇票相同，对本票除另有规定外，如背书、保证、付款、追索权等具体制度，都可适用于本票。

关于本票的出票行为，从形式上看，与汇票的出票一样，本票的出票是指出票人作成票据，并将票据交付给收款人的基本票据行为。但从内容上看，本票的出票与汇票的出票又有所不同。汇票的出票是出票人委托付款人向收款人支付一定金额的票据行为，而本票的出票则是指出票人表示自己承担支付本票金额债务的票据行为。因此，本票的出票人必须具有支付本票金额的可靠资金来源，并保证支付。

关于本票的记载事项，票据法规定本票必须记载事项包括：表明“本票”的字样；无条件支付的承诺；确定的金额；收款人名称；出票日期；出票人签章。本票上未记载必须记载事项之一的，本票无效。另外，本票上还需清楚、明确的记载付款地、出票地等事项，本票上未记载的，以出票人的营业场所为准。

关于本票出票的效力，是指出票人签发本票后承担的责任以及收款人因此享有的权利。本票的出票人在持票人提示见票时，必须承担付款的责任。出票人的这种付款责任是一种无条件的责任，本票一旦到期日，出票人必须对持票人付款而不得附加任何条件。

关于本票的付款提示期限，票据法规定本票自出票日起，付款期限最长不得超过二个月。本票的持票人未按照规定期限提示见票的，丧失对出票人以外的前手的追索权，但仍然保留对出票人的追索权。

三、支票

（一）支票的概念

支票是出票人签发的，委托银行或者其他金融机构在见票时无条件支付一定金额给收款人或者持票人的票据。支票是一种委付证券，基本当事人包括出票人、付款人和收款人。支票以银行或其他金融机构作为付款人，具有见票即付的特点。

按照支付票款方式，将支票分为现金支票、转账支票和普通支票三种。支票正面印有“现金”字样的为现金支票，现金支票只能用于支取现金；印有“转账”字样的为转账支票，只能用于转账，不得支取现金；未印有字样的为普通支票，可以用于支取现金，也可用于转账。用于转账时，应当在支票正面注明，即在普通支票左上角划两条平行线，也称为划线支票。划线支票只能用于转账，不得支取现金。支票票样如图 12－8、图 12－9 所示。

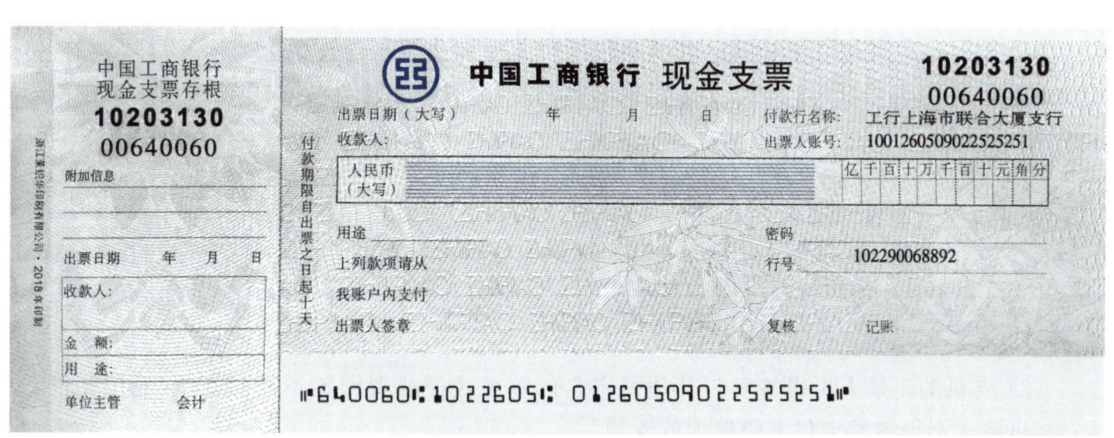

中国工商银行
现金支票存根
10203130
00640060
附加信息
出票日期　年　月　日
收款人：
金　额：
用　途：
单位主管　会计

中国工商银行　现金支票　10203130　00640060
出票日期（大写）　年　月　日　付款行名称：工行上海市联合大厦支行
收款人：　出票人账号：1001260509022525251
付款期限自出票之日起十天
人民币（大写）　亿 千 百 十 万 千 百 十 元 角 分
用途　密码
上列款项请从　行号　102290068892
我账户内支付
出票人签章　复核　记账

图 12－8　现金支票票样

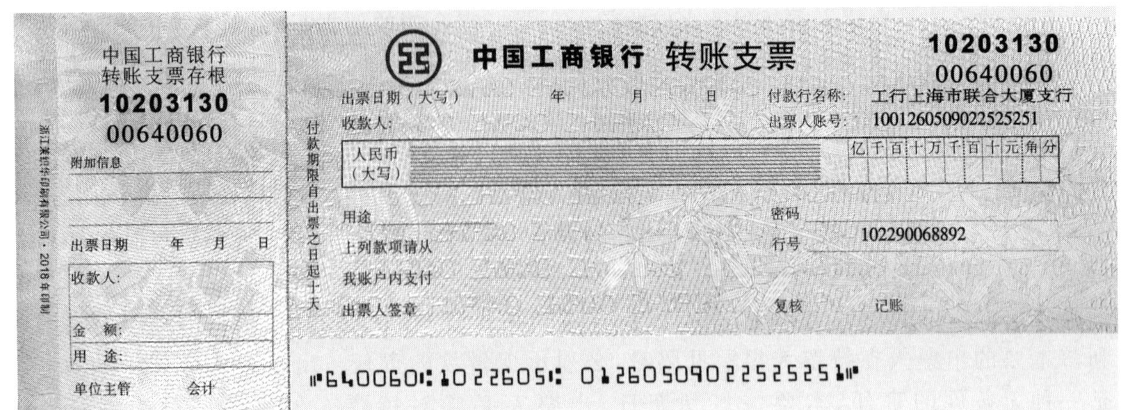
中国工商银行
转账支票存根
10203130
00640060
附加信息
出票日期　年　月　日
收款人:
金　额:
用　途:
单位主管　会计
浙江英侨华印刷有限公司 · 2018年印制

中国工商银行　转账支票　10203130 00640060
出票日期（大写）　年　月　日　付款行名称：工行上海市联合大厦支行
收款人：　出票人账号：1001260509022525251
付款期限自出票之日起十天
人民币（大写）　亿 千 百 十 万 千 百 十 元 角 分
用途　密码
上列款项请从　行号 102290068892
我账户内支付
出票人签章　复核　记账
⑈640060⑆1022605⑆ 0126050902252525⑈

图 12－9　转账支票票样

（二）支票的出票

1. 支票的出票行为

出票人签发支票并交付的行为即为出票。支票出票人为在经中国人民银行当地分支行批准办理支票业务的银行机构开立可以使用支票的存款账户的单位和个人。签发支票必须开立账户，存入足够支付的款项并预留印鉴。申请人开立支票存款账户必须使用本名，并提交证明其身份的合法证件。

2. 支票的记载事项

支票出票人作成有效的支票，必须按法定要求记载有关事项。

（1）绝对记载事项。签发支票必须记载下列事项：表明“支票”字样；无条件支付的委托；确定的金额；付款人名称；出票日期；出票人签章。支票上未记载绝对记载事项之一的，支票无效。

为了发挥支票灵活便利的特点，票据法规定了可以通过授权补记的方式记载两项绝对应记载事项：一是支票上的金额可以由出票人授权补记，未补记前的支票，不得使用。出票人可以授权收款人就支票金额补记，收款人以外的其他人不得补记；在支票金额未补记之前，收款人不得背书转让、提示付款。二是支票上未记载收款人名称的，经出票人授权，可以补记。未补记前，支票不得背书转让和提示付款。此外，出票人可以在支票上记载自己为收款人。

12 （2）相对记载事项。相对应记载事项包括付款地和出票地。支票上未记载付款地的，付款人的营业场所为付款地。支票上未记载出票地的，出票人的营业场所、住所或经常居住地为出票地。

此外，支票上可以记载非法定记载事项，但这些事项并不发生支票上的效力。

3. 出票的其他法定条件

（1）禁止签发空头支票。出票人签发的支票金额超过其付款时在付款人处实有的存款金额的，为空头支票。支票的出票人签发支票的金额不得超过付款时其在付款人处实有的存款金额。

（2）支票的出票人不得签发与其预留本名的签名式样或者印鉴不符的支票，使用支付密码的，出票人不得签发支付密码错误的支票。

（3）签发现金支票和用于支取现金的普通支票，必须符合国家现金管理的规定。

【知识拓展 12－3】

现金使用范围

企业可用现金支付的款项有：

(1) 职工工资、津贴；

(2) 个人劳务报酬；

(3) 根据国家规定颁发给个人的科学技术、文化艺术、体育等各种奖金；

(4) 各种劳保、福利费用以及国家规定的对个人的其他支出；

(5) 向个人收购农副产品和其他物资的价款；

(6) 出差人员必须随身携带的差旅费；

(7) 银行结算起点(1 000 元)以下的零星支出；

(8) 中国人民银行确定需要支付现金的其他支出。

除上述情况可以用库存现金支付外，其他款项的支付一律应通过银行转账结算。

4. 出票的效力

出票人作成支票并交付之后，对出票人产生相应的法律效力。出票人必须按照签发的支票金额承担保证向该持票人付款的责任。一是出票人必须在付款人处存有足够可处分的资金，以保证支票票款的支付；二是当付款人对支票拒绝付款或者超过支票付款提示期限的，出票人应向持票人承担付款责任。

(三) 支票的付款

1. 支票的提示付款期限

持票人在请求付款时，必须为付款提示。支票的持票人应当自出票日起十日内提示付款；异地使用的支票，其提示付款的期限由中国人民银行另行规定。

超过提示付款期限提示付款的，付款人可以不予付款。付款人不予付款的，出票人仍应当对持票人承担票据责任。持票人超过提示付款期限的，并不丧失对出票人的追索权，出票人仍应当对持票人承担支付票款的责任。

2. 付款

持票人在提示期间内向付款人提示票据，付款人在对支票进行审查之后，如未发现有不符规定之处，即应向持票人付款。出票人在付款人处的存款足以支付支票金额时，付款人应当在当日足额付款。

3. 付款责任的解除

付款人依法支付支票金额的，对出票人不再承担受委托付款的责任，对持票人不再承担付款的责任。但是，付款人以恶意或者有重大过失付款的除外。

【知识拓展 12－4】

国务院出台《保障中小企业款项支付条例》

承兑汇票作为票据业务的一种，可以帮助中小微企业和民营企业进行支付清算，缓和资金缺口的矛盾，但也加大了中小微企业的财务成本和风险。如企业发工资、缴税、缴纳五险一金等刚性资金需求，都不能使用承兑汇票；而办理汇票贴现，除了耗时，还要支付手续费、贴现利息、担保费等；有的汇票到期不能兑付，还需增加沟通协调成本。

为建立长效机制解决拖欠中小企业款项问题，国务院出台了《保障中小企业款项支付条例》，自2020年9月1日起施行。条例共二十九条，主要包括三个方面内容。一是规范合同订立及资金保障，加强账款支付源头治理；二是规范支付行为，防范账款拖欠；三是加强信用监督和服务保障。条例规定机关、事业单位和大型企业不得要求中小企业接受不合理的付款期限、方式、条件和违约责任等交易条件，不得违约拖欠中小企业的货物、工程、服务款项；机关、事业单位从中小企业采购货物、工程、服务，应当自货物、工程、服务交付之日起三十日内支付款项；合同另有约定的，付款期限最长不得超过六十日。条例还规定不得强制中小企业接受商业汇票等非现金支付方式，不得利用商业汇票等非现金支付方式变相延长付款期限。中小企业以应收账款担保融资的，机关、事业单位和大型企业应当自中小企业提出确权请求之日起三十日内确认债权债务关系，支持中小企业融资。

阶段测试

一、名词解释

1. 票据行为　　2. 票据抗辩　　3. 背书

二、单项选择题

1. 根据结算法律制度规定，不可办理挂失止付的票据是(　　)。

A. 已承兑的商业汇票

B. 现金支票

C. 填写“现金”字样和代理付款人的银行汇票

D. 无法确定付款人的票据

2. 根据结算法律制度规定，关于票据追索权行使的下列表述中，不正确的是(　　)。

A. 持票人收到拒绝证明后，应当将被拒绝理由书面通知其前手

B. 汇票被拒绝承兑的，持票人可以行使追索权

C. 持票人可以对出票人、背书人、承兑人和保证人中的任何一人、数人或全体行使追索权

D. 持票人不能出示拒绝证明或退票理由的，丧失对全部票据债务人的追索权

3. 甲将一汇票背书转让给乙，但该汇票上未记载乙的名称。其后，乙在该汇票被背书人栏内记载了自己的名称。根据票据法律制度规定，下列有关该汇票背书与记载效力的表述中，正确的是(　　)。

A. 甲的背书无效，因为甲未记载被背书人乙的名称

B. 甲的背书无效，且将导致该票据无效

C. 乙的记载无效，应由背书人甲补记

D. 乙的记载有效，其记载与背书人甲记载具有同等法律效力

4. 下列各项中，不属于银行本票的绝对应记载事项的是(　　)。

A. 付款人名称　　B. 收款人名称

C. 出票人签章　　D. 无条件支付的承诺

5. 根据结算法律制度规定，下列关于支票的说法正确的是（　　）。

A. 支票的收款人名称可以由出票人授权补记

B. 支票不可以背书转让

C. 支票的提示付款期限为出票日起一个月

D. 持票人提示付款时，支票的出票人账户金额不足的，银行应先向持票人支付票款

三、判断题

1. 票据的取得，正常情况下必须给付票据双方当事人认可的相对应的代价。（　　）

2. 汇票的持票人未在法定期限内提示付款的，则承兑人的票据责任解除。（　　）

3. 背书人背书时，必须在票据上签章，背书才能成立，否则，背书行为无效。（　　）

4. 商业汇票未按照规定期限提示承兑的，持票人丧失对其前手的追索权。（　　）

5. 支票的出票人签发支票的金额可以超过付款时在付款人处实有的存款金额。（　　）

四、案例分析题

1. 董某系A市某服装厂的会计。某日，董某前往A市客户方某处催收服装厂的一笔货款。当时，方某刚好收到第二轻公司（出票人）支付给他的一张5万元金额劳务费的支票。方某见董某前来收款，就将该支票背书给了服装厂，作为支付货款的款项。由于当时已届下班时间，董某遂将收到的支票带回家中，打算第二天再去银行办理手续，但是由于不慎，董某的支票被其家人用洗衣机绞成了碎片。在董某不知所措之际，某服装厂请教有关专家后，决定向法院提起公示催告程序。某法院立案看了该服装厂的申请公示催告书并了解到有关情况后，拒绝受理，理由有两点：其一，支票虽然被绞碎，但尚未灭失，不存在被冒领的危险，只需要求出票人重新签发一张支票即可，无须启动公示催告程序；其二，即使需要提起公示催告程序，也应由支票上的收款人方某提起，某服装厂不是该支票的收款人，没有资格提起公示催告程序。同时，法院也认为应先到银行办理挂失止付，然后才可以提起公示催告程序。

请问：

（1）本案中的支票是否属于票据丧失，为什么？

（2）某法院的拒绝受理公示催告程序的理由能否成立，为什么？

2. 王某为某私营纺织厂的业主，在搬迁厂房和办公场所的过程中，不慎遗失空白支票格式凭证3张。王某未及时按中国人民银行有关票据格式凭证管理的规定报失和刊登告示。后所遗失的其中一张支票格式凭证被孙某拾到并伪刻名称为“某某建材公司”的财务章加以签署。支票的收款人处空白，金额填写为20万元。其后，孙某又持该伪造支票及身份证，到某商场购物，当场将该商场填写为支票的收款人。商场将该支票送银行入账时，遭到退票。经公安机关循支票格式凭证编号查实该支票格式凭证系王某所遗失，但无任何证据显示上述骗购货物事件与王某有关；而“某某建材公司”则根本不存在。某商场起诉王某，要求他支付该支票票款或赔偿货物损失。

请问：

（1）王某应否承担票据责任？

（2）某商场持有该伪造的支票是否享有票据权利？

12

（3）王某应承担什么责任？

3. 甲公司向某工商银行申请一张银行承兑汇票，该银行作了必要的审查后受理了这份申请，并依法在票据上签章。甲公司得到这张票据后没有在票据上签章便将该票据直接交付给乙公司作为购货款。乙公司又将此票据背书转让给丙公司以偿债。到了票据上记载的付款日期，丙公司持票向承兑银行请求付款时，该银行以票据无效为理由拒绝付款。

请问：

（1）从以上案情显示的情况看，这张汇票有效吗？

（2）根据我国《票据法》关于汇票出票行为的规定，记载了哪些事项的汇票才为有效票据？

（3）银行既然已在票据上依法签章，它可以拒绝付款吗？为什么？

实训操作与指导

1. 根据支票的基本当事人的法律规定，划出支票的结算程序图。

指导意见：支票的基本当事人为出票人、付款人和收款人，其中付款人为开户银行，划出出票人款项划转给收款人的先后步骤。

2. 根据本票的记载事项，填写不定额银行本票。

指导意见：结合本票的绝对应记载事项规定，填写不定额空白银行本票。

3. 根据出票人的身份及承兑人的不同，区分汇票的信用度。

指导意见：可分组讨论出票人是否为银行对出票人存款的规定，以及承兑人是否为银行其保障程度的分析，区分银行汇票、银行承兑汇票、商业承兑汇票的信用保障度。

自我评价

任务名称	掌握程度		
	好	中	差
对票据法律相关概念的掌握情况			
对票据种类适用范围的了解情况			
对票据权利与责任的掌握情况			
对票据行为中主要存在的法律风险的识别能力			
对票据行为中主要存在的法律风险的防范能力			
对票据追索的处理能力			

通过本章的学习，你还有什么收获？

第十三章 电子商务法

导 语

任何市场，要实现长远、稳健的发展，必须有法律的保驾护航，尤其是电子商务交易，在维护交易安全方面，比传统线下市场有着更高的要求。电子商务信息化、网络化和虚拟化的特点也必然伴生出一系列亟待解决的问题，如顾客个人信息泄露、商业欺诈、侵犯知识产权和不正当竞争等，既对电子商务市场的交易秩序和诚信力产生了不良影响，也对法律调整和市场监管提出了严肃的挑战。因此，新兴的电子商务市场呼唤着立法的跟进和保障。为保障电子商务各方主体的合法权益、规范电子商务行为、维护市场秩序、促进电子商务持续健康发展，2013 年 12 月 27 日，全国人大常委会正式启动了《中华人民共和国电子商务法》的立法进程。2018 年 8 月 31 日，十三届全国人大常委会第五次会议表决通过《中华人民共和国电子商务法》(以下简称《电子商务法》)，自 2019 年 1 月 1 日起施行。

学习目标

理论知识目标：

1. 了解《电子商务法》的调整对象和范围。
2. 掌握电子商务的基础法律法规。
3. 熟悉电子商务活动中各主体的法律责任。

职业能力目标：

1. 具备收集和分析电子证据法律效力的能力。
2. 具有防范电子商务活动中各类风险的能力。

职业素养目标：

1. 通过学习《电子商务法》，明确网络并非法外之地，遵守互联网道德与法律规范。
2. 通过了解电子商务活动，激发“互联网＋”创业热情，培养创新创业精神。

思维导图

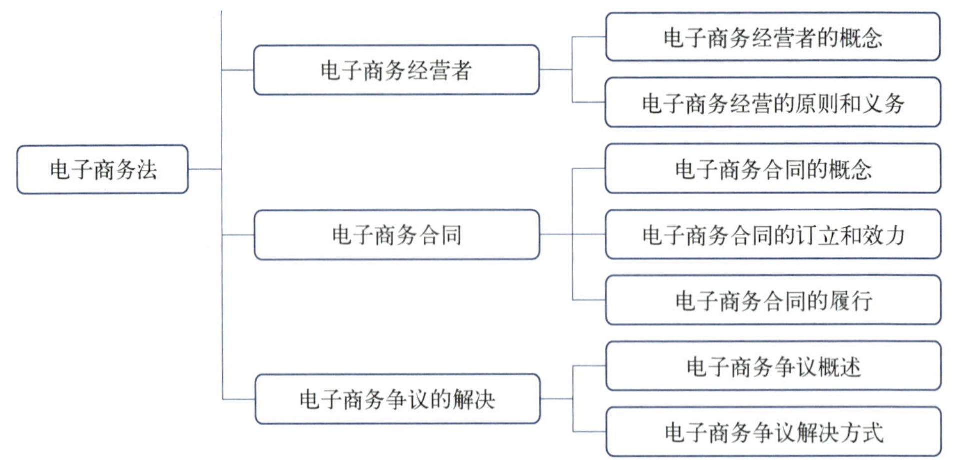

导入案例

组织刷单？真“刑”！

2020年左右，冯某在知名网络电商平台“某宝”开了一家化妆品网店，但是生意不是很好让他很苦恼。他知道，网店要想生意好，好评和流量少不了，于是加入了一些全国性的“某宝”商家微信群以及刷单微信群。在群里，有些网店商家销量不好时，会私聊一些刷单的事情，也会有商家私下里发布一些刷单业务订单，慢慢地，冯某就动起了小心思，自己累死累活经营店铺也没挣到什么钱，刷单自己既能挣钱，又能帮商家刷好评提高销量，何乐而不为？于是冯某开始转行做刷单业务。

自2023年4月开始，冯某利用“微信群”，组织大量人员发布虚假好评业务单，通过刷手负责人放单给刷手业务员，由刷手业务员垫付商品货款进行虚假购物，商家邮寄空包或小礼品。刷手业务员完成虚假购物任务后将信息反馈给冯某，冯某与商家核对后进行返现，从中赚取佣金差价。截至2023年7月，冯某共计发布刷单任务1万余笔、刷单金额390万余元，违法所得3万余元。

检察院审查认为，犯罪嫌疑人冯某违反国家规定，以营利为目的，明知是虚假信息，通过信息网络有偿提供发布信息等服务，扰乱市场秩序，发布刷单任务10 577笔，刷单金额3 909 116.71元，违法所得38 583元，已触犯《中华人民共和国刑法》第二百二十五条，构成非法经营罪，依法提起公诉。人民法院以非法经营罪判处冯某有期徒刑两年，缓刑三年，并处罚金人民币四万元。

案例解析：刷单是指商家和刷客在没有真实交易情况下制造虚假好评的行为，作为互联网时代背景下衍生的新型不正当竞争行为，已经形成完备的灰黑色产业链。近年来刷单甚至成为大学生兼职的常见形式，大学生们应牢记“君子爱财，取之以道”，切勿为了蝇头小利让自己陷入犯罪深渊。

第一节　电子商务法概述

一、电子商务概述

（一）电子商务的概念和特征

本章所称电子商务，是指通过互联网等信息网络销售商品或者提供服务的经营活动。《电子商务法》规范的电子商务活动具有以下特征。

1. 交易手段方面，必须是通过互联网等信息网络进行交易

这也是电子商务与传统商务活动最显著的不同。信息技术随着科技的进步而不断创新发展，因此，这里所称的“互联网等信息网络”应作最广义的理解，包括但不限于现有的因特网、电信网、广播电视网等信息网络。同时，也不限于现有的电脑、手机等移动终端，只要通过信息网络进行交易活动即可。

2. 交易内容方面，以商品或服务为交易内容

商品交易不仅包括有形的产品，也包括无形产品，如数字音乐、电子书等信息产品的交易。服务交易涵盖众多门类，既包括商务信息服务、生活信息服务、旅游服务，也包括利用专业知识和专门知识为客户或消费者提供某一领域的特殊服务，如法律服务、咨询服务、设计服务、市场调查服务等服务种类。

3. 交易性质方面，必须是经营活动

所谓经营活动，首先，必须以取得利润为目的，不以取得利润为目的的以物易物活动或是公益捐款活动，自然不属于经营活动。当然，以取得利润为目的，并不要求实际盈利结果的发生，也不要求所取得利润必须归电子商务主体所有，即使电子商务经营者没有获得利润或是最终将盈利捐赠，亦不能改变其经营活动的性质。其次，经营活动应具有一定的持续性业务活动，自然人偶然利用网络出售二手物品、闲置物品等，不以此为业，不具有持续性，不属于经营活动，属于自然人进行的民事活动，可通过相关民事法律规范进行调整。但为自然人提供上述活动的平台经营者通过扩大流量获取广告收入等，则属于从事经营活动。

（二）电子商务的内涵与外延

电子商务的内涵和外延，基本可概括为“广义说”与“狭义说”，具体诠释如下。

就技术角度而言，广义的电子商务手段包括一切数据电文形式。根据联合国国际贸易法委员会制定的《电子商务示范法》，数据电文是指经由电子手段、光学手段或类似手段生成、储存或传递的信息，这些手段包括但不限于电子数据交换、电子邮件、电报、电传或传真。而狭义的电子交易手段则仅包括互联网等信息网络。如联合国经济合作和发展组织（OECD）《全球电子商务行动计划》规定：电子商务是指发生在开放网络上的包含企业之间、企业和消费者之间的商业交易；美国政府《全球电子商务纲要》将电子限定于“因特网”；商务部制定的《电子商务模式规范》中将“电子”表述为“依托网络”。我国的《电子商务法》最终采用了狭义的定义方式，将电子定义为“互联网等信息网络”。

就交易内容而言，广义说如《电子商务示范法》认为，“商务”包括不论是契约型或非契约型

的一切商务性质的关系所引起的种种事项，包括但不限于下列交易：供应或交换货物的任何贸易交易；分销协议；商业代表或代理；客账代理；租赁；工厂建造；咨询；工程设计；许可贸易；投资；融资；银行业务；保险；开发特许协议；合营或其他形式的工业或商业合作；空中、海上、铁路或公路的客货运输。狭义说则将其限定于交易活动，基本包括产品交易和服务交易，有的还认为包括权利交易，同时涵盖交易的各个环节，从包括广告、销售、支付、服务和分配等全部交易过程以及为交易提供支撑的活动，如《全球电子商务纲要》中将其活动内容表述为“包括广告、交易、支付、服务等活动”。《电子商务法》基本采用了狭义说，认为包括商品交易和服务交易，但将权利交易排除在外，如知识产权交易不属于其调整范围。这是因为产权交易的进行与监管有其本身的特殊性，且在电子商务领域尚不具有普遍性，因而未将其规定在内。同时，根据该法第二条的规定，基于金融安全和文化安全的考量，将互联网金融类产品和互联网文化产品等排除在该法适用范围之外。

就交易性质而言，广义的电子商务不仅包括商事活动，还包括民事活动；狭义的电子商务则仅包括商事活动。不论是民商合一的观点还是民商分立的观点，都认为商事活动是一种特殊的民事活动，商法是民法的特别法，但本法将调整对象限定为“经营活动”，这是典型的商事活动，以营利为目的的持续性业务活动，将平等主体间的非经营性民事活动排除在外。如前所述，自然人偶然利用互联网出售闲置物品等不受《电子商务法》的调整。

《电子商务法》在交易手段、交易内容、交易性质方面均采用了电子商务的狭义的定义。电子商务立法的重点在于规范网络交易以及与之相配套的服务，电子商务的广义定义，虽然可以将所有与电子技术相关的民商事活动全都纳入法律调整的范围，但是却无法凸显电子商务经营活动的特点。因此，《电子商务法》采用狭义说，将互联网商品和服务交易作为本法的调整对象。

二、电子商务法概述

（一）电子商务法的立法目的

电子商务法的立法目的是保障电子商务各方主体的合法权益，规范电子商务行为，维护市场秩序，促进电子商务持续健康发展。

1. 保障电子商务活动中各方主体的合法权益

电子商务活动的各方主体均应得到保护。所谓各方主体，不仅包括经营者、消费者等电子商务活动的直接参与者；还包括虽未直接参与电子商务活动但电子商务活动会对其权益造成影响的相关主体，比如知识产权权利人可能并未直接参与电子商务活动，但电子商务经营者提供的商品或服务侵犯了其知识产权。作为电子商务领域的特别立法，除了大量消费者权益保护的条款外，《电子商务法》的规定还涉及其他多方主体，例如《电子商务法》第四条、第二十二条通过明确禁止行政垄断行为、电子商务经营者滥用市场支配地位保障电子商务经营者的合法权益；第四十一至四十五条通过要求电子商务平台经营者建立知识产权保护规则、规定其对平台内经营者知识产权侵权行为的处理方式及具体程序等，实现对知识产权权利人合法权益的全方位保障。

电子商务活动中各方主体的一切合法权益均应得到保障，如消费者的人身财产安全、电子商务经营者公平竞争的权益、公民的个人信息及隐私、公民的环境利益等。以个人信息保护为例，《电子商务法》第五条明确了电子商务经营者保护个人信息安全的义务，第二十三条、第二十四条对电子商务经营者收集、使用、查询、更正、删除、保存用户个人信息等一系列行为作出了具体规定，第二十五条通过规定电子商务经营者在特定情形下向国家部门提供信息的义务及有关部门对数据信息的安全保障义务，为个人信息安全提供全方位的法律保障。《电子商务法》还对弱势主体的重要权益提供了相较于一般法律更有力的保护，比如第三十八条规定在电子商务平台内经营者提供商品或服务不符合人身、财产安全标准时，对此明知或应知且未采取必要措施的平台经营者应当承担连带责任，体现了《电子商务法》对于消费者人身财产安全的倾向性保护。

2. 规范电子商务行为

除了部分主体规范外，《电子商务法》的大多数规定属于行为规范，涵盖电子商务行为的方方面面，涉及电子商务活动的各个环节，不仅包括电子商务经营主体的设立与终止行为、一般性的经营行为，还包括直接关系到具体民事行为效力、风险负担、责任承担的电子合同订立与履行行为、电子支付行为、物流交付行为，以及基于公民权利保障和国家监管需要而进行的信息披露行为、纳税缴税等各类行为。

与一般的民商事行为不同的是，电子商务的行为主体、行为内容、行为模式、行为后果均有其特殊性，而这种特殊性恰恰决定了需要不同的调整规则。一般性的民商事法律主要针对传统民商事行为，缺乏对于电子商务活动中特殊行为的针对性规定。因此，作为电子商务领域的专门立法，《电子商务法》通过总结电子商务行为的特点，根据一般法律的原则，对电子商务行为提出了更为特别和具体的要求，弥补了已有法律的不足。比如，《电子商务法》第五十条特别规定了订立电子合同时，电子商务经营者应告知用户关键事项，保证用户阅览、下载、输入更正错误等义务；第五十一条具体规定了关于通过快递物流方式、在线传输方式交付合同标的的交付时间的判断规则，第五十二条还规定了快递物流服务提供者提示收货人当面查验的义务等。

3. 维护电子商务市场秩序

电子商务是互联网科技与实体经济融合创新的产物，是我国近年来发展最为迅猛的一个产业。根据中国电子商务协会发布的《中国电子商务发展报告（2016—2017）》显示，2016 年我国电子商务交易额 26.1 万亿元人民币，其中网上零售额达 51 556 亿元，同比增长 26.2%。但是，作为一个崭新的市场，由于缺乏配套的法律法规与市场监管，电子商务的发展也产生了越来越多的问题，假冒伪劣产品横行、消费者与经营者纠纷不断、经营者恶性竞争事件层出不穷，严重扰乱了正常的市场秩序，甚至造成了电子商务市场无序、混乱的局面。

正是在这种背景下，《电子商务法》应运而生。从该法的作用来看，《电子商务法》既是一部促进之法，也是一部治乱之法。它以问题为导向，重点解决了电子商务市场的混乱与无序，维护电子商务的市场秩序。而良好的市场秩序不仅有利于保障各方主体的合法权益、规范电子商务行为，更是资源得到合理配置、电子商务活动持续健康发展的前提和保障。因此，基于电子商务市场的混乱现状与维护良好市场秩序的考虑，《电子商务法》从权利义务划分、市场监管体系、责任承担等多个维度制定了维护电子商务市场秩序的相应条款，比如第五条规定了电子商务经营者从事经营活动应遵守的基本原则和承担的基本义务，第七条规定了建立由有关部门、电子商务行业组织、电子商务经营者、消费者等共同参与的市场治理体系，第六章规定了电子商务经营者违反《电子商务法》规定时应承担的民事责任、行政责任、刑事责任。

4. 促进电子商务持续健康发展

我国的电子商务正处于蓬勃发展时期，已成为经济发展新的增长点，未来也将在经济转型、扩大内需、促进就业等方面发挥重要作用。对于这一具有重要经济意义的新兴行业，促进其持续健康发展是贯穿《电子商务法》整个立法过程的重要目标，并且这一目标也在《电子商务法》中得到了充分体现。因此，《电子商务法》同时也是一部促进法。

首先，《电子商务法》明确规定了电子商务促进的基本原则和相应措施。总则第三条、第四条明确了国家鼓励电子商务创新发展，营造有利于电子商务创新发展的市场环境，促进线上线下的融合发展的基本原则。第五章专门提出了"电子商务促进"，从电子商务发展的经济规划与产业政策、电子商务的绿色发展、电子商务与各产业的融合发展、农村电子商务的发展、电子商务数据的开发应用、电子商务信用评价体系的建立、跨境电子商务的发展等各个方面规定了国家促进电子商务发展，不仅涉及促进电子商务发展的政策规划，还包括促进相应基础设施和配套制度的建设，同时要求提高监管水平和监管效率，为电子商务的发展充分提供便利。

其次，促进电子商务发展的指导思想渗透在各个具体条款中。无论是主体规范，还是行为规范，抑或是监管体系均体现了促进电子商务发展的基本理念。比如就主体规范而言，尽管《电子商务法》第十条要求电子商务经营者应当依法办理市场主体登记，但相较于线下主体的登记，《电子商务法》规定了最低的准入门槛、最简单的登记条件、最简易的登记程序、最小的登记成本。又如就行为规范而言，《电子商务法》第四十八条肯定了电子商务当事人使用自动信息系统订立或者履行合同的法律效力，推定电子商务的当事人具有相应的民事能力，保障电子商务交易的便捷、有效。再如就监管规范而言，《电子商务法》第七十二条明确规定国家进出口管理部门优化监管流程，建设综合服务和监管体系，跨境电子商务经营者可以凭借电子单证办理有关手续，尽可能地为电子商务行为提供便利。

（二）电子商务法的调整范围

《电子商务法》第二条规定，中华人民共和国境内的电子商务活动，适用本法。《电子商务法》所称电子商务，是指通过互联网等信息网络销售商品或者提供服务的经营活动。法律、行政法规对销售商品或者提供服务有规定的，适用其规定。金融类产品和服务，利用信息网络提供新闻信息、音视频节目、出版以及文化产品等内容方面的服务，不适用《电子商务法》。

1.《电子商务法》适用的空间范围

《电子商务法》第二条第1款是关于空间效力的规定。该条采纳了属地主义，《电子商务法》的效力及于境内的电子商务活动。也就是说，不论行为主体是中国主体还是外国主体，只要是境内的电子商务活动，就应受到《电子商务法》的规制。反之，境外的电子商务活动，即使有中国主体的参与，也不在《电子商务法》的调整范围内。

2.《电子商务法》适用的客体范围

（1）《电子商务法》的调整对象。《电子商务法》以电子商务为调整对象，只有明确了电子商务的概念，才能更好地对其进行调整和规范。《电子商务法》所规范的电子商务，是指通过互联网等信息网络销售商品或者提供服务的经营活动。《电子商务法》采用狭义说，仅将互联网商品和服务交易作为此次立法的调整对象。

（2）《电子商务法》适用的例外规定。涉及金融类产品和服务、利用信息网络提供新闻信息、音视频节目、出版以及文化产品等内容方面的服务，不适用《电子商务法》。并非所有利用网络进行的活动都应纳入《电子商务法》的调整范畴，本条特别将上述两类电子商务活动排除在《电子商务法》的适用范围之外。金融类产品和服务参与主体众多，涉及面广，交易金额巨大、交易风险极高，任何突发性事件都会对当事人的财产安全和国家的金融安全造成重大影响。对于这种关系到公民基本财产安全和国家基本经济秩序的商品和服务，其经营主体的设立、终止、经营活动的具体规则，尤其是相应的监管制度，都与一般商品服务有显著区别。利用信息网络提供新闻信息、音视频节目、网络出版、互联网文化产品等内容方面的服务，其商品交易和服务内容直接涉及对公民的思想教育和精神引导，关系到国家意识形态建设和文化安全，对整个国家和社会具有深远影响。有别于一般电子商务活动中当事人可以对活动内容意思自治、对商品和服务自由交易的规定，文化类商品交易和服务提供必须符合国家精神文化建设的基本理念和相关要求。

对于上述两种活动，其特殊性质和重大影响决定了其不宜被纳入《电子商务法》的调整范围，应由专门性的法律法规予以规范，《电子商务法》应与其保持分工。目前，我国已有专门的法律法规对上述两类活动进行调整，并且形成了较为完备的体系。比如《非银行支付机构网络支付业务管理办法》《网络借贷信息中介机构业务活动管理暂行办法》是针对网络支付业务、网络借贷平台的专门规范，《网络出版服务管理规定》《互联网视听节目服务管理规定》是针对网络出版、互联网视听节目服务的专门规范。此外，本条还规定了“等内容”，说明被排除适用《电子商务法》的商品交易及相关服务包括但不限于上述列举内容，随着经济的发展和社会生活的服务，其他关系到国家安全或是基本制度的电子商务活动也有可能不适用《电子商务法》。

【案例分析 13－1】

电子商务中格式条款的认定及其效力

案情：某律师事务所于 2024 年 7 月 16 日在某商城网站购买品牌转页扇一台，金额为人民币 659 元，经销商于 7 月 19 日送货并向律师事务所出具发票和购物清单。同年 7 月 26 日，律师事务所在安装电扇过程中发现电扇撑杆存在缺陷而无法安装，即向经销商提出换货。但经销商在答复中引用网站退换货政策的特殊说明第一条，即“为了享受商品的正常质保，我们建议您将发票开具为商品明细，否则您将无法享受产品厂商或商城的正常质保”，以发票载明的货物名称为“办公用品”予以拒绝。据此，律师事务所诉至法院，诉请要求判令经销商为其所购买的品牌转页扇换货，并确认商城网站规定的上述格式条款无效。

问题：该诉请是否能够得到法院的支持？

解析：该退换货条款是由网站事先针对不特定的消费者所拟定，且对于条款的内容并不能进行协商，缔结合同的行为在瞬间完成，作为消费者只能同意或者接受，故其性质仍然是格式条款。网站作为提供格式条款的一方将本应由其承担的责任以发票的内容并非商品明细为由予以免除，既免除其作为经销商应承担的责任，也加重了消费者的责任，排除了消费者的主要权利，该条款应属无效条款。

第二节 电子商务经营者

一、电子商务经营者的概念

（一）电子商务经营者的概念与特征

《电子商务法》所称电子商务经营者，是指通过互联网等信息网络从事销售商品或者提供服务的经营活动的自然人、法人和非法人组织，包括电子商务平台经营者、平台内经营者以及通过自建网站、其他网络服务销售商品或者提供服务的电子商务经营者。

电子商务经营者具有如下的特征。

1. 互联网等信息网络是电子商务经营者从事经营行为的媒介

区别于传统的线下经营者，电子商务经营者最为显著的特征是其从事经营行为的媒介是互联网等信息网络。电子商务经营者以数字或者网页等数字化方式表现出来，并通过信息网络从事经营行为。其中，互联网是电子商务经营者从事经营行为的主要媒介，其媒介还包括移动网络和其他信息网络等。

2. 电子商务经营者的经营行为包括销售商品和提供服务

商务是对一切和商业有关事务的总称。本条将电子商务活动的商务概念限定于销售商品和提供服务，则与该两类行为无关的商业活动不属于《电子商务法》所规范的电子商务活动。同时，根据《电子商务法》第二条规定，涉及金融类产品和服务，利用信息网络提供新闻信息、音视频节目、网络出版以及互联网文化产品等内容方面的服务，不适用《电子商务法》，亦不属于电子商务经营者提供的商品与服务的范畴。

3. 电子商务经营者包括自然人、法人和非法人组织

根据《民法典》第二条规定，民事主体包括自然人、法人和非法人组织，电子商务经营者包括了民事主体所有的种类，《电子商务法》并未对某一类别的民事主体成为电子商务经营者加以限制。除法律规定的特别情形外，包括自然人在内的所有民事主体，经过法定程序均可成为电子商务主体。

（二）电子商务经营者的种类

1. 电子商务平台经营者

根据《电子商务法》第九条规定，电子商务平台经营者是指在电子商务中为交易双方或者多方提供网络经营场所、交易撮合、信息发布等服务，供交易双方或者多方独立开展交易活动的法人或者非法人组织。电子商务平台经营者具有服务提供者和管理者的双重职能，其既要为入驻平台的平台内电子商务经营者提供交易平台服务，又要制定平台内部的管理规范。平台内部的管理规范包括对平台内经营商的身份及与经营有关的其他信息的审查、交易平台进入和退出机制、平台经营商和消费者之间的矛盾解决、违反平台规则的电子商务主体的追责机制等。以淘宝网为例，淘宝网不仅为淘宝商户提供交易平台，也是淘宝商户的管理者和监督者。淘宝网为了规范淘宝网上商家和消费者的交易行为，制定了《淘宝规则》。其中，对交易、市场管理、通用违规行为及违规处理等内容都进行了规定。

需要注意的是，从事电子商务平台经营的主体只能是法人或者非法人组织，自然人不能成为电子商务平台经营者。电子商务平台经营者区别于其他主体，不仅有更高的技术要求，亦要承担平台的管理职责，承担相应的法律责任。而自然人相较于登记设立的法人和非法人组织，其管理能力和担责能力都相对较弱。因此，《电子商务法》规定自然人不能成为电子商务平台经营者。

2. 平台内电子商务经营者

根据《电子商务法》第九条规定，平台内电子商务经营者是指通过电子商务平台销售商品或者提供服务的电子商务经营者。平台内经营商在我国实践中普遍存在，其以自然人、法人、合伙等各种形式从事经营活动。比如近年来非常流行的网店，即属于在相应的平台内从事经营活动的电子商务经营者。平台内经营商依附于第三方交易平台开展电子商务经营活动，既要遵守相关的法律法规，也要遵守第三方交易平台的相关规则。

3. 通过自建网站、其他网络服务销售商品或提供服务的电子商务经营者

以上两个类别并不能将电子商务经营者完整地归类，现实生活中，除了电子商务平台经营者和平台内电子商务经营者外，亦存在其他的电子商务经营者。譬如近年来，许多经营者通过微信等软件进行电子商务活动，被统称为“微商”。近年来，微商的发展迅速，逐步成为电子商务活动中不可缺少的一股力量，知名的微商年营业额可达人民币千万元以上。但同时，由于缺乏必要的管制，微商销售假货、以次充好等违法现象亦经常发生。通过规定“其他网络服务”将微商等类似主体纳入电子商务经营者的类别中，具有重要的意义。

需要说明的是，微商和个人网店有所不同。以微信为例，微信上亦有网购平台，若在网购平台上注册网店从事电子商务活动，则属于平台内电子商务经营者。而亦有些经营者只是通过微信的聊天功能与订阅号功能销售商品或提供服务，不属于平台内电子商务经营者，而是属于通过自建网站、其他网络服务销售商品或提供服务的电子商务经营者。

【知识拓展 13－1】

个人经营网店是否需要办理营业执照

自然人以传统方式在线下进行商事经营，必先通过注册登记成为个体工商户，并由此获得商事主体的经营资格和身份。电子商务不过是通过互联网进行的商事经营，既然线下的商事经营需要具备商事主体资格，网上的电子商务经营同样需要这样的资格。自然人在线下的商事主体身份是个体工商户，在网上的现实习惯称谓为个人网店或个人网商。从法律性质上而言，除线下与网上的不同经营方式外，个体工商户与个人网店在主体性质上并无根本的法律差异。从准入程序而言，除法律、行政法规另有规定外，电子商务经营者都必须依法办理市场主体登记。

二、电子商务经营的原则和义务

（一）电子商务经营者从事经营活动的原则

平等、自愿、公平、诚信原则是《民法典》中明确规定的民事主体从事民事活动的一般原则，电子商务经营者作为民事主体，在经营活动中当然也应遵守民事活动的基本原则。将该原则在《电子商务法》这一单行民商事法律中规定，使得法律的制度体系更具有系统性和完整性。

（1）平等原则是指电子商务经营者在从事电子商务活动时应平等对待其他经营者、平等对待所有消费者、平等对待相关服务提供者等一切电子商务活动参与者。

（2）自愿原则是指电子商务经营者可以遵循自己的意愿从事电子商务活动，按照自己的意思自主决定电子商务活动的内容及其设立、变更和终止，并承担相应的法律后果。

（3）公平原则是指电子商务经营者在从事电子商务活动时积极地追求交换正义，在商事交易中遵循相互性、等值性，公平地确定风险分担，公平地确定利益共享。比如，电子商务经营者应合理从事经营活动，不得利用信息不对称等优势订立显失公平的合同，电子商务平台经营者应当确定合理的盈利模式，制定公允的服务协议，不得利用其优势地位侵害平台内经营者和消费者的合法权益。

（4）诚信原则是指电子商务经营者在电子商务经营活动中，在各个环节中都应当诚实守信，如实、客观地描述情况，不隐瞒真相、虚构事实，不欺骗其他参与者，必须遵守约定。

（二）电子商务经营者从事经营活动应履行的义务

1. 遵守法律和商业道德

电子商务经营者从事电子商务经营活动，在遵守法律的同时，还应遵守商业道德。虽然电子商务经营者的经营活动以营利为目的，但其经营活动必须在法律的框架内进行，且符合商业伦理。这是商事主体进行商事活动的基本原则，电子商务经营者作为商事主体中的一种，当然也应遵守上述原则。

2. 公平参与市场竞争

随着信息技术的发展，电子商务领域垄断市场竞争以及不正当的竞争手段呈现出多样化的趋势，电子商务经营者可能利用技术手段实施有别于传统领域的不正当竞争行为，如通过插件技术，在未经搜索引擎经营者同意的情况下即恶意插入广告的行为，因此有必要将商法、经济法中公平参与市场竞争的原理在电子商务领域中加以规定。

公平参与市场竞争，是指电子商务经营者应遵循法律法规的规定，不得垄断市场竞争，也不得以不正当的竞争手段从事电子商务活动和实施电子商务行为，损害其他线上经营者、线下经营者、消费者等利益相关者的合法权益。

3. 履行消费者权益保护、环境保护、知识产权保护、网络安全与个人信息保护等方面的义务

由于电子商务的虚拟性和开放性，网上产品或广告信息真假难辨；网络强大的数据整理与分析能力同样也使个人信息产生了被非法获取与扩散的隐患。一些传统交易活动中并不常见的问题在电子商务中却日益突出。目前市场上存在着大量电子商务经营者利用网络技术侵犯消费者权益、破坏环境、侵害知识产权、危害网络安全与个人信息安全的行为。

（1）电子商务经营者应当遵守《电子商务法》《消费者权益保护法》以及相关行政法规的规定，保障消费者的知情权与选择权，一旦侵害消费者权益，依法承担责任。

（2）电子商务经营者应当履行环境保护义务。线下经营者从事商事活动时，应当遵守《中华人民共和国环境保护法》等法律法规，节约水电资源，生产、销售符合国家环保标准的商品，线上经营者亦应如此。同时，相较于传统线下交易模式，电子商务在包装、仓储、物流等方面的更大需求决定了其更容易出现过度包装等浪费资源、污染环境的问题。

(3) 电子商务经营者应当履行保护知识产权的义务，遵守《著作权法》《专利法》《商标法》等法律法规的规定，不得侵犯他人的知识产权。实践中电子商务经营者侵犯知识产权的行为主要集中在抢注、冒用他人商标、将他人商标抢注为域名、在网页链接中的商标侵权行为以及侵犯著作权方面，这些侵权行为只是借助电子商务这一新型形式，故《电子商务法》在总则中对其作原则性规定，与现有法律进行衔接，而未规定侵害知识产权的具体行为。

(4) 电子商务经营者应当履行网络安全义务与个人信息保护的义务。安全原则是商事活动的基本原则，除了在传统商务领域安全原则的一般要求，在电子商务领域还特别表现在网络安全与个人信息保护方面。

一方面，网络是电子商务活动的场所和媒介，网络安全直接关系到交易的安全性，只有安全的网络环境才能保障交易的安全进行，离开了安全的网络环境，消费者、经营者将失去对电子商务的信心和信赖，电子商务将无法获得长久的发展。另一方面，网络安全突破地域性的特点使得网络安全直接影响国家网络空间主权及社会信息安全，而电子商务经营者作为电子商务活动的主体，其行为直接影响网络安全。

具体而言，电子商务经营者应遵守《网络安全法》等法律法规关于网络安全的规定，依法从事网络经营，不得利用信息技术从事危害网络安全的行为。特别是对于电子商务平台经营者而言，应当采取必要的安全维护措施，发现其平台或服务存在安全缺陷、漏洞等风险时，应当立即采取补救措施。此外，电子商务经营者还应遵守《网络安全法》《互联网信息服务管理办法》《电信和互联网用户个人信息保护规定》《消费者权益保护法》等法律法规的规定，依法收集、使用、存储、查询、删除用户个人信息。

4. 承担产品和服务质量责任

电子商务活动虽然具有虚拟性，但其实质上是传统商业活动在互联网领域中的拓展，根据线上线下平等的原则，其产品和服务质量仍应符合法律关于线下产品和服务的质量规定，如国家安全标准、相关质检标准。

关于产品和服务质量的具体要求、判断标准及相应的责任承担，《电子商务法》未进行规定的，应适用《产品质量法》《消费者权益保护法》等法律、行政法规的详细规定。对于“质量责任”，就产品而言，应作广义理解，不仅包括产品质量瑕疵担保的违约责任，也包括因产品质量而产生的侵权责任，即产品责任。此外，《产品质量法》将承担产品质量责任主要分为生产者、销售者、供货者三类主体，相较于传统线下商务，电子商务的一大优势便是减少了中间环节，许多电子商务经营者同时承担着生产者、销售者、供货者的角色。对于上述经营者，其当然应遵守法律法规对于三种主体质量责任的全部规定。

5. 接受政府和社会的监督

电子商务经营者从事经营活动，不得损害社会公共利益，应当自觉接受政府和社会的监督。政府监督是指政府有关部门履行行政职责，监督电子商务经营者的活动。社会监督范围更加广泛，既包括工会、消费者协会、行业组织等社会团体组织的监督，也包括其他相关经营者、消费者等个人的监督，还包括舆论媒体的监督。政府和社会监督双管齐下，有利于促进电子商务经营者依法规范经营，形成良好的市场秩序，推动电子商务的长远发展。

【案例分析 13－2】

网购“三无”产品，法院如何判

案情：2024 年 3 月 3 日，原告在被告处购买了名为“自动旋转 6 排木炭越南摇滚烤鸡炉”的烤炉一个，该烤炉价格为 1 150 元，原告收到烤炉后，发现产品外包装上并无标注产品名称、生产厂厂名、检验合格证和产品执行标准。原告因此认为该产品属“三无”产品，且没有经过 3C 认证，于是就没有在网购交易平台上点击确认收货，并于 2024 年 3 月 11 日向被告申请退款。被告方客服向原告表示可以退款，但不同意退运费。原告不同意被告该退款协议，遂于 2024 年 5 月 4 日起诉至法院，原告认为，被告销售的烤炉无 3C 认证，属“三无”产品、伪劣产品，且销售中存在欺诈行为，产品材料并非不锈钢，被告行为违反了相关法律规定，请求法院判决被告退还货款并赔偿原告三倍货款及相关损失。

问题：该诉请能否得到法院的支持，为什么？

解析：首先，被告向原告交付的商品没有产品质量检验合格证明、没有中文标明的产品名称、生产厂厂名和厂址，违反了《中华人民共和国产品质量法》第二十七条第 1 款第 2 项关于产品包装标识的规定，导致消费者难以知悉到产品的真实情况，应予纠正。现原告要求被告退还货款合法合理。

其次，涉案产品不在 3C 认证范围内，且因该产品并无相关国家、企业标准，无法对该厂生产的烤炉实施质量检验；该产品只是欠缺了相应标识，违反了法律规定，存在标识瑕疵，应予整改。原告认为涉案产品材料并非不锈钢，构成了欺诈，但原告也没有提供其他证据证实涉案产品其他材质均非不锈钢。因此原告提供的现有证据无法证实涉案产品为不合格或伪劣产品，以及被告销售涉案产品对原告构成欺诈。故原告要求被告赔偿三倍价款的诉请，依据不足，不予支持。

第三节 电子商务合同

一、电子商务合同的概念

电子商务当事人以数据电文形式订立的合同即电子商务合同。《电子商务法》没有对电子商务合同作出明确定义，结合《联合国贸易法委员会电子商业示范法》第二条第(a)款以及《电子签名法》第二条第 2 款的相关条款：电子合同即以数据电文的形式订立的合同；以及《电子签名法》第二条：数据电文是指经由电子手段、电磁手段、光学手段或类似手段生成、发送、接收或存储的信息；《电子合同在线订立流程规范》(征求意见稿)3.1 款规定电子合同是平等主体的自然人、法人、其他组织之间以数据电文为载体，并利用电子通信手段设立、变更、终止民事权利义务关系的协议。由此可见，电子合同强调使用数据电文形式订立，以电子通信为手段。

(一) 与一般合同的区别

电子商务合同是电子合同的一个重要类型，而电子合同是合同的一种形式。电子商务合同与一般的合同相比只是载体和手段不同，不能因为采用电子的形式就否定其合同的本质，因此电子商务合同也能适用《民法典》合同编的规定。电子合同中的签名属于电子签名，可以适用一般合同签名的规定。

（二）法律适用

《电子商务法》是专门调整电子商务这一商事法律关系的法律制度，但是电子合同并非电子商务专用，在民事关系领域也可以通过电子形式订立合同。因此，《电子商务法》第四十七条对其适用范围进行了限定，即从事电子商务活动的当事人订立的电子合同，适用《电子商务法》。

电子商务合同可以适用《电子商务法》《民法典》合同编、《电子签名法》等法律法规的相关规定。当对同一事项上述各法律之间规定的内容不存在冲突的情况下，上述法律规定同时适用、共同调整。存在冲突的情况下就存在适用的顺序问题。我国《电子签名法》和《民法典》合同编已经对数据电文的效力、法律原则、要求、发送、接收、电子签名效力及认证管理制度作出了规定。电子合同属于一种特殊形式的合同，按照特别法与一般法关系的处理原理，《电子商务法》《电子签名法》应优先于《民法典》。

二、电子商务合同的订立和效力

（一）电子合同的订立

《电子商务法》第四十八条规定，电子商务当事人使用自动信息系统订立或者履行合同的行为对使用该系统的当事人具有法律效力。自动信息系统的开发和应用给电子商务的发展提供了技术支持，这也是电子商务合同订立的一大特点。传统的书面合同需要各方当事人同意并签字盖章，自动信息系统则是通过预先设定，由系统的发送和接受来实现合同的订立、变更或终止。自动性本身就是自动信息系统的重要特征，并且当事人事实上已经通过预先设定完成其意思表示。例如：消费者在与某抢票平台订立服务合同时，即完成了购票的意思表示。之后，平台软件根据合同要求进行自动监控、订票、付款，无需消费者的再次确认。因此，不得因其后续操作无人审查或确认而主张合同无效。

在电子商务中推定当事人具有相应的民事行为能力。但是，有相反证据足以推翻的除外。电子商务的远程交易模式使得交易信息的不对称问题越来越严重。在一些业务领域，电子商务经营者往往难以判断交易对方是否具有相应的民事行为能力。例如：游戏币的购买者、主播的打赏者。《电子商务法》对当事人民事行为能力采用推定规则，即除非有相反的证据足以推翻，否则推定当事人具有相应的民事行为能力。“有相反的证据足以推翻”指的是电子商务经营者明知或应知交易对方不具有相应的民事行为能力，仍与之发生交易。例如电子商务经营者通过人脸识别、登录信息等了解到交易对方为无民事行为能力人。

（二）电子合同的效力

《电子商务法》第四十九条规定，电子商务经营者发布的商品或者服务信息符合要约条件的，用户选择该商品或者服务并提交订单成功，合同成立。当事人另有约定的，从其约定。电子商务经营者不得以格式条款等方式约定消费者支付价款后合同不成立；格式条款等含有该内容的，其内容无效。

电子商务合同属于合同的一种，需要当事人双方要约和承诺达成一致时方可成立。《电子商务法》第四十九条的规定既肯定了通过数据电文形式发布要约的效力，又对视为要约的信息进行了“符合条件”这一限制。同时，本条明确规定了当事人选择该商品或者服务并提交订单成功即构成承诺。

《电子商务法》第四十九条同样赋予了当事人自由约定的权利。当事人可约定的内容包括但不限于何种信息属于要约和承诺、要约和承诺的作出方式、承诺之后是否还需要其他程序合同才能成立等。这条体现电子合同规则的任意性，属于任意性规范。虽然当事人的约定可以完全作出对该条相反的约定，但是并不代表本条的规定毫无意义。首先，本条可以在当事人未做规定的情况下填补合同漏洞。其次，本条体现着保护消费者的立法精神，并且可以作为消费者维权的依据。

《电子商务法》第四十九条第2款规定了格式条款的效力问题。格式条款是当事人为了重复使用而预先拟定，并在订立合同时未与对方协商的条款。因为格式条款的内容在制定过程中只取决于一方主体的意志。所以对格式条款的使用进行特别的限制以保护合同的相对方是非常必要的。提供格式条款一方不合理地免除其责任、加重对方责任、限制对方主要权利的，该条款无效。在电子商务中，消费者在合同成立之后有义务支付价款。也有一些交易以消费者支付价款为合同成立的条件，在消费者支付价款时，合同已经处于成立的状态。此时宣告合同不成立，则剥夺了消费者依照合同享有的合同权利。同时以格式条款的方式进行规定，相当于赋予了经营者任意反悔的权利，默认经营者无须承担违约责任。这种排除消费者主要权利，免除自己责任的条款已经达到了不正当、不合理的程度，属于一种无效的格式条款。当然，以格式条款之外的其他方式约定相同的内容，同样会导致该约定无效，其依据是违反了诚实守信原则。

三、电子商务合同的履行

（一）交付方式及其时间规定

交付通常意味着所有权及风险的转移，因此交付是合同履行制度的重要环节。《电子商务法》和《民法典》都明确规定了以快递方式交付商品、交付服务产品以及交付在线数字产品的交付时间。

《电子商务法》第五十一条规定，合同标的为交付商品并采用快递物流方式交付的，收货人签收时间为交付时间。合同标的为提供服务的，生成的电子凭证或者实物凭证中载明的时间为交付时间；前述凭证没有载明时间或者载明时间与实际提供服务时间不一致的，实际提供服务的时间为交付时间。合同标的为采用在线传输方式交付的，合同标的进入对方当事人指定的特定系统并且能够检索识别的时间为交付时间。合同当事人对交付方式、交付时间另有约定的，从其约定。

1. 以快递方式交付商品的合同的交付时间

对于以快递方式交付的商品，一般由卖方承担送货义务，在收货方签收前，货物处于卖方或物流公司的控制之下，收货方无法实际控制商品，因此规定以买方签收时间为交付商品的时间。

在实务中由于智能快递柜和快递驿站的大量存在，实践中经常出现标的物在实际交付之前就显示签收；或者极少数收货人收到货但没有签字，谎称没有收到商品并要求出卖人或者快递公司赔偿的情况。这些问题的产生都是因为签收这一形式标准往往和实际交付的完成情况相分离。所以签收仅仅是完成了交付的形式要件。如果能有其他证据证明实际交付且该交付时间与之不一致的，则以实际交付的时间为准。

2. 标的为提供服务的合同的交付时间

此类合同的标的是提供服务，例如预约上门保洁服务等。没有实物的交付，无需快递物流第三方的介入，也不涉及标的物损毁灭失的风险承担问题。这种情况下，服务产品生成的电子凭证上载明的时间属于形式上的交付时间，当这一时间与实际交付时间不一致或者记载不明时，应当以实际交付时间为准。如果电子商务经营者未实际提供服务的，则视为其未交付。

3. 以在线传输数字产品为标的的合同的交付时间

以在线传输数字产品为标的的合同不同于传统的合同，其标的物是无形的信息产品，合同当事人通过网络传输相应的数据信息完成交付。例如，在线翻译、在线查重、电子书籍等。因为标的物的特殊性，这类合同在交付时间方面也应当有特殊的规定，不应当以实物交付或签收时间为准，而应当以发送的信息产品进入买方的特定系统且能够为买方检索识别时为准。对于信息产品的交付时间，《最高人民法院关于审理买卖合同纠纷案件适用法律问题的解释》第五条规定，买受人收到约定的电子信息产品或者权利凭证即为交付。在以后的裁判实践中应当以本条的规定为准。

《电子商务法》第五十一条的前两款不属于强制性条款，允许当事人作出不同的约定。例如，当事人可以约定在指定地点将标的物交给承运人的时间为交付时间，或者即使标的物需要运输，其交付时间仍可约定为到达买受人所在地并交付买受人之时，或者约定自标的物到达收货人所在辖区派送员处的时间即交付时间，不需要当事人签收等。

（二）电子支付

电子支付是指付款人与收款人为电子商务活动的需要，通过电子形式的支付指令实现货币资金转移的行为。与传统的支付方式相比，电子支付具有便捷高效等优点，但其安全保障问题不容忽视。

1. 提供者的义务

《电子商务法》规定电子商务支付服务的提供者必须遵守国家规定、告知用户电子支付服务的功能、使用方法、注意事项、相关风险和收费标准等事项，不得附加不合理交易条件，并应当确保电子支付指令的完整性、一致性、可跟踪稽核和不可篡改、向用户免费提供对账服务以及最近三年的交易记录。

2. 用户的义务

电子支付的用户也应当对自己的账户安全负责，在支付的过程中承当并履行一定的义务。《电子商务法》同样对用户提出了要求，要求用户在发出指令前，应当核对相关信息；完成支付后，应当及时准确地进行信息确认。此外，用户应当妥善保管交易密码等安全工具，一旦发现遗失、被盗等异常情况，要及时通知电子支付服务提供者。

【案例分析 13-3】

电子邮件作为证据的效力

案情：2023 年 12 月 19 日，甲公司与乙公司签订电子商务服务合同一份，约定：乙公司为甲公司等某网店提供运营服务。一年之内，通过乙公司的运营，使该网店销售额达到 300 万元。合同签订后，乙公司接管了甲公司的某网店，甲公司配合进行发货及售后等服务。

2024 年 1 月，甲乙公司结算时发现乙公司疏于经营，该网店销售额仅为 100 万元。甲公司以乙公司违约，未能提供有效运营服务为由起诉至法院，要求解除合同，返还已付款项并支付违约金。乙公司提出甲乙签订合同等方式是电子邮件，原合同约定销售额达到 100 万元即完成合同义务，所谓的 300 万元是甲公司篡改。乙公司提交了电子邮件的打印件为证。

法院认为，甲公司提交了提取电子邮件的公证过程，而乙公司提供的电子邮件只是打印件，对乙公司将该电子邮件从计算机上提取的过程是否客观和真实无法确认，而乙公司又拒绝当庭用储存该电子邮件的计算机通过互联网现场演示，故否认了乙公司的证据效力。

解析：电子邮件的可采信及法律规定的电子证据可以作为证据使用，该法院也采用了对电子邮件的可采信及法律规定的电子证据可以作为证据使用，该法院也采用了对电子邮件作为证据使用认证的规则。

第四节 电子商务争议的解决

一、电子商务争议概述

（一）电子商务争议的概念

电子商务争议是指在电子商务活动中，各方主体间产生的争议。具体来说是通过互联网等信息网络销售商品或者提供服务的经营者、购买商品或者接受服务的消费者、负责监管的行政机关和其他与电子商务活动相关的主体在交易过程中，由于知识产权、服务质量、网络安全等原因发生的争议。

（二）电子商务争议的主体

根据在电子商务活动中的角色，可以将电子商务争议的主体分为以下三类。

1. 电子商务经营者

电子商务经营者是指通过互联网等信息网络从事销售商品或者提供服务的经营活动的自然人、法人和非法人组织，包括电子商务平台经营者、平台内经营者以及通过自建网站、其他网络服务销售商品或者提供服务的电子商务经营者。

2. 消费者

电子商务争议中的消费者是指通过互联网等信息网络购买商品或者接受服务的自然人、法人、非法人组织。

3. 第三方

电子商务争议中的第三方是指虽不是电子商务交易的买卖双方，但其行为会对交易双方产生影响，或者该电子商务交易会对其权益造成影响的相关主体，比如知识产权权利人、第三方物流、行政机关等。

二、电子商务争议解决方式

《电子商务法》第六十条规定：电子商务争议可以通过协商和解，请求消费者组织、行业协会或者其他依法成立的调解组织调解，向有关部门投诉，提请仲裁，或者提起诉讼等方式解决。

除经济纠纷的一般解决机制外，国家鼓励电子商务平台经营者发挥主观能动性，通过建立服务担保机制、设立保证金、承担先行赔付义务等方式，更好地处理电子商务争议。同时，国家明确要求所有的电子商务经营者应当建立便捷、有效的投诉、举报机制，公开投诉、举报方式等信息，及时受理并处理投诉、举报。

1. 服务质量担保机制

（1）消费者权益保证金：电子商务平台经营者与平台内经营者通过协议约定的方式设立消费者权益保证金。平台内经营者在入驻平台时提供一定数量的保证金，当其发生损害消费者权益的行为时，平台经营者可以直接以保证金来赔偿消费者的损失。

（2）先行赔付：《消费者权益保护法》第四十四条规定，在满足一定条件时，作为网络交易平台的电子商务经营者应对消费者因商品或服务的提供所遭受的损害承担先行赔偿责任。

2. 消费者投诉、举报机制

电子商务经营者应当建立便捷、有效的投诉、举报机制，公开投诉、举报方式等信息，及时受理并处理投诉、举报。

3. 争议在线解决机制

国家倡导电子商务平台经营者建立争议在线解决机制，制定并公示争议解决规则，根据自愿原则，公平、公正地解决当事人之间的争议。2018 年 9 月 30 日，我国首个电子商务在线争议解决平台“大势智约——交易确权平台”在广州落地。

【案例分析 13－4】

网站评价是否“言论自由”

案情：李某在某网店购买了儿童秋梨膏一盒，收货后发现该产品与其之前购买产品相比，颜色较浅、浓稠度较稀。李某仔细核对后发现，其于 2023 年 12 月 5 日购买产品的生产日期竟是 2024 年 10 月 22 日。在沟通过程中，客服人员极为敷衍，一味强调自身产品是正品，要求李某自行进行产品鉴定，并拒绝退货、退款申请。沟通无果后，李某在评论中给予差评，并上传和客服的聊天记录以及产品对比照片。该网店认为李某通过互联网评价展示页面，公开诋毁并侮辱店铺的商业信誉，误导其他不特定网页浏览者，使店铺商业信誉严重受损，影响店铺营业额并造成一定经济损失。

问题：李某对于商家的不利的差评是否构成侵犯名誉权？

解析：网站评价机制的本质实际上是评论建议的平台，是消费者对产品质量或者服务质量行使评论、批评权利的平台，因此应允许一定的言论自由范围，作为不是专业人士的消费者，在商家无法合理解释的情况下，产生对于产品的不信任感，并非故意行为。认定此类

13

行为是否侵权的标准主要要充分考量特定场景下行为人的过错程度和行为的违法程度，以及实施的行为是否符合社会公认的价值观。如果盲目要求消费者得出的每个评价与专业机构一样精准精确，显然对于整个电子商务的交易服务质量提升是不利的。

【课堂小活动】

课堂讨论：在目前的电子商务市场上，以淘宝网为代表的第三方平台事实上已经担当着某种市场管理者的角色，其中包括对在其平台上从事经营的个人网店进行备案或登记，那为什么个人网店仍然还要进行工商登记呢？

提示：❶ 利益冲突决定第三方平台无法替代监管机关；❷ 社会经济组织不应具有国家的经济管理职能。

阶段测试

一、名词解释

1. 电子商务　　2. 电子商务法　　3. 电子商务经营者　　4. 电子商务合同

二、单项选择题

1.《中华人民共和国电子商务法》，自(　　)起施行。

A. 2019 年 1 月 1 日　　B. 2018 年 8 月 31 日

C. 2013 年 12 月 27 日　　D. 2018 年 12 月 31 日

2. 电子商务是指通过互联网等信息网络销售商品或者提供服务的经营活动。其中“互联网等信息网络”是指(　　)。

A. 因特网　　B. 广播电视网　　C. 电信网　　D. 以上都包括

3.(　　)行为不用办理市场主体登记。

A. 个人销售自产农副产品　　B. 销售工艺产品

C. 零星小额交易活动　　D. 在淘宝上开设网店卖一元发卡

4. 电子商务经营者自行终止从事电子商务的，应当提前(　　)在首页显著位置持续公示有关信息。

A. 五日　　B. 十日　　C. 十五日　　D. 三十日

5. 电子商务平台经营者应当记录、保存平台上发布的商品和服务信息、交易信息，并确保信息的完整性、保密性、可用性。商品和服务信息、交易信息保存时间自交易完成之日起不少于(　　)。

A. 一年　　B. 两年　　C. 三年　　D. 四年

三、判断题

1. 我国的《电子商务法》采用了狭义的定义方式，将电子定义为“互联网等信息网络”。 （ ）

2. 涉及金融类产品和服务、利用信息网络提供新闻信息、音视频节目、出版以及文化产品等内容方面的服务，也适用《电子商务法》。 （ ）

3. 根据特殊法优于普通法的原则，电子商务合同只能适用《电子商务法》，不能适用《民法典》合同编。 （ ）

4. 从事电子商务平台经营的主体可以是自然人、法人或者非法人组织。 （ ）

5. 签收仅仅是完成交付的形式要件，如果能有其他证据证明实际交付且该交付时间与之不一致的，则以实际交付的时间为准。 （ ）

四、案例分析题

1. 2023 年 12 月 10 日，A 公司在某电商平台网店开展“G 电子卡 98 折优惠”促销活动，销售电子卡面值分别为 300 元、500 元、1 000 元，其中，300 元面值的礼品卡标注的售价为 294 元，500 元面值的礼品卡标注的售价为 490 元，1 000 元面值的礼品卡标注的售价为 490 元。当日 10 点 48 分，张某在 A 公司店铺购买 10 张 1 000 元面值的礼品卡，合计支付 4 900 元，款项由第三方实际控制，A 公司尚未收到相关款项。张某提交订单后，A 公司以系统设置错误为由未发货。同日，A 公司在其网店首页贴出公告予以解释。张某不同意 A 公司的上述解决方案，要求 A 公司继续履行合同。张某与 A 公司之间的买卖合同是否成立，为什么？

2. 吴某于 2023 年 6 月 29 日注册为某平台公司运营的电商平台会员，在平台购物期间，针对数百起订单以七天无理由退货、拍错/多拍、不喜欢/不想要等理由大量发起退货申请，并存在重复使用同一订单号填写退货申请等情形，2024 年 11 月 17 日至 11 月 29 日 73 次虚填圆通速递单号 600490957046 申请退款，2024 年 10 月 31 日至 12 月 28 日 41 次虚填圆通速递单号 600466137147 申请退款，2024 年 11 月 17 日至 12 月 11 日存在 247 次虚填退货快递单号申请退款，导致其因退货信息虚假（错误单号、重复单号）、快递单号无相应物流信息等原因多次被平台卖家投诉。某平台公司依据平台服务协议，以吴某滥用会员权利为由（平台规则规定：滥用会员权利，是指会员滥用、恶意利用平台所赋予的各项权利损害他人合法权益、妨害平台运营秩序的行为），对吴某账户进行了冻结。吴某因登录受限，诉请某平台公司解除对其账户的冻结。请问平台公司是否有权冻结吴某账户？

实训操作与指导

学生分组分角色模拟网上交易。

角色 A：消费者；角色 B：卖家；角色 C：平台；角色 D：物流；角色 E：政府监管部门。

讨论：应当赋予各角色哪些权利，要求每个角色承担哪些责任，才能让整个交易变得更加安全和高效？

自我评价

任务名称	掌握程度		
	好	中	差
对《电子商务法》的概念的掌握情况			
对《电子商务法》的调整对象和范围的了解情况			
对电子商务交易中各方的法律责任的熟悉情况			
对电子商务活动中主要存在的法律风险的识别能力			
对电子商务活动中主要存在的法律风险的防范能力			
对电子商务活动中主要存在的法律纠纷的处理能力			

通过本章的学习，你还有什么收获？

第十四章 劳动合同法

导语

《中华人民共和国劳动合同法》(以下简称《劳动合同法》)实施之前的劳动合同制度,是1994年7月全国人大常委会通过的劳动法确立的。劳动法确立的劳动合同制度,对于破除传统计划经济体制下行政分配式的劳动用工制度,建立与社会主义市场经济体制相适应的用人单位与劳动者双向选择的劳动用工制度,实现劳动力资源的市场配置,促进劳动关系和谐稳定,发挥了十分重要的作用。原劳动保障部在认真总结我国现行劳动合同制度实施经验并借鉴一些发达的市场经济国家劳动合同制度的基础上,起草了《中华人民共和国劳动合同法(草案送审稿)》,广泛征求意见共收到191 849件意见,草案经反复研究4次修改,于2007年6月29日通过,并于2012年12月28日修正,共8章98条。

学习目标

理论知识目标:

1. 掌握劳动合同的概念、适用范围与分类。
2. 掌握订立劳动合同的概念和特征。
3. 熟悉订立劳动合同的形式、主体与时间。
4. 熟悉各种未签订劳动合同的法律后果。
5. 掌握影响劳动合同效力的因素。
6. 熟悉劳动合同的主要内容。
7. 掌握劳动合同履行、变更、解除和终止的各种情形。
8. 熟悉关于劳动合同的特别规定。

职业能力目标:

1. 能看懂常用的劳动合同文本。
2. 能对劳动合同的格式与内容进行审查。
3. 能分析审查劳动合同效力,掌握劳动合同解除与终止各种情形。
4. 树立依法履行劳动合同的意识,熟悉法律责任掌握救济途径。

职业素养目标:

1. 通过学习《劳动合同法》,学会运用法律维护自身权益,提升对不公平待遇的辨识能力。

2. 通过学习《劳动合同法》，培养诚信品质，遵守劳动合同约定，不损害对方合法权益。

思维导图

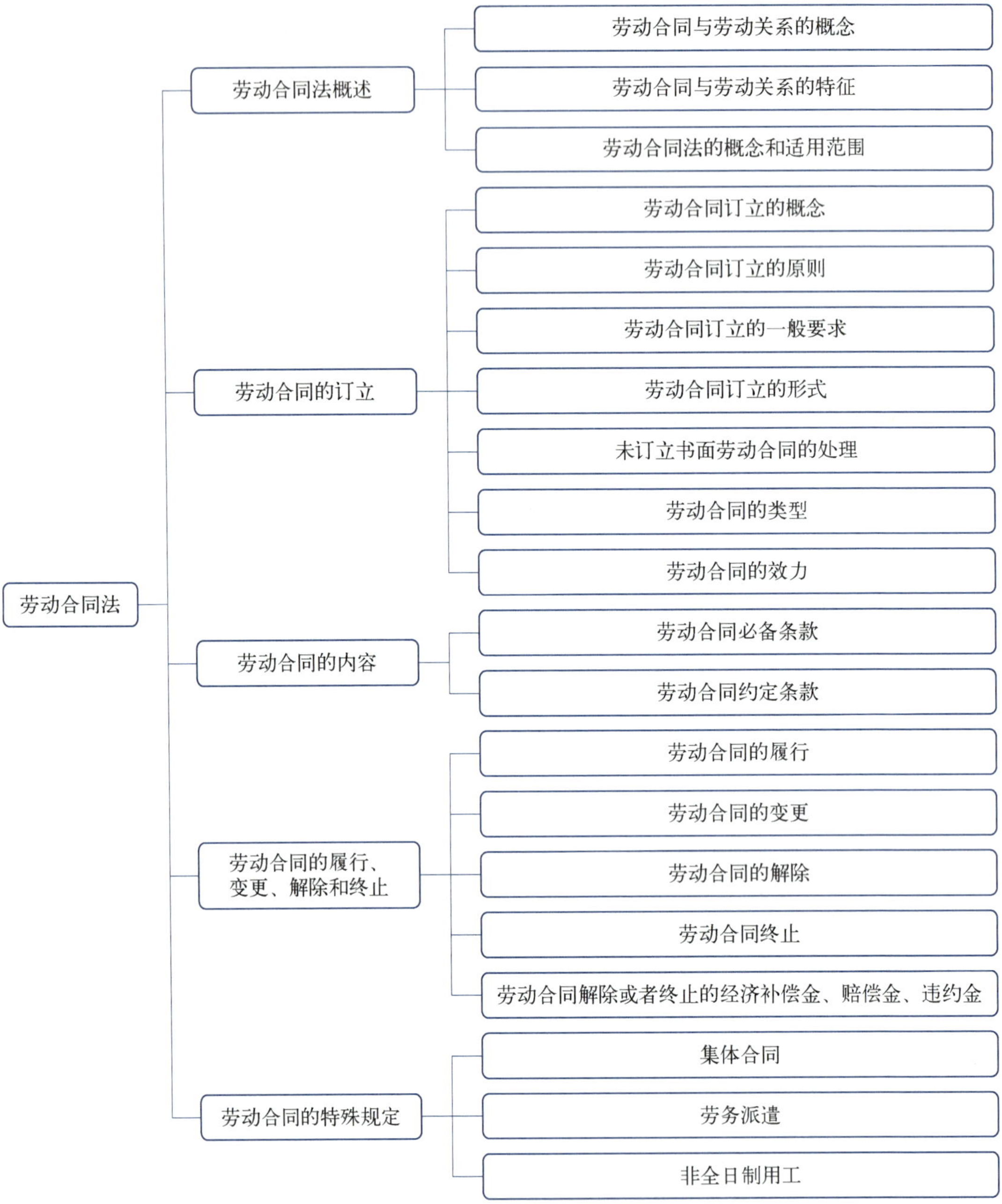

- 劳动合同法
  - 劳动合同法概述
    - 劳动合同与劳动关系的概念
    - 劳动合同与劳动关系的特征
    - 劳动合同法的概念和适用范围
  - 劳动合同的订立
    - 劳动合同订立的概念
    - 劳动合同订立的原则
    - 劳动合同订立的一般要求
    - 劳动合同订立的形式
    - 未订立书面劳动合同的处理
    - 劳动合同的类型
    - 劳动合同的效力
  - 劳动合同的内容
    - 劳动合同必备条款
    - 劳动合同约定条款
  - 劳动合同的履行、变更、解除和终止
    - 劳动合同的履行
    - 劳动合同的变更
    - 劳动合同的解除
    - 劳动合同终止
    - 劳动合同解除或者终止的经济补偿金、赔偿金、违约金
  - 劳动合同的特殊规定
    - 集体合同
    - 劳务派遣
    - 非全日制用工

导入案例

小王是2024年应届大学毕业生，2024年7月1日在某城市的一家私营企业办理入职，老板说企业刚成立还没有劳动合同，反正也不欠你工资，就不签劳动合同了。四个月

后，小王家中有事向老板辞职，老板说“辞职可以，但上个月工资不发了，反正我们也没有签订劳动合同”，后来小王主张从第二个月起的双倍工资赔偿。试分析：

1. 小王与企业间是否存在劳动合同？

2. 小王与企业间是否存在劳动关系？若存在，何时建立？

3. 小王的主张能得到支持吗？

案例解析：

1. 我国《劳动合同法》第十条明确“建立劳动关系，应当订立书面劳动合同”。也就是说，书面形式为劳动合同的法定形式，我国不再承认事实劳动合同。因此小王与企业间不存在劳动合同。

2.《劳动合同法》第七条规定，用人单位自用工之日起即与劳动者建立劳动关系。小王与企业间虽然无劳动合同，但是小王工作 4 个月凭出示的工作证、考勤记录、工资凭证等可以证明双方存在劳动关系，自用工之日起建立了劳动关系。

3. 我国《劳动合同法》第八十二条第 1 款规定，用人单位自用工之日起超过一个月不满一年未与劳动者订立书面劳动合同的，应当向劳动者每月支付二倍的工资。因此小王的主张能够得到支持。

第一节　劳动合同法概述

一、劳动合同与劳动关系的概念

依照《中华人民共和国劳动法》(以下简称《劳动法》)第十六条第 1 款规定和《劳动合同法》第一条规定，劳动合同是指劳动者与用人单位确立劳动关系、明确双方权利和义务的书面协议。

由《劳动合同法》第七条可知劳动关系的概念，劳动关系是指劳动者与用人单位自用工之日起产生的法律关系。

二、劳动合同和劳动关系的特征

(一) 劳动合同的特征

劳动合同除具有合同的共同特征以外，还具有独有的一些特征。

1. 劳动合同的主体具有特定性

劳动合同的一方是劳动者，另一方是用人单位。

劳动者即具有劳动能力，以从事某种社会劳动获得收入为主要生活来源，依据法律或合同约定在用人单位的管理下从事劳动并获取劳动报酬的自然人，包括本国人、外国人和无国籍人。我国法律对劳动者的最低年龄和范围进行了一定的规定。

用人单位包括我国境内的企业、个体经济组织、民办非企业单位、会计师事务所、律师事务所等合伙组织和基金会等组织。国家机关、事业单位、社会团体在与劳动者建立劳动关系时，也可成为劳动合同中的用人单位一方。

2. 劳动合同的客体具有单一性

劳动合同的客体是劳动行为。

3. 劳动合同具有诺成、有偿、双务合同的特征

《劳动合同法》第三条第2款规定，依法订立的劳动合同具有约束力，用人单位与劳动者应当履行劳动合同约定的义务。这表明，劳动合同只需要双方当事人意思表示一致，即可成立。用人单位需要支付劳动报酬换取劳动力的使用权，以期劳动力与生产资料相结合产生更大价值。用人单位与劳动者均享有一定的权利和承担一定的义务。

（二）劳动关系的特征

1. 劳动关系具有人身、财产关系的双重属性

劳动关系兼有人身关系和财产关系的属性。两个关系地位并不相同，人身关系占首要地位。在劳动关系中，劳动者转让劳动力的使用权，而劳动力无论以何种形态存在或者无论存在于何种时空，必然要以劳动者人身为载体；相对应地，用人单位向劳动者提供劳动力再生产的条件，包括工资、福利、社会保险等物质待遇，这些就表现为财产关系。

2. 劳动关系具有私法关系和公法关系

私法关系属性主要表现在订立、变更、终止劳动关系过程中，作为一种合同关系，体现着双方当事人的意思自治、契约自由，应当遵守公平、平等自愿、协商一致、诚实信用的原则。但是由于劳动者处于相对弱势的一方，需要公法向劳动者倾斜同时一定程度上限制用人单位的权利，以保障劳动者利益底线和限制用人单位意思自治，从而超越了私法范畴，具有公法属性。当事人签订劳动合同时，不得违反相关强制性规定，否则无效。

3. 劳动关系主体的特定性

劳动关系的主体即劳动关系的当事人，必须一方是劳动者，另一方是用人单位。

三、劳动合同法的概念和适用范围

（一）劳动合同法的概念

劳动合同法是调整劳动者与用人单位之间由于劳动合同而产生的权利义务关系的法律规范的总称。广义的劳动合同法包括所有与劳动合同有关的法律法规，狭义的劳动合同法仅指《劳动合同法》这部法律。

【知识拓展14－1】

《劳动合同法》立法概况

我国现行的《劳动合同法》是2007年6月29日由第十届全国人民代表大会常务委员会第二十八次会议通过，自2008年1月1日起施行。其目的是完善劳动合同制度，保护劳动者的合法权益，明确劳动合同双方当事人的权利和义务，构建和发展和谐稳定的劳动关系。

2012年12月28日，第十一届全国人民代表大会常务委员会第三十次会议作出《关于修改〈中华人民共和国劳动合同法〉的决定》，修正后的《劳动合同法》自2013年7月1日起施行。

（二）《劳动合同法》的适用范围

《劳动合同法》的适用范围均为劳动关系领域。《劳动合同法》第二条对其适用范围作出规

定，中华人民共和国境内的企业、个体经济组织、民办非企业单位等组织(以下简称用人单位)与劳动者建立劳动关系，订立、履行、变更、解除和终止劳动合同，适用本法。国家机关、事业单位、社会团体和与其建立劳动关系的劳动者，订立、履行、变更、解除或者终止劳动合同，依照本法执行。

【案例分析 14－1】

外资企业适用《劳动合同法》吗

案情：小张是2023年的应届毕业生，毕业后她在当地的一家韩商投资企业工作，2024年初，因为公司在当地经营效益不好，韩国总部决定撤资，与中国籍的员工全部解除劳动合同，小张与公司理论，公司经理说“我们是外资企业，不适用中国的《劳动合同法》”。

问题：该经理的说法正确吗?

解析：《劳动合同法》第二条规定，“中华人民共和国境内的企业、个体经济组织、民办非企业单位等组织(以下称用人单位)与劳动者建立劳动关系，订立、履行、变更、解除或者终止劳动合同，适用本法”。驻华外资企业，虽总部在国外，但依然属于在中国境内设立的企业，理应适用我国《劳动合同法》。因此该经理的说法不正确。

第二节　劳动合同的订立

一、劳动合同订立的概念

(一) 劳动合同订立的概念

劳动合同订立是指劳动者和用人单位经过相互选择和平等协商，就劳动合同条款达成协议，从而确立劳动关系和明确相互权利义务的法律行为。

(二) 劳动合同订立的两个阶段

劳动合同订立一般包括确定劳动合同当事人和确定劳动合同内容两个阶段。

在确定劳动合同当事人阶段，用人单位与劳动者通过一定的方式相互选择从而确定劳动合同的双方当事人。一般由用人单位招聘和个人应聘结合而成。在确定劳动合同内容阶段，用人单位与劳动者通过平等协商，就合同内容达成意思表示一致。

二、劳动合同订立的原则

《劳动合同法》第三条第1款规定，订立劳动合同，应当遵循合法、公平、平等自愿、协商一致、诚实信用的原则。

订立劳动合同应合乎法律的强制性规范，不得违反法律，不得违背公序良俗；劳动合同主体在劳动合同关系中的法律地位平等，用人单位不得将自己的意志强加给劳动者；在劳动合同和劳动关系的运行中，双方当事人意思自治，有权依法自主决定和谁订立合同、合同的内容、合同的变更、履行和解除等；诚信原则贯穿于劳动合同运行的全过程。

三、劳动合同订立的一般要求

(一) 劳动合同应采用书面形式订立

依照《劳动合同法》第十条的规定，劳动合同应采用书面形式。

(二) 劳动合同的订立时间有法律规定

为了保护劳动者的合法权益，法律对劳动合同的订立有一定限制，要求双方当事人应当自用工之日起一个月内订立书面劳动合同。

(三) 劳动合同可在劳动关系建立之前订立

依照《劳动合同法》第十条的规定，用人单位与劳动者在用工前订立劳动合同的，劳动关系自用工之日起建立。

四、劳动合同订立的形式

劳动合同形式是指劳动合同内容赖以确定和显示的方式。依照我国《劳动合同法》的规定，劳动合同有书面形式和口头形式。《劳动合同法》第十条第 1 款规定，建立劳动关系，应当订立书面劳动合同，所以采用书面劳动合同形式是原则。第六十九条第 1 款规定，非全日制用工双方当事人可以订立口头协议。可以看出在非全日制用工情况下可以采用书面形式，也可以采用口头形式，书面形式为全日制劳动合同的法定形式，我国不再承认全日制事实劳动合同。

五、未订立书面劳动合同的处理

书面形式的劳动合同较之口头形式对劳动者权益保护更为有利，所以我国法律规定，劳动合同应采用书面形式。为倒逼用人单位与劳动者签订书面劳动合同，激发劳动者维权的积极性，我国《劳动合同法》针对未签订书面劳动合同的法律后果，进行了独特的设计，根据不同的时间段、不同主体的原因分别规定了不同的法律后果。

表 14-1　　未签订书面劳动合同的法律后果

阶段	期　间	法　律　后　果	
第 1 阶段	自用工之日起一个月内	用人单位需支付劳动报酬	
		经用人单位书面通知后，劳动者不签，单位应当书面通知劳动者终止劳动关系。向劳动者支付实际工作时间的劳动报酬，但是无需支付经济补偿	
第 2 阶段	自用工之日起超过一个月不满一年	用人单位的原因	1. 应当向劳动者每月支付二倍的工资，并与劳动者补订书面劳动合同；劳动者不与用人单位订立书面劳动合同的，用人单位应当书面通知劳动者终止劳动关系，并且支付经济补偿。 2. 每月支付二倍工资的起算时间为用工之日起满一个月的次日，截止时间为补订书面劳动合同的前一日
		劳动者未签	用人单位应当书面通知劳动者终止劳动关系，并且支付经济补偿
第 3 阶段	自用工之日起满一年后	1. 自用工之日起满一个月的次日至满一年的前一日应当依照劳动合同法第八十二条的规定向劳动者每月支付二倍的工资，也就是十一个月的二倍工资。 2. 并且视为自用工之日起满一年的当日已经与劳动者订立无固定期限劳动合同	

【案例分析 14－2】

未订立书面劳动合同的法律处理

案情：赵某于 2024 年 3 月 1 日入职某公司从事客服工作，双方口头约定每月工资为人民币 5 000 元(超过当地最低工资标准)，2024 年 7 月 31 日赵某因家中有事提出离职，经公司同意办理了工资结算手续并解除了劳动关系。

问题：假如赵某随后以双方未签订书面劳动合同为由，向当地争议仲裁委申请仲裁，要求公司支付二倍工资差额，能申请多少元？

解析：《劳动合同法》第八十二条规定，用人单位自用工之日起超过一个月不满一年未与劳动者订立书面劳动合同的，应当向劳动者每月支付二倍的工资。因此赵某可以申请数额：(8－3－1)(月)×5 000(元/月)＝20 000(元)。

六、劳动合同的类型

劳动合同期限是双方约定的劳动合同的存续期间，是我国劳动合同法定必备条款，关系到对于劳动合同双方的时间约束力。按照劳动合同期限的不同，《劳动合同法》第十二条规定，劳动合同分为固定期限劳动合同、无固定期限劳动合同和以完成一定工作任务为期限的劳动合同。

(一) 固定期限劳动合同

《劳动合同法》第十三条规定，固定期限劳动合同是指用人单位与劳动者约定合同终止时间的劳动合同。用人单位与劳动者协商一致，可以订立固定期限劳动合同。一般对于劳动合同的最长期限没有规定，双方协商一致，可以约定十年、二十年等。

(二) 无固定期限劳动合同

《劳动合同法》第十四条第 1 款规定，无固定期限劳动合同是指用人单位与劳动者约定无确定终止时间的劳动合同。无固定期限劳动合同有利于劳动关系稳定和劳动者就业保障，使得劳动者在劳动合同运行中掌握更多的主动权，除非劳动合同被依法解除，劳动关系可以一直持续到劳动者依法退休或者用人单位终止。

1. 协商订立

用人单位与劳动者协商一致，可以订立无固定期限劳动合同。值得一提的是，用人单位和劳动者协商一致可以订立任何一种期限形式的劳动合同。

2. 法定情形

《劳动合同法》第十四条第 2 款规定。有下列情形之一，劳动者提出或者同意续订、订立劳动合同的，除劳动者提出订立固定期限劳动合同外，应当订立无固定期限劳动合同。

(1) 劳动者在该用人单位连续工作满十年的。

(2) 用人单位初次实行劳动合同制度或者国有企业改制重新订立劳动合同时，劳动者在该用人单位连续工作满十年且距法定退休年龄不足十年的。

(3) 连续订立二次固定期限劳动合同，且劳动者没有本法第三十九条和第四十条第 1 项、第 2 项规定的情形，续订劳动合同的。

3. 推定情形

用人单位自用工之日起满一年不与劳动者订立书面劳动合同的，视为用人单位与劳动者已订立无固定期限劳动合同。

4. 例外情形

《劳动合同法实施条例》第十二条规定，地方各级人民政府及县级以上地方人民政府有关部门为安置就业困难人员提供的给予岗位补贴和社会保险补贴的公益性岗位，其劳动合同不适用劳动合同法有关无固定期限劳动合同的规定以及支付经济补偿的规定。

（三）以完成一定工作任务为期限的劳动合同

《劳动合同法》第十五条规定，以完成一定工作任务为期限的劳动合同，是指用人单位与劳动者约定以某项工作的完成为合同期限的劳动合同。

七、劳动合同的效力

（一）劳动合同生效时间

《劳动合同法》第十六条第 1 款规定，劳动合同由用人单位与劳动者协商一致，并经用人单位与劳动者在劳动合同文本上签字或者盖章生效。可见，一般情况下，劳动合同自成立时生效，劳动合同是诺成性合同。

（二）劳动合同生效、劳动关系建立的关系

劳动合同生效与劳动关系建立不一定一致。首先，劳动关系建立以实际用工为标志，用人单位与劳动者在用工前订立劳动合同的，劳动关系自用工之日起建立；其次，劳动合同生效，若没有实际用工，则劳动关系并没有建立。

（三）无效劳动合同

1. 无效劳动合同的概念

无效劳动合同是指用人单位与劳动者签订成立，因欠缺生效要件而全部或者部分不具有法律效力的劳动合同。包括劳动合同无效和部分无效。

2. 无效劳动合同的情形

《劳动合同法》第二十六条第 1 款规定，下列劳动合同无效或者部分无效。

（1）以欺诈、胁迫的手段或者乘人之危，使对方在违背真实意思的情况下订立或者变更劳动合同的。

（2）用人单位免除自己的法定责任、排除劳动者权利的。

（3）违反法律、行政法规强制性规定的。

3. 无效劳动合同的法律后果

工伤概不负责

对于劳动合同无效或者部分无效，若当事人没有异议，当事人就可以确认，若有争议，需要仲裁机构或者人民法院确认。部分无效是指合同中某些具有相对独立性的条款无效，或者合同在量上而不是质上的违法并不必然引起整个合同无效。劳动合同若被确认无效，由于劳动力的支出具有不可回收性，所以不能像无效民事合同那样恢复原状，应当遵循有利于无过错者的原则，参照同工同酬的标准确定劳动报酬。

第三节 劳动合同的内容

劳动合同内容即劳动合同的具体条款，是劳动合同当事人双方权利义务的具体化，是用人单位与劳动者意思表示一致的具体内容。

依照《劳动合同法》第十七条的规定，劳动合同条款分为必备条款和约定条款。

一、劳动合同必备条款

劳动合同应当具备以下条款：

（1）用人单位的名称、住所和法定代表人或者主要负责人。

（2）劳动者的姓名、住址和居民身份证或者其他有效身份证件号码。

（3）劳动合同期限。劳动合同订立后，当事人双方根据劳动合同内容依法享有权利和承担义务。但是，这种权利义务不可能无头无尾，成为永恒不变的关系，尤其是市场经济条件下，劳动力的流动是必然的。劳动关系可能是较长期限的，也可能是短暂的，到底要维系多久，必须通过一定的具体时间表现出来，这就产生了劳动合同的期限。劳动合同如果没有期限，双方当事人享有权利和履行义务处于不确定状态，不利于维护各自的合法权益。

（4）工作内容和工作地点。工作内容是指劳动者具体从事什么种类或内容的劳动，是劳动合同确定劳动者应当履行劳动义务的主要依据，包括劳动者从事劳动的工种、岗位、工作范围、工作任务、工作职责、劳动定额、质量标准等。它是用人单位聘用劳动者的目的，也是劳动者取得劳动报酬的缘由。该条款的约定应当明确具体，便于劳动者判断自己是否胜任该工作，是否愿意从事该工作，也便于双方遵照执行。

工作地点是指劳动者从事劳动合同约定工作的具体地理位置，也就是劳动合同的履行地。工作地点关系到劳动者的工作环境、生活环境和劳动者的就业选择，与劳动者的切身利益直接相关，是用人单位必须告知劳动者的内容。

（5）工作时间和休息休假。

❶ 工作时间。据现有情况，我国目前有三种工作时间制度，即标准工时制、综合计算工时工作制、不定时工作制。标准工时制是我国运用最为广泛的一种工时制度。

A. 标准工时制。标准工作时间（标准工时）是指法律规定的在一般情况下普遍适用的，按照正常作息办法安排的工作日和工作周的工时制度。根据《劳动法》第三十六条和其他相关法律法规的规定，我国的标准工时为每日工作时间不超过八个小时，平均每周工作时间不超过四十个小时。

同时标准工时制还需要符合以下要求：a. 用人单位应当保证劳动者每周至少休息一日；b. 用人单位由于生产经营需要，经与工会和劳动者协商后可以延长工作时间，一般每日不得超过一小时；c. 因特殊原因需要延长工作时间的，在保障劳动者身体健康的条件下延长工作时间每日不得超过三小时，但是每月不得超过三十六小时。但是，有下列情形之一的，延长工作时间不受前述 b、c 条款限制：发生自然灾害、事故或者因其他原因，威胁劳动者生命健康和财产安全，需要紧急处理的；生产设备、交通运输线路、公共设施发生故障，影响生产和公众利益，必须及时抢修的;法律、行政法规规定的其他情形。

B. 综合计算工时工作制。依照劳动部《关于企业实行不定时工作制和综合计算工时工作制的审批办法》第五条的规定,综合计算工时工作制是指分别以周、月、季、年等为周期,综合计算工作时间,但其平均日工作时间和平均周工作时间应与法定标准工作时间基本相同。

企业对符合下列条件之一的职工,可实行综合计算工时工作制:交通、铁路、邮电、水运、航空、渔业等行业中因工作性质特殊,需连续作业的职工;地质及资源勘探、建筑、制盐、制糖、旅游等受季节和自然条件限制的行业的部分职工;其他适合实行综合计算工时工作制的职工。从综合工时制的特点来看,其基础仍然是标准工时制,虽然允许一定周期范围内员工工作时间综合计算,允许具体的某日(或某周)可以超过法定标准工作,但是仍然要坚持一定周期内总的工作时间及平均工作时间都不能违反法定的标准。

C. 不定时工作制。不定时工作制是指,每一工作日没有固定的上下班时间限制的工作时间制度,是针对因生产特点、工作特殊需要或职责范围的关系,无法按标准工作时间衡量或是需要机动作业的职工所采用的一种工时工作制度。劳动部《关于企业实行不定时工作制和综合计算工时工作制的审批办法》第四条规定,企业对符合下列条件之一的职工,可以实行不定时工作制:企业中的高级管理人员、外勤人员、推销人员、部分值班人员和其他因工作无法按标准工作时间衡量的职工;企业中的长途运输人员、出租汽车司机和铁路、港口、仓库的部分装卸人员以及因工作性质特殊,需机动作业的职工;其他因生产特点、工作特殊需要或职责范围的关系,适合实行不定时工作制的职工。

❷ 休息休假。

A. 休息。休息是指劳动者在任职期间,在国家规定的法定工作时间以外,无需履行劳动义务而自行支配的时间,包括工作日内的间歇时间、工作日之间的休息时间和公休假日(即周休息日,是职工工作满一个工作周以后的休息时间)。

B. 休假。休假是指劳动者无需履行劳动义务且一般有工资保障的法定休息时间,如:a. 法定节假日,包括元旦、春节、清明节、劳动节、端午节、中秋节、国庆节等;b. 年休假,指职工工作年满一定年限,每年可享有的保留工作岗位、带薪连续休息的时间。为了维护职工休息、休假权利,调动职工的积极性,国务院规定机关、团体、企业、事业单位、民办非企业单位、有雇工的个体工商户等单位的职工连续工作一年以上,享受带薪年休假(简称年休假),职工在年休假期间享受与正常工作期间相同的工资收入。职工累计工作已满一年不满十年的,年休假五天;已满十年不满二十年的,年休假十天;已满二十年的,年休假十五天。国家法定休假日、休息日不计入年休假的假期。

职工新进用人单位且符合享受带薪年休假条件的,当年度年休假天数,按照在本单位剩余日历天数折算确定,折算后不足一整天的部分不享受年休假。折算方法为:(当年度在本单位剩余日历天数÷365天)×职工本人全年应当享受的年休假天数。

【课堂小活动】

钱某自工作始一直在甲公司工作,已满十五年,2024年7月1日调到乙公司工作,则:

1. 假如钱某仍然在甲公司工作,他可以享受(　　)天的年休假。

A. 十　　B. 五　　C. 十五　　D. 二十

2. 现在钱某调到乙公司,若是钱某提出补休2023年度年休假的申请,那么他可以享受(　　)天的年休假。

A. 十　　B. 五　　C. 十五　　D. 二十

解析:

1. 依照《职工带薪年休假条例》第三条规定,职工累计工作已满一年不满十年的,年休假五天;已满十年不满二十年的,年休假十天;已满二十年的,年休假十五天。钱某工作已满十五年,则年休假为十天,故答案为A。

2. 依照《企业职工带薪年休假实施办法》第五条规定,职工新进用人单位且符合本办法第三条规定的,当年度年休假天数,按照在本单位剩余日历天数折算确定,折算后不足一整天的部分不享受年休假。钱某在乙公司工作的天数为7月1日至12月31日共184天,则年休假天数为184/365×10=5天,故答案为B。

(6) 劳动报酬。

❶ 劳动报酬的概念。劳动报酬是指用人单位依据国家有关规定或劳动合同的约定,以货币形式直接支付给劳动者的工资,一般包括计时工资、计件工资、奖金、津贴和补贴、延长工作时间的工资报酬以及特殊情况下支付的工资等。用人单位不得克扣或者无故拖欠劳动者的工资。

❷ 工资方面的规定。工资是劳动报酬的一种主要形式,是以货币形式向劳动者支付的报酬。

【知识拓展14-2】

工资方面的规定

我国《劳动法》第四十六条规定:工资分配应当遵循按劳分配原则,实行同工同酬。工资水平在经济发展的基础上逐步提高。国家对工资总量实行宏观调控。

第四十七条规定:用人单位根据本单位的生产经营特点和经济效益,依法自主确定本单位的工资分配方式和工资水平。

我国《工资支付暂行规定》第四条规定:工资支付主要包括:工资支付项目、工资支付水平、工资支付形式、工资支付对象、工资支付时间以及特殊情况下的工资支付。

第五条规定:工资应当以法定货币支付。不得以实物及有价证券替代货币支付。

14

❸ 非劳动者正常工作时间工资情形。《劳动法》第四十四条规定,有下列情形之一的,用人单位应当按照下列标准支付高于劳动者正常工作时间工资的工资报酬:

a. 安排劳动者延长工作时间的,支付不低于工资的150%的工资报酬。

b. 休息日安排劳动者工作又不能安排补休的,支付不低于工资的200%的工资报酬。

c. 法定休假日安排劳动者工作的,支付不低于工资的300%的工资报酬。

经劳动行政部门批准实行综合计算工时工作制的，其综合计算工作时间超过法定标准工作时间的部分，应视为延长工作时间，并应按本规定支付劳动者延长工作时间的工资。

实行不定时工时制度的劳动者，不执行上述规定。

❹ 最低工资。最低工资是指劳动者在法定工作时间内履行了正常劳动义务的前提下，由其所在单位支付的最低劳动报酬。其中，所谓的正常劳动是劳动者按照依法签订的劳动合同的约定，在法定的工作时间或劳动合同约定的工作时间内从事的劳动。

国家实行最低工资保障制度。用人单位支付劳动者的工资不得低于当地最低工资标准。最低工资的具体标准由省、自治区、直辖市人民政府规定，报国务院备案，包括月最低工资标准和小时最低工资标准，月最低工资标准适用于全日制劳动者，小时最低工资标准适用于非全日制劳动者。

（7）社会保险（见本书“第十五章”）。

（8）劳动保护、劳动条件和职业危害防护。劳动保护是用人单位对劳动者在劳动过程中的安全和健康的保护。劳动条件是用人单位为劳动者正常工作提供必需的条件，如场所、技术和工具等。职业危害防护是用人单位防护劳动者在工作过程中免受身体健康危害的具体措施。

（9）法律、法规规定应当纳入劳动合同的其他事项。这是劳动合同内容的兜底条款。

二、劳动合同约定条款

依照《劳动合同法》第十七条第2款的规定，劳动合同除前款规定的必备条款外，用人单位与劳动者可以约定试用期、培训、保守秘密、补充保险和福利待遇等其他事项。

（一）试用期

试用期是用人单位和劳动者为相互考察和熟悉，在劳动合同期限内约定的，以便确定劳动关系是否进入正式状态的实验性期限。

1. 试用期的要求

（1）禁止重复试用同一人。即同一用人单位与同一劳动者只能约定一次试用期。同一劳动者在同一用人单位已实行试用期后，再次订立劳动合同的，无论前一次劳动合同试用期多久，无论两次劳动合同之间间隔多久，无论岗位是否变化，都不能再次约定试用期。

（2）试用期包含在劳动合同期限内。仅约定试用期的，试用期不成立，该期限为劳动合同期限。

2. 试用期的期限

试用期的期限规定如表14－2所示。

表14－2　　试用期的期限

劳动合同期限	试用期期限
<3个月	0
非全日制用工	0
以完成一定工作任务为期限	0

续 表

劳动合同期限	试用期期限
3 个月≤劳动合同期限<一年	≤1 个月
1 年≤劳动合同期限<3 年	≤2 个月
劳动合同期限≥3 年	≤6 个月
无固定期限	≤6 个月

3. 试用期工资待遇

试用期工资待遇适当低于正式劳动者的工资是正常现象，但如果过低，会侵犯劳动者的合法权益。为了保障劳动者试用期工资待遇，《劳动合同法》第二十条规定，劳动者在试用期的工资不得低于本单位相同岗位最低档工资或者劳动合同约定工资的 80%，并不得低于用人单位所在地的最低工资标准。

4. 法律责任

《劳动合同法》第八十三条规定，用人单位违反本法规定与劳动者约定试用期的，由劳动行政部门责令改正；违法约定的试用期已经履行的，由用人单位以劳动者试用期满月工资为标准，按已经履行的超过法定试用期的期间向劳动者支付赔偿金。

【案例分析 14－3】

小周的“试用期”奇遇记

案情：小周在大学的最后一个学期为了减轻家里负担，到 A 餐厅打零工，约定每天工作两小时。A 餐厅经理为了加深对小周的了解，于是和小周约定了一个月的试用期❶。大学毕业后，小周进入 B 服装厂，并与 B 服装厂签订了四个月劳动合同，合同约定一个月试用期❷，由于小周表现很好，领导担心其离开，于是就找到小周协商签订试用合同，四个月工作后，B 服装厂对小周很满意欲与其签订三年合同，约定 3 个月的试用期❸。

问题：

（1）试用期❶、❷、❸的约定合法吗？为什么？

（2）试用合同合法吗？为什么？

解析：

（1）我国《劳动合同法》第七十条规定，非全日制用工双方当事人不得约定试用期，因此试用期❶约定不合法。

第十九条第 1 款规定，劳动合同期限三个月以上一年以下，试用期不得超过一个月，小周与 B 服装厂签订四个月劳动合同，约定一个月试用期❷符合法律规定，因此试用期❷约定合法。

第十九条第 2 款规定，同一用人单位与同一劳动者只能约定一次试用期。由于小周已经与 B 服装厂签订了试用期❷符合法律规定，所以试用期❸不符合规定，因此试用期❸约定不合法。

(2) 我国《劳动合同法》第十九条第 4 款的规定,试用期包含在劳动合同期限内。劳动合同仅约定试用期的,试用期不成立,该期限为劳动合同期限。因此上述案例中的试用合同不合法。

如何防范校园电信诈骗?

(二) 服务期

依照《劳动合同法》第二十二条第 1 款的规定,服务期是指因为用人单位为劳动者提供专项培训费用,对其进行专业技术培训,与劳动者订立协议,约定劳动者必须服务的期间。服务期对用人单位而言是权利期间,对于劳动者而言是义务期间。

1. 约定的条件

用人单位必须为劳动者提供专项培训费用,对其进行专业技术培训,培训费用数额比较大。不得以其他理由约定服务期,比如特殊物质待遇服务期。

2. 违约金的数额

《劳动合同法》第二十二条第 2 款规定,违约金的数额不得超过用人单位提供的培训费用。用人单位要求劳动者支付的违约金不得超过服务期尚未履行部分所应分摊的培训费用。

3. 劳动合同期限、服务期、劳动报酬

用人单位与劳动者约定服务期的,不影响按照正常的工资调整机制提高劳动者在服务期期间的劳动报酬。劳动合同期满,但是用人单位与劳动者依法约定的服务期尚未到期的,劳动合同应当续延至服务期满;双方另有约定的,从其约定。

(三) 保密条款

保密条款是指用人单位与劳动者在劳动合同中约定或者另行约定,劳动者保守用人单位的商业秘密和与知识产权相关的保密事项。

1. 保密条款范围

保密事项范围应与用人单位的商业秘密和知识产权相关。商业秘密包括技术信息和经营信息两部分,经营信息如管理方法,产销策略,客户名单、货源情报等;技术信息如生产配方、工艺流程、技术诀窍、设计图纸等。知识产权也称其为知识所属权,指权利人对其智力劳动所创作的成果享有的财产权利。

2. 保密条款的特点

劳动者的保密义务是约定义务不是法定义务。对于承担保密义务的劳动者,用人单位应该给予相应的补偿。

3. 法律责任

违反劳动合同中约定的保密事项,对用人单位造成经济损失的,应当依法承担赔偿责任。值得一提的是,仅仅约定保密义务而未承担竞业限制义务的,不得约定违约金。

(四) 竞业限制

竞业限制是指在解除、终止劳动合同后的一定期限内,不得在与本单位生产或者经营同类产品、从事同类业务的有竞争关系的用人单位就业,或者自己开业生产或者经营同类产品、从事同类业务。主要规定包括:

1. 竞业限制对象

竞业限制限于用人单位的高级管理人员、高级技术人员和其他负有保密义务的人员。

2. 竞业限制的范围、地域、期限

竞业限制的范围、地域、期限由用人单位与劳动者约定，竞业限制的约定不得违反法律、法规的规定。

3. 竞业限制期限

《劳动合同法》规定竞业限制最长期限为二年，所以劳动合同双方当事人约定的竞业限制期限最长不得超过二年。超过二年的，超过部分无效。

第四节 劳动合同的履行、变更、解除和终止

一、劳动合同的履行

劳动合同履行是指劳动合同双方当事人按照合同约定完成合同义务的行为。

二、劳动合同的变更

劳动合同变更是指当事人双方或者单方依法变更合同主体、内容的法律行为。变更发生于劳动合同生效后履行完毕前，效力及于合同尚未履行的剩余期间。

三、劳动合同的解除

劳动合同的解除是指在劳动合同期满之前解除劳动合同关系的法律行为。既可以劳动合同双方当事人协商一致解除，也可以是一方当事人依法解除。

劳动合同解除包括协议解除和法定解除。

（一）协议解除

《劳动合同法》第三十六条规定，用人单位与劳动者协商一致，可以解除劳动合同。

协议解除又称合意解除，是指双方当事人在合同期限内经平等协商达成解除合同的一致意思表示，从而终止合同权利义务的行为。

（二）法定解除

法定解除是指在发生了法律规定的合同解除条件的情况下，不需要协商一致，当事人一方依法行使解除权解除劳动合同。

法定解除包括劳动者单方解除和用人单位单方解除。

1. 劳动者单方解除（辞职）

（1）预告辞职。预告辞职是指劳动者需要依法提前通知用人单位解除劳动合同而辞职。预告辞职是劳动者根据法律规定享有的单方解除权，向用人单位辞职仅仅是程序性条件，无需用人单位同意。

预告辞职可分为试用期外预告辞职和试用期内预告辞职。试用期内提前三日，试用期外提前三十日，无附加的实体性条件，用人单位不用支付经济补偿金。

（2）即时辞职。即时辞职是指劳动者无需提前向用人单位履行通知解除劳动合同的程序性条件就可随时辞职。随时辞职没有给用人单位安排接任者的准备时间，很可能对用人单位的生产经营产生不利影响，所以即时辞职只限于用人单位有过错的法定情形，这些法定情形损害劳动者合法权益，往往被很多用人单位作为解雇员工的一种策略来逼迫劳动者主动辞职，所以用人单位因为有过错而需要向劳动者支付经济补偿金。

根据用人单位损害劳动者合法权益的程度，即时辞职可分为随时通知辞职和无需通知辞职，一般性损害劳动者合法权益的可随时通知辞职，严重损害劳动者合法权益的无需通知辞职，也就是说劳动者可以不辞而别。

《劳动合同法》第三十八条第 1 款规定随时通知辞职的情形，用人单位有下列情形之一的，劳动者可以解除劳动合同：未按照劳动合同约定提供劳动保护或者劳动条件的；未及时足额支付劳动报酬的；未依法为劳动者缴纳社会保险费的；用人单位的规章制度违反法律、法规的规定，损害劳动者权益的；因本法第二十六条第 1 款规定的情形致使劳动合同无效的；法律、行政法规规定劳动者可以解除劳动合同的其他情形。

《劳动合同法》第三十九条第 2 款规定无需通知辞职的情形，用人单位以暴力、威胁或者非法限制人身自由的手段强迫劳动者劳动的，或者用人单位违章指挥、强令冒险作业危及劳动者人身安全的，劳动者可以立即解除劳动合同，无需事先告知用人单位。

需要劳动者通知用人单位的解除情形，而劳动者没有履行通知程序则属于违法解除，给用人单位造成损失的，由劳动者承担赔偿责任。

【案例分析 14－4】

单位擅自将员工工资减半，员工可以单方解除合同吗？

案情：吴某大学毕业后进入某公司，劳动合同约定每月工资 6 000 元，年底根据员工的表现和单位的效益发放年终奖。吴某进入单位后领到的工资仅有 3 000 元，便找单位理论。单位答复："效益好的时候发放年终奖可以说明员工与单位共担风险，现在效益不好，所以工资减半，请谅解。"吴某认为单位擅自将工资减半侵害了自己的合法权益，向公司辞职。

问题：吴某可以单方面解除劳动合同吗？

解析：吴某可以单方面解除劳动合同。我国《劳动合同法》第三十八条第 1 款第 2 项规定，未及时足额支付劳动报酬的，劳动者可以解除合同。因此吴某可以单方面解除劳动合同，只需要通知公司即可。

2. 用人单位单方解除（辞退）

14

（1）即时辞退。即时辞退是指用人单位根据法定条件无需向劳动者预告或者支付代预告金就可以随时通知辞退劳动者，并且不需要支付经济补偿。包括试用期不合格辞退和过错性辞退。

《劳动合同法》第三十九条规定，劳动者有下列情形之一的，用人单位可以解除劳动合同：在试用期间被证明不符合录用条件的；严重违反用人单位的规章制度的；严重失职，营私舞弊，给用人单位造成重大损害的；劳动者同时与其他用人单位建立劳动关系，对完成本单位的工作任务造成严重影响，或者经用人单位提出，拒不改正的；因本法第二十六条第 1 款第 1 项规定的情形致使劳动合同无效的;被依法追究刑事责任的。

(2) 预告辞退。预告辞退是指用人单位向全日制劳动者预告或者支付代预告金后辞退全日制劳动者,因为劳动者无过错,所以用人单位需要支付经济补偿。包括提前三十日预告辞退和额外支付一个月工资的代预告金后辞退两种方式。

《劳动合同法》第四十条规定,有下列情形之一的,用人单位提前三十日以书面形式通知劳动者本人或者额外支付劳动者一个月工资后,可以解除劳动合同:劳动者患病或者非因工负伤,在规定的医疗期满后不能从事原工作,也不能从事由用人单位另行安排的工作的;劳动者不能胜任工作,经过培训或者调整工作岗位,仍不能胜任工作的;劳动合同订立时所依据的客观情况发生重大变化,致使劳动合同无法履行,经用人单位与劳动者协商,未能就变更劳动合同内容达成协议的。

(3) 经济性裁员。经济性裁员是指用人单位由于生产经营状况变化而出现劳动力过剩现象,一次性预告辞退部分劳动者。实际上是预告辞退的一种特殊形式,特殊在用人单位因为经济原因批量辞退。较之单个辞退,用人单位批量辞退影响更多的劳动者,严重的话会影响社会稳定,所以法律对于经济性裁员给予更多的限制,并规定用人单位应该向劳动者支付经济补偿。

经济性裁员的法定情形。《劳动合同法》第四十一条第 1 款规定,有下列情形之一,需要裁减人员二十人以上或者裁减不足二十人但占企业职工总数百分之十以上的,用人单位提前三十日向工会或者全体职工说明情况,听取工会或者职工的意见后,裁减人员方案经向劳动行政部门报告,可以裁减人员:依照企业破产法规定进行重整的;生产经营发生严重困难的;企业转产、重大技术革新或者经营方式调整,经变更劳动合同后,仍需裁减人员的;其他因劳动合同订立时所依据的客观经济情况发生重大变化,致使劳动合同无法履行的。

优先留用限制。《劳动合同法》第四十一条第 2 款规定,裁减人员时,应当优先留用下列人员:与本单位订立较长期限的固定期限劳动合同的;与本单位订立无固定期限劳动合同的;家庭无其他就业人员,有需要扶养的老人或者未成年人的。

优先录用限制。用人单位裁减人员,在六个月内重新招用人员的,应当通知被裁减的人员,并在同等条件下优先招用被裁减的人员。

(4) 预告辞退(包括裁员)的禁止性条件。预告辞退(包括裁员)的禁止性条件是指即使劳动者具备预告辞退和经济性裁员的情形,也不得辞退的情形。值得一提的是,预告辞退的禁止性条件不排斥协议解除和即时辞退,也就是说,预告辞退的禁止性条件既不排斥双方当事人的“意识自治”而解除,也不排斥试用期不合格辞退和过错性辞退情形。

《劳动合同法》第四十二条规定的预告辞退(包括裁员)的禁止性条件包括:从事接触职业病危害作业的劳动者未进行离岗前职业健康检查,或者疑似职业病病人在诊断或者医学观察期间的;在本单位患职业病或者因工负伤并被确认丧失或者部分丧失劳动能力的;患病或者非因工负伤,在规定的医疗期内的;女职工在孕期、产期、哺乳期的;在本单位连续工作满十五年,且距法定退休年龄不足五年的;法律、行政法规规定的其他情形。

3. 工会对用人单位辞退的监督作用

《劳动合同法》第四十三条规定,用人单位单方解除劳动合同,应当事先将理由通知工会。用人单位违反法律、行政法规规定或者劳动合同约定的,工会有权要求用人单位纠正。用人单位应当研究工会的意见,并将处理结果书面通知工会。

《劳动合同法》第七十八条规定,工会依法维护劳动者的合法权益,对用人单位履行劳动合同、集体合同的情况进行监督。用人单位违反劳动法律、法规和劳动合同、集体合同的，工会有权提出意见或者要求纠正；劳动者申请仲裁、提起诉讼的，工会依法给予支持和帮助。

四、劳动合同终止

劳动合同终止是指劳动合同的法律效力依法被消灭，亦即劳动合同所确立的劳动关系由于一定法律事实的出现而终结。

《劳动合同法》第四十四条规定，有下列情形之一的，劳动合同终止：劳动合同期满的；劳动者开始依法享受基本养老保险待遇的；劳动者死亡，或者被人民法院宣告死亡或者宣告失踪的；用人单位被依法宣告破产的；用人单位被吊销营业执照、责令关闭、撤销或者用人单位决定提前解散的；法律、行政法规规定的其他情形。

五、劳动合同解除或者终止的经济补偿金、赔偿金、违约金

（一）经济补偿金、经济赔偿金和违约金的概念

劳动合同解除或者终止的经济补偿，简称经济补偿或者经济补偿金，是指当劳动合同依法解除或者终止时，用人单位依照法律规定按照法定标准给予劳动者的一次性货币补偿。

劳动合同解除或者终止的经济赔偿金是指用人单位违法解除或者终止劳动合同的，应当按照经济补偿金的二倍给予劳动者的货币赔偿。

劳动合同违约金是指劳动者违反劳动合同约定的服务期和竞业限制，依约向用人单位支付的货币。除服务期违约金和竞业限制违约金两种违约金以外，用人单位不得与劳动者约定由劳动者承担违约金的其他情形。

（二）经济补偿金、经济赔偿金和违约金的区别

经济补偿金、经济赔偿金和违约金是三个不同的概念，它们之间的区别，如表 14－3 所示。

表 14－3　　经济补偿金、经济赔偿金和违约金的区别

名称	性质	给付条件	可否并用	方向
经济补偿金	法定责任	用人单位原因致合同解除或者终止	经济补偿金和经济赔偿金不能并用，用人单位支付的赔偿金是补偿金的 2 倍	单向
经济赔偿金	法定责任	用人单位违法解除或者终止合同		单向
违约金	约定责任	劳动者违反服务期或者竞业限制的约定		单向（但，法律并未禁止劳动合同约定用人单位向劳动者支付违约金）

（三）经济补偿金的计算

1. 经济补偿的一般标准

《劳动合同法》第四十七条第 1 款规定，经济补偿按劳动者在本单位工作的年限，每满一年支付一个月工资的标准向劳动者支付。六个月以上不满一年的，按一年计算；不满六个月的，向劳动者支付半个月工资的经济补偿。可见，经济补偿金的计算按照工作年限和月工资确定。

《劳动合同法》第四十七条第 3 款规定，月工资是指劳动者在劳动合同解除或者终止前十二个月的平均工资。依照《劳动合同法实施条例》第二十七条的规定，月工资应当按照劳动者应得工资计算。包括计时工资、计件工资、奖金、津贴和补贴等货币性收入。工作年限不满十二个月的为实际工作月数的平均工资。

2. 高薪劳动者经济补偿金的特别限制

《劳动合同法》第四十七条第 2 款规定，劳动者月工资高于用人单位所在直辖市、设区的市级人民政府公布的本地区上年度职工月平均工资三倍的，向其支付经济补偿的标准按职工月平均工资三倍的数额支付，向其支付经济补偿的年限最高不超过十二年。可见，高薪劳动者的经济补偿金最多不超过用人单位所在直辖市、设区的市级人民政府公布的本地区上年度职工月平均工资的三十六倍。

法律咨询

第五节　劳动合同的特殊规定

一、集体合同

（一）集体合同的概念

根据《劳动合同法》第五十一条规定，集体合同是指由工会代表企业职工一方与用人单位通过平等协商，就劳动报酬、工作时间、休息休假、劳动安全卫生、保险福利等事项订立的书面协议。尚未建立工会的用人单位，由上级工会指导劳动者推举的代表与用人单位订立。

（二）集体合同的种类

1. 专项集体合同

《劳动合同法》第五十二条规定，企业职工一方与用人单位可以订立劳动安全卫生、女职工权益保护、工资调整机制等专项集体合同。

2. 行业性、区域性集体合同

《劳动合同法》第五十三条规定，在县级以下区域内，建筑业、采矿业、餐饮服务业等行业可以由工会与企业方面代表订立行业性集体合同，或者订立区域性集体合同。

（三）集体合同的特征

1. 订立程序特殊

根据《劳动合同法》第五十一条、五十四条的规定，集体合同草案应当提交职工代表大会或者全体职工讨论通过，集体合同订立后，应当报送劳动行政部门。

2. 订立主体是工会（或代表）与用人单位

集体合同由工会代表企业职工一方与用人单位订立，尚未建立工会的用人单位，由上级工会指导劳动者推举的代表与用人单位订立。

3. 默示生效

劳动行政部门自收到集体合同文本之日起十五日内未提出异议的，集体合同即行生效。

4. 效力特殊

《劳动合同法》第五十四条第 2 款规定，依法订立的集体合同对用人单位和劳动者具有约束力。行业性、区域性集体合同对当地本行业、本区域的用人单位和劳动者具有约束力。

5. 集体合同的劳动报酬和劳动条件标准优先

《劳动合同法》第五十五条规定，集体合同中劳动报酬和劳动条件等标准不得低于当地人民政府规定的最低标准；用人单位与劳动者订立的劳动合同中劳动报酬和劳动条件等标准不得低于集体合同规定的标准。

（四）集体合同纠纷的法律救济

《劳动合同法》第五十六条规定，用人单位违反集体合同，侵犯职工劳动权益的，工会可以依法要求用人单位承担责任；因履行集体合同发生争议，经协商解决不成的，工会可以依法申请仲裁、提起诉讼。

二、劳务派遣

（一）劳务派遣的概念

劳务派遣是指劳务派遣单位按照与用工单位订立的劳务派遣协议，将与其订立劳动合同的劳动者派遣到用工单位劳动的法律行为。被派遣劳动者被称为派遣工。

（二）劳务派遣的特征

雇佣分离是劳务派遣最显著的特征。派遣单位和派遣工有劳动合同而无劳动，是形式上的劳动关系；用工单位和派遣工无劳动合同但有劳动的关系，是实质上的劳动关系。

（1）劳务派遣单位是用人单位，由其与派遣工订立劳动合同。

（2）用工单位是接受派遣工的单位，与派遣工无劳动合同关系，但劳动者要服从用工单位的管理。

（3）用人单位和用工单位订立劳务派遣协议。

（三）劳务派遣的范围

劳务派遣一般适用于临时性、辅助性和可替代性的工作岗位，并且不得超过用工总量的10%。依照《劳动合同法》第六十六条的规定，劳动合同用工是我国的企业基本用工形式。劳务派遣用工是补充形式，只能在临时性、辅助性或者替代性的工作岗位上实施。

（四）劳务派遣单位和用工单位的特别规定

派遣单位和用工单位都作为不完整的用人单位，与派遣工构成了三角关系，比劳动者与用人单位直接建立劳动关系要复杂一些。因此，法律对于派遣单位和用人单位设计了一些特别约定，比如对于义务划分，虽然允许派遣单位和用工单位意思自治，但是法律对劳务派遣进行了一些强制性规定。

1. 派遣单位的设立条件

《劳动合同法》第五十七条规定，经营劳务派遣业务应当具备下列条件：

（1）注册资本不得少于人民币200万元。

（2）有与开展业务相适应的固定的经营场所和设施。

（3）有符合法律、行政法规规定的劳务派遣管理制度。

（4）法律、行政法规规定的其他条件。

经营劳务派遣业务，应当向劳动行政部门依法申请行政许可；经许可的，依法办理相应的公司登记。未经许可，任何单位和个人不得经营劳务派遣业务。

2. 缔约义务和告知义务

《劳动合同法》第五十八条规定，劳务派遣单位是本法所称用人单位，应当履行用人单位对劳动者的义务。劳务派遣单位与被派遣劳动者订立的劳动合同，除应当载明本法第十七条规定的事项外，还应当载明被派遣劳动者的用工单位以及派遣期限、工作岗位等情况。

劳务派遣单位应当与被派遣劳动者订立二年以上的固定期限劳动合同。

《劳动合同法》第六十条第 1 款规定，劳务派遣单位应当将劳务派遣协议的内容告知被派遣劳动者。《劳动合同法》第六十二条第 1 款第 2 项规定，用人单位应当告知被派遣劳动者的工作要求和劳动报酬。

3. 劳动基准协议

劳务派遣中，劳动过程的管理者是用工单位，所以用工单位负担劳动基准义务，《劳动合同法》第六十二条第 1 款第 1 项规定，用人单位应当履行执行国家劳动标准，提供相应的劳动条件和劳动保护义务，派遣单位对于用工单位遵守劳动基准有督促义务。

4. 劳动报酬和福利义务

由于派遣单位是用人单位，所以其应当承担劳动报酬和福利义务，又由于派遣单位并不使用派遣工，所以其承担却不负担劳动报酬和福利义务。根据《劳动合同法》第五十八条的规定，劳务派遣单位应当按月支付劳动报酬；被派遣劳动者在无工作期间，劳务派遣单位应当按照所在地人民政府规定的最低工资标准，向其按月支付报酬。

《劳动合同法》第六十二条第 1 款第 3 项、第 5 项规定，用工单位应当支付加班费、绩效奖金，提供与工作岗位相关的福利待遇，连续用工的，实行正常的工资调整机制。第六十三条规定，用工单位应当按照同工同酬原则，对被派遣劳动者与本单位同类岗位的劳动者实行相同的劳动报酬分配办法。用工单位无同类岗位劳动者的，参照用工单位所在地相同或者相近岗位劳动者的劳动报酬确定。

5. 培训义务

派遣单位应当建立培训制度，对派遣工进行上岗知识、安全教育培训；根据《劳动合同法》第六十二条第 1 款第 4 项的规定，用人单位对在岗被派遣劳动者进行工作岗位所必需的培训。

6. 禁止性义务

《劳动合同法》第六十条规定，劳务派遣单位不得克扣用工单位按照劳务派遣协议支付给被派遣劳动者的劳动报酬，劳务派遣单位和用工单位不得向被派遣劳动者收取费用。

第六十二条第 2 款规定，用工单位不得将被派遣劳动者再派遣到其他用人单位。

第六十七条规定，用人单位不得设立劳务派遣单位向本单位或者所属单位派遣劳动者。

【案例分析 14－5】

劳务派遣能否以非全日制形式签约？

案情：罗某是一名网络写手，一般都在晚上工作。为了体验生活积累写作素材，所以罗某想找一份白天的兼职工作，既能多赚点钱又对提高写作水平有好处。后罗某经网上求职平台应聘某劳务派遣公司，罗某在面试时吐露实情，希望能以非全日制形式签约，劳务派遣公司以本公司仅接受全日制用工形式为由拒绝了罗某。

问题： 该劳务派遣公司拒绝罗某的理由成立吗？

解析： 理由成立。劳务派遣不同于非全日制用工，劳务派遣与派遣工虽然是形式的劳动关系，但是固定期限劳动合同应当在二年以上，并且应当按月支付劳动报酬，所以不可以采用非全日制用工形式，其他的相关法律法规也有类似规定。

三、非全日制用工

（一）非全日制用工概念

《劳动合同法》第六十八条规定，非全日制用工，是指以小时计酬为主，劳动者在同一用人单位一般平均每日工作时间不超过 4 小时，每周工作时间累计不超过 24 小时的用工形式。

（二）非全日制用工与一般劳动合同的区别

非全日制用工与一般劳动合同的区别如表 14－4 所示。

表 14－4　非全日制用工与一般劳动合同的区别

区　别	非全日制用工劳动合同	一般劳动合同
协议形式	可口头协议。非全日制用工双方当事人可以订立口头协议，也可以签订书面协议	必须书面
劳动关系数量	可多个劳动关系。从事非全日制用工的劳动者可以与一个或者一个以上用人单位订立劳动合同；但是，后订立的劳动合同不得影响先订立的劳动合同的履行	一个劳动关系
试用期	非全日制用工双方当事人不得约定试用期	可约定试用期
终止合同时间	可随时终止合同。非全日制用工双方当事人任何一方都可以随时通知对方终止用工	解除、终止有法定限制
经济补偿	无经济补偿。终止用工，用人单位不向劳动者支付经济补偿	法定情形下，需支付经济补偿
支付报酬周期	非月薪。非全日制用工劳动报酬结算支付周期最长不得超过十五日	至少每月支付一次

【课堂小活动】

学生分角色模拟劳务派遣工作过程。

角色 A：劳务派遣单位；角色 B：用工单位；角色 C：派遣工；角色 D：工会；角色 E：劳动行政部门。

讨论：

1. 各角色应该承担哪些职责和责任，采取哪些措施才能让劳务派遣工作过程变得更加安全和高效？

2. 如何处理劳务派遣中出现的自派遣、再派遣、擅自收费、解除合同、终止合同等现象？

阶段测试

一、名词解释

1. 无固定期限劳动合同　　2. 预告辞退　　3. 劳务派遣

4. 劳动合同解除或者终止的经济补偿

二、单项选择题

1. 用人单位自(　　)之日起即与劳动者建立劳动关系，用人单位应当建立职工名册备查。

A. 签订劳动合同　　B. 签字盖章

C. 意思表示一致　　D. 支付劳动报酬

2. 已经建立劳动关系，未同时订立书面劳动合同的，应当自用工之日起(　　)个月内订立书面劳动合同。

A. 一　　B. 二　　C. 三　　D. 四

3. 劳动合同期限一年以上不满三年的，试用期不得超过(　　)个月。

A. 一　　B. 二　　C. 三　　D. 四

4. 正式劳动者提前(　　)日以书面形式通知用人单位，可以解除劳动合同。劳动者在试用期内提前三日通知用人单位，可以解除劳动合同。

A. 十　　B. 二十　　C. 三十　　D. 四十

5. (　　)应当执行国家劳动标准，提供相应的劳动条件和劳动保护，告知被派遣劳动者的工作要求和劳动报酬。

A. 用人单位　　B. 派遣单位　　C. 用工单位　　D. 劳动行政部门

三、判断题

1. 用人单位招用劳动者，不得扣押劳动者的居民身份证，由于害怕劳动者在外兼职，所以可以扣押劳动者的资格证件。　　(　　)

2. 用人单位与离职多年的原经过试用合格的劳动者再次订立劳动合同，可以根据本次五年合同期限约定三个月的试用期。　　(　　)

3. 在信息容易外泄的当下，用人单位为了防止不正当竞争，可以与单位任一劳动者约定竞业限制条款。（　　）

4. 用人单位维持劳动合同约定条件续订劳动合同，劳动者不同意续订，用人单位不需要支付经济补偿金。（　　）

5. 非全日制用工双方当事人可以订立口头协议。从事非全日制用工的劳动者可以与一个或者一个以上用人单位订立劳动合同；但是，后订立的劳动合同不得影响先订立的劳动合同的履行。（　　）

四、案例分析题

1. 小郑2024年大学毕业两个月内仍没有找到合适的工作，后来到家乡一家公司应聘。经过层层选拔，公司人力资源部经理短信告知小郑被录用了，约定合同期限一年，试用期三个月，小郑考虑工作不好找就无奈答应了。入职以来，公司一直未与其签订书面劳动合同。试分析：

（1）公司与小郑签订劳动合同了吗？

（2）约定的试用期是否合法？

（3）劳动合同签订的原则有哪些？

2. 王某在某家公司工作已经满9年，2024年7月，该公司在另外一个城市开了一家子公司，为了支持子公司的业务，公司考虑让王某作为业务骨干派到子公司支援子公司发展。王某得知此事后，心里很困惑："自己已经在公司工作9年，马上就可以签订无固定期限劳动合同了，要是去子公司，是不是还得再工作10年才可以签订无固定期限劳动合同？"试回答：

（1）劳动合同有哪些类型？

（2）工作年限如何计算的？

（3）无固定期限劳动合同的签订，有哪些法定情形？

3. 冯某从某知名大学毕业，专业热门工作好找，他对于多家公司的职位犹豫不定，抱着先试试看的想法入职某公司。入职以来冯某工作兢兢业业，单位对其非常赏识，一直协商与其签订劳动合同，由于冯某还没有下定决心留在该公司，所以一直找各种理由搪塞。试分析：

（1）假如冯某现在是入职一个月内，公司可以采取什么措施？

（2）假如冯某现在是入职超过一个月未满一年，公司应该怎么办？

（3）假如冯某入职满1年之后，公司应该怎么办？

（4）假如是公司不愿意签订合同，冯某分别在入职1个月内、超过1个月未满1年、满1年后之后三种情况下，可以采取什么措施维护自己的合法权益？

4. 陈女士在某公司担任会计一职，怀孕前工作努力上进，怀孕后仿佛换了一个人，经常迟到早退，整理公司账目混乱，利用公司设备上网聊天，给公司造成很大的损失。后公司商议决定解除与陈女士的劳动合同，陈女士得知消息后，立即找到公司理论："我现在是孕妇，公司无权解雇我。"试分析：

（1）公司解除与陈女士的劳动合同于法有据吗？

（2）单位可以单方解除合同的情形有哪些？

（3）劳动者可以单方解除劳动合同的情形有哪些？

5. 2024 年 1 月，卫某与某劳务派遣公司签订了为期 2 年的劳务派遣合同，在合同中约定：合同为期 2 年，卫某接受公司的派遣，派遣任务时期每月由派遣公司发放卫某工资 5 000 元，没有派遣任务时每月 3 000 元（超过当地最低工资标准），随后派遣公司把孟某派遣到某运输公司工作。一个月后，孟某发现运输公司实际支付的劳务费是 5 200 元每月，而派遣公司仅给自己 5 000 元。于是卫某找到公司负责人，负责人称按照合同的约定卫某有派遣任务时工资就是 5 000 元。试分析：

（1）该派遣公司负责人的说法正确吗？

（2）我国对劳务派遣公司有哪些规定？

（3）我国对劳务派遣中的用工单位有哪些规定？

实训操作与指导

1. 仔细阅读一份劳动合同文书，注意观察劳动合同的格式与内容。

指导意见：以实训小组为单位，阅读一份劳动合同范本，总结该合同主要条款，制成小组实训报告。

2. 起草一份劳动合同，要求格式准确，内容明确。

指导意见：在老师指导下完成一份完整、规范的劳动合同，制成个人实训报告。

3. 总结劳动合同中不同情况下的法律后果，分析规避劳动合同风险的途径。

指导意见：以小组为单位开展讨论，分析劳动合同违约行为、劳动合同解除和终止的种类和规避劳动合同风险的方法，做好小组讨论记录。

自我评价

任务名称	掌握程度		
	好	中	差
对劳动合同概念的掌握情况			
对劳动合同适用范围与分类的情况			
对订立劳动合同的概念和特征的熟悉情况			
对订立劳动合同的形式、主体与时间的熟悉情况			
对未签订劳动合同的法律后果的掌握情况			
对影响劳动合同效力的因素的掌握情况			
对劳动合同主要内容的熟悉情况			
对劳动合同履行、变更、解除和终止情形的掌握情况			
对劳动合同特别规定的熟悉情况			

续　表

任务名称	掌握程度		
	好	中	差
对常用劳动合同文本的理解能力			
对劳动合同格式与内容的审查能力			
对劳动合同效力的审查能力			
对劳动合同纠纷的处理能力			

通过本章的学习，你还有什么收获？

第十五章　社会保险法

导语

《中华人民共和国社会保险法》(以下简称《社会保险法》)于2010年10月28日第十一届全国人民代表大会常务委员会第十七次会议通过,自2011年7月1日起施行。2018年12月29日第十三届全国人民代表大会常务委员会第七次会议对《社会保险法》进行了修正。《社会保险法(草案)》从2007年底提请全国人大常委会进行初次审议至最终表决通过,期间共经全国人大常委会审议四次。

《社会保险法》是一部事关亿万劳动者切身利益和调节国民收入分配格局的极为重要的法律。在《社会保险法》出台之前,虽然各种社会保险制度已在中国实施多年,却没有一部专门的综合性法律加以规范。综合性社会保险基本法的缺失,令我国社会保险制度缺乏明确的价值取向。《社会保险法》的出台,对于健全和完善我国社会领域的立法,规范社会保险关系,保障全体公民共享发展成果,维护社会和谐稳定,具有重要意义。

学习目标

理论知识目标:

1. 了解基本养老保险的含义、职工基本养老保险的覆盖范围。
2. 掌握职工基本养老保险费的缴纳、养老保险享受条件与待遇。
3. 了解基本医疗保险的含义、覆盖范围。
4. 掌握职工基本医疗保险费的缴纳、结算。
5. 了解工伤保险的概念、基本原则、适用范围、工伤认定与劳动能力鉴定的内容。
6. 掌握工伤保险费的缴纳、工伤保险待遇项目和负担。
7. 了解失业保险的含义、缴纳义务人。
8. 掌握失业保险费的缴纳、失业保险待遇。
9. 了解生育保险的含义、生育保险基金筹集和生育保险待遇。

职业能力目标:

1. 能正确计算各种社会保险费。
2. 能熟练掌握各种社会保险的享受条件和待遇。
3. 能针对社会保险案例,依据所学的知识进行正确分析。

职业素养目标:

通过学习《社会保险法》,培养社会责任感,认识到社会保险对于社会稳定和经济发展的重要性。

思维导图

- 社会保险法
  - 基本养老保险
    - 基本养老保险的含义
    - 基本养老保险制度组成
    - 职工基本养老保险
  - 基本医疗保险
    - 基本医疗保险的含义
    - 基本医疗保险制度组成
    - 基本医疗保险的覆盖范围
    - 职工基本医疗保险
  - 工伤保险
    - 工伤保险的含义
    - 工伤保险的基本原则
    - 工伤保险的适用范围
    - 工伤保险费的缴纳和工伤保险基金
    - 工伤认定与劳动能力鉴定
    - 工伤保险待遇
  - 失业保险
    - 失业保险的含义
    - 失业保险费的缴纳
    - 失业保险待遇
  - 生育保险
    - 生育保险的含义
    - 生育保险基金的筹集
    - 生育保险待遇

导入案例

李某与甲公司签订了为期两年的劳动合同，2024 年 6 月合同期满后，双方未续签合同，但公司继续安排李某在原岗位工作，并向其支付相应的劳动报酬。2024 年 8 月 1 日，李某上班时因履行工作职责不慎受伤，经当地社会保险行政部门认定为工伤。公司认为与李某的劳动合同已期满终止，公司不用再为其缴纳工伤保险费，也无须给予工伤保险待遇。李某则要求公司给予工伤保险待遇。

请分析双方的观点是否符合相关法律规定？

案例解析：

李某与甲公司的劳动合同虽然期满后未续订，但公司让李某继续原来的工作，并向其支付相应劳动报酬，已构成事实上的劳动关系，同样受到法律保护。李某在此期间发生工伤，理应享受工伤保险待遇，甲公司应给予工伤保险待遇。在甲公司不支付工伤保险费的情况下，从工伤保险基金中先行支付，再由甲公司偿还。

第一节　基本养老保险

一、基本养老保险的含义

基本养老保险是指缴费达到法定期限并且个人达到法定退休年龄后，国家和社会提供物质帮助以保证因年老而退出劳动领域者稳定、可靠的生活来源的社会保险制度。基本养老保险是社会保险中的一个险种，也是社会保险体系中最重要、实施最广泛的一项制度。

二、基本养老保险制度组成

根据《社会保险法》的规定，基本养老保险制度主要由职工基本养老保险制度、新型农村社会养老保险制度、城镇居民社会养老保险制度构成。省、自治区、直辖市人民政府根据实际情况，可以将城镇居民社会养老保险（以下简称城居保）和新型农村社会养老保险（以下简称新农保）合并实施。国务院于 2014 年 2 月 26 日发布的《关于建立统一的城乡居民基本养老保险制度的意见》中明确规定，在总结新型农村社会养老保险和城镇居民社会养老保险试点经验的基础上，将新农保和城居保两项制度合并实施，在全国范围内建立统一的城乡居民基本养老保险（以下简称城乡居民养老保险）制度。年满 16 周岁（不含在校学生），非国家机关和事业单位工作人员及不属于职工基本养老保险制度覆盖范围的城乡居民，可以在户籍地参加城乡居民养老保险。

三、职工基本养老保险

（一）职工基本养老保险的覆盖范围

根据《社会保险法》的规定，职工应当参加基本养老保险。目前，我国职工基本养老保险的覆盖范围主要包括：国有企业、城镇集体企业、外商投资企业、城镇私营企业和其他城镇企业及其职工；实行企业化管理的事业单位及其职工。这是职工基本养老保险的主体部分。由用人单位和职工共同缴纳基本养老保险费。无雇工的个体工商户、未在用人单位参加基本养老保险的非全日制从业人员以及其他灵活就业人员可以参加基本养老保险，由个人缴纳基本养老保险费。

公务员和参照《公务员法》管理的工作人员养老保险的办法由国务院规定。国务院于2015年1月14日发布的《关于机关事业单位工作人员养老保险制度改革的决定》中明确规定，坚持全覆盖、保基本、多层次、可持续方针，以增强公平性、适应流动性、保证可持续性为重点，改革现行机关事业单位工作人员退休保障制度，逐步建立独立于机关事业单位之外、资金来源多渠道、保障方式多层次、管理服务社会化的养老保险体系。按照《公务员法》管理的单位、参照公务员法管理的机关（单位）、事业单位及其编制内的工作人员，实行社会统筹与个人账户相结合的基本养老保险制度。基本养老保险费由单位和个人共同负担。

【知识拓展 15-1】

职工基本养老保险制度建立与发展历程

1951年政务院颁布《劳动保险条例》，对企业职工的养老保险制度作出规定。“文革”期间，企业职工劳动保险制度被取消，企业职工退休费用改由所在企业负担，实际演变为“企业保险”。随着计划经济体制向市场经济体制转轨，20世纪80年代实行退休费用社会统筹试点，开始进行改革探索，90年代改革全面展开并不断深化。1997年，国务院发布《关于建立统一的企业职工基本养老保险制度的决定》（国发〔1997〕26号），建立了由国家、企业和个人共同负担的基金筹集模式，确定了社会统筹与个人账户相结合的基本模式，统一了企业职工基本养老保险制度。2005年，在总结东北三省开展完善城镇社会保障体系试点经验的基础上，国务院发布《关于完善企业职工基本养老保险制度的决定》（国发〔2005〕38号），改革基本养老金计发办法，进一步完善企业职工养老保险制度。

（二）职工基本养老保险基金的组成和筹集

《社会保险法》规定，基本养老保险实行社会统筹与个人账户相结合。基本养老保险基金由用人单位和个人缴费以及政府补贴等组成。基本养老金由统筹养老金和个人账户养老金组成。

养老保险社会统筹是指统收养老保险缴费和统支养老金，确保收支平衡的公共财务系统。用人单位应当按照国家规定的本单位职工工资总额的比例缴纳基本养老保险费，记入基本养老保险统筹基金。职工应当按照国家规定的本人工资的比例缴纳基本养老保险费，记入个人账户。国有企业、事业单位职工参加基本养老保险前，视同缴费年限期间应当缴纳的基本养老保险费由政府承担。基本养老保险基金出现支付不足时，政府给予补贴。

无雇工的个体工商户、未在用人单位参加基本养老保险的非全日制从业人员以及其他灵活就业人员参加基本养老保险的，应当按照国家规定缴纳基本养老保险费，分别记入基本养老保险统筹基金和个人账户。

个人账户不得提前支取，记账利率不得低于银行定期存款利率，免征利息税。参加职工基本养老保险的个人死亡的，其个人账户中的余额可以全部依法继承。

个人跨统筹地区就业的，由原参保所在地社会保险经办机构开具参保缴费凭证，其基本养老保险关系应随同转移到新参保地。参保人员达到基本养老保险待遇领取条件的，其在各地的参保缴费年限合并计算，个人账户储存额累计计算；未达到待遇领取年龄前，不得终止基本养老保险关系并办理退保手续。个人达到法定退休年龄时，基本养老金分段计算、统一支付。

（三）职工基本养老保险费的缴纳与计算

1. 单位缴纳基本养老保险费

《社会保险法》规定，用人单位应当按照国家规定的本单位职工工资总额的比例缴纳基本养老保险费，记入基本养老保险统筹基金。本单位职工工资总额是指用人单位在一定时期内直接支付给本单位全部职工的劳动报酬总额。工资总额包括计时工资、计件工资、奖金、津贴和补贴、加班和加点工资、特殊情况下支付的工资等。按照现行政策，自 2019 年 5 月 1 日起，降低城镇职工基本养老保险（包括企业和机关事业单位基本养老保险）单位缴费比例。各省、自治区、直辖市及新疆生产建设兵团养老保险单位缴费比例高于 16%的，可降至 16%；目前低于 16%的，要研究提出过渡办法。

2. 个人缴纳基本养老保险费

根据《社会保险法》规定，职工应当按照国家规定的本人工资的比例缴纳基本养老保险费，记入个人账户。按照现行规定，职工个人按照本人缴费工资的 8%缴费，计入个人账户。即：

个人养老账户月存储额＝本人月缴费工资×8%

本人缴费工资，也称缴费工资基数。根据《职工基本养老保险个人账户管理暂行办法》规定，职工本人一般以上一年度本人月平均工资为个人缴费工资基数（有条件的地区也可以本人上月工资收入为个人缴费工资基数）。月平均工资按国家统计局规定列入工资总额统计的项目计算，包括工资、奖金、津贴、补贴等收入，不包括用人单位承担或者支付给员工的社会保险费、劳动保护费、福利费、用人单位与员工解除劳动关系时支付的一次性补偿以及计划生育费用等其他不属于工资的费用。新招职工（包括研究生、大学生、大中专毕业生等）以起薪当月工资收入作为缴费工资基数；从第二年起，按上一年实发工资的月平均工资作为缴费工资基数。

本人月平均工资低于当地职工平均工资 60%的，按当地职工月平均工资的 60%缴费；超过当地职工平均工资 300%的，按当地职工月平均工资的 300%缴费，超过部分不记入缴费工资基数，也不记入计发养老金的基数。各省应以本省城镇非私营单位就业人员平均工资和城镇私营单位就业人员平均工资加权计算的全口径城镇单位就业人员平均工资，核定社保个人缴费基数上下限。

个人缴费不计征个人所得税，在计算个人所得税的应税收入时，应当扣除个人缴纳的养老保险费。

为了实行统一的参保缴费和待遇享受政策，城镇个体工商户和灵活就业人员按照上述口径计算的本地全口径城镇单位就业人员平均工资核定社保个人缴费基数上下限，允许缴费人在 60%至 300%之间选择适当的缴费基数。缴费比例为 20%，其中 8%计入个人账户。

【案例分析 15－1】

如何确定基本养老金缴费基数

案情：甲公司所在地职工平均工资为 3 400 元，甲企业职工王某的月平均工资为 2 000 元，李某的月平均工资 10 500 元。计算甲公司每月应从职工王某、李某工资中代扣代缴的基本养老保险费数额。

15

解析：当地职工月平均工资的60%为2 040元(3 400×60%)，月平均工资的3倍为10 200元(3 400×3)。王某的月平均工资低于当地职工月平均工资的60%，按当地职工月平均工资的60%作为基数计算代扣代缴基本养老费；李某的月平均公司高于当地职工月平均工资的3倍，按当地职工月平均工资的3倍作为基数计算代扣代缴基本养老费。

每月应从王某工资中代扣代缴的基本养老保险费数额＝3 400×60%×8%＝163.2(元)；

每月应从李某工资中代扣代缴的基本养老保险费数额＝3 400×3×8%＝816(元)。

(四) 职工基本养老保险享受条件与待遇

1. 职工基本养老保险享受条件

(1) 年龄条件：必须达到法定退休年龄。根据我国的相关规定，国家法定退休年龄是男职工年满60周岁，女干部年满55周岁，女工人年满50周岁；从事井下、高空、高温、特别繁重体力劳动或者其他有害身体健康的工作，男年满55周岁、女年满45周岁；因病或非因公致残，经医院证明，并经劳动鉴定委员会确认完全丧失劳动能力的，退休年龄为男年满50周岁，女年满45周岁。

(2) 缴费条件：个人累计缴费满15年。参加基本养老保险的个人，达到法定退休年龄时累计缴费不足15年的，可以缴费至满15年，按月领取基本养老金；也可以转入新型农村社会养老保险或者城镇居民社会养老保险，按照国务院规定享受相应的养老保险待遇。

参加职工基本养老保险的个人达到法定退休年龄后，累计缴费不足15年，且未转入新型农村社会养老保险或者城镇居民社会养老保险的，个人可以书面申请终止职工基本养老保险关系。社会保险经办机构收到申请后，应当书面告知其转入新型农村社会养老保险或者城镇居民社会养老保险的权利以及终止职工基本养老保险关系的后果，经本人书面确认后，终止其职工基本养老保险关系，并将个人账户储存额一次性支付给本人。

2. 职工基本养老保险待遇

根据《社会保险法》规定，参加基本养老保险的个人，达到法定退休年龄时累计缴费满十五年的，按月领取基本养老金。参加基本养老保险的个人，因病或者非因工死亡的，其遗属可以领取丧葬补助金和抚恤金；在未达到法定退休年龄时因病或者非因工致残完全丧失劳动能力的，可以领取病残津贴，所需资金从基本养老保险基金中支付。

3. 基本养老金的计发

缴费年限(含视同缴费年限)累计满15年，退休后将按月发给基本养老金。基本养老金待遇水平与缴费年限的长短、缴费基数的高低、退休时间的早晚直接挂钩。基本养老金由基础养老金和个人账户养老金组成。退休时的基础养老金月标准以当地上年度在岗职工月平均工资和本人指数化月平均缴费工资的平均值为基数，缴费每满1年发给1%。个人账户养老金月标准为个人账户储存额除以计发月数，计发月数根据职工退休时城镇人口平均预期寿命、本人退休年龄、利息等因素确定。

第二节 基本医疗保险

一、基本医疗保险的含义

基本医疗保险是指由用人单位和职工个人按照国家规定缴纳一定比例的医疗保险费，建立医疗保险基金，参保人员患病就诊发生医疗费用后，由医疗保险经办机构给予一定的经济补偿，以避免或减轻劳动者因患病、治疗等所带来的经济风险而建立的一项社会保险制度。

二、基本医疗保险制度组成

根据《社会保险法》规定，我国的基本医疗保险制度由城镇职工基本医疗保险制度、新型农村合作医疗制度和城镇居民基本医疗保险制度组成。

为了推进医药卫生体制改革、实现城乡居民公平享有基本医疗保险权益、促进社会公平正义、增进人民福祉，国务院于 2016 年 1 月 3 日发布的《关于整合城乡居民基本医疗保险制度的意见》明确规定，整合城镇居民基本医疗保险和新型农村合作医疗两项制度，建立统一的城乡居民基本医疗保险制度。因此，目前我国基本医疗保险制度由城镇职工基本医疗保险制度和城乡居民基本医疗保险制度组成。

国务院办公厅于 2019 年 3 月 6 日印发的《关于全面推进生育保险和职工基本医疗保险合并实施的意见》明确规定，全面推进生育保险和职工基本医疗保险合并实施，主要政策包括统一参保登记、统一基金征缴和管理、统一医疗服务管理、统一经办和信息服务、确保职工生育期间的生育保险待遇不变以及确保制度可持续等内容。

三、基本医疗保险的覆盖范围

（一）职工基本医疗保险的覆盖范围

《社会保险法》规定，职工应当参加职工基本医疗保险。根据《国务院关于建立城镇职工基本医疗保险制度的决定》规定，职工基本医疗保险覆盖范围主要包括城镇所有用人单位，包括企业（国有企业、集体企业、外商投资企业、私营企业等）、机关、事业单位、社会团体、民办非企业单位及其职工。这就是说，必须参加城镇职工基本医疗保险的单位和职工，既包括机关事业单位也包括城镇各类企业，既包括国有经济也包括非国有经济单位，既包括效益好的企业也包括困难企业。无雇工的个体工商户、未在用人单位参加职工基本医疗保险的非全日制从业人员以及其他灵活就业人员可以参加职工基本医疗保险，由个人按照国家规定缴纳基本医疗保险费。

（二）城乡居民基本医疗保险的覆盖范围

根据国务院发布的《关于整合城乡居民基本医疗保险制度的意见》规定，城乡居民医保制度覆盖范围包括现有城镇居民医保和新农合所有应参保（合）人员，即覆盖除职工基本医疗保险应参保人员以外的其他所有城乡居民，并统一保障待遇。农民工和灵活就业人员依法参加职工基本医疗保险，有困难的可按照当地规定参加城乡居民医保。

四、职工基本医疗保险

(一) 职工基本医疗保险费的缴纳

基本医疗保险与基本养老保险一样采用“统账结合”模式，即建立基本医疗保险统筹基金和个人账户。基本医疗保险基金由统筹基金和个人账户构成。

1. 单位缴费

用人单位缴费率应控制在职工工资总额的6%左右，具体缴费比例由各统筹地区根据实际情况确定。用人单位缴纳的基本医疗保险费分为两部分，一部分用于建立统筹基金，一部分划入个人账户。划入个人账户的比例一般为用人单位缴费的30%左右，具体比例由统筹地区根据个人账户的支付范围和职工年龄等因素确定。

2. 职工个人缴费

职工缴费率一般为本人工资收入的2%。职工缴费率也可由各统筹地区根据实际情况依据经济发展状况作相应调整。参加职工基本医疗保险的个人，基本医疗保险关系转移接续时，基本医疗保险缴费年限累计计算。

【案例分析 15－2】

如何计算个人医疗保险账户储存额

案情：某公司职工李某的月工资为6 000元。已知当地规定的基本医疗保险单位缴费率为6%，个人缴费率为2%，单位缴费划入个人医疗保险账户的比例为30%。

问题：请计算李某个人医疗保险账户每月的储存额。

解析：李某每月从工资中扣除6 000×2%＝120(元)存入医疗保险个人账户；

单位每月缴费中转入李某个人账户数额＝6 000×6%×30%＝108(元)；

李某个人医疗保险账户每月的储存额＝120＋108＝228(元)。

3. 灵活就业人员参保缴费

以灵活就业人员身份参保的，由个人按照国家规定缴纳基本医疗保险费。灵活就业人员可以自愿参加职工基本医疗保险，但参保后，应当依法缴费。灵活就业人员参加基本医疗保险的缴费率原则上按照当地的缴费率确定。从统筹基金起步的地区，可参照当地基本医疗保险建立统筹基金的缴费水平确定。缴费基数可参照当地上一年度职工年平均工资核定。

4. 退休人员基本医疗保险费的缴纳

参加职工基本医疗保险的个人，达到法定退休年龄时累计缴费达到国家规定年限的，退休后不再缴纳基本医疗保险费，按照国家规定享受基本医疗保险待遇；未达到国家规定年限的，可以缴费至国家规定年限。目前对最低缴费年限没有全国统一的规定，由各统筹地区根据本地情况确定。

【知识拓展 15－2】

职工基本医疗保险制度的建立

在计划经济体制下，我国在城市建立了劳保医疗和公费医疗制度。从20世纪80年代开始，随着计划经济向市场经济体制的逐步转轨，公费医疗和劳保医疗制度日益显露出两大问题：一方面是部分企事业单位拖欠职工医药费严重，医疗保障基本名存实亡；另一方面又有国家和单位包揽过多，导致浪费现象严重，改革势在必行。1993 年，党的十四届三中全会提出，在城镇建立社会统筹与个人账户相结合的职工医疗保险制度。国务院从 1994 年起，在江苏镇江、江西九江进行城镇职工医疗保险制度改革试点，试点后来扩大到 20 多个省区的近 40 个城市。1998 年，在全国范围全面进行职工医疗保险制度改革。目前，城镇职工基本医疗保险制度已经在全国普遍建立，基本取代了劳保、公费医疗制度。

（二）职工基本医疗保险费用的结算

参保人员符合基本医疗保险药品目录、诊疗项目、医疗服务设施标准以及急诊、抢救的医疗费用，按照国家规定从基本医疗保险基金中支付。参保人员医疗费用中应当由基本医疗保险基金支付的部分，由社会保险经办机构与医疗机构、药品经营单位直接结算。社会保险行政部门和卫生行政部门应当建立异地就医医疗费用结算制度，方便参保人员享受基本医疗保险待遇。目前各地对职工基本医疗保险费用结算的方式并不一致。

1. 享受基本医疗保险待遇的条件

要享受基本医疗保险待遇一般需要满足三个条件：一是参保人员必须到基本医疗保险的定点医疗机构就医、购药或定点零售药店购买药品；二是参保人员在看病就医的过程中所发生的医疗费用必须符合基本医疗保险药品目录、诊疗项目、医疗服务设施标准以及急诊、抢救的医疗费用；三是统筹基金起付标准以上、最高支付限额以下的医疗费用，按照规定比例从基本医疗保险统筹基金中支付。

2. 职工基本医疗保险费的支付标准

根据相关规定，基本医疗保险基金由统筹基金和个人账户构成。统筹基金和个人账户划定各自的支付范围，分别核算，不得互相挤占。个人账户主要用于门诊（小病）医疗费用支出，统筹基金主要用于住院（大病）医疗费用支出。统筹基金起付标准以下的医疗费用，从个人账户中支付或由个人自付。起付标准以上、最高支付限额以下的医疗费用，主要从统筹基金中支付，个人也要负担一定比例。统筹基金的具体起付标准、最高支付限额以及在起付标准以上和最高支付限额以下医疗费用的个人负担比例，由统筹地区根据以收定支、收支平衡的原则确定。

（1）基本医疗保险统筹基金的起付标准。统筹基金起付标准原则上控制在当地职工年平均工资的 10％左右。各地设定统筹基金起付标准要综合考虑三方面的因素：一要考虑统筹基金的支付能力，保证收支平衡；二要考虑个人的负担能力，如起付标准定得过高，享受人群很少，则个人账户支付范围过大，个人负担过重；三要区别不同统账结合方式，一般按费用或病种划分统账支付范围的，可以年度累计发生费用设定统筹基金起付标准，职工在一个年度内，累计达到一定费用，就可以进行统筹基金支付。

（2）基本医疗保险统筹基金的最高支付限额。基本医疗保险统筹基金的最高支付限额一般是根据大额医疗费用人群分布情况测算确定。随着经济社会发展水平不断提高，应当相应提高职工医疗保障水平。目前，统筹基金最高支付限额一般为当地职工平均工资的 6 倍，支付比例一般为 90％。

(3) 在起付标准以上和最高支付限额以下医疗费用的个人负担比例。根据有关规定,起付标准以上和最高支付限额以下医疗费用主要从统筹基金中支付,个人也要负担一定比例,个人负担比例由统筹地区根据以收定支、收支平衡的原则确定,一般为10%。实践中,个人负担比例与就诊医院的级(类)别相关,就诊的医院级别越高,个人负担比例越高。

【案例分析15-3】

医保负担金额如何计算?

案情: 假定某市职工年平均工资为60 000元,基本医疗保险起付标准为当地职工年平均工资的10%,最高支付限额为当地职工平均工资的6倍,医保报销比例为90%。参保人李某发生医疗费用10 000元,发生的医疗费用均在规定的医疗目录内,无其他补充社会保险或商业保险。

问题: 计算医保负担的医疗费用和个人负担的医疗费用各是多少?

解析: 超过起付线的金额:10 000-60 000×10%=4 000(元)

医保负担的金额:4 000×90%=3 600(元)

个人负担的金额:10 000-3 600=6 400(元)

(三) 不纳入职工基本医疗基金支付范围的医疗费用

根据《社会保险法》的规定,下列医疗费用不纳入基本医疗保险基金支付范围:(1) 应当从工伤保险基金中支付的;(2) 应当由第三人负担的;(3) 应当由公共卫生负担的;(4) 在境外就医的。医疗费用依法应当由第三人负担时,第三人不支付或者无法确定第三人的,由基本医疗保险基金先行支付。基本医疗保险基金先行支付后,有权向第三人追偿。

(四) 医疗期

医疗期是指企业职工因患病或非因工负伤停止工作,治病休息,但不得解除劳动合同的时限。

1. 医疗期期间

企业职工因患病或非因工负伤,需要停止工作医疗时,根据本人实际参加工作年限和在本单位工作年限,给予3个月到24个月的医疗期:

(1) 实际工作年限10年以下的,在本单位工作年限5年以下的为3个月;5年以上的为6个月。

(2) 实际工作年限10年以上的,在本单位工作年限5年以下的为6个月;5年以上10年以下的为9个月;10年以上15年以下的为12个月;15年以上20年以下的为18个月;20年以上的为24个月。

2. 医疗期的计算方法

医疗期3个月的按6个月内累计病休时间计算;6个月的按12个月内累计病休时间计算;9个月的按15个月内累计病休时间计算;12个月的按18个月内累计病休时间计算;18个月的按24个月内累计病休时间计算;24个月的按30个月内累计病休时间计算。

上述关于医疗期的规定如表15-1所示。

表 15－1 医疗期计算办法

总工作年限	本单位工作年限	医疗期	计算周期
10 年以下	5 年以下	3 个月	6 个月
	5 年以上	6 个月	12 个月
10 年以上	5 年以下	6 个月	12 个月
	5 年以上 10 年以下	9 个月	15 个月
	10 年以上 15 年以下	12 个月	18 个月
	15 年以上 20 年以下	18 个月	24 个月
	20 年以上	24 个月	30 个月

医疗期计算应从病休第一天开始，累计计算。病休期间，公休、假日和法定节日包括在内。对某些患特殊疾病（如癌症、精神病、瘫痪等）的职工，在 24 个月内尚不能痊愈的，经企业和劳动主管部门批准，可以适当延长医疗期。

3. 医疗期内的待遇

企业职工在医疗期内，其病假工资、疾病救济费和医疗待遇按照有关规定执行。病假工资或疾病救济费可以低于当地最低工资标准支付，但不能低于最低工资标准的 80%。

在规定的医疗期内，除劳动者有以下情形外，用人单位不得解除或终止劳动合同：❶ 在试用期间被证明不符合录用条件的；❷ 严重违反用人单位的规章制度的；❸ 严重失职，营私舞弊，给用人单位造成重大损害的；❹ 劳动者同时与其他用人单位建立劳动关系，对完成本单位的工作任务造成严重影响，或者经用人单位提出，拒不改正的；❺ 以欺诈、胁迫的手段或者乘人之危，使对方在违背真实意思的情况下订立或者变更劳动合同致使劳动合同无效的；❻ 被依法追究刑事责任的。

如医疗期内遇合同期满，则合同必须续延至治疗期满，职工在此期间仍然享受医疗期内待遇。对医疗期满尚未痊愈者，或者医疗期满后，不能从事原工作，也不能从事用人单位另行安排的工作，被解除劳动合同的，用人单位需要按经济补偿规定给予其经济补偿。

第三节 工 伤 保 险

一、工伤保险的含义

工伤保险是世界上最早产生以及最早进行国家立法、也是最成熟的社会保险险种。工伤保险是社会保险制度中的重要组成部分。工伤保险是指劳动者在职业工作中或者规定的特殊情况下遭遇意外伤害或职业病，导致暂时或者永久丧失劳动能力以及死亡时，劳动者或其遗属能够从国家或者社会获得物质帮助的社会。

15

【知识拓展 15－3】

工伤保险制度的建立与发展概况

新中国建立初期，政务院颁布的《劳动保险条例》建立了企业职工工伤保险制度，对职工因工伤残后的补偿和休养康复等作出了规定。1994年颁布的《劳动法》对工伤保险作了原则规定。1996年，原劳动部在总结各地试点经验的基础上，发布了《企业职工工伤保险试行办法》，对沿用了40多年的以企业自我保障为主的工伤福利制度进行了改革。2003年，国务院颁布了《工伤保险条例》，进一步改革了工伤保险制度，对现行工伤保险制度作出全面规定，丰富和完善了相关政策。几十年来的工伤保险实践，为社会保险立法提供了经验。

二、工伤保险的基本原则

工伤保险经过一个多世纪的发展完善，已经形成了一些被普遍认可的基本理念和基本原则。

(一) 工伤保险的强制性原则

国家通过立法的形式强制雇主对雇员遭受的工伤事故和职业病负责，所有雇主都应当为雇员参加工伤保险，并由雇主缴纳工伤保险费。目前，凡是实行了工伤保险制度的国家，都是通过颁布法律的形式实施的。

(二) 职工个人不缴费的原则

工伤保险费由用人单位缴纳，职工个人不缴纳任何费用。在用人单位守法缴费的情况下，发生工伤事故后的补偿由工伤保险基金承担，这是工伤保险与养老、医疗、失业保险的主要区别之处。

(三) 实行行业差别费率和企业浮动费率的原则

工伤保险的重要功能之一是促进工伤预防、减少工伤事故。这主要通过行业差别费率和企业浮动费率来实现，其实际费率与行业或职业的风险程度和企业上一缴费周期实际发生的事故率相关。为了使用人单位的缴费与所属行业风险挂钩，根据不同行业的工伤保险费使用、工伤发生率等情况，确定不同类别行业的费率，并且在同一行业内设定不同的费率档次。风险程度高的行业，费率相应高，反之则低。

(四) 工伤补偿与工伤预防、工伤康复相结合原则

工伤保险的首要任务是工伤补偿，但社会保险的根本任务是保障职工生活，保护职工的健康，促进社会安定和生产力发展。从这个根本任务出发，工伤保险就应当与工伤预防和工伤康复相结合。

(五) 一次性补偿和长期补偿相结合的原则

对部分丧失或完全丧失劳动能力的工伤职工或因工死亡的职工，其工伤保险待遇补偿实行一次性和长期补偿相结合的办法。即对1至6级因工伤残职工以及因工死亡职工遗属，工伤保险基金一般在支付一次性补偿的同时，还按月支付长期待遇。

三、工伤保险的适用范围

按照《工伤保险条例》的规定，中华人民共和国境内的企业、事业单位、社会团体、民办非企业单位、基金会、律师事务所、会计师事务所等组织和有雇工的个体工商户应当依照《工伤保险条例》规定参加工伤保险，为本单位全部职工或者雇工缴纳工伤保险费。

中华人民共和国境内的企业、事业单位、社会团体、民办非企业单位、基金会、律师事务所、会计师事务所等组织的职工和个体工商户的雇工，均有依照《工伤保险条例》的规定享受工伤保险待遇的权利。跨地区、生产流动性较大的行业，可以采取相对集中的方式异地参加统筹地区的工伤保险。

四、工伤保险费的缴纳和工伤保险基金

（一）工伤保险费的缴纳

根据《社会保险法》规定，用人单位应当按照本单位职工工资总额，根据社会保险经办机构确定的费率缴纳工伤保险费。用人单位缴纳工伤保险费的数额为工资总额与费率之积。

1. 工资总额的确定

工资总额是指各单位在一定时期内直接支付给本单位全部职工的劳动报酬总额。工资总额的计算应以直接支付给职工的全部劳动报酬为根据。其中全部职工是指用人单位招用的所有劳动者，包括各种用工形式、各种用工期限的劳动者。对难以按照工资总额缴纳工伤保险费的行业，其缴纳工伤保险费的具体方式，由国务院社会保险行政部门规定。

2. 工伤保险费率的确定

《社会保险法》规定，国家根据不同行业的工伤风险程度确定行业的差别费率，并根据使用工伤保险基金、工伤发生率等情况在每个行业内确定费率档次。行业差别费率和行业内费率档次由国务院社会保险行政部门制定，报国务院批准后公布施行。社会保险经办机构根据用人单位使用工伤保险基金、工伤发生率和所属行业费率档次等情况，确定用人单位缴费费率。

（二）工伤保险基金

工伤保险基金由用人单位缴纳的工伤保险费、工伤保险基金的利息和依法纳入工伤保险基金的其他资金构成。工伤保险基金存入社会保障基金财政专户，用于本条例规定的工伤保险待遇，劳动能力鉴定，工伤预防的宣传、培训等费用，以及法律、法规规定的用于工伤保险的其他费用的支付。任何单位或者个人不得将工伤保险基金用于投资运营、兴建或者改建办公场所、发放奖金，或者挪作其他用途。

工伤保险基金应当留有一定比例的储备金，用于统筹地区重大事故的工伤保险待遇支付；储备金不足支付的，由统筹地区的人民政府垫付。储备金占基金总额的具体比例和储备金的使用办法，由省、自治区、直辖市人民政府规定。

五、工伤认定与劳动能力鉴定

（一）工伤认定

1. 认定为工伤的情形

根据《工伤保险条例》规定，职工有下列情形之一的，应当认定为工伤。

(1) 在工作时间和工作场所内，因工作原因受到事故伤害的。

(2) 工作时间前后在工作场所内，从事与工作有关的预备性或者收尾性工作受到事故伤害的。

(3) 在工作时间和工作场所内，因履行工作职责受到暴力等意外伤害的。

（4）患职业病的。

（5）因工外出期间，由于工作原因受到伤害或者发生事故下落不明的。

（6）在上下班途中，受到非本人主要责任的交通事故或者城市轨道交通、客运轮渡、火车事故伤害的。

（7）法律、行政法规规定应当认定为工伤的其他情形。

2. 视同工伤的情形

根据《工伤保险条例》第十五条规定，职工有下列情形之一的，视同工伤。

（1）在工作时间和工作岗位，突发疾病死亡或者在48小时之内经抢救无效死亡的。

（2）在抢险救灾等维护国家利益、公共利益活动中受到伤害的。

（3）职工原在军队服役，因战、因公负伤致残，已取得革命伤残军人证，到用人单位后旧伤复发的。

3. 不认定为工伤的情形

根据《社会保险法》第三十七条规定，职工因下列情形之一导致本人在工作中伤亡的，不认定为工伤。

（1）故意犯罪。

（2）醉酒或者吸毒。

（3）自残或者自杀。

（4）法律、行政法规规定的其他情形。

4. 工伤认定程序

（1）申请主体及时限。根据《工伤保险条例》的规定，工伤认定的申请主体首先是用人单位。发生工伤事故伤害或者被诊断为职业病后，用人单位应当在30日内向统筹地区社会保险行政部门提出工伤认定申请。其次是工伤职工或者其直系亲属、工会组织。《工伤保险条例》规定，用人单位不按规定提出工伤认定申请的，工伤职工或者其直系亲属、工会组织可以在事故伤害发生或者诊断为职业病后1年内，提出工伤认定申请。

（2）申请工伤应递交的材料。提出工伤认定申请应当提交《工伤认定申请表》、与用人单位存在劳动关系的证明材料、医疗诊断证明或者职业病诊断证明。职工或者其直系亲属认为是工伤，用人单位不认为是工伤的，由该用人单位承担举证责任。根据工伤申请的材料，需要补证的，社会保险行政部门予以一次性书面告知。

下班过程中的单方事故算工伤吗？

（3）工伤认定的主体及时限。申请材料完整的，社会保险行政部门作出受理或者不予受理工伤认定申请的决定并书面通知申请人。受理工伤申请后，社会保险行政部门可以对证据进行调查核实，用人单位和职工等有关部门和个人应予以配合。工伤认定决定应自受理工伤认定申请之日起60日内作出。职工或者其直系亲属、用人单位对工伤认定决定不服的，可以依法申请行政复议或提起行政诉讼。

（二）劳动能力鉴定

1. 劳动能力鉴定的概念

劳动能力鉴定是指根据国家制定的评残标准，运用医学科学技术的方法和手段，确定职工伤残程度和丧失劳动能力程度的一种综合评定制度。劳动能力鉴定结论是工伤职工享受工伤保险待遇的依据。

2. 劳动能力鉴定的主体

按照《工伤保险条例》的规定，劳动能力鉴定由劳动能力鉴定委员会组织专家，依据劳动能力鉴定标准，对工伤职工劳动功能障碍程度和生活自理障碍程度进行鉴定。劳动能力鉴定委员会由社会保险行政部门、卫生行政部门、工会组织、经办机构代表以及用人单位代表组成。

3. 劳动能力鉴定的申请与受理

(1) 劳动能力鉴定的申请。职工发生工伤，伤情相对稳定后存在残疾、影响劳动能力的，应当进行劳动能力鉴定。劳动能力鉴定由用人单位、工伤职工或者其直系亲属向设区的市级劳动能力鉴定委员会提出申请，并提供工伤认定决定和职工工伤医疗的有关资料。

(2) 劳动能力鉴定的受理。收到劳动能力鉴定申请后，劳动能力鉴定委员会应当从其建立的医疗卫生专家库中随机抽取相关专家组成专家组，由专家组提出鉴定意见。然后，根据专家组的鉴定意见作出工伤职工劳动能力鉴定结论；必要时，可以委托具备资格的医疗机构协助进行有关的诊断。劳动能力鉴定工作应当客观、公正。劳动能力鉴定委员会组成人员或者参加鉴定的专家与当事人有利害关系的，应当回避。

(3) 劳动能力鉴定的再申请。对劳动能力鉴定结论不服的，可以在收到该鉴定结论之日起 15 日内向省、自治区、直辖市劳动能力鉴定委员会提出再次鉴定申请。省一级劳动能力鉴定委员会作出的劳动能力鉴定结论为最终结论。自劳动能力鉴定结论作出之日起 1 年后，工伤职工或者其近亲属、所在单位或者经办机构认为伤残情况发生变化的，可以申请劳动能力复查鉴定。

4. 伤残鉴定等级

劳动功能障碍分为十个伤残等级，最重的为一级，最轻的为十级。生活自理障碍分为三个等级：生活完全不能自理、生活大部分不能自理和生活部分不能自理。劳动能力鉴定标准由国务院社会保险行政部门会同国务院卫生行政部门等部门制定。

六、工伤保险待遇

工伤保险待遇是指职工受到事故伤害或者患职业病后，获得医疗救治和经济补偿的一种保障。经工伤认定的工伤职工，享受工伤保险待遇。

(一) 工伤保险待遇项目及享受条件

1. 工伤医疗待遇

工伤医疗待遇是指工伤职工进行治疗所享受的医疗待遇，是工伤职工的一项基本待遇。主要包括：

(1) 治疗工伤所需的挂号费、医疗康复费、药费、住院费等费用。如符合工伤保险诊疗项目目录、工伤保险药品目录、工伤保险住院服务标准，从工伤保险基金中支付。

(2) 一定标准的住院伙食补助费。按照《社会保险法》的规定，住院伙食补助费，从工伤保险基金中支付。

(3) 到统筹地区以外就医的交通食宿费。按照《工伤保险条例》和《社会保险法》的有关规定，经医疗机构出具证明，报社会保险经办机构同意，工伤职工到统筹地区以外就医治疗的，所需交通、食宿费用从工伤保险基金中支出。

（4）治疗工伤期间的工资福利待遇。《工伤保险条例》规定，职工因工作遭受事故伤害或者患职业病需要暂停工作接受工伤医疗的，在停工留薪期内，原工资福利待遇不变，由所在单位按月支付。停工留薪期一般不超过12个月。伤情严重或者情况特殊，经设区的市级劳动能力鉴定委员会确认，可以适当延长，但延长不得超过12个月。工伤职工评定伤残等级后，停发原待遇，按照本章的有关规定享受伤残待遇。工伤职工在停工留薪期满后仍需治疗的，继续享受工伤医疗待遇。

2. 辅助器具配置待遇

工伤职工伤残后因日常生活或者就业需要，经劳动能力鉴定委员会确认需要配置辅助器具的，可以安装假肢、矫形器、假眼、假牙或配置轮椅等辅助器具，所需费用按照国家规定的标准从工伤保险基金中支付。伤残辅助器具应当按照国内普及性标准报销费用。

3. 生活护理费待遇

生活不能自理的工伤职工在停工留薪期需要护理的，由所在单位负责。工伤职工已经评定伤残等级并经劳动能力鉴定委员会确认需要生活护理的，从工伤保险基金按月支付生活护理费。

4. 伤残待遇

经劳动能力鉴定丧失劳动能力的工伤职工，享受伤残待遇。其待遇标准按照伤残鉴定等级的不同而有所区别。《工伤保险条例》规定了不同等级伤残职工享受以下待遇：

（1）被鉴定为一至四级伤残的，保留劳动关系，退出工作岗位。除享受一次性伤残补助金外，还享受从工伤保险基金按月支付的伤残津贴。伤残津贴实际金额低于当地最低工资标准的，由工伤保险基金补足差额。达到退休年龄并办理退休手续后，停发伤残津贴，享受基本养老保险待遇。基本养老保险待遇低于伤残津贴标准的，由工伤保险基金补足差额。同时，由用人单位和职工个人以伤残津贴为基数，缴纳基本医疗保险费。

（2）被鉴定为五至六级伤残的，保留与用人单位的劳动关系，由用人单位安排适当工作。除享受一次性伤残补助金外，对于难以安排工作的，由用人单位按月发给伤残津贴，并由用人单位按照规定为其缴纳应缴纳的各项社会保险费。伤残津贴实际金额低于当地最低工资标准的，由用人单位补足差额。经工伤职工本人提出，工伤职工可以与用人单位解除或终止劳动合同，由用人单位支付一次性伤残就业补助金。

（3）被鉴定为七至十级伤残的，享受一次性伤残补助金。劳动合同期满终止，或者工伤职工本人提出解除劳动合同的，由用人单位支付一次性伤残就业补助金。

5. 工亡待遇

职工因工死亡，或者伤残职工在停工留薪期内因工伤导致死亡的，其近亲属按照下列规定从工伤保险基金领取丧葬补助金、供养亲属抚恤金和一次性工亡补助金。

（1）丧葬补助金为6个月的统筹地区上年度职工月平均工资。

（2）供养亲属抚恤金按照职工本人工资的一定比例发给由因工死亡职工生前提供主要生活来源、无劳动能力的亲属。核定的各供养亲属的抚恤金之和不应高于因工死亡职工生前的工资。供养亲属的具体范围由国务院社会保险行政部门规定。

（3）一次性工亡补助金标准为上一年度全国城镇居民人均可支配收入的20倍。

一至四级伤残职工在停工留薪期满后死亡的，其近亲属可以享受丧葬补助金、供养亲属抚恤金待遇，不享受一次性工亡补助金待遇。

6. 其他规定

工伤职工符合领取基本养老金条件的，停发伤残津贴，享受基本养老保险待遇。基本养老保险待遇低于伤残津贴的，从工伤保险基金中补足差额。

职工所在用人单位未依法缴纳工伤保险费，发生工伤事故的，由用人单位支付工伤保险待遇。用人单位不支付的，从工伤保险基金中先行支付。从工伤保险基金中先行支付的工伤保险待遇应当由用人单位偿还。用人单位不偿还的，社会保险经办机构可以依法追偿。

由于第三人的原因造成工伤，第三人不支付工伤医疗费用或者无法确定第三人的，由工伤保险基金先行支付。工伤保险基金先行支付后，有权向第三人追偿。

职工（包括非全日制从业人员）在两个或者两个以上用人单位同时就业的，各用人单位应当分别为职工缴纳工伤保险费。职工发生工伤，由职工受到伤害时工作的单位依法承担工伤保险责任。

（二）工伤保险待遇负担

根据《社会保险法》规定，从工伤保险基金中支付的工伤保险费包括：

（1）治疗工伤的医疗费用和康复费用。

（2）住院伙食补助费。

（3）到统筹地区以外就医的交通食宿费。

（4）安装配置伤残辅助器具所需费用。

（5）生活不能自理的，经劳动能力鉴定委员会确认的生活护理费。

（6）一次性伤残补助金和一至四级伤残职工按月领取的伤残津贴。

（7）终止或者解除劳动合同时，应当享受的一次性医疗补助金。

（8）因工死亡的，其遗属领取的丧葬补助金、供养亲属抚恤金和因工死亡补助金。

（9）劳动能力鉴定费。

《社会保险法》还规定，因工伤发生的下列费用，按照国家规定由用人单位支付：

（1）治疗工伤期间的工资福利。

（2）五级、六级伤残职工按月领取的伤残津贴。

（3）终止或者解除劳动合同时，应当享受的一次性伤残就业补助金。

（三）工伤保险待遇的终止

根据《社会保险法》和《工伤保险条例》的规定，工伤职工有下列情形之一的，停止享受工伤保险待遇：

（1）丧失享受待遇条件的。

（2）拒不接受劳动能力鉴定的。

（3）拒绝治疗的。

【案例分析 15－4】

保姆受伤是否构成工伤

案情：小李通过网络中介应聘到张先生家做保姆，双方约定工资为每月 4 500 元，包吃住。一天，小李在为张先生家擦桌子时，由于地滑不慎摔倒，头部直接撞到书柜上，后被张先生送至医院治疗，共花去医药费 4 万元，经鉴定为八级伤残。

问题： 小李是否构成工伤？

解析： 小李与张先生家仅存在民事雇佣关系，并不形成劳动关系。因此，小李的受伤不能认定为工伤。当然，不构成工伤并不意味着其不受法律保护，小李有权要求张先生家对其进行人身损害赔偿。

第四节 失业保险

一、失业保险的含义

失业是指处于法定劳动年龄阶段的劳动者，有劳动能力和劳动愿望，但却未能找到工作岗位或者丧失工作岗位的情况。

失业保险是指国家通过立法强制实行的，由社会集中建立基金，对因失业而暂时中断生活来源的劳动者提供物质帮助，保障失业人员失业期间的基本生活，并通过职业培训、职业介绍等措施促进其再就业的社会保险制度。失业保险是社会保险的重要组成部分。享受失业保险待遇者要依法参加失业保险，且履行法定义务并符合法定条件。

【知识拓展 15－4】

失业保险制度的立法沿革

我国失业保险制度的建立经历了一个由失业救济到待业保险，再到失业保险的历史演变过程。

第一阶段：新中国成立初期的失业救济制度。1960 年 6 月，经政务院批准，劳动部及时发布了《救济失业工人暂行办法》，确定了我国新中国成立初期的失业救济制度。办法中规定了救济失业工人的范围、失业救济标准和失业救济资金的来源。

第二阶段：20 世纪 80 年代中期到 90 年代初期的待业保险制度。1986 年 7 月国务院同时发布 4 个劳动用工改革的行政法规，其中之一为《国营企业职工待业保险暂行规定》。这个《暂行规定》规定了国营企业中的 4 类职工为待业人员，并对待业救济金的来源、筹集与使用作了规定。1986 年《暂行规定》与国务院同时颁布的 3 个劳动用工制度改革规定一起，成为我国计划经济向市场经济转轨中劳动用工制度改革的重要标志。1993 年颁布的《待业保险规定》在 1986 年《暂行规定》基础上，将待业保险制度的覆盖范围由国营企业扩大到城镇各类所有制企业，调整了基金收缴基数，设立了有一定幅度的基金收缴比例，提高了救济金的发放标准，并进一步完善了待业保险基金的管理、监督制度。国务院上述两个规定的执行，既推动了企业改革的深化，也建立了失业保险制度的雏形。

第三阶段：国务院 1999 年 1 月发布了《失业保险条例》，是我国失业保险制度由不规范走向比较规范，从计划走向市场的重要标志，是适应我国社会主义市场经济体制建立的社会保障体系的组成部分。《失业保险条例》与 1993 年颁布的《待业保险规定》相比，有以下七个方面的重要变化：一是扩大了失业保险的覆盖范围；二是提高了失业保险费的费率；三是提高了失业保险基金的统筹层次；四是重新确定了失业保险金发放的标准；五是明确规定了失业保险基金的支出项目；六是确定了收支两条线管理的机制；七是规定了社会化管理的发放制度。在总结以往经验和梳理现存问题的基础上，社会保险法设专章对失业保险作了规定，为失业保险的长远发展提供了法律保障。

二、失业保险费的缴纳

（一）失业保险费的缴费义务人

根据《失业保险条例》的规定，城镇企业事业单位、城镇企业事业单位职工依照《失业保险条例》的规定，缴纳失业保险费。城镇企业，是指国有企业、城镇集体企业、外商投资企业、城镇私营企业以及其他城镇企业。

（二）失业保险费的缴费基数和费率

1. 失业保险基金的构成

根据《失业保险条例》规定，失业保险基金由下列各项构成：

（1）城镇企业事业单位、城镇企业事业单位职工缴纳的失业保险费。

（2）失业保险基金的利息。

（3）财政补贴。

（4）依法纳入失业保险基金的其他资金。

2. 缴费基数和费率

根据《失业保险条例》规定，城镇企业事业单位按照本单位工资总额的2%缴纳失业保险费，城镇企业事业单位职工按照本人工资的1%缴纳失业保险费。城镇企业事业单位招用的农民合同制工人本人不缴纳失业保险费。为减轻企业负担，促进扩大就业，人力资源社会保障部与财政部数次发文降低失业保险费率，将用人单位和职工失业保险缴费比例总和从3%阶段性降至1%，个人费率不得超过单位费率。具体方案由各省（区、市）研究确定。

失业保险基金在直辖市和设区的市实行全市统筹，其他地区的统筹层次由省、自治区人民政府规定。省、自治区、直辖市人民政府根据本行政区域失业人员数量和失业保险基金数额，报经国务院批准，可以适当调整本行政区域失业保险费的费率。

三、失业保险待遇

（一）领取失业保险金的条件

根据《社会保险法》规定，失业人员符合下列条件的，从失业保险基金中领取失业保险金：

（1）失业前用人单位和本人已经缴纳失业保险费满一年的。

（2）非因本人意愿中断就业的。

（3）已经进行失业登记，并有求职要求的。

（二）失业保险金的领取期限

失业人员失业前用人单位和本人累计缴费满一年不足五年的，领取失业保险金的期限最长为十二个月；累计缴费满五年不足十年的，领取失业保险金的期限最长为十八个月；累计缴费十年以上的，领取失业保险金的期限最长为二十四个月。重新就业后，再次失业的，缴费时间重新计算,领取失业保险金的期限与前次失业应当领取而尚未领取的失业保险金的期限合并计算,最长不超过二十四个月。

(三) 失业保险待遇

1. 领取失业保险金

失业保险金是指社会保险经办机构依法支付给符合条件的失业人员的基本生活费用,是对失业人员在失业期间失去工资收入的一种临时补偿,目的是保障失业人员的基本生活。失业保险金的标准,不得低于城市居民最低生活保障标准,一般也不高于当地最低工资标准,具体标准由省、自治区、直辖市人民政府确定。

2. 领取失业保险金期间享受基本医疗保险待遇

失业人员在领取失业保险金期间,参加职工基本医疗保险,享受基本医疗保险待遇。失业人员应当缴纳的基本医疗保险费从失业保险基金中支付,个人不缴纳基本医疗保险费。

3. 领取失业保险金期间的死亡补助

失业人员在领取失业保险金期间死亡的,参照当地对在职职工死亡的规定,向其遗属发给一次性丧葬补助金和抚恤金。所需资金从失业保险基金中支付。个人死亡同时符合领取基本养老保险丧葬补助金、工伤保险丧葬补助金和失业保险丧葬补助金条件的,其遗属只能选择领取其中的一项。

4. 职业介绍与职业培训补贴

失业人员在领取失业保险金期间,应当积极求职,接受职业介绍和职业培训。失业人员接受职业介绍、职业培训的补贴由失业保险基金按照规定支付。

5. 国务院规定或者批准的与失业保险有关的其他费用

(四) 停止领取失业保险金及其他失业保险待遇的情形

《社会保险法》规定,失业人员在领取失业保险金期间有下列情形之一的,停止领取失业保险金,并同时停止享受其他失业保险待遇:

(1) 重新就业的。

(2) 应征服兵役的。

(3) 移居境外的。

(4) 享受基本养老保险待遇的。

(5) 被判刑收监执行的。

(5) 无正当理由,拒不接受当地人民政府指定部门或者机构介绍的适当工作或者提供的培训的。

【案例分析 15-5】

失业保险领取期限的计算

案情: 张某大学毕业后到甲公司工作。公司与其签订了 2021 年 7 月 1 日至 2024 年 6 月 30 日的 3 年期合同,并为其办理了失业保险。因公司经济效益不好被裁员,公司于 2023 年 12 月 31 日与其解除劳动合同。此后,张某一直未能找到工作,遂于 2024 年 4 月 1 日办理了失业登记。

问题：张某领取失业保险金的期限如何计算？

解析：张某和甲公司累计缴纳社会保险费的时间为两年半，满 1 年不足 5 年，故领取失业保险金的期限最长为 12 个月；又因失业保险金领取期限自办理失业登记之日起计算，所以张某领取失业保险金的期限最长为 2024 年 4 月 1 日至 2025 年 3 月 31 日。

第五节 生育保险

一、生育保险的含义

生育保险是国家通过立法，在职业妇女因生育子女而暂时中断劳动时，由国家和社会及时给予生活保障和物质帮助的一项社会保险制度。

生育保险的宗旨在于通过向生育女职工提供生育津贴、产假以及医疗服务等方面的待遇，保障她们因生育而暂时丧失劳动能力时的基本经济收入和医疗保健，帮助生育女职工恢复劳动能力，重返工作岗位，并使婴儿得到必要的照顾和哺育，从而体现国家和社会对妇女在这一特殊时期给予的支持和爱护。同时，通过将妇女生育负担由用人单位责任转化为全社会责任，平衡企业之间的负担，减轻用人单位招用妇女的成本，帮助妇女就业。

二、生育保险基金的筹集

（一）生育保险费的缴费义务人

根据《社会保险法》的规定，职工应当参加生育保险，由用人单位按照国家规定缴纳生育保险费，职工不缴纳生育保险费。也就是说，用人单位是生育保险费的实际缴费义务人。

（二）生育保险费的缴费比例

生育保险根据“以支定收，收支基本平衡”的原则筹集资金，由企业按照其工资总额的一定比例向社会保险经办机构缴纳生育保险费，建立生育保险基金。生育保险费的提取比例由当地人民政府根据计划内生育人数和生育津贴、生育医疗费等项费用确定，并可根据费用支出情况适时调整，但最高不得超过工资总额的 1%。

三、生育保险待遇

《社会保险法》规定，用人单位已经缴纳生育保险费的，其职工享受生育保险待遇；职工未就业配偶按照国家规定享受生育医疗费用待遇。所需资金从生育保险基金中支付。生育保险待遇包括生育医疗费用和生育津贴。

（一）生育医疗费用

根据《社会保险法》的规定，生育医疗费用包括下列各项：

（1）生育的医疗费用。

（2）计划生育的医疗费用。

（3）法律、法规规定的其他项目费用。

按照国家的有关规定，女职工生育的医疗费用包括女职工生育期间的检查费、接生费、手术费、住院费、药费等，该部分费用由生育保险基金支付；女职工生育出院后，因生育引起疾病的医疗费也由生育保险基金支付；其他疾病的医疗费，按照基本医疗保险待遇的规定办理。

（二）生育津贴

生育津贴是指根据国家法律、法规规定对职业妇女因生育而离开工作岗位期间，给予的生活费用。女职工在生育期间离开工作岗位，不能正常工作，生育津贴是对女职工基本生活的保障。

根据《社会保险法》规定，职工有下列情形之一的，可以按照国家规定享受生育津贴：

（1）女职工生育享受产假。

（2）享受计划生育手术休假。

（3）法律、法规规定的其他情形。

生育津贴是女职工按照国家规定享受产假或者计划生育手术休假期间获得的工资性补偿。生育津贴按照职工所在用人单位上年度职工月平均工资的标准计发。生育津贴由生育保险基金支付。生育津贴支付期限与产假一致。按照《女职工劳动保护特别规定》规定，女职工生育享受98天产假；难产的，增加产假15天；生育多胞胎的，每多生育1个婴儿，增加产假15天。女职工怀孕未满4个月流产的，享受15天产假；怀孕满4个月流产的，享受42天产假。

【案例分析 15－6】

生育津贴如何计算

案情：赵女士在合肥一上市公司工作，“五险一金”缴纳齐全。赵女士怀孕后获批158天的产假。已知，赵女士所在用人单位上年度月平均工资为6 000元。

问题：赵女士在产假期间可以获得多少生育津贴？

解析：生育津贴按照职工所在用人单位上年度职工月平均工资的标准计发，且生育津贴支付期限与产假一致。因此，赵女士在产假期间可以获得的生育津贴为6 000÷30×158＝31 600（元）。

【课堂小活动】

学生分角色模拟社保登记，熟悉社保登记流程。

角色A：社保登记机构（社会保险征缴中心业务征缴部门）的工作人员

角色B：办理社保登记单位的业务人员

讨论：社保登记的流程是什么？社保登记机构和办理社保登记单位应该承担哪些责任？开业登记与变更登记以及注销登记有哪些不同？

阶段测试

一、名词解释

1. 基本养老保险　2. 基本医疗保险　3. 医疗期　4. 工伤保险　5. 失业保险

二、单项选择题

1. 根据社会保险法律制度的规定，下列各项中，不需要职工个人缴纳保险费的是(　　)。
A. 基本医疗保险　B. 工伤保险　C. 失业保险　D. 基本养老保险

2. 根据社会保险法律制度的规定，下列职工中，(　　)不应当被认定为工伤。
A. 在上班路上被违法闯红灯的汽车撞伤
B. 下班后半小时左右，在车间收拾机床时受伤
C. 因公外出期间，因个人原因与他人互殴致伤
D. 因长期工作而患职业病

3. 女职工生育，享受不少于(　　)天的产假。
A. 40　B. 60　C. 98　D. 80

4. 甲公司李某实际工作9年，在甲公司工作3年。因患病住院治疗，李某可享受的医疗期间为(　　)。
A. 3个月　B. 6个月　C. 9个月　D. 12个月

5. 根据社会保险法律制度的规定，失业人员在领取失业保险金期间，参加职工基本医疗保险，享受基本医疗保险待遇；失业人员应当缴纳的基本医疗保险费由(　　)支付。
A. 失业人员　B. 原用人单位　C. 失业保险基金　D. 基本医疗保险基金

三、判断题

1. 基本养老保险是对达到法定退休年龄或因年老丧失劳动能力的老年人予以基本生活保障的社会保险制度。(　　)

2. 基本养老保险的缴费工资，一般为职工本人本年度月平均工资。(　　)

3. 公休、假日和法定节日不包括在医疗期的病休期间。(　　)

4. 医疗费用应当由第三人负担，第三人不支付或者无法确定第三人的，由基本医疗保险基金先行支付，然后向第三人追偿。(　　)

5. 失业人员领取失业保险金的期限自办理失业登记之日起计算。(　　)

四、案例分析题

1. 甲公司职工王某2023年度从公司取得的总收入为110 000元，其中工资、奖金共计102 000元，甲公司支付给王某的福利费为8 000元。已知2023年度当地职工月平均工资为2 500元。计算王某个人2024年度每月应缴纳的基本养老保险费。

15

2. 2023 年 8 月 10 日，李某大学毕业后到某企业工作，双方签订为期 3 年的劳动合同。2024 年 6 月 20 日，李某患病住院。李某住院期间，用人单位停发李某全部工资，并以不能适应工作为由，解除与李某的劳动合同。

请问：该单位的做法是否符合法律规定？李某应享有的权益有哪些？

实训操作与指导

实训目的：通过社会保险管理实训平台，掌握养老保险、医疗保险、工伤保险、失业保险和生育保险五大业务流程。

实训要求：掌握社会保险管理实训平台相关子系统的基础数据设置、人员及档案管理、待遇的审批与组成、待遇的发放等相关实训内容。

自我评价

任务名称	掌握程度		
	好	中	差
对职工基本养老保险基金的组成和筹集的掌握情况			
对职工基本养老保险费的缴纳与计算掌握情况			
对职工基本养老保险享受条件和待遇的内容掌握情况			
对职工基本医疗保险费的缴纳和结算的内容掌握情况			
对医疗期的计算及医疗期内的待遇内容掌握的情况			
对工伤保险费的缴纳、工伤认定与劳动能力鉴定掌握情况			
对工伤保险待遇和工伤保险待遇负担的内容掌握情况			
对失业保险费的缴纳及失业保险待遇的内容掌握情况			

通过本章的学习，你还有什么收获？

第十六章　经济纠纷的解决

导 语

党的二十大报告首次将全面依法治国作为专章进行论述和专门部署，强调全面依法治国是国家治理的一场深刻革命，提出在法治轨道上全面建设社会主义现代化国家。经济纠纷是现代社会经济活动中不可避免的问题。经济纠纷以及引起纠纷的原因也是多种多样的。正是基于这样的原因，我国法律设立了多元化解决经济纠纷的机制，除了诉讼这一公力救济机制外，民事纠纷的解决方式还包括协商、诉讼外调解以及仲裁等，这种解决机制在平衡各方经济主体利益的冲突当中发挥着越来越重要的积极作用。

学习目标

理论知识目标：

1. 理解经济纠纷的概念、基本类型及多元化的民事纠纷解决机制。
2. 了解仲裁的法律特点、适用范围。
3. 掌握经济仲裁协议的形式、内容和效力判定。
4. 熟悉仲裁组织的组成及仲裁程序。
5. 掌握仲裁裁决的形式和法律效力。
6. 熟悉民事诉讼的概念与特点。
7. 掌握《民事诉讼法》的基本原则、基本制度、诉讼管辖。
8. 识别基本的民事诉讼证据的概念和法定类型。
9. 了解民事诉讼当事人的概念及种类。
10. 熟悉民事诉讼一审程序与二审程序并能区分。
11. 简单掌握民事诉讼审判监督程序。
12. 了解执行程序的概念及主要执行措施。

职业能力目标：

1. 能够运用所学的法律知识解决简单的经济纠纷。
2. 能够依据《民事诉讼法》和《仲裁法》等相关法律规定，为企业提供法律建议并规避合理的法律风险。
3. 能够运用所学的法律知识，对经济纠纷产生前后的证据材料的种类进行识别、收集，并初步具备运用各种方式处理经济纠纷的能力。

职业素养目标：

通过学习经济纠纷的解决，能准确分析案件事实、法律关系和法律责任，培养严密的逻辑思维与推理能力。

思维导图

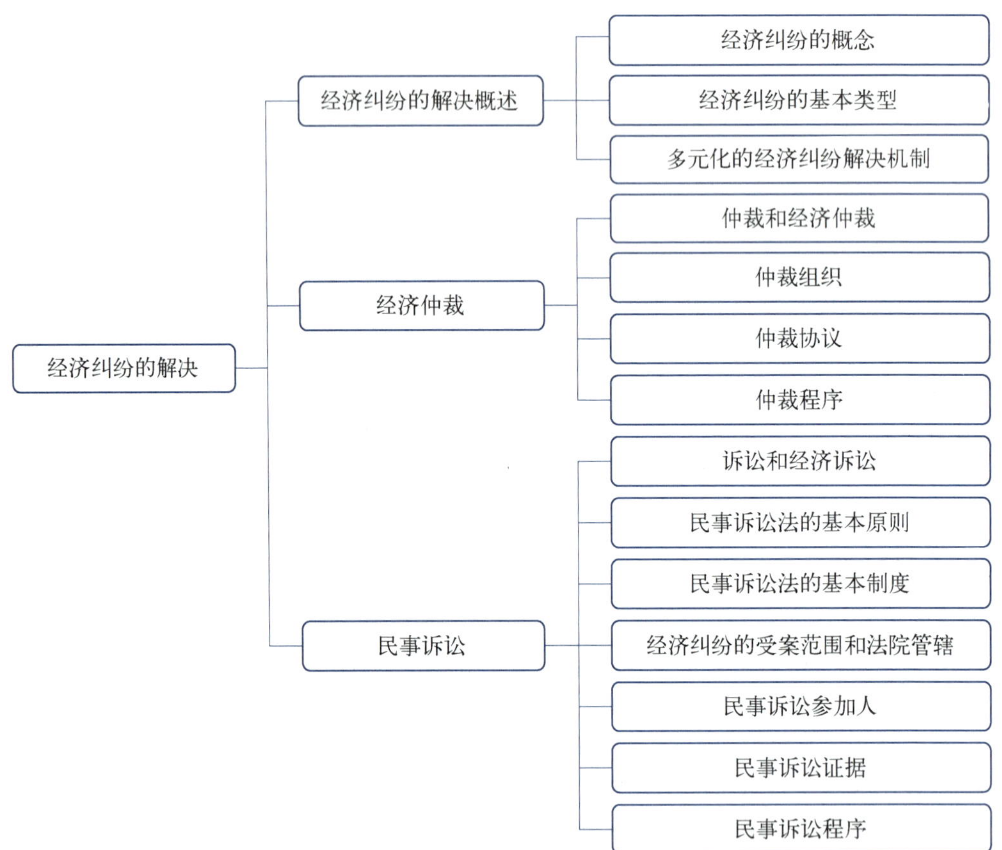

导入案例

事实一：某经纪公司与娱乐巨星小颜签订了一份演唱会合作协议，协议约定“因履行本协议发生的争议，任何一方可以向原告所在地人民法院起诉或向某市仲裁委员会申请仲裁”。演唱会结束后，双方在履行协议约定的票务分成问题上产生分歧。

事实二：小罗是某高校的硕士研究生，毕业后考上了某一线城市的老师，但由于该地房价过高而只能租房生活，后因工资较低且房租较高，小罗连续三个月未能向房东小黑支付租金。小黑将小罗诉至法院，要求小罗支付拖欠的三个月租金以及延期履行的利息共计 12 000 元。起诉后，小黑了解到小罗家庭困难，遂决定放弃追索小罗之前拖欠的租金，而是要求法院判令解除其与小罗之间的房屋租赁合同。

事实三：2024 年 10 月 21 日，倪某在停车场因停车问题与钱某发生纠纷，二人相互推搡，倪某用手推向钱某胸口，致钱某倒地并摔伤。遂钱某被送往县医院救治，经鉴定构成轻微伤，双方调解不成，钱某向法院提起诉讼，法院一审判决倪某赔偿医药费 15 753.92 元，护理费 12 240 元，鉴定费 2 000 元，精神损害抚慰金 20 000 元。接到法院判决后，倪某认为精神损害抚慰金数额太高，遂向上一级法院提出上诉。二审法院经审理后认为，一审法院对案件事实的认定是清楚的，符合客观事实，但在精神损害抚慰金数额问题上欠妥当。

1. 事实一中，小颜应当采取什么方式解决该纠纷？

2. 事实二中，小黑变更的是诉讼请求还是诉讼标的？

3. 事实三中，二审法院应当如何处理？

案例解析：

1. 小颜可以与经纪公司先行协商和解，或由第三方居中调解解决该纠纷。如协商或调解不成，小颜只能选择向原告所在地人民法院起诉。因为最高人民法院关于适用《中华人民共和国仲裁法》若干问题的解释第七条规定，当事人约定争议可以向仲裁机构申请仲裁也可以向人民法院起诉的，仲裁协议无效。

2. 此处的难点是如何区分变更诉讼请求与变更诉讼标的，需要首先确定小黑提出的两个请求所依据的诉讼标的是否相同。小黑最初提出的诉讼请求是支付房租及延迟履行利息，其所依据的实体法律关系是房屋租赁合同法律关系；小黑之后将诉讼请求变为解除合同关系，此时依据的仍旧是该房屋租赁法律关系，因此诉讼标的并未发生变化，而仅仅是诉讼请求的变更。

3. 二审法院经过审理，认为原判决事实清楚，适用法律错误，应依法改判。因此二审法院应当判决撤销原判决，并依法改判。

第一节　经济纠纷的解决概述

一、经济纠纷的概念

经济纠纷又称经济争议，是指市场经济主体之间因经济权利和经济义务的矛盾而引起的权益争议。经济纠纷作为民事纠纷的一种，一般来说，是因为违反了民事法律规范而引起的。经济法律主体违反了民事法律义务规范而侵害了他人的民事权利，由此而产生以民事权利义务为内容的经济争议。

经济纠纷具有如下的法律特征：一是经济纠纷发生在平等的经济主体之间；二是经济纠纷的内容是权利义务关系处于法律本位的非正常状态；三是经济纠纷属于社会纠纷的一种。经济纠纷主要有三大类，包括经济合同纠纷、经济侵权纠纷和经济权属纠纷。

二、经济纠纷的基本类型

（一）经济合同纠纷

经济合同纠纷是指平等的经济法律关系主体因合同的生效、解释、履行、变更、终止等行为而引起的合同当事人的所有争议，是以经济权利义务为内容的社会纠纷。经济合同纠纷的内容主要表现在当事人双方在依法签订经济合同之后，履行义务的过程中所产生的意见分歧或争议。合同纠纷的范围涵盖了某项合同从成立到终止的整个过程。经济合同纠纷如买卖合同纠纷、借款合同纠纷等。

（二）经济侵权纠纷

经济侵权纠纷是指经济法律关系主体在经济活动中，侵犯他人合法的权利而引起的纠纷。经济侵权纠纷包括知识产权侵权纠纷、所有权侵权纠纷、经营权侵权纠纷等。

（三）经济权属纠纷

经济权属纠纷是指在经济活动当中，经济法律关系主体对于某种性质的权利归属问题所产生的纠纷。例如土地使用权纠纷、票据权利纠纷等。

三、多元化的经济纠纷解决机制

（一）协商

协商方式是指经济纠纷争议当事人在自愿、互谅的基础上，直接进行协商，自行解决纠纷。经过协商达成的和解协议必须不违背法律及行政法规禁止性规定，不违背社会公序良俗以及不侵犯第三人合法权益，且充分体现争议双方当事人的自由意志。否则会被司法机关撤销。

协商所达成的和解协议在性质上仍然是契约，不具有国家强制力保证执行的特征，实际地被履行只能是双方彼此理解与信任的结果。如果一方反悔，拒绝履行，遵守方只得提请有关部门进行调处或直接向人民法院提起诉讼。

（二）调解

调解是一种解决纠纷的方式，它涉及当事人在第三方主持下自愿进行协商，通过教育疏导等方式达成协议，解决纠纷。调解分为诉讼外调解和法院调解。诉讼外调解的主持者不限于法院，可以是人民调解委员会、行政机关、仲裁机关等，而法院调解则发生在诉讼过程中，由法院主持，达成的协议具有执行力。

总的来说，调解是一种中立的第三方介入，以国家法律、法规、政策以及公序良俗为依据，通过斡旋、疏导、劝说等方式帮助当事人达成合意、解决纠纷的活动。不管何种形式的调解，基于调解所达成的协议必须以当事人自愿、不违反法律禁止性规定以及尊重社会公序良俗为总的指导原则，否则会被认定为违法而被撤销。

（三）经济仲裁

经济仲裁是一种解决经济纠纷的非诉讼方式，指合同当事人在发生争议时，如果协商无法解决问题，可以选择将争议提交给双方同意的第三方进行裁决。

仲裁协议有两种形式：一种是在争议发生之前订立的，它通常作为合同中的一项仲裁条款出现；另一种是在争议之后订立的，它是把已经发生的争议提交给仲裁的协议。这两种形式的仲裁协议，其法律效力是相同的。

（四）民事诉讼

民事诉讼是指人民法院在双方当事人和其他诉讼参与人的参加下，依法审理和裁判民事纠纷的活动，以及由这些活动所产生的各种关系的总和。经济纠纷主体通过民事诉讼请求国家审判机关依法保护自己的合法权益，民事诉讼在民事纠纷解决体系中处于主导地位，为当事人提供了一种正式的司法解决途径。

经济纠纷是众多民事纠纷之中最为常见的纠纷之一，基于民事法律领域充分尊重当事人意思自治原则的前提下，当事人可自愿选择纠纷的解决方式，但必须依法进行。

本章仅对经济仲裁与民事诉讼做重点介绍。

第二节　经 济 仲 裁

一、仲裁和经济仲裁

（一）仲裁的概念和仲裁类型

仲裁是一种解决争议的制度和方式，其核心在于纠纷当事人在自愿基础上达成协议，将纠纷提交给非司法机构的第三者进行审理，并由该第三者作出对争议各方均有约束力的裁决。仲裁的特点包括契约性、自治性、民间性和准司法性。

根据适用对象不同，仲裁可分为经济仲裁、农业承包合同仲裁、劳动仲裁等。其中经济仲裁解决的是经济主体之间的合同或者财产权益性纠纷，适用的是民商事相关的法律法规；劳动仲裁解决的是用人单位与劳动者之间的劳动争议，适用的是劳动相关的法律、法规；农业承包合同仲裁解决的是农业集体经济组织内部的农业承包合同争议，适用的是农业相关的法律法规。

依据《中华人民共和国仲裁法》（以下简称《仲裁法》）的规定，劳动争议和农业集体经济组织的内部的农业承包合同纠纷的仲裁，由国家另行规定，也就是说解决这类纠纷不适用《仲裁法》。劳动争议和农业集体经济组织内部的农业承包合同纠纷虽然可以仲裁，但它不同于一般的民事经济纠纷，因此只能另作规定予以调整。

（二）经济仲裁

经济仲裁是一种解决经济纠纷的非诉讼方式，指经济合同的当事人双方发生争议时，如通过协商不能解决，当事人一方或双方自愿将争议的事项或问题提交给双方同意的第三者依照专门的仲裁规则进行裁决，由其作出对双方均有拘束力的裁决。

经济仲裁适用于合同纠纷、投资纠纷、知识产权纠纷等多种经济活动中的争议。通过经济仲裁，可以及时解决纠纷，保护当事人的合法权益，同时减轻法院的压力。

需要注意的是，并非所有类型的纠纷都可以提交仲裁。例如婚姻、收养、抚养、继承纠纷以及依法应当由行政机关处理的行政争议不能通过仲裁解决。

（三）经济仲裁的特点

1. 自愿性

当事人的自愿性是仲裁最突出的特点。当事人是否将纠纷提交仲裁、向哪个仲裁委员会申请仲裁、仲裁员的选择等，都可以在当事人自愿的基础上，由双方当事人协商确定的。因此，仲裁是最能充分体现当事人意思自治原则的争议解决方式。

2. 专业性

经济仲裁往往涉及不同行业的专业知识，会遇到许多复杂的法律、经济贸易和有关的技术性问题，仲裁机构的仲裁员是来自各行业具有一定专业水平的专家，对公正高效处理纠纷起着关键作用。因此，由具有一定专业水平和能力的专家担任仲裁员对当事人之间的纠纷进行裁决是仲裁公正性的重要保障。根据我国《仲裁法》的规定，仲裁机构都备有分不同行业的专家组成的仲裁员供当事人进行选择，专家仲裁由此成为经济仲裁的重要特点之一。

3. 灵活性

由于仲裁充分体现当事人的意思自治，仲裁中的诸多具体程序都是由当事人协商确定的，相比较民事诉讼程序的复杂性而言，仲裁就具有更多的灵活性与弹性，仲裁裁决也更易为双方当事人所接受，从而更快地实现权利、履行义务。

4. 保密性

在社会主义市场经济条件下，商业秘密和商业信誉对市场主体进行生产经营至关重要。仲裁以不公开审理为原则。相关的仲裁法律和仲裁规则也同时规定了仲裁员及仲裁秘书人员的保密义务，因此当事人的商业秘密和贸易活动不会因仲裁活动而泄露，这就使仲裁表现出极强的保密性，为今后商业上的继续往来打下了基础。

5. 便捷性

仲裁实行一裁终局制，仲裁裁决一经仲裁庭作出即发生法律效力。这使得当事人之间的纠纷能够迅速得以解决。一般仲裁的普通程序审理期限为四个月，简易程序为两个月，而法院普通程序审理期限为六个月，简易程序为三个月。仲裁程序的快捷性可使当事人迅速从纠纷中解脱出来，以投入经营中去。

6. 经济性

仲裁的经济性主要表现在如下几个方面：时间上的快捷性使得仲裁所需要费用相对减少；仲裁不需要多审级收费，使得仲裁费往往低于诉讼费；仲裁的自愿性、保密性使当事人之间通常没有激烈的对抗，且商业秘密不必公之于世，对当事人之间今后的商业机会影响较小。

7. 独立性

仲裁机构独立于行政、司法机关，仲裁机构之间也无隶属关系。在仲裁过程中，仲裁庭独立进行仲裁，不受行政机关的干预，社会团体和个人的干涉，亦不受仲裁机构的干涉，显示出极大的独立性。这为我国仲裁真正做到公正性、权威性，创造了良好的外部环境与条件。

8. 国际性

随着现代经济的国际化，当事人进行跨国仲裁已屡见不鲜。仲裁案件的来源、当事人、仲裁庭的组成直至裁决的执行，国际性因素越来越多。一个缔约国家仲裁机构作出的裁决，可以很方便地到另一个缔约国去执行。这一优势是法院判决难以拥有的。

以仲裁的方式解决经济纠纷，综合上述几个方面的特点，我们不仅能够清楚地知道仲裁对于解决经济纠纷所带来的积极意义，而且还能进一步地了解这一项制度更有利于当事人的团结及巩固发展双方经济协作关系的意义，因为由仲裁机关通过仲裁解决争议，有时会比通过诉讼解决争议，更容易为双方当事人在感情上接受，有利于化解矛盾和维护社会稳定。

(四) 经济仲裁的适用范围

经济仲裁的适用范围简称仲裁范围，它是指仲裁作为解决纠纷的一种方式可以解决哪些纠纷、不能解决哪些纠纷，也就是纠纷的可仲裁性。

仲裁范围具有法定性，应该由法律加以明确规定。经济仲裁适用范围包括财产权益纠纷、合同纠纷等国内外仲裁。以下类型的纠纷不能进行仲裁：婚姻、收养、监护、抚养、继承纠纷，依法应当由行政机关处理的行政争议。根据《仲裁法》第七十七条规定，劳动争议和农业集体组织内部的农业承包合同纠纷的仲裁，另行规定，即劳动争议和农业集体经济组织内部的农业承包合同纠纷，不属于《仲裁法》所规定的仲裁范围。

【案例分析 16－1】

经济仲裁的适用范围

案情：杨某与刘某二人达成如下协议："双方如就祖传手镯的继承权发生争议，则提交双方住所地以外的仲裁委员会(北京仲裁委员会)进行裁决，并将自动履行其裁决。"之后双方果然在继承问题上发生争议。

问题：双方解决争议的可行法律途径是(　　)。

A. 只能向有管辖权的人民法院起诉

B. 只能申请北京仲裁委员会仲裁

C. 只能申请双方或一方住所地仲裁委员会仲裁

D. 既可以向有管辖权的法院起诉，也可以申请仲裁

解析：正确答案为 A。由于继承涉及身份关系，基于身份关系而产生的财产权益纠纷是不能仲裁的，所以当事人双方达成的仲裁协议无效，只能向有管辖权的人民法院起诉。

二、仲裁组织

目前，依据我国《仲裁法》的相关规定，对经济合同纠纷和其他财产权益纠纷具有裁决权力的组织是仲裁委员会，各仲裁委员会的自律性组织是中国仲裁协会。

(一) 仲裁委员会

1. 仲裁委员会的设立

依据《仲裁法》规定，仲裁委员会可以在直辖市和省、自治区人民政府所在地的市设立，也可以根据需要在其他设区的市设立，由前述市的人民政府组织有关部门和商会统一组建，不按行政区划层层设立。设立仲裁委员会，应当经省一级的司法行政部门登记。

2. 仲裁委员会的法律地位

仲裁委员会独立于行政机关，与行政机关没有隶属关系，不受其管理和支配。仲裁委员会之间也没有隶属关系。仲裁委员会通过自律性组织——中国仲裁协会来进行管理和社会监督。

3. 仲裁委员会的组成

仲裁委员会由主任一人、副主任二至四人和委员七至十一人组成，仲裁委员会的组成人员必须是单数，其中仲裁员由仲裁委员会从公道正派的人员中聘任。

(二) 仲裁协会

仲裁协会是指仲裁行业协会的简称，是指以仲裁机构和仲裁员为成员的自律性行业管理组织。中国仲裁协会是社会团体法人，仲裁委员会是中国仲裁协会的会员，其章程由全国会员大会制定。中国仲裁协会是仲裁委员会的自律性组织，根据章程对仲裁委员会及其组成人员、

仲裁员的违纪行为进行监督。中国仲裁协会依照《仲裁法》和《中华人民共和国民事诉讼法》(以下简称《民事诉讼法》)的有关规定制定仲裁规则。

三、仲裁协议

(一) 仲裁协议的概念

仲裁协议,是指双方当事人自愿将他们之间已经发生或者可能发生的争议提交仲裁解决的书面协议,是双方当事人所表达的采用仲裁方式解决纠纷意愿的法律文书。在经济纠纷仲裁中,仲裁协议是仲裁的前提,没有仲裁协议,就不存在有效的仲裁。

(二) 仲裁协议的形式和类型

1. 仲裁协议的形式

仲裁协议作为仲裁的法定依据,必须具备法定的形式。根据我国《仲裁法》的规定,仲裁协议应以书面形式订立,口头方式达成仲裁的意思表示无效。强调仲裁协议的书面形式,是为了从法律上确认当事人以仲裁方式解决争议的主观意愿,特别是双方当事人就所发生的争议以何种方式解决发生冲突时,可以以此作为仲裁的依据。在实践中,为了确保仲裁协议的有效性和可执行性,当事人应当使用书面形式来订立仲裁协议。如果双方当事人通过电话或其他口头方式谈妥了将他们之间的纠纷提交仲裁的事宜,一方当事人应当及时整理出相关记录,并要求对方予以确认,以确保该仲裁协议的有效性。

2. 仲裁协议的类型

我国《仲裁法》第十六条规定,仲裁协议包括合同中订立的仲裁条款和以其他书面方式在纠纷发生前或者纠纷发生后达成的请求仲裁的协议。根据仲裁立法和仲裁实践,仲裁协议主要包括以下类型。

(1) 合同中的仲裁条款。合同中的仲裁条款是指双方当事人在签订的合同中订立的,将今后可能因该合同所发生的争议提交仲裁的条款,包括双方当事人在补充合同、协议或备忘录等文件中对仲裁意思表示的修改或补充。仲裁条款是仲裁实践中适用最普遍,也是最重要的仲裁协议形式之一。这种条款主要适用于争议发生之前,通过签订仲裁条款,当事人可以预先设定一种纠纷解决机制,即当将来发生了因本合同或与本合同有关的争议,只能通过仲裁方式加以解决。根据我国《仲裁法》及有关司法解释的规定,仲裁条款具有其独立性,合法有效的仲裁条款不受合同效力的影响。

(2) 仲裁协议书。这是一种在争议发生之前或之后,由双方当事人在自愿基础上订立的协议,其目的是将可能发生的或已经发生的争议提交仲裁。仲裁协议书是独立于合同而存在的契约,是将订立于该仲裁协议书中的特定争议事项提交仲裁的意思表示。由于仲裁协议书并非属于双方当事人在纠纷发生前所订立的合同的一部分,因此其不受已签订的合同的约束,具有更大的独立性。

(3) 其他书面形式的仲裁协议。其他书面形式的仲裁协议,包括以合同书、信件和数据电文(包括电报、电传、传真、电子数据交换和电子邮件)等形式达成的请求仲裁的协议。这种形式的仲裁协议有别于仲裁条款和仲裁协议书,实质上相当于通过要约和承诺达成的协议,即一方当事人提出仲裁解决纠纷的意愿,另一方当事人通过一定的通信手段表示接受,从而达成仲裁协议。

（4）当事人通过援引达成的仲裁协议。当事人通过援引达成的仲裁协议是指当事人之间并没有直接订立仲裁协议，而是通过引用另一个合同、文件中所订阅的仲裁条款作为他们之间将纠纷提交仲裁的依据，即作为他们之间书面同意仲裁的一份协议，或者当事人只在合同或者仲裁协议中明确表明仲裁的意愿，其他仲裁协议所应包括的具体内容则按照某个现有的文件中的仲裁条款来认定。

（三）仲裁条款的独立性

仲裁条款的独立性也称仲裁条款的可分割性或可分离性。仲裁条款的独立性是指仲裁条款作为主合同的一个条款，尽管其依附于主合同，但其效力仍然可以与主合同的其他条款分离，独立于它所依附的主合同而存在。即仲裁条款不因主合同的无效、终止或被撤销而无效，也不因主合同的变更而受到影响。我国《仲裁法》第19条规定，仲裁协议独立存在，合同的变更、解除、终止或者无效，不影响仲裁协议的效力。

【案例分析16－2】

法院是否该受理

案情：元贞公司与优莱公司签订了一份菜品购销合同，合同约定，因合同效力或合同的履行发生纠纷提交安庆仲裁委员会或合肥仲裁委员会仲裁解决。合同签订后，优莱公司以本公司具体承办人超越权限签订合同为由，主张合同无效，下列说法正确的是（　　）。

A. 因当事人约定了两个仲裁委员会，仲裁协议当然无效

B. 因优莱公司承办人员超越权限签订合同导致合同无效，仲裁协议当然无效

C. 优莱公司如向法院起诉，法院应当受理

D. 优莱公司如向法院起诉，法院应当裁定不予受理

解析：正确答案为C。仲裁协议独立性及效力构成要件知识点的考查。首先，仲裁协议具有独立性，其不因主合同无效而无效，因此B项说法错误。其次，明确选定的仲裁委员会是仲裁协议有效的内容之一。根据法律规定，如果当事人可以协议选择其中一个申请仲裁，当事人就仲裁委的选择不能达成一致的，仲裁协议无效。结合本题，A项认为只要仲裁协议选择两个仲裁委员会就当然无效无法补正是错误的。本题中优莱公司向法院起诉即以用起诉行为证明双方已无法就该仲裁协议达成一致，上述仲裁协议无效，人民法院可受理此案，因此C选项是正确的，D选项错误。

（四）仲裁协议的内容

一份完整、有效的仲裁协议除了具备法定的书面形式，还必须具有符合法律规定的内容。根据我国《仲裁法》第十六条的规定，仲裁协议应当包括下列内容：

1. 请求仲裁的意思表示

请求仲裁的意思表示是仲裁协议的首要内容。因为当事人以仲裁方式解决纠纷的意愿正是通过请求仲裁的意思表示体现出来的，表明双方当事人愿意将争议提交仲裁解决。该意思表示必须具备如下四个方面的要件：第一，意思表示中请求仲裁解决纠纷应该具体、明确；第

二，以仲裁方式解决纠纷必须是双方当事人协商后合意的结果；第三，必须基于当事人内心真实的意思；第四，必须是双方当事人自己的意思表示。

2. 仲裁事项

仲裁事项即明确哪些具体的争议属于仲裁的范围。仲裁事项应当具有可仲裁性与明确性，因为其要解决的是“仲裁什么”的问题。对仲裁事项没有确定或者约定不明确的，当事人应就此事项达成补充协议，达不成补充协议的，仲裁协议无效。在仲裁实践中，当事人只有把订立于仲裁协议中的争议事项提交仲裁，仲裁机构才能受理。同时，仲裁事项也是仲裁庭审理和裁决纠纷的范围，即仲裁庭只能在仲裁协议确定的仲裁事项的范围内进行仲裁，超出这一范围进行仲裁，所作出的仲裁裁决，经一方当事人申请，法院可以不予执行或者撤销。

3. 选定的仲裁委员会

选定的仲裁委员会即指明将争议提交给哪个具体的仲裁委员会进行审理。仲裁委员会是仲裁纠纷案件裁决的法定组织。由于我国仲裁没有地域管辖和级别管辖的规定，仲裁委员会是由当事人在仲裁协议当事人自主选定的。如果当事人在仲裁协议中不选定具体的仲裁委员会，仲裁就无法进行。

当事人达成的仲裁协议只有同时具备仲裁的意思表示、仲裁事项和选定的仲裁委员会这三个构成要件，才会在内容上符合《仲裁法》的规定而成为有效的仲裁协议。

（五）无效的仲裁协议

1. 仲裁协议无效的法定情形

仲裁协议是双方当事人意思表示一致的合意行为，法律在赋予其一定的约束力的同时，也往往明确规定达到具有这一约束力的强制性条件和规范，当仲裁协议违反了该条件和规范时，该仲裁协议无效。根据我国《仲裁法》的规定，仲裁协议在下列情形下无效：

（1）以口头方式订立的仲裁协议无效。

（2）约定的仲裁事项超出法律规定的仲裁范围，仲裁协议无效。

（3）无民事行为能力人或者限制民事行为能力人订立的仲裁协议无效。

（4）一方采取胁迫手段，迫使对方订立仲裁协议的，该仲裁协议无效。

（5）仲裁协议对仲裁事项没有约定或约定不明确，或者仲裁协议对仲裁委员会没有约定或者约定不明确，当事人对此又达不成补充协议的，仲裁协议无效。

2. 仲裁协议无效后的法律后果

仲裁协议被认定为无效后，就不再具有法律的约束力，当事人之间的纠纷既可以通过向法院提起诉讼的方式解决，也可以重新达成仲裁协议通过仲裁方式解决；对当事人来说，当事人可以向法院起诉，也可以达成新的仲裁协议后申请仲裁；对法院来说，由于排斥司法管辖权的原因已经消失，法院对于当事人之间的纠纷就具有管辖权；对于仲裁机构来说，因其没有行使仲裁权的法定依据而不能对当事人之间的纠纷行使仲裁管辖权。

3. 仲裁协议效力性确认主体

有权认定仲裁协议是否有效的主体是仲裁委员会或人民法院。当事人对仲裁协议的效力有异议的，可以请求仲裁委员会作出决定或者请求人民法院作出裁定。一方请求仲裁委员会作出决定，另一方请求法院作出裁定的，由人民法院裁定。

四、仲裁程序

仲裁程序是指双方当事人将所发生的争议根据仲裁协议的规定提交仲裁时，根据仲裁规则、《仲裁法》《民事诉讼法》及相关司法解释规定的程序所要办理的各项手续。具体的仲裁程序如下：

（一）仲裁申请和受理

仲裁申请是仲裁程序的必要条件之一，也是启动仲裁程序的第一步。依据我国《仲裁法》的规定，当事人一方申请仲裁时，应向仲裁委员会提交仲裁申请书及其副本、仲裁协议和必要的证据，其内容应包括：申请人和被申请人的姓名、性别、年龄、职业、工作单位和住所，法人或其他组织的名称、住所和法定代表人或主要负责人的姓名、职务，委托代理人的姓名、职务及工作单位，申请人的要求和所依据的事实和理由，证据和证据来源，证人姓名和住所。如果委托他人代为参加仲裁活动的，应当提交授权委托书，在申请时指定一名仲裁员，并缴纳一定的仲裁费用。

审查与受理是仲裁委员会的一项重要仲裁活动。仲裁委员会根据《仲裁法》第二十一、二十三条规定，对是否存在有效的仲裁协议、仲裁请求、事实和理由、是否属于仲裁委员会的受理范围进行实质性审查。经过审查，对符合法定条件和要求的申请同意立案。

当事人向仲裁机构提出仲裁申请后，并不意味着仲裁程序的开始，只有当事人的仲裁申请经过仲裁机构审查，并由仲裁机构作出立案受理的决定后，仲裁程序才能开始。因此，当事人申请仲裁的行为与仲裁机构立案受理的行为相结合才能引起仲裁程序的发生。在这一过程中，当事人提出仲裁申请的行为是仲裁受理的前提。

（二）组织仲裁庭

仲裁庭可以由三名仲裁员或者一名仲裁员组成。当事人约定由三名仲裁员组成的，设首席仲裁员。三名仲裁员组成仲裁庭时，当事人应各自选定或各自委托仲裁委员会主任指定一名仲裁员，第三名仲裁员由当事人共同选定或共同委托仲裁委员会主任指定；当事人约定由一名仲裁员成立仲裁庭的，应当由当事人共同选定或者共同委托仲裁委员会主任指定仲裁员；当事人没有在仲裁规则规定的限期内约定仲裁庭的组成方式或者选定仲裁员的，由仲裁委员会主任指定。

（三）仲裁回避

当事人可以申请仲裁员回避，仲裁员也可以自行回避。仲裁员的回避是指仲裁员具有可能影响案件公正裁决的情形后，依照法律的规定，自行申请退出仲裁庭，或者根据当事人的申请退出仲裁庭。

回避制度是仲裁制度的基本制度之一，仲裁机构实行回避制度，是保障当事人平等行使权利，保证仲裁员公正处理案件的一项重要制度。规定回避制度的意义正在于避免仲裁员的徇私舞弊、枉法裁决情况的出现，以保证仲裁裁决的公正性。无论是仲裁员自行提出回避还是当事人依法提出回避申请，仲裁员是否回避，都要由特定的机构或特定的人员对回避理由予以审查，并作出是否准许回避的决定。我国《仲裁法》将决定仲裁员是否回避的权利赋予了仲裁委员会。仲裁员是否回避由仲裁委员会主任决定；仲裁委员会主任担任仲裁员时，由仲裁委员会集体决定。

【案例分析 16－3】

仲裁回避

案情：甲公司与乙公司因合同纠纷向某仲裁委员会申请仲裁，第一次开庭后，甲公司的代理律师发现合议庭首席仲裁员苏某曾与乙公司的老总周某某在一起吃饭，遂向仲裁庭提出回避申请。关于本案仲裁程序，下列正确的是（　　）。

A. 苏某的回避应由仲裁委员会集体决定

B. 苏某回避后，合议庭应重新组成

C. 已经进行的仲裁程序应继续进行

D. 当事人可请求已进行的仲裁程序重新进行

解析：正确答案为 D。本案采用的是合议庭仲裁的组庭方式，对首席仲裁员苏某的回避，应当由仲裁委员会主任决定，只有当仲裁委员会主任自己担任仲裁员时，回避申请才由仲裁委员会集体决定，因此选项 A 的说法错误。苏某被准许回避后，其退出仲裁庭，重新选定或指定仲裁员，但并非要将合议庭整个重组，因此选项 B 的说法错误。当事人可以请求已经进行的仲裁程序重新进行，是否准许，由仲裁庭决定。仲裁庭也可以自行决定已进行的仲裁程序是否重新进行。依此，选项 C 的说法错误，选项 D 的说法正确，当选 D。

（四）仲裁审理

仲裁审理是指仲裁庭依法组成后，按照《仲裁法》以及仲裁规则规定的程序和方式，对当事人之间发生争议并交付仲裁的争议案件进行审理并作出仲裁裁决的活动。仲裁审理在整个仲裁程序中占有重要地位，其主要任务是审查、核实证据、查明案件事实、分清是非责任、正确适用法律、确认当事人之间的权利义务关系、解决当事人之间的纠纷。

依据我国《仲裁法》第三十九、四十条规定，仲裁审理的方式可以分为两种：一是开庭审理，仲裁开庭一般不公开进行，当事人协议公开的，可以公开进行，但涉及国家秘密的除外；二是书面审理，当事人协议不开庭的，仲裁庭可以根据仲裁申请书、答辩书以及其他材料作出裁决。书面审理是开庭审理的必要补充。

（五）仲裁的和解、调解和裁决

1. 仲裁和解

仲裁和解是指仲裁当事人通过协商，自行解决已提交仲裁的争议事项的行为。根据我国《仲裁法》第四十九条规定，当事人申请仲裁后，可以自行和解。当事人达成和解协议的，可以请求仲裁庭根据和解协议作出调解书、裁决书，还可以撤回仲裁申请，如果当事人撤回仲裁申请后反悔的，仍可以根据原仲裁协议申请仲裁。

2. 仲裁调解

仲裁中的调解是我国仲裁中的特有做法，仲裁调解是仲裁机构的仲裁员主持下进行的调解，当事人在自愿协商和互谅互让的基础上达成协议，从而解决纠纷的一种制度。经仲裁庭调解，当事人双方达成仲裁协议的，仲裁庭应当制作调解书，当事人签收后即发生法律效力，如果在签收前当事人反悔的，仲裁庭应当及时作出裁决。仲裁庭除了可以制作调解书外，也可以根据协议的结果制作裁决书。调解书与裁决书具有同等的法律效力。对于调解无效或者达成调解协议后当事人又反悔的案件，仲裁庭也应当依法作出裁决，而不能久调不决。

3. 仲裁裁决

仲裁裁决是指仲裁庭对当事人之间所争议的事项作出的裁决。仲裁实行一裁终局制度，裁决自作出之日起发生法律效力。根据仲裁庭的组成方式不同，独任仲裁审理时，由独任仲裁员作出裁决；合议仲裁庭审理时，由三名仲裁员采用多数决的原则作出裁决结果，仲裁庭不能形成多数意见时，按首席仲裁员的意见作出裁决。

仲裁实行一裁终局制度，裁决自作出之日起发生法律效力。任何一方当事人不履行裁决的，另一方当事人可以向人民法院申请强制执行。根据我国参加的《纽约公约》的规定，我国仲裁机构作出的仲裁裁决，也可以在其他缔约国得到承认和执行，如果被执行人或者其财产不在中国境内的，当事人可以直接向有管辖权的外国法院申请承认和执行。

（六）仲裁裁决的法律效力和应撤销的仲裁裁决

根据《仲裁法》规定，仲裁实行一裁终局制度，裁决一经仲裁机构作出即发生法律效力，双方当事人应当自觉履行裁决所规定的义务，即使对仲裁裁决不服也不能就同一纠纷再向人民法院起诉，也不能再申请仲裁机构仲裁，任何一方当事人不履行裁决所规定的义务，对方当事人可根据我国《民事诉讼法》的有关规定向人民法院申请强制执行。

应撤销的仲裁裁决，是指裁决在未进入执行程序之前，因违反法律行政法规禁止性规定、违反社会公序良俗、公共利益或侵犯第三人合法权益等而被法院裁定撤销的裁决。当事人提出证据证明裁决有下列情形之一的，可以向仲裁委员会所在地的中级人民法院申请撤销裁决：❶ 没有仲裁协议的；❷ 裁决的事项不属于仲裁协议的范围或者仲裁委员会无权仲裁的；❸ 仲裁庭的组成或者仲裁的程序违反法定程序的；❹ 裁决所根据的证据是伪造的；❺ 对方当事人隐瞒了足以影响公正裁决的证据的；❻ 仲裁员在仲裁该案时有索贿受贿，徇私舞弊，枉法裁决行为的。

如果裁决进入执行程序时，被申请人提出证据证明裁决有以上情形之一的，经人民法院组成合议庭审查核实，裁定不予执行。一方当事人申请执行裁决，另一方当事人申请撤销裁决的，人民法院应当裁定中止执行。人民法院裁定撤销裁决的，应当裁定终结执行。撤销裁决的申请被裁定驳回的，人民法院应当裁定恢复执行。

【知识拓展 16－1】

劳动仲裁与经济仲裁的区别

劳动仲裁是指由劳动争议仲裁委员会对当事人申请仲裁的劳动争议居中公断与裁决。在我国，劳动仲裁是劳动争议当事人向人民法院提起诉讼的必经程序。按照《中华人民共和国劳动法》（以下简称《劳动法》）规定，提起劳动仲裁的一方应在当事人知道或者应当知道其权利被侵害之日起一年内向劳动争议仲裁委员会提出书面申请。除非当事人是因不可抗力或有其他正当理由，否则超过法律规定的申请仲裁时效的，仲裁委员会不予受理。劳动仲裁与经济仲裁的区别如下：

（1）适用对象不同。劳动仲裁适用于劳动者与用人单位之间的劳动关系，处理工资、劳

16

保、辞职辞退、劳动补偿、工伤等劳动争议；经济仲裁适用于平等民事主体之间的经济纠纷，主要处理经济合同纠纷和财产权益纠纷。

（2）设立依据和仲裁委员会不同。劳动仲裁委员会依据劳动法律、法规设立，属于劳动部门下属的事业单位；经济仲裁委员会依据《仲裁法》设立，是一个独立的第三方组织。

（3）立案条件不同。劳动仲裁是法律规定解决劳动争议的必经程序，只要个人与用人单位之间存在劳动合同或事实劳动关系，即可申请立案；经济仲裁必须当事人双方在合同中订有明确具体的仲裁条款或事后达成仲裁协议，才能申请立案。

（4）适用法律不同。劳动仲裁适用《劳动法》及其相关法律法规；经济仲裁适用《民法典》《仲裁法》等民商事法律、法规以及国际惯例和商业规则。

（5）仲裁效力不同。劳动仲裁是处理劳动争议的前置程序，当事人不服劳动仲裁裁决，多数情况下可以再提起诉讼。劳动仲裁裁决并不具有终局性，当事人仍有权通过诉讼途径寻求救济。经济仲裁属于一裁终局，裁决一经作出即具有法律效力。除非法定原因，当事人不能再提起诉讼。经济仲裁裁决与人民法院判决具有同等法律效力，当事人逾期不履行，另一方当事人可以直接申请强制执行。经济仲裁裁决的终局性有助于快速解决经济纠纷，提高纠纷解决效率。

第三节　民事诉讼

一、诉讼和经济诉讼

（一）诉讼

诉讼是指国家司法机关在诉讼参与人的参加下，依法审理和解决刑事、民事和行政案件的活动，以及由这些活动所发生的诉讼关系。诉讼作为公力救济手段的一种，其必然体现强制性、权威性的特点：一方面是为了弥补私力救济非强制性的不足，另一方面也是为了维护统治秩序的需要。社会冲突不仅关系着个体权益，而且关系着统治秩序和社会系统的整体利益，所以就必须由社会控制系统或国家强制力进行处置。基于此，诉讼程序其实就是争议主体对国家意志及法律权威的接受与服从的过程。

根据诉讼的内容和形式不同，诉讼可以具体分为刑事诉讼、民事诉讼和行政诉讼三种。刑事诉讼是指审判机关（人民法院）、检察机关（人民检察院）和侦查机关（公安机关、国家安全机关等）在当事人以及诉讼参与人的参加下，依照法定程序解决被追诉者刑事责任问题的诉讼活动。行政诉讼是个人、法人或其他组织认为国家机关作出的行政行为侵犯其合法权益而向法院提起的诉讼，通俗的称谓为“民告官”。民事诉讼是指人民法院、当事人和其他诉讼参与人，在审理民事案件的过程中，所进行的各种诉讼活动，以及由这些活动所产生的各种关系的总和。三大诉讼是我国将法律规范上的应然权利变成实然权利的保障，这种国家提供保障的活动，我们可以称为法的适用，也即通常所理解的司法，即指国家司法机关依据法定职权和法定程序，具体应用法律处理案件的专门活动。

（二）经济诉讼

经济诉讼，也称经济审判，是指人民法院在当事人和其他诉讼参与人的参加下，依法审理经济纠纷并做出裁判的诉讼活动。结合前述经济纠纷的概念，我们不难看出，经济纠纷作为民事纠纷涵盖的一部分，主要发生在平等的民事主体之间。因此，其诉讼活动主要适用《民事诉讼法》及其相关规定。

民事诉讼作为解决经济纠纷争议中合法权益受损害的公力救济方式，正是基于合法、理性地解决个案冲突以免动摇社会秩序的考量，实践证明，民事诉讼在经济活动中定纷止争的作用越来越明显。

二、民事诉讼法的基本原则

民事诉讼法的基本原则，是指在民事诉讼的整个过程中，或者在重要的诉讼阶段，起指导作用的准则。它为法院的审判活动和诉讼参与人的诉讼活动指明了方向，体现了民事诉讼法的立法指导思想和精神实质，对审理民事案件具有普遍指导意义。

（一）当事人诉讼权利平等原则

我国《民事诉讼法》第八条规定："民事诉讼当事人有平等的诉讼权利。人民法院审理民事案件，应当保障和便利当事人行使诉讼权利，对当事人在适用法律上一律平等。"法律规定的上述原则，可以概括为当事人平等原则，包含以下几个方面的内容：一是当事人的诉讼地位完全平等。诉讼地位平等，也就是诉讼权利和义务平等；二是当事人有平等地行使诉讼权利的手段。同时，人民法院平等地保障双方当事人行使诉讼权利；三是对当事人在适用法律上一律平等。对一切诉讼当事人，不分民族、种族、性别、职业、社会出身、宗教信仰、受教育的程度、财产状况、居住期限，在适用法律上一律平等。

（二）同等原则和对等原则

同等原则，是指一个主权国家赋予非本国公民与本国公民同等待遇的原则。我国法律对在人民法院进行民事诉讼的外国人、无国籍人、外国企业和组织，赋予他们同我国公民、法人和其他组织同等的诉讼权利义务，实行同样的诉讼待遇，都同样受到司法上的保护。

对等原则，实质上是一项反限制的原则，是指外国法院对我国公民、法人和其他组织的民事诉讼权利加以限制的，我国人民法院对该国公民、企业和组织的民事诉讼权利，也采取相应措施，加以限制。实行对等原则，是维护国家主权的需要，也是保护我国公民、法人和其他组织合法权益的需要。它是在出现限制的情况下所适用的一项原则，没有发生限制的情况，就无所谓反限制，当然就不会有对等的措施。

（三）法院调解自愿和合法的原则

法院调解，是指法院在审理民事案件时，对于能够调解解决的纠纷，在双方当事人自愿的基础上，通过说服劝导的方式，促使双方当事人互谅互让，达成一致的合法调解协议，解决纠纷的诉讼活动和结案方式。法院调解可以由当事人的申请启动，也可以由人民法院依职权启动。法院调解是我国民事审判工作的优良传统和成功经验，民事诉讼把法院调解用法律条文固定下来，并将自愿、合法进行调解确定为一项基本原则。

（四）辩论原则

根据我国《民事诉讼法》第十二条的规定，民事诉讼当事人有权对争议的问题进行辩论。

辩论原则，是指在人民法院主持下，当事人有权就案件事实和争议问题，各自陈述自己的主张和根据，互相进行反驳和答辩，以维护自己的合法权益。当事人就有争议的问题，相互进行辩驳，通过辩论揭示案件的真实情况。对于辩论原则，必须把握以下内容：一是辩论权之行使贯穿诉讼的整个过程，辩论绝非仅限于法庭辩论，而贯穿从起诉到诉讼终结的整个过程；二是辩论的内容，既可以是程序方面的问题，也可以是实体方面的问题；三是辩论的表现形式及方式是多种多样的，既可以是书面形式也可以是口头形式。人民法院应当保障当事人充分行使辩论权。

（五）处分原则

处分原则，是指民事诉讼当事人有权在法律规定的范围内，处分自己的实体权利和诉讼权利。处分即自由支配，对于权利可行使，也可以放弃。在民事诉讼中，当事人处分的权利对象多种多样，但无非两大类：一是基于实体法律关系而产生的民事实体权利；二是基于民事诉讼法律关系所产生的诉讼权利。需要注意的是，我国民事诉讼中当事人的处分权不是绝对的，我国法律在赋予当事人处分权的同时，也要求当事人不得违反法律规定，不得损害国家、社会、集体和其他公民个人的利益。处分原则是民法中的当事人意思自治原则在经济诉讼的具体体现，法院不得非法干预。

（六）检察监督原则

检察监督原则是人民检察院在对生效裁判提出抗诉或对生效裁判、审判人员的违法行为、执法活动的法律监督提出检察建议的一种原则。《民事诉讼法》第十四条规定，人民检察院有权对民事诉讼实行法律监督。根据检察监督原则的要求，人民检察院实行监督的内容主要有两方面：一是监督审判人员贪赃枉法、徇私舞弊等违法行为；二是对人民法院作出的生效判决、裁定是否正确合法进行监督。

三、民事诉讼法的基本制度

民事诉讼基本制度，是指在民事诉讼的一定阶段或重大环节上起着基本作用的准则，是人民法院与当事人及其他诉讼参与人进行民事诉讼的基本规程。我国《民事诉讼法》的基本制度有合议制度、回避制度、公开审判制度、两审终审制。

（一）合议制度

合议制度，是指由若干名审判人员组成合议庭对民事案件进行审理的制度。按合议制组成的审判组织，称为合议庭，实行合议制，是为了发挥集体的智慧，弥补个人能力上的不足，以保证案件的审判质量。合议庭的组成有两种形式：一种是由审判员和人民陪审员共同组成，陪审员在人民法院参加审判期间与审判员有同等的权利；另一种是由审判员组成的合议庭。合议庭评议，实行少数服从多数的原则，评议中的不同意见必须如实记入评议笔录。

（二）回避制度

回避制度，是指为了保证案件的公正审判，而要求与案件有一定的利害关系的审判人员或其他有关人员，不得参与本案的审理活动或诉讼活动的审判制度。回避适用的情形有：❶ 审判人员或者其他人员是本案当事人或当事人、诉讼代理人的近亲属；❷ 审判人员或者其他人员与本案有利害关系；❸ 与本案当事人、诉讼代理人有其他关系，可能影响对案件的公正审理，“其他关系”是指除上述第一、二关系之外的特殊亲密或仇嫌关系的存在，足以影响案件的公正审理。

（三）公开审判制度

公开审判制度，是指人民法院审理民事案件，除法律规定的情况外，审判过程及结果应向群众、社会公开的制度。我国实行审判公开为一般原则，不公开为例外。法定不公开审理的案件主要有：一是涉及国家秘密的案件；二是涉及个人隐私的案件；三是法律另有规定的案件。离婚案件和涉及商业秘密的案件，当事人申请不公开审理的，可以不公开审理。无论是公开审理的案件，还是不公开审理的案件，宣判时一律公开。《民事诉讼法》还专门规定了裁判文书的公开制度，即公众可以查阅生效的裁判书和裁定书，但法律不公开审理的案件除外。

（四）两审终审制

两审终审制，是指一般民事案件经过两级人民法院审判后即告终结。一般的民事案件，当事人不服一审人民法院的判决、允许上诉的裁定，可上诉至二审人民法院；二审人民法院对案件所做的判决、裁定为生效判决、裁定，当事人不得再上诉。最高人民法院所做的一审判决、裁定，为终审判决、裁定，当事人不得上诉。根据民事诉讼法的规定，适用特别程序、督促程序、公示催告程序和企业法人破产还债程序审理的案件，实行一审终审。

四、经济纠纷的受案范围和法院管辖

（一）经济纠纷的受案范围

经济纠纷的受案范围，是指那些经济纠纷可以由人民法院依照《民事诉讼法》进行审理与裁决的案件。根据民事相关法律规定，人民法院受理平等主体的法人之间、其他组织之间、公民之间以及他们相互之间因财产关系发生的经济权益纠纷案件。下列经济纠纷可以由人民法院受理：❶ 经济合同纠纷，包括法人之间、法人与公民之间发生的经济合同纠纷案件，如买卖、承包、租赁等；❷ 技术合同纠纷案件，如技术开发、技术转让、技术咨询等；❸ 涉外、涉港澳台经济合同纠纷，包括国内企业或经济组织与外国及我国港澳台地区的企业和其他经济组织或个人订立的经济合同的纠纷，如补偿贸易、来料加工、中外合作经营企业等；❹ 工业产权纠纷案件，如商标侵权、商标许可等；❺ 经济损害赔偿纠纷，包括法人之间或法人为一方当事人在生产流通领域因侵权行为发生的损害赔偿纠纷案，如财产所有权、产品责任等；❻ 劳动纠纷、企业破产案件纠纷、票据纠纷等。

（二）法院管辖

经济纠纷案件属于民事案件的一种，依照《民事诉讼法》有关管辖的规定进行案件的受理。所谓民事诉讼管辖，是指各级人民法院之间和同级法院之间受理第一审民事案件的分工和权限。它是在法院内部确定具体的某一民事案件由哪个法院行使民事审判权的一项制度。《民事诉讼法》目前设有级别管辖、地域管辖、专属管辖、裁定管辖等制度。

1. 级别管辖

级别管辖，是指按照一定的标准，划分上下级法院之间受理第一审民事案件的分工和权限。

第一审民事案件一般都是由基层人民法院（县、区级人民法院）管辖的；中级人民法院管辖的民事案件有重大涉外案件、在本辖区有重大影响的案件、最高人民法院确定由中级人民法院管辖的案件；高级人民法院管辖的第一审民事案件是在本辖区有重大影响的民事案件；最高人民法院管辖的第一审民事案件有在全国有重大影响的案件和认为应当由本院审理的案件。

2. 地域管辖

地域管辖，是指按照各法院的辖区和民事案件的案属关系，划分同级法院受理第一审民事案件的分工和权限。地域管辖实际上是从法院与当事人、诉讼标的以及法律事实之间的隶属关系和关联关系中确定的，它分为一般地域管辖与特殊地域管辖。

(1) 一般地域管辖，是指以当事人的所在地与法院隶属关系来确定的诉讼管辖。我国《民事诉讼法》是以被告所在地管辖为原则，原告所在地管辖为补充来确定一般地域管辖的，即以“原告就被告”为主，“被告就原告”为辅。

以被告所在法院为管辖法院，使审判和执行得更具便利性。比如，法院向被告送达法律文书相对容易；法院对被告的情况更容易调查核实，相关证据材料在同一区域内也更容易调取，有利于法院查明案件事实；作为被告生活和工作的区域，被告的主要资产一般都在该区域内，执行法官查明被告名下财产更方便，执行操作也更便利。

(2) 特殊地域管辖又称特别地域管辖，是指以被告住所地、诉讼标的所在地、法律事实所在地为标准确定的管辖。在特殊地域管辖中至少有两个法院都有管辖权，且当事人可以选择其中一个法院进行起诉。因此，特殊地域管辖从当事人角度看属于“选择管辖”，从法院角度看属于“共同管辖”。

3. 专属管辖

专属管辖是地域管辖的一种，是指法律规定某些类型的案件只能由特定的法院管辖，其他法院无管辖权，当事人也不得以协议改变法律确定的管辖。与其他法定管辖相比，专属管辖具有优先性、排他性与强制性。专属管辖可分为国内专属管辖与涉外专属管辖：

(1) 国内专属管辖的范围：因不动产纠纷提起的诉讼，由不动产所在地法院管辖；因港口作业发生纠纷提起诉讼，由港口作业地法院管辖；因继承遗产提起的诉讼，由被继承人死亡时住所地或主要遗产所在地管辖。

(2) 我国人民法院专属管辖的涉外民事案件有：在我国履行的中外合资经营企业合同纠纷；在我国履行的中外合作经营企业合同纠纷；在我国履行的中外合作勘探开发自然资源合同纠纷。

4. 裁定管辖

裁定管辖，是指人民法院以裁定的方式确定诉讼的管辖。裁定管辖是对法定管辖的补充和变通，它既可以弥补法定管辖的不足，又可以解决因管辖问题发生的争议，以便适应司法实践中复杂多变的情况。裁定管辖包括移送管辖、指定管辖和管辖权的转移。

(1) 移送管辖，是指人民法院受理民事案件后，发现自己对案件无管辖权，依法将案件移送给有管辖权的人民法院审理的制度。

(2) 指定管辖，是指上级人民法院以裁定的形式指定下级人民法院对某一案件行使管辖权。关于指定管辖，应当重点掌握指定管辖所发生的情况以及应由哪个法院行使指定管辖权。

（3）管辖权转移，是指经上级人民法院决定或者同意，将某案件的管辖权由上级人民法院转交给下级人民法院，或者由下级人民法院转交给上级人民法院。与移送管辖不同，管辖权转移是上下级人民法院之间进行的一种管辖权的转移。

五、民事诉讼参加人

民事诉讼参加人，是指按照法律规定参加诉讼的人。包括当事人（原告、被告、共同诉讼人、第三人）和诉讼代理人（法定代理人、委托代理人）。诉讼参加人的范围没有诉讼参与人广泛。

（一）当事人

民事诉讼中的当事人，是指因民事权利义务发生争议，以自己的名义进行诉讼，要求法院行使民事裁判权的人。民事诉讼中的当事人，有狭义和广义之分。狭义上的当事人，仅指原告和被告。广义上的当事人，除原、被告以外，还包括共同诉讼人、诉讼中的第三人。

原告是指以自己的名义提起诉讼，请求法院保护其权益，是使诉讼成立的人；被告是指与原告相对的一方，被控侵犯原告权益，需要追究民事责任，并经法院通知其应诉的人；第三人是指对他人之间的诉讼标的有独立的请求权或虽无独立的请求权，但是与案件的处理结果有法律上的利害关系，而参加他人之间正在进行的诉讼的人。

当事人的称谓因不同的诉讼阶段和程序而有所不同。在第一审的普通程序和简易程序中，称原告、被告；特别程序中称申请人；在第二审程序中，称上诉人、被上诉人；在再审程序中，适用第一审程序的，称原告、被告；适用第二审程序的，称上诉人、被上诉人；在执行程序中，称申请人、被申请人。

（二）诉讼代理人

诉讼代理人指的是在代理的权限内，代理被代理人进行诉讼活动的人。在我国，除法律规定必须由当事人亲自进行诉讼的案件外，刑事诉讼中的被害人、自诉人以及民事诉讼中的原告、被告和第三人，均可由诉讼代理人代理诉讼。代当事人实施的诉讼行为，被称为诉讼代理行为。这种诉讼代理行为包括两个方面：代为诉讼行为和代受诉讼行为。前者如提出诉讼请求、陈述案件事实和理由、提供证据等，后者如接受对方当事人提出的调解意见、代当事人接受诉讼文书等。

根据《民事诉讼法》的相关规定，当事人、法定代理人可以委托下列一至二人作为诉讼代理人：律师、基层法律服务工作者；当事人的近亲属或者工作人员；当事人所在社区、单位以及有关社会团体推荐的公民。

委托他人代为诉讼的，必须向人民法院提交委托人签名或盖章的授权委托书。授权委托书必须载明委托事项和权限。诉讼代理人代为承认、放弃、变更诉讼请求，进行和解，提起反诉或者上诉，必须有委托人的特别授权。

六、民事诉讼证据

（一）民事诉讼证据的概念和法律特征

民事诉讼证据，是指能够证明民事案件真实情况的客观事实材料。民事诉讼证据有三个最基本的特征：

（1）客观真实性，指作为民事证据的事实材料必须是客观存在的。作为证据的事实，不以任何人的主观意志为转移，它以真实而非虚无的、客观而非想象的样子出现于客观世界，且能够为人所认识和理解。

（2）关联性，指民事证据必须与案件的待证事实之间有内在的联系。只有对于认定案件事实有帮助的事实材料才有法律意义。

（3）合法性，指作为民事案件定案依据的事实材料必须符合法定的存在形式，并且其获得、提供、审查、保全、认证、质证等证据的适用过程和程序也必须是合乎法律规定的。

【知识拓展 16－2】

非法证据排除规则

非法证据排除规则指如果没有法律的例外规定，法院不得以非法证据作为查明事实和裁判案件的依据。证据是内容（事实材料）与形式（证明手段）的统一，是以法律规定形式表现出来的能够证明案件真实情况的一切事实，由于证据在案件胜负中的决定性作用，当事人难免会为了取证而不择手段。因此，为了避免当事人采用非法手段获取证据而对人权、法律正当程序造成的伤害，法律有必要在证据的自然属性上增加一个价值属性，即某些“毒树之果”由于其获得过程严重违反宪法和法律保护的价值观而不能作为查明事实和裁判案件的依据。

《最高人民法院关于适用〈中华人民共和国民事诉讼法〉的解释》第一百零六条规定，对以严重侵害他人合法权益、违反法律禁止性规定或者严重违背公序良俗的方法形成或者获取的证据，不得作为认定案件事实的根据。

（二）民事诉讼证据的法定类型

我国民事诉讼证据的法定类型有：

（1）当事人的陈述，是指当事人在诉讼中就与本案有关的事实，向法院所作的陈述。

（2）书证，是指以文字、符号、图形等所记载的内容或表达的思想来证明案件真实的证据。这种物品之所以称为书证，不仅因它的外观呈书面形式，而更重要的是它记载或表示的内容能够证明案件事实。

（3）物证，是指以其存在的形状、质量、规格、特征等来证明案件事实的证据。物证是通过其外部特征和自身所体现的属性来证明案件的真实情况，它不受人们主观因素的影响和制约。

（4）视听资料，是指利用录音、录像、电子计算机储存的资料和数据等来证明案件事实的一种证据。它包括录像带、录音片、传真资料、电影胶卷、微型胶卷、电话录音、雷达扫描资料和电脑贮存数据和资料等。

（5）电子数据，是指基于计算机应用、通信和现代管理技术等电子化技术手段形成包括文字、图形符号、数字、字母等的客观资料。

（6）证人证言，是指知晓案件事实并应当事人的要求和法院的传唤到法庭作证的人，就案件事实向法院所作的陈述。

（7）鉴定意见，是指鉴定人运用专业知识、专门技术对案件中的专门性问题进行分析、鉴别、判断后做出的结论。

（8）勘验笔录，是指人民法院审判人员，在诉讼过程中，为了查明一定的事实，对与案件争议有关的现场、物品或物体亲自进行或指定有关人员进行查验、拍照、测量而根据查验的情况与结果而依法制成的笔录。

各种证据材料必须依法定程序进行举证、质证以及认证方可作为定案依据。

【案例分析 16－4】

民事诉讼证据的法定类型

案情：唐小慧与某书店因十几本工具书损毁发生纠纷，书店向法院起诉，并向法院提交了被损毁图书以证明遭受的损失。关于本案被损毁图书，属于（　　）。

A. 直接证据　　B. 间接证据

C. 书证　　D. 物证

解析：正确答案为 AD。

依据证据与案件主要事实的证明关系，将证据划分为直接证据与间接证据。直接证据与案件主要事实的证明关系是直接的，单独一个直接证据可以不依赖于其他证据，以直接证明的方式对案件的主要事实发挥证明作用。单独一个间接证据不能直接证明案件的主要事实，它只能证明案件事实中的某一情节片段，同其他证据结合起来才能查明案件主要事实。本题中，要证明的案件事实就是工具书被损毁这一事实，因此被毁损的图书直接证明了该事实，属于直接证据。选项 A 正确，选项 B 错误。

物证是以其外部的特征、存在的场所或者物质属性等对案件发挥证明功能，而书证则是以其记载的内容或者表达的思想来对案件发挥证明功能。一个记载着文字、符号、图画等内容的物品，如果是以其记载的内容或者考虑证据的来源、形式、证明力等因素，仅看其能否直接证明待证事实即可。图书以其外部被毁损的特征证明案件事实，属于物证。选项 D 正确，选项 C 错误。

七、民事诉讼程序

（一）第一审普通程序

第一审普通诉讼程序，又称普通程序，是指人民法院审理和裁判第一审民事案件通常适用的程序。第一审普通程序是法院审理民事案件的最基本的程序，在整个民事诉讼程序中占有十分重要的地位。从立法上看，它被规定在众多程序之首，这部分条文最多、内容最复杂，集中体现了民事诉讼的基本结构、完整性和层次性。与其他程序相比，其具有程序完整性、程序独立性和广泛适用性的特点。在《民事诉讼法》中，普通程序位列众多程序之首，集中体现了民事诉讼的基本结构、完整性和层次性。

1. 起诉和受理

起诉是依法向法院提出诉讼，请求法院对特定案件进行审判的行为。民事诉讼中的起诉，是指当事人认为自己的或依法由自己管理、支配的民事权益受到侵害或与他人发生了争议，以自己的名义向人民法院提出诉讼请求，要求人民法院通过审判予以保护的诉讼行为。民事诉讼奉行“不告不理”的原则，没有起诉，人民法院就不会启动诉讼程序。当事人符合法律规定起诉的诉讼行为是一审普通程序开始的前提条件。起诉必须是有起诉权的公民或法人依法向有管辖权的法院进行。

根据《民事诉讼法》第一百二十二条规定，当事人起诉必须同时具备以下四个条件：❶ 原告是与本案有直接利害关系的公民、法人或其他组织；❷ 有明确的被告；❸ 有具体的诉讼请求和事实、理由；❹ 属于人民法院受理民事诉讼的范围和受诉人民法院管辖。

起诉的方式，以书面起诉为原则，以口头起诉为例外。起诉应当向人民法院递交起诉状，并按照被告的人数提交起诉状副本。书写起诉状确有困难的，可以口头起诉，由人民法院记入笔录，并告知对方当事人。起诉状应当写明以下内容：❶ 当事人的基本情况；❷ 原告的诉讼请求以及诉讼请求所依据的事实和理由；❸ 证据和证据来源、证人姓名、住所等；❹ 受诉人民法院的名称、起诉时间、起诉人签名或盖章。起诉状应当按照法律规定的内容书写，内容如有欠缺的，受诉人民法院应告知原告限期补正。

【知识拓展 16－3】

民事起诉状的范本（自然人民间借贷类）

民事起诉状

原告：××，男/女，×族，××年××月××日出生，现住××市××区××路××小区××幢××室，公民身份号码×× ×× ××，联系电话：×× ×××。

被告一（借款人）：××，男/女，×族，××年××月××日出生，现住××市××区××路××小区××幢××室，公民身份号码×× ×× ××，联系电话：×× ×××。

被告二（若有保证人）：××，男/女，×族，××年××月××日出生，现住××市××区××路××小区××幢××室，公民身份号码×× ×× ××，联系电话：×× ×××。

诉讼请求：

1. 请求判令被告一归还借款××元，并支付借款利息（按月利息×%的标准，自××年××月××日起计算至实际履行之日止）【借条中约定利息的情况】；或判令被告一归还借款××元【借条中未约定利息或约定不明确的情况】。

2. 请求判令被告二承担保证责任（连带/一般）。

3. 本案的诉讼费用由被告一、被告二负担。

事实和理由：

原告和被告一系朋友关系，被告一因资金周转需要，于××年××月××日向原告借款××元。被告一出具借条一份，载明借款金额、借款时间、借款利率、还款方式等。原告通过银行转账/微信转账/现金方式将款项交付被告一，被告一仅支付原告××个月的借款利息/××元借款本金及利息后（注：此处写明原告已经偿还本金或利息的数额），未继续支付利息，到期后也未归还借款本金，被告二也未履行保证义务。为此，原告诉至法院，请求判如所请。

此致

××人民法院

具状人：××（本人亲笔签名）

年　　月　　日

受理，是指人民法院通过审查原告的起诉，认为符合起诉条件，决定立案的行为。人民法院受理后，认为符合《民事诉讼法》第一百一十九条规定条件的，应在七日内立案，认为不符合条件的，应当在七日内以书面形式裁定不予受理，原告对裁定不服的，有权在裁定书送达之日起十日内向上一级人民法院提起上诉。

2. 审理前的准备

审理前的准备是人民法院受理原告起诉后至开庭审理之前，由案件承办人依法进行的一系列准备工作。包括依法组成合议庭、通知被告应诉和审判人员阅卷。受理案件后，人民法院应当向原告、被告送达案件受理通知书、应诉通知书以及举证通知书；自立案之日起，人民法院应当在五日内将起诉状副本发达被告，被告有权自收之日起十五日内提交答辩状，人民法院收到答辩状后，应当五日将答辩状副本发送给原告，被告逾期不提交答辩状不影响案件的审理。

3. 开庭审理

开庭审理是指人民法院于确定的日期在当事人和其他诉讼参与人的参加下，依照法定的程序和形式，在法庭上对案件进行实体审理的诉讼活动。依照普通程序开庭审理案件，必须严格按照法定的阶段和顺序进行。开庭审理由庭审准备、宣布开庭、法庭调查、法庭辩论、当事人最后陈述、合议庭评议和宣判几个阶段组成，合议庭应当充分保障当事人及其诉讼代理人在各个阶段充分发表辩论意见的权利。它不仅是人民法院行使审判权的重要方式，也是保护当事人合法权益的重要途径。

开庭审理是普通程序中最基本和最主要的阶段，是当事人行使诉权进行诉讼活动和人民法院行使审判权进行审判活动最集中、最生动的体现，对人民法院正确审理民事案件具有重要的意义。

（二）第二审程序

第二审程序是指由于民事诉讼的当事人不服地方各级人民法院作出的尚未生效的一审判决或裁定而在法定期间内向上一级人民法院提起上诉，要求撤销或变更原判决或裁定，上一级人民法院据此对案件实行审判所适用的程序。第二审又称上诉审，第二审程序又称上诉审程序。由于我国民事诉讼实行的是两审终审制度，第二审法院作出的判决、裁定是终审判决、裁定，当事人不得再次上诉，因此，第二审程序又称终审程序。

1. 第二审程序与第一审程序的联系与区别

（1）联系。我国的上诉审采纳的是续审主义，即第二审以第一审的审理为基础，第一审程序是第二审程序的前提和基础，第二审程序是第一审程序的继续和发展。第二审人民法院审理上诉案件，首先适用第二审程序的有关规定；第二审程序没有规定的，要适用第一审普通程序的有关规定。

（2）区别。第一、二审程序区别对照表如表 16 - 1 所示。

表 16 - 1　　第一审与第二审程序区别

比较内容	第一审程序	第二审程序
发生根据	当事人起诉权与一审法院管辖权	当事人上诉权与二审法院审判监督权
审级不同	初审	续审
审判组织	普通程序合议制（可陪审）或独任制；简易程序独任制	合议制或独任制（不可陪审）
审理对象	双方争议的事实及权利义务关系	上诉请求所涉及的事实和法律问题

16

续　表

比较内容	第一审程序	第二审程序
审理期限	普通程序为6个月，经本院院长批准可延长6个月，还需延长的，报上级法院批准； 简易程序为3个月，经本院院长批准可延长1个月； 适用小额诉讼的程序为2个月内，经本院院长批准，可以延长1个月	对判决上诉为3个月，经本院院长批准可以延长； 对裁定的上诉为30日
裁判效力	大部分可以上诉	终审裁判，一经宣判和送达即生效

2. 提起上诉的条件及上诉的受理

（1）提起上诉的条件。

❶ 有法定的上诉对象。民事诉讼法对提起上诉的对象作了明确的规定，地方各级法院作出的第一审判决、第二审法院发回重审后作出的判决以及按照第一审程序对案件作出的再审判决，一般可以上诉。当事人对不予受理的裁定、对管辖权异议的裁定以及驳回起诉的裁定不服的，可以提起上诉。

❷ 有合法的上诉人和被上诉人。上诉人与被上诉人必须是参加第一审程序的原告和被告、有独立请求权的第三人及一审法院判决承担责任的无独立请求权第三人。

❸ 在法定期间内提起上诉。当事人对第一审判决，有权在判决书送达之日起十一日内向提起上诉；对于第一审可以上诉的裁定，当事人有权自裁定送达之日起十日内提起上诉。任何一方的上诉期间未满，裁判都处于上诉期内，这时的裁判处于一种不确定状态。只有双方当事人的上诉期间届满后，双方均未上诉的裁判才发生法律效力。

❹ 必须提交上诉状。上诉状内容包括：当事人的基本情况，原审法院的名称、案件的编号和案由，上诉的请求和理由。

（2）上诉的受理。

第二审人民法院从如下方面进行形式审查决定是否受理：

❶ 当事人的上诉材料及一审法院案件卷宗材料是否完备。

❷ 上诉人递交的上诉状的时间是否在法定上诉期限以内。

❸ 是否缴纳了上诉费用。

【案例分析 16－5】

提起上诉的条件及上诉的受理

案情：朱某被罗某某打伤后诉至法院，罗某某败诉。一审判决书送达罗某某时，其当即向送达人唐某某表示上诉，但因其不识字，未提交上诉状。关于罗某某行为的法律效力，下列选项正确的是（　　）。

A. 罗某某已经表明上诉，产生上诉效力

B. 唐某某将罗某某的上诉要求告知法院后，产生上诉效力

C. 罗某某未提交上诉状，不产生上诉效力

D. 罗某某口头上诉经二审法院同意后，产生上诉效力

解析：正确答案为C。上诉应当递交上诉状，即必须提交书面上诉状，口头上诉无效。需要注意区分起诉和上诉的形式要求，起诉是以书面为原则、口头为例外，而上诉必须是书面形式。本题中罗某某虽然口头表示要上诉，但并未提交上诉状，因此不产生上诉的法律效果，选项C的说法正确。

3. 上诉案件的裁判

第二审的审理对象是当事人上诉请求所涉及的事实认定和法律适用问题，因此，针对一审裁判的不同情况，二审法院对上诉案件将会作出不同裁判。

(1) 判决驳回上诉，维持原判。二审法院认为原判决对上诉请求的有关事实认定清楚、适用法律正确的，应当判决驳回上诉，维持原判。

(2) 依法改判、撤销或者变更原判决。二审法院认为原判决认定事实错误或者适用法律错误的，应当以判决方式依法改判、撤销或者变更。如果认为原判决认定的基本事实不清的，可以查清事实后改判。

(3) 裁定撤销原判，发回重审。二审法院认为原判决认定基本事实不清的、遗漏当事人的或者严重违反法定程序的，有上述情形之一的，应当裁定撤销原判决，发回重审。

我国实行两审终审制。第二审法院即终审法院所作出的判决和裁决产生的法律效力体现在当事人不得对裁判再行上诉、不得重新起诉和具有强制执行力三个方面。

(三) 审判监督程序

审判监督程序即再审程序，是指对已经发生法律效力的判决、裁定，调解书，人民法院认为确有错误的，对案件再行审理的程序。审判监督程序只是纠正生效裁判错误的法定程序，不是案件审理的必经程序，也不是诉讼的独立审级。审判监督程序不同于其他的诉讼程序，其特点有：

(1) 审判监督程序是对已经发生法律效力的裁判进行再审的程序，它不是第一、二审程序的继续和发展，不是民事诉讼的必经程序。

(2) 审判监督程序设置的目的主要是纠正已经发生的民事裁判书中的错误，确保裁判的正确性和合法性，保护当事人的合法权益。

(3) 审判监督程序分为两个阶段，即再审的提起阶段和再审的审理阶段。再审的提起阶段中，因为启动主体的不同，提起再审的程序和条件也有明显的差别；再审的审理阶段中，没有独立的诉讼程序，应根据原审的审级和再审法院的级别，确定适用一审普通程序或二审程序进行。

(4) 再审的提起只能由特定的机关和人员完成。有权提起再审的主体，或者是各级人民法院院长、上级人民法院、最高人民法院，或者是有检察监督权的人民法院，或者是当事人或特定的案外人。

各级法院院长对本院已生效裁判，发现确有错误，有权提交审判委员会处理；最高人民法院对地方各级人民法院、上级人民法院对下级人民法院已生效裁判，发现确有错误，有权提审或指令下级人民法院再审；最高检察院对各级人民法院已生效的刑事裁判、行政裁判，发现确有错误，有权依审判监督程序提出抗诉；地方各级检察院发现同级或上级人民法院已生效裁判确有错误，可报请上级检察院抗诉；当事人对已生效裁判，认为确有错误，可以向有关机关申诉，但不能停止裁判的执行。

法院决定再审的案件，应另行组成合议庭审理。对原审裁判所认定的事实和适用法律的情况进行全面审查。原系一审案件，按一审程序审判，所作裁判，可以上诉或抗诉；原系二审的案件，或者是上级法院提审的案件，依照二审程序审判，所作裁判，是终审裁判，宣告后即发生法律效力，不得依二审程序上诉或抗诉。

（四）执行程序

执行是指人民法院的执行依照法定程序，对发生法律效力的法律文书确定的给付内容，以国家强制力为后盾，依法采取强制措施，迫使义务人履行义务的行为。执行应当具备三个条件：❶ 执行以生效法律文书为根据；❷ 执行根据必须具备给付内容；❸ 执行必须以负有义务的一方当事人无故拒不履行义务为前提。

执行措施，是指人民法院依照法定程序，强制执行生效法律文书的方法和手段。我国现行《民事诉讼法》根据不同的执行对象规定了不同的执行措施，具体的有如下三种措施：

（1）对财产的执行措施。扣押、冻结、划拨、变价被执行人的金融资产；扣留、提取被执行人的收入；查封、扣押、拍卖、变卖被执行人的财产；强制被执行人交付法律文书指定的财物或票证。

（2）对行为的执行措施。例如，强制被执行人迁出房屋或退出土地；强制被执行人履行法律文书指定的行为等。

（3）保障性执行措施。查询被执行人的金融资产；搜查被执行人的同产；强制被执行人支付迟延履行期间债务利息及迟延履行金；办理财产权证照转移手续；报告财产；限制被行人出境；征信系统记录不履行义务信息；媒体公布不履行义务信息；限制被执行人高消费。

【知识拓展 16－4】

拒不执行判决裁定罪

法院作出的生效判决和裁定，对当事人及相关人员具有约束力，应当严格履行，否则将会损害司法权威，侵犯申请执行人的合法权益。如果当事人有能力执行而拒不执行相关的判决、裁定，可能构成拒不执行判决裁定罪，被依法追究刑事责任。《中华人民共和国刑法》第三百一十三条规定，对人民法院的判决、裁定有能力执行而拒不执行，情节严重的，处三年以下有期徒刑、拘役或者罚金；情节特别严重的，处三年以上七年以下有期徒刑，并处罚金。

【课堂小活动】

利用学校资源，进行角色扮演，组织模拟庭审活动。

指导意见：向有关法律实务部门或组织借阅一份案卷，根据案卷内容进行庭审设计。

角色 A：审判长；角色 B：审判员；角色 C：人民陪审员；角色 D：书记员；角色 E：原告；角色 F：原告诉讼代理人；角色 G：被告；角色 H：被告诉讼代理人；角色 I：证人。

讨论：各角色的诉讼权利和义务，注意民事诉讼一审普通程序的庭审规则。

阶段测试

一、名词解释

1. 经济仲裁　2. 民事诉讼　3. 级别管辖　4. 书证　5. 审判监督程序

二、单项选择题

1. 根据《仲裁法》的规定，下列说法正确的是（　　）。

A. 仲裁实行级别管辖和地域管辖

B. 仲裁应公开进行，但当事人协议不公开的除外

C. 离婚纠纷不可以申请仲裁

D. 如事前未约定纠纷解决方式，事后也未达成补充约定，则当事人既可向法院起诉，也可申请仲裁

2. 关于民事诉讼与仲裁的区别，下列说法中错误的是（　　）。

A. 诉讼原则上公开进行，仲裁原则上不公开进行

B. 诉讼是二审终审，仲裁是一裁终局

C. 诉讼判决有强制执行力，仲裁裁决没有强制执行力

D. 诉讼中合议庭最终结果实行少数服从多数原则，仲裁不能形成多数意见时以首席仲裁员的意见为最终结果

3. 社会主义法治的价值追求，因此必须坚持法律面前人人平等原则。下列（　　）最能体现法律面前人人平等原则的内涵。

A. 检察监督原则　B. 诚实信用原则

C. 当事人诉讼权利平等原则　D. 同等原则和对等原则

4. 人民法院审理民事案件应当（　　）。

A. 着重调解　B. 根据自愿合法的原则调解

C. 以调解为主　D. 首先调解

5. 经过法定程序证明文件的复印与原件相符的公证书，属于（　　）。

A. 视听资料　B. 书证　C. 物证　D. 鉴证结论

6. 在民事诉讼中，与案件相关的网上聊天记录属于（　　）。

A. 物证　B. 书证　C. 电子数据　D. 证人证言

7. 人民法院对原告的起诉经审查，认为不符合起诉条件的，应当在七日内（　　）。

A. 通知原告不予受理　B. 裁定不予受理

C. 裁定驳回起诉　D. 判决驳回起诉

8. 人民法院审理第一审民事案件，由审判员、陪审员共同组成合议庭或者由审判员组成合议庭关于合议庭成员的人数，说法正确的是（　　）。

A. 必须是单数　B. 必须是双数

C. 既可以是单数，也可以是双数　D. 法律未规定

16

三、判断题

1. 当事人自愿达成的和解协议具有强制执行力。（　　）

2. 经济仲裁以公开审理为原则，以不公开审理为例外。（　　）

3. 合议仲裁庭审理时，由三名仲裁员采用多数决的原则作出裁决结果，仲裁庭不能形成多数意见时，按首席仲裁员的意见作出裁决。（　　）

4. 因不动产纠纷提起的诉讼，由被告住所地法院管辖。（　　）

5. 二审法院认为原判决对上诉请求的有关事实认定清楚、适用法律正确的，应当判决驳回上诉，维持原判。（　　）

四、案例分析题

1. 位于某市甲区的天南公司与位于乙区的海北公司签订合同，约定海北公司承建天南公司位于丙区的新办公楼，合同中未约定仲裁条款。新办公楼施工过程中，天南公司与海北公司因工程增加工作量、工程进度款等问题发生争议。双方在交涉过程中通过电子邮件约定将争议提交某仲裁委员会进行仲裁。其后天南公司考虑到多种因素，向人民法院提起诉讼，请求判决解除合同。

法院在不知道双方曾约定仲裁的情况下受理了本案，海北公司进行了答辩，表示不同意解除合同。在一审法院审理过程中，原告申请法院裁定被告停止施工，法院未予准许。开庭审理过程中，原告提交了双方在履行合同过程中的会谈录音带和会议纪要，主张原合同已经变更。被告质证时表示，对方在会谈时进行录音未征得本方同意，被告事先不知道原告进行了录音，而会议纪要则无被告方人员的签字，故均不予认可。一审法院经过审理，判决驳回原告的诉讼请求。原告不服，认为一审判决错误，提出上诉，并称双方当事人之间存在仲裁协议，法院对本案无诉讼管辖权。

二审法院对本案进行了审理。在二审过程中，海北公司见一审法院判决支持了本公司的主张，又向二审法院提出反诉，请求天南公司支付拖欠的工程款。天南公司考虑到二审可能败诉，故提请调解，为了达成协议，表示认可部分工程新增加的工作量。后因调解不成，天南公司又表示对已认可增加的工作量不予认可。二审法院经过审理，判决驳回上诉，维持原判。请回答下列问题：

（1）何地法院对本案具有诉讼管辖权？

（2）假设本案起诉前双方当事人对仲裁协议的效力有争议，可以通过何种途径加以解决？

（3）一审法院未依原告请求裁定被告停工是否正确？为什么？

（4）双方的会谈录音带和会议纪要可否作为法院认定案件事实的根据？为什么？

（5）原告关于管辖权的上诉理由是否成立？为什么？

（6）假设二审法院认为本案不应由人民法院受理，可以如何处理？

2. 2024 年 5 月，合肥市百货公司和安庆市五星公司在合肥市订立供销合同，合同约定百货公司向五星公司提供一批电器。双方在合同中明确约定价款、履行期限、交货地点等事项，并确认如果发生纠纷由合肥市某法院管辖。后来，双方经理又口头约定，可以优先选择北京仲裁委员会仲裁。

百货公司依约向五星公司提供了电器。然而，五星公司由于投资失误，资金周转的确存在问题，一直拖欠百货公司50万元的货款，百货公司遂向合肥市某法院起诉，法院依法受理本案并开庭审理。后原、被告双方在诉讼中达成协议，约定被告方在半年内分两次还清欠款50万元。法院根据双方达成的和解协议制作了调解书，调解书送达后半年内五星公司只还了30万元，尚欠20万元。百货公司申请人民法院强制执行和解协议，执行人员在执行过程中经过调查发现五星公司的账户资金所剩无几，根本无法偿清债务，但是发现该公司在本地另有办公用豪华轿车一辆，遂将该车扣押，准备进行拍卖。此时，旗贸公司认为其对该车拥有所有权，因而该车不应当被扣押，于是提出异议。法院执行人员告知旗贸公司执行机构无权解决纠纷，应当向人民法院另行起诉。

结合上述案情，请回答下列问题，并说明理由：

(1) 百货公司和五星公司约定纠纷由合肥市某法院管辖是否有效？

(2) 百货公司和五星公司约定纠纷选择北京仲裁委员会仲裁是否有效？

(3) 法院执行百货公司和五星公司的和解协议是否恰当？

(4) 法院对旗贸公司异议的处理是否恰当？

3. 钱小颜因买卖合同纠纷向法院起诉，要求被告小苏履行合同并承担违约责任。法院按照普通程序审理该案件，由于被告小苏要求由人民陪审员参加审理，法院决定由法官张某和人民陪审员乔某、吉某组成合议庭，张某任审判长。钱小颜得知陪审员乔某是被告的表弟，便要求其回避，但回避申请被张法官当场拒绝。在审理中，被告小苏提出自己未能按照合同约定交货，是由于天降大雨，冲垮了公路。法庭审理后认为，原告钱小颜未及时告知交货地点是造成被告小苏迟延履行的主要原因，因而驳回了原告钱小颜要求被告承担违约责任的请求。原告钱小颜不服判决，提起上诉，二审法院发回重审，一审法院组成合议庭对该案件再次进行审理。请回答下列问题：

(1) 本案合议庭的组成是否合法？

(2) 钱小颜申请回避的理由是否成立？

(3) 张法官的做法是否合法？

(4) 对法院的决定不服，是否可以提出上诉？

(5) 张法官是否可以参加新的合议庭？新合议庭可否由人民陪审员参加？

(6) 一审法院对案件的审判是否存在程序上的错误？

4. 2023年1月26日，西安市A区工商银行与远大新能源汽车装备厂、红发家具厂签订书面借款担保合同一份。合同约定由西安市A区工商银行贷给新能源汽车装备厂150万元，期限自2023年1月26日至2024年1月26日止，由红发家具厂作为保证人。他们同时在此合同中约定，今后若产生纠纷，由西安市A区人民法院管辖。该笔贷款到期后，西安市A区工商银行多次向新能源汽车装备厂催要，新能源汽车装备厂一直拖欠不还；又多次向保证人红发家俱厂催要，家具厂也拒不还款。2024年3月8日，西安市A区工商银行以红发家具厂为被告向西市安A区人民法院提起诉讼。请回答如下问题：

(1) 西安市A区人民法院是否有管辖权？为什么？

(2) 远大新能源汽车装备厂是否应参加诉讼？其在诉讼中的诉讼地位是什么？

(3) 若远大新能源汽车装备厂没有参加一审，一审判决后，家具厂上诉至上一级人民法院，上一级人民法院受理后应如何处理？

实训操作与指导

1. 仔细阅读一份民事判决书，注意其行文逻辑结构、证据分析以及法律适用。

指导意见：罗列与总结出判决书当事人提交的证据类型，结合法院对证据的认定，分析认定的结果是否符合法律规定；总结案件事实、法律争议焦点。

2. 起草一份民事起诉状，注意基本格式、诉讼请求的具体与明确、用语的凝练。

指导意见：选定某件典型经济纠纷案件，参照标准的民事起诉状格式，根据案件客观事实，分析原告在案件中所受到的权益损失，根据权益损失情况概括诉讼请求，围绕诉讼请求通过事实与法律两方面进行说理，要注意的是语言的逻辑结构，做到诉讼请求准确、简洁，说理充分、清晰。

3. 根据学校所在地的法院开庭公告，认真旁听一次庭审。

指导意见：根据法院开庭公告中的案由，确定案件纠纷性质以便旁听，带好身份证。

自我评价

任务名称	掌握程度		
	好	中	差
对经济纠纷的概念、基本类型及多元化的民事纠纷解决机制的掌握情况			
对经济仲裁的法律特点、适用范围的掌握情况			
对经济仲裁协议的形式、内容和效力判定的掌握情况			
对仲裁组织的组成及仲裁程序的掌握情况			
对仲裁裁决的形式和法律效力的掌握情况			
对民事诉讼的概念与特点的掌握情况			
对《民事诉讼法》的基本原则、基本制度、诉讼管辖的掌握情况			
对基本的民事诉讼证据的概念和法定类型的掌握情况			
对民事诉讼当事人的概念及种类的掌握情况			
对民事诉讼第一审程序与二审程序区分的掌握情况			
对民事诉讼审判监督程序的掌握情况			
对执行程序的概念及主要执行措施的掌握情况			

通过本章的学习，你还有什么收获？

主要参考文献

[1] 曾宪义，王利明.经济法[M].北京：中国人民大学出版社，2008.

[2] 财政部会计资格评价中心.经济法基础[M].北京：经济科学出版社，2019.

[3] 中华会计网校.经济法基础[M].北京：人民出版社，2018.

[4] 周丹萍，孙爱平.经济法基础教程[M].5版.北京：高等教育出版社，2021.

[5] 冉克平.产品责任理论与判例研究[M].北京：北京大学出版社，2014.

[6] 李俊，许光红.产品质量法案例评析[M].北京：对外经济贸易出版社，2012.

[7] 肖江平.立法宗旨视角的《产品质量法》修订[J].中国市场监管研究，2009(8)：14－19.

[8] 肖江平.经营者产品质量义务的法理逻辑和法律表达——以我国《产品质量法》的修订为视角[J].政治与法律，2019(12)：140－149.

[9] 乔新生.消费者权益保护法总论[M].北京：中国检察出版社，2018.

[10] 鄢梦萱，刘安琪.商经法[M].北京：中国政法大学出版社，2019.

[11] 王全兴.劳动法[M].4版.北京：法律出版社，2017.

[12] 维权帮.一看就懂的劳动合同[M].北京：中国法制出版社，2017.

[13] 腾双春，刘明.劳动法和社会保障法实务[M].长沙：湖南师范大学出版社，2015.

高等教育出版社

教学资源服务指南

感谢您使用本书。为方便教学，我社为教师提供资源下载、样书申请等服务，如贵校已选用本书，您只要关注微信公众号“高职财经教学研究”，或加入下列教师交流QQ群即可免费获得相关服务。

高职财经教学研究

高等教育出版社(上海)教材服务有限...

上海

高等教育出版社旗下产品，提供高职财经专业课程教学交流、配套数字资源及样书申请等服务。

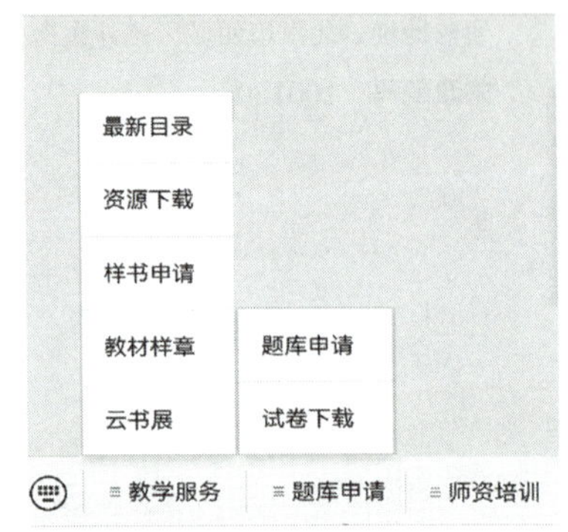

资源下载： 点击“**教学服务**”—“**资源下载**”，注册登录后可搜索相应的资源并下载。（建议用电脑浏览器操作）

样书申请： 点击“**教学服务**”—“**样书申请**”，填写相关信息即可申请样书。

样章下载： 点击“**教学服务**”—“**教材样章**”，即可下载在供教材的前言、目录和样章。

题库申请： 点击“**题库申请**”，填写相关信息即可申请题库或下载试卷。

师资培训： 点击“**师资培训**”，获取最新会议信息、直播回放和往期师资培训视频。

联系方式

财经基础课QQ群：374014299

联系电话：（021）56961310　　电子邮箱：3076198581@qq.com